高等教育立体化财经类精品教材·应用技能型

国际结算
INTERNATIONAL SETTLEMENT
理论·实务·案例·实训

李贺 编著

上海财经大学出版社

图书在版编目(CIP)数据

国际结算:理论·实务·案例·实训.李贺编著.—上海:上海财经大学出版社,2016.2
(高等教育立体化财经类精品教材·应用技能型)
ISBN 978-7-5642-2291-8/F·2291

Ⅰ.①国… Ⅱ.①李… Ⅲ.①国际结算-高等学校-教材 Ⅳ.①F830.73

中国版本图书馆 CIP 数据核字(2015)第 274927 号

□ 策　　划　　台啸天
□ 责任编辑　　台啸天
□ 书籍设计　　杨雪婷
□ 联系信箱　　404485100@qq.com

GUOJI JIESUAN
国 际 结 算
理论·实务·案例·实训

李 贺 编著

上海财经大学出版社出版发行
(上海市武东路 321 号乙　邮编 200434)
网　　址:http://www.sufep.com
电子邮箱:webmaster@sufep.com
全国新华书店经销
启东市人民印刷有限公司印刷装订
2016 年 2 月第 1 版　2016 年 2 月第 1 次印刷

787mm×1092mm　1/16　20 印张　499 千字
印数:0 001—4 000　定价:39.00 元

前言

　　国际结算是国际经济与贸易、金融等财经类专业的必修课，它以培养学生开展国际结算及其风险管理综合能力为目标，对实现专业培养目标具有举足轻重的作用。国际结算从对外贸易谈判、合同签订到合同履行的每一个环节都是影响"贸易成败"的关键因素。为此，依据我国对外经济贸易与往来的发展变化对专业人才的需求，涉外行业企业和相关部门职业岗位实际工作任务的需要与学科知识体系的内在联系性，将国际结算理论、实务和操作结合起来，编写了这本最新的应用技术型教材。

　　本教材共分为七个项目，涵盖了国际结算绪论、国际结算票据、国际结算方式——汇款、国际结算方式——托收、国际结算方式——信用证、国际结算中的商业单据、国际非贸易结算方式。每个项目内容包括：【知识目标】、【技能目标】、【能力目标】、【教学目标】、【项目案例】；每个任务内容插入了【同步案例】、【实例】、【拓展识读】，增强了内容的趣味性和认知性，突出现代应用技能型教育的案例教学与实操；课后安排了应知应会。应知考核部分包括单项选择题、多项选择题、思考与讨论；应会考核部分包括技能案例、项目实训。

　　本教材有以下特点：

　　1. 突出实务操作技能。全书共分为七个项目，针对不同的业务内容，讲解其业务的操作程序、步骤，提供相应业务使用的文书、凭证、单据等，充分体现了国际结算操作性特点。课后配有相应的技能案例和项目实训。

　　2. 语言简洁，通俗易懂。国际结算大量使用国际惯例，国际惯例具有准法律性，但其条文来自境外。如果其条文直译为教材的内容，会使教材繁杂、枯燥，甚至晦涩难懂、不方便识记。我们采用简洁、通俗易懂的语言把国际惯例进行适当的归纳、总结，力求使复杂问题简单化，便于学生学习。但在教学中，教师应引导学生参考附录中的原版规则或惯例，进行比对。

　　3. 突出英文作为国际结算语言交流工具。国际结算是以英语作为语言交流工具的，离不开英文，但又不能实行全英文授课，因此，多数相同层次的同类教科书在相关业务中很少介绍英语表达方法，似乎国际结算是以中文为基础的，这既不利于学生职业能力的培养,也容易形成误解。本书在业务处理过程中突出了英语语言工具的使用,还国际结算以本来面目。

4. 结构设计合理并有所创新。教材将传统体系结构进行了合理的整合,采用"项目引领、任务驱动"的现代教学模式,在设计与内容安排上更富于科学性且便于组织教学。在基本概念介绍的同时,为了更加细致地说明其中原理,也穿插了一些重要的图文,力图做到深入浅出、通俗易懂地将基础知识融入实践教学中,突出动手能力的培养,将知识转化为能力,达到学以致用的目标。

5. 教辅资料完备。本教材各项目首先指明本项目的知识目标、技能目标、能力目标、教学目标、项目案例,帮助读者和授课教师理解本项目要阐述的背景、核心内容以及要达到的基本要求,通过案例启发导引任务。任务内容中配有同步案例、实例、拓展识读,帮助读者更深入地理解和掌握重点内容。各项目都配有应知考核和应会考核,帮助读者回顾所学的知识。此外,本教材配有免费的电子教学课件、习题参考答案、教学大纲、最新的票据法和跟单信用证统一惯例、托收统一规则,力图为读者提供细致周到的教学资源增值服务,使教材的选用更具有便利性。

本教材采用国际结算最新惯例,重点介绍当前实践部门业务处理的主要方式,舍弃了已处于淘汰状态的业务方式。比较详尽地介绍了SWIFT在汇款和信用证结算方式中的应用,提供了在各项业务处理中常用的英语表达方式和丰富的案例资料,相信会给初学者和自学者提供帮助。

本教材适用于高职高专及应用型本科院校的金融学、国际经济与贸易、会计、工商管理等财经类专业的学生使用。本书在编写过程中参考了许多同类教材、论著和论文,同时,本教材的编写得到了上海财经大学出版社的大力支持和帮助,在此一并表示真诚的谢意。由于编写水平有限,疏漏或不当之处在所难免,敬请广大读者批评指正。

编 者

2015 年 11 月 大连

目 录

项目一 国际结算绪论/1
    任务一 国际结算概述/2
    任务二 国际结算的产生与发展/10
    任务三 商业银行国际结算运作/13
    任务四 国际清算系统/17
    任务五 国际结算的法律基础、惯例与规则/27
        应知考核/33
        应会考核/34

项目二 国际结算票据/36
    任务一 国际结算票据概述/37
    任务二 国际结算票据——汇票/41
    任务三 国际结算票据——本票/64
    任务四 国际结算票据——支票/67
        应知考核/71
        应会考核/73

项目三 国际结算方式——汇款/75
    任务一 国际结算方式概述/76
    任务二 汇款概述/77
    任务三 汇款在国际贸易中的应用及风险防范/95
        应知考核/98
        应会考核/99

项目四 国际结算方式——托收/101
    任务一 托收概述/102
    任务二 进出口托收操作/113
    任务三 托收业务资金融通 128/
    任务四 托收业务风险及其防范/129
        应知考核/130
        应会考核/132

项目五　国际结算方式——信用证/134
　　任务一　信用证概述/135
　　任务二　信用证的种类/146
　　任务三　信用证主要条款及软条款的审核/157
　　任务四　进出口信用证结算实务/160
　　任务五　其他结算方式/171
　　　　应知考核/183
　　　　应会考核/185

项目六　国际结算中的商业单据/188
　　任务一　商业发票/189
　　任务二　海运提单/196
　　任务三　其他货物运输单据/205
　　任务四　保险单据/213
　　任务五　其他商业单据/220
　　任务六　单据的审核方法、要点与处理方法/229
　　　　应知考核/232
　　　　应会考核/233

项目七　国际非贸易结算方式/242
　　任务一　国际非贸易结算概述/243
　　任务二　侨汇与外币兑换业务/244
　　任务三　旅行支票与旅行信用证/247
　　任务四　信用卡/252
　　　　应知考核/256
　　　　应会考核/257

附录1　《中华人民共和国票据法》/258
附件2　《托收统一规则》/269
附件3　《跟单信用证统一惯例》/276

参考文献/310

项目一 国际结算绪论

知识目标

理解：国际结算的产生与发展，国际结算中常用的国际惯例以及当代国际结算发展的主要特点。

熟知：国际结算制度，国际清算系统，国际结算的法律基础、惯例与规则。

掌握：国际结算的概念分类，国际结算的性质和特点，国际结算的条件。

技能目标

学生在学习国际结算基本内容的基础上，能够熟知国际结算在国际贸易、商业银行中的重要作用。

能力目标

学生能够理解国际结算的发展，掌握商业银行国际结算运作。

教学目标

教师要培养学生认识国际结算基础知识的能力，为后续国际结算票据和国际结算工具的学习打下基础。

项目案例

占先生是浙江义乌经营袜子的商人，经过多年的苦心经营已积累了一定的资金和经验，很想把生意做到国外去。正好2004年国家放开了对外贸易经营权。于是，占先生兴冲冲地办理了外贸经营者备案登记手续，准备大显身手。可是，当他第一次与外商接触，谈到货款支付方式时，对方提出了一些让他丈二和尚摸不着头脑的专业术语；20%货款采用前T/T，80%的货款采用D/P after sight；若出现争议或纠纷采用DOCDEX规则解决。占先生一时不知所措。后来，经过学习，占先生终于明白原来国内结算与国际结算完全不是一回事。

知识支撑

任务一 国际结算概述

国际结算是国际金融领域的一个分支,主要通过实务性知识来表现一些支付手段、支付方式以及银行间划拨清算、资金转移、货币收付手段等,以寻找一个快捷、安全、高效的实现国际货币收付的途径。

一、国际结算的概念

(一)结算

结算(clearing/settlement)指在商品交换、劳务供应及资金调拨等方面发生的货币收付行为或债权、债务的清偿行为。货币收付或债务清偿要通过一定的手段和方式,也即结算方式。结算方式一般分为两种:现金结算和非现金结算。

1. 现金结算(cash settlement)指以现金作为货币支付工具,即直接运送金属铸币或纸币来清偿双方的债务和债权。此种方式在结算发展的初期使用,风险大、耗费大量运费并积压资金,随着国际经济的发展,已逐渐转化为非现金结算方式。

2. 非现金结算(non-cash settlement)指使用代替现金起流通作用和支付手段的信用工具来结算债权和债务。此种方式快速、简便,是结算的主要使用方式。

(二)国内结算

国内结算(national settlement)指结算的内容仅发生在一国之内,即通过本国货币支付,以结清一国内部的两个或多个当事人之间的经济交易或活动引起的债权和债务的行为。

(三)国际结算

国际结算(international clearing)指办理国际货币收支调拨,以结清位于不同国家的两个或多个当事人(个人、企业或政府)之间的经济交易或活动引起的债权、债务的行为。即运用一定的金融工具(汇票、本票、支票等),采用一定的方式(汇款、托收、信用证等),借助一定的渠道(通信网络、计算机网络等),通过一定的媒介机构(银行或其他金融机构等),进行国与国之间的货币收付行为,从而使国际债权、债务得以清偿或实现资金的转移。

国际结算依据产生的原因,可以分为国际贸易结算和国际非贸易结算。国际贸易结算也称有形贸易结算,是指由有形贸易活动(商品的进出口)引起的国际债权、债务关系结算业务;国际非贸易结算也称无形贸易结算,是指由有形贸易以外的活动(包括国际资本流动、国际资金借贷、技术转让、劳务输出、侨民汇款、捐赠、利润与利息收支、国际旅游、运输、保险、银行业等活动)引起的国际结算业务。

国际贸易是国际结算产生和发展的主要根据,同时国际结算的发展又反过来促进国际贸易的发展。国际贸易金额巨大,在操作上比非贸易结算更为复杂,在内容上,它几乎包括了国际结算所有的方式和手段;国际收支中最基本、最重要的项目是经常项目,而经常项目中最主要的项目即贸易项目。但国际结算不仅仅是国际贸易结算。不同国家之间发生的货币收付业务,叫作国际结算。发生国际货币收付有各种各样的原因,如国际货物销售(international sales of goods)、国际服务贸易(international trade in service)、国际技术贸易(international technology trade)、国际借贷和投资(international borrowing and investment)、个人汇款(personal remittance)等,种类繁多。这些交易有的是建立在贸易基础上,有的与贸易没有直接联系。通常把国际商品(货物)贸易的结算简称为国际贸易结算。

由于国际货物贸易引起的货款跨境交易金额巨大,业务流程复杂,在国际收支中占有重要的地位,因而国际结算又经常被称为国际贸易结算。国际贸易以外的其他经济活动以及政治、文化等交流活动,例如,服务供应、资金调拨和转移、国际借贷等引起的外汇收付行为,同样也构成国际结算的重要内容。在我国,通常把货物贸易以外的政治经济活动引起的结算业务称为非贸易结算。结算业务结构,如图1—1所示。

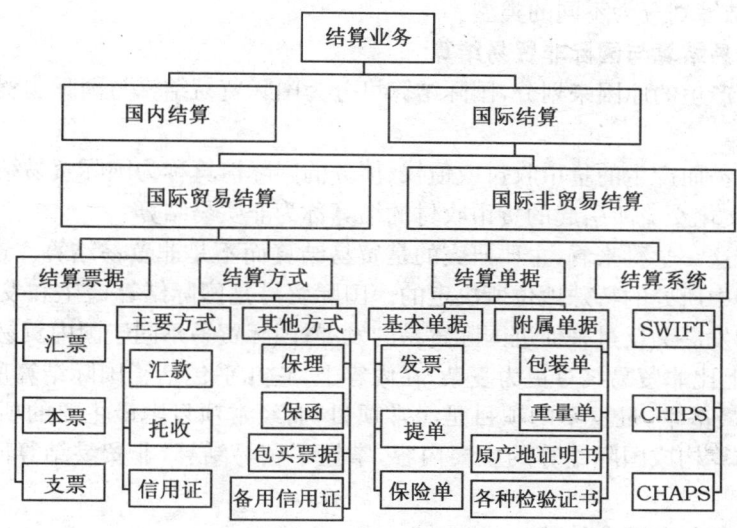

图1—1 结算业务结构

实例 1—1

中国A公司从美国B公司进口一批机器设备。A公司作为进口方,承担到期付款的义务;B公司作为出口方,享有收取设备价款的权利。为平衡A、B两公司之间的"货、款",必然会引起一笔货币资金从中国流向美国,从而得以清偿A与B公司之间的债权、债务,这种因货物贸易引起的金融活动就属于国际结算。另外,国际货物贸易以外的其他经济活动以及政治、文化交流活动,服务提供、资本流动、国际旅游、侨民汇款等引起的外汇收付行为,同样构成国际结算的重要内容。以货物贸易为例,国际结算形式如图1—2所示。

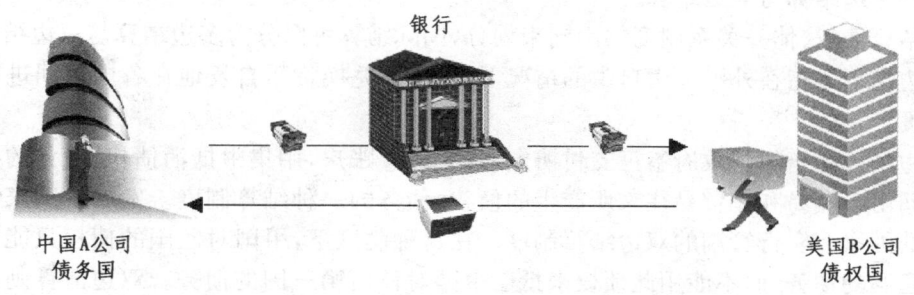

图1—2 国际结算形式示意

需要注意的是,随着国际经济交往的发展,银行办理国际结算业务并不仅仅局限于货币收付,有一部分非货币收付也属于银行国际结算业务的范畴,如保函,银行在办理保函业务时并不一定有货币收付,它仅仅是银行的书面担保,只是文件。

二、国际结算的分类

了解国际结算的分类就是为了进一步从不同的角度理解国际结算的概念。根据不同的标准,可以把国际结算划分为不同的类型。

(一)国际贸易结算与国际非贸易结算

按国际结算产生的原因来划分,国际结算可分为国际贸易结算与国际非贸易结算,这是最常见的一种分类。

我们把因贸易而产生的货币收付或债权、债务的国际清算称为国际贸易结算,而由其他经济活动和政治、文化交流所引起的货币收付的结算称为非贸易结算。

从国际结算这一学科来看,主要研究的是贸易结算而不是非贸易结算。这是由贸易结算在整个国际结算中所处的特殊地位所决定的。国际贸易是国际结算产生和发展的重要依据,同时国际结算的发展又反过来促进国际贸易的发展;国际贸易不同于国内贸易,且往往涉及金额巨大,在操作上比非贸易结算更为复杂,在内容上,它几乎包括了国际结算所有的方式和手段;国际收支中最基本、最重要的项目是经常项目,而经常项目中最主要的项目即贸易项目。所以国际贸易结算构成国际结算的主要内容,掌握了贸易结算,非贸易结算问题就迎刃而解了。

(二)现金结算与非现金结算

按是否直接使用现金来划分,国际结算可分为现金结算与非现金结算。

现金结算是指通过收付货币金属或货币现金来结清国际债权、债务关系或进行资金的转移。原始的结算方式为卖方一手交货,买方一手交钱,钱货两清,通常称为交货付现(cash on delivery)方式。当今的现金结算多采用自由兑换货币。现金结算的特点是风险很大、流通费用高、占用资金,影响周转。现在极少采用。

非现金结算是指使用各种支付工具(例如票据),通过银行间的划账冲抵来结清国际债权、债务关系或实现资金转移。非现金结算的特点就是迅速、简便,节约现金和流通费,有利于资金的循环周转,促进了国际、经济贸易关系的发展。现代国际结算是以票据为基础、单据为条件、银行为中枢、结算与融资相结合的非现金结算体系。

(三)多边结算与双边结算

按结算债权、债务关系制度的不同来划分,国际结算可以分为多边结算与双边结算。

多边结算是指在外汇买卖自由的情况下,使用可兑换货币自发地在各国之间进行结算的一种制度。

双边结算是指两国政府签订支付协定,开立清算账户,用集中抵消债权、债务的办法清算两国之间由于贸易和非贸易往来所产生的债权、债务的一种结算制度。发展中国家特别是外汇短缺的国家多实行管制的双边结算制度。在这种制度下,甲国对乙国的债权只能用来偿还甲国对乙国的债务,而不能用此债权来抵偿甲国对任何第三国的债务。双边清算则由两国的中央银行负责具体组织实施。具体的做法是:由两国的商业银行或外汇银行各自向本国的中央银行收付本国货币,再由本国的中央银行记入对方国家的结算账户。在记账方式上,一般采用"先借后贷法",即出口方银行主动借记进口方银行开立在该行的账户,然后再由进口方银行贷记出口方银行开立在该行的账户。为此,各方再设维持账户以核对对方寄来的账单。管制的双边结算制度的内容如下:①指定清算机构;②建立清算账户;③规定清算范围;④确定结算货币;⑤商定清算差额波动幅度;⑥清算差额处理办法;⑦确定清算汇率。

随着生产和资本的国际化、市场的国际化的迅速发展以及跨国公司的蓬勃兴起,国际贸易结算制度将进一步向着多元化和自由化的多边结算制度方向发展。

三、国际结算的性质和特点

国际结算是以国际贸易、国际金融和货币银行学为基础形成的,是从微观的角度来研究国际货币运动的实务问题。同时,还涉及进出口贸易、国际保险、国际运输、电信传递、会计、海关、商检、票据、法律等诸多的相关知识,具有很强的实务性和可操作性。

(一)国际结算与国际金融密切相关

国际结算属于国际金融实务的一个分支,国际结算中必然要涉及外汇转移及外汇票据的流通、货币兑换和外汇汇率、外汇进出入管制、外汇风险及其防范等问题,这些都是国际金融的实务问题。

(二)国际贸易是国际结算产生和发展的重要依据

国际结算是以国际贸易的产生和发展为前提的,没有国际贸易就没有国际结算,国际结算从其产生之日起,就以服务国际贸易为宗旨。同时,国际贸易与国际结算是在相互促进中共同发展的,一方面,国际贸易的发展促进了国际结算的发展;另一方面,国际结算的发展又反作用于国际贸易的发展。

(三)国际结算是一项商业银行中间业务

国际结算是一项利润丰厚的中间业务。在不动用银行资金的条件下,商业银行通过为客户提供服务、承担风险来获得可观的手续费收入;或在客户交纳保证金等情况下,甚至还可能在一段时间内无偿占用客户资金。因此,商业银行普遍重视开展国际结算业务。

(四)国际结算是有关国际惯例表现最充分的领域

国际结算中的国际惯例是指在长期的国际贸易和结算实践中逐渐形成的一些习惯做法和特定方式。按国际惯例行事是从事国际贸易活动的基本要求。目前,国际结算涉及的国际惯例很多,其中最主要的有:《国际贸易术语解释通则》《跟单信用证统一惯例》《托收统一规则》《银行间偿付统一规则》《见索即付保函统一规则》和《备用信用证统一惯例》等。

(五)国际结算业务难度较高,风险较大

国际结算业务具有涉外性,活动范围大于国内结算,还涉及不同货币的兑换、不同的文化背景以及复杂的法律环境等,国际结算不仅要比国内结算复杂得多,而且操作的难度也更大。同时,受国际上政治、经济及其他不稳定因素的影响与制约,国际结算业务中的当事人面临着各种各样的风险,例如信用风险、汇率风险、利率风险等,近年来国际贸易与结算的欺诈犯罪、滥用职权现象的日益猖獗,也让国际结算中的所有当事人和跨国银行业都普遍地重视国际结算业务风险的防范。

(六)商业银行是国际结算和融资的中心

现代国际结算以商业银行为中心。它不仅是银行一项利润丰厚的中间业务,在不动用银行资金的条件下,商业银行通过为客户提供服务来获得可观的手续费;而且,商业银行在结算过程中可以根据客户的需要为其提供多种形式的国际贸易融资,在承担一定风险的条件下获得更高的利息收入。通过商业银行,国际结算与国际融资有机地结合在一起,不仅促进了国际贸易的扩大和国际结算的顺利实现,而且使银行的业务进一步国际化,拓展了业务空间。

同步案例 1-1

梁世汉原是中国银行珠海市分行国际结算科进出口组组长。1997 年 6 月~1998 年 10 月,珠海经济特区亚德贸易有限公司和珠海市润辉发展有限公司的法定代表人周强(在逃)请求梁世汉为其两家公司开具信用证,并允诺给予其所开信用证金额 2.5% 的报酬。

虽然明知上述公司银行授信额度不足,周强又不能提供保证金作抵押,梁世汉仍然利用职务便利,使用其工作代码和操作密码,盗用该行国际结算科副科长的授权密码,为周强开具了 31 张信用证。周强将其中 8 张信用证贴现,共造成开证银行损失 1 033 万美元。1997 年 10 月~1998 年 11 月,梁世汉数次收受周强给予的人民币共计 579.121 8 万元。梁世汉被最高人民法院核准执行死刑。

案例精析:为了骗取金融机构巨额资金,社会上的一些不法分子总是想方设法拉拢金融机构工作人员共同实施犯罪或为其犯罪提供协助。由于金融机构工作人员熟悉金融业务及操作程序,知道如何规避银行规章制度的约束和监管,他们的参与使金融犯罪更加隐蔽,更容易得逞,社会危害性也更大。案例中被告人梁世汉身为国有银行的公务人员,利用职务上的便利,为他人盗开信用证,非法收受他人钱款,其行为已构成受贿罪。受贿数额特别巨大,给国家造成特别重大的损失,犯罪情节特别严重。

四、国际结算的条件

(一)货币条件

货币条件是指发生的国际贸易使用哪国的货币进行结算。国际结算货币条件的确定应包括下述几方面:

1. 确定商品的价格货币和结算货币

价格货币是指贸易中表示商品价格的货币,可用买方国、卖方国或第三国货币表示。结算货币又叫支付货币,是指用来支付商品货款的货币。有时价格货币就是结算货币,有时则不同。当买卖双方不发生货币兑换,没有汇价、买汇、结汇的问题时,两者相同。两者不同时,买卖双方要通过谈判,选择币值稳定的货币或世界通用货币定价,并根据结算货币支付前一天的某一外汇市场牌价确定汇率。

2. 确定贸易是自由外汇贸易还是记账外汇贸易

自由外汇又称现汇,是指贸易和非贸易项下进行收付时不加任何限制,不采取差别性的多种汇率,在国际外汇市场上可随时兑换所需外汇的货币。记账外汇是指记在清算账户上的外汇,只限于协定双边支付时使用,不能做多边清算,不能自由运用。

记账外汇贸易又叫协定贸易,是根据两国政府间的贸易支付协定进行贸易,不需逐笔结清,但要求进出口平衡,货款的结算记入双方指定银行开立的清算账户内,并要严格按协定范围通过清算账户收付外汇,清算一年一次,差额可用商品、现汇或黄金支付,在货币符号前加

"清算"字样。

3. 确定国际结算中的硬币和软币

硬币是汇率较坚挺的货币。软币是汇率疲软的货币。一般出口用硬币，进口用软币。

4. 货币的选择

记账外汇贸易的支付协定中已确定了清算货币，因此，只有现汇贸易才需选择货币。选择货币时应注意：选择自由兑换、调拨灵活的货币，避免汇价波动和遭受冻结的风险；出口收汇尽量多用硬币，进口付汇尽量多用软币；在平等互利基础上，结合货物的价格、贸易习惯、商品畅滞来灵活选用货币。

（二）时间条件

时间条件是指发生的国际贸易在什么时间进行结算，通常有以下三种结算时间：

1. 预付

预付（advanced payment）是指卖方将单据交给银行或买方以前，由买方预先付货款，预付对卖方有利。

2. 即付

即付（immediate payment）是指卖方将单据交给银行或买方时，买方见单即付款，即付对买卖双方是对等的。

3. 迟付

迟付（deferred payment）是指卖方将单据交给买方或银行若干时间后，再收买方支付的货款，迟付对买方有利。

（三）方式条件

方式条件是指发生的国际贸易以何种方式进行结算，国际结算方式大体上分为汇款方式、托收方式和信用证方式三大类别。

五、国际结算的研究对象和原则

国际结算研究的对象是实现国际结算的方法以及作为媒介的各种工具，实现国际结算的方法主要指国际汇款、托收、信用证等结算，而作为媒介的各种结算工具是指汇票、本票和支票。

在国际结算业务中应掌握"按时合理付汇、安全及时收汇"的原则，既要守约，按时对合理的应付外汇进行支付（不合理的部分可拒绝）以维护国家的国际形象，又要及时收回应收外汇，保证外汇资金的安全，提高资金的运转效率。

六、国际结算的主要研究内容

国际结算主要包括三方面的内容：国际结算的工具（主要是票据和单据）、国际结算的方式和以银行为中心的支付体系。

（一）结算工具

结算工具主要涉及票据和单据。

票据又称资金单据，以资金为中心，在结算中起着流通手段和支付手段的作用，远期票据还能发挥信用工具的作用。主要包括汇票、本票和支票，它们被称为国际结算的基石。票据的运动规律、行为、法规、要式及种类等是国际结算研究的第一个对象。

单据又称商品单据,以商品为中心。单据的传递和使用是实现国际结算的必备条件之一。在国际贸易结算中,货物单据化和凭单而非凭货付款是基本特征。货物单据化是银行作为国际贸易结算中介的前提。单据对于国际贸易债务的清偿具有至关重要的影响。电子数据交换系统(electronic data interchange,EDI)的问世与应用以及互联网的飞速发展,引发了国际贸易及其结算的传统单据运作体系的重大变革。

(二)结算方式

以一定的条件实现国际货币收付的方式称为国际结算方式。国际结算方式包括传统结算方式如汇款、托收、信用证以及其他结算方式如银行保函、国际保理及福费廷。

汇款方式和托收方式都是建立在商业信用基础上的;信用证方式是建立在银行信用基础上的。国际保理、福费廷等是我国新兴的国际结算业务,也将予以介绍。

(三)以银行为中心的清算系统

以银行为中心的清算系统是国际资金得以安全有效结算的基础设施,目的就是以最科学、有效的手段即最简便的、能达到预期目的而付出最少代价的方式来实现资金的国际划拨清算,因而也属于国际结算研究的重要内容。

(四)国际贸易融资

为了方便国际贸易结算,促进国际贸易的发展,与各种结算方式相结合的商业银行资金融通和信用融通层出不穷,国际贸易融资已经成为一个独立的业务领域。当前的融资方式还在不断创新,并且在结算中发挥越来越重要的作用,因而也是国际结算研究的重要内容。

七、国际结算制度

国际结算制度(international settlement system)又称国际结算体系,是指各国根据本国的外汇管理要求制定的对外结算的总制度,包括结算方式、方法、工具及结算业务的操作程序等。这种制度与每一笔具体的结算业务所采用的具体结算方式是不同的概念,它是每一笔具体业务必须遵守的准则。国际结算制度的形成比国际结算的产生晚得多,是在世界市场、国际贸易、国际运输和保险及国际货币体系都有较大发展之后才开始出现并发展起来的。实行何种国际结算制度,取决于各国经济的发展水平及国际政治经济形势,从世界经济发展过程看,经历了三种不同类型的国际结算制度。

(一)自由的、多边的国际结算制度

这种制度形成于资本主义自由竞争阶段。实行自由的、多边的国际结算制度必须以外汇可自由买卖为前提,而外汇自由买卖又必须以货币稳定为条件。19世纪正处于自由贸易鼎盛时期,许多国家确立了金本位的货币制度,国际收支基本平衡,汇率能保持稳定,黄金可以自由输出输入,国际上正常的支付与结算均以黄金作为结算的最后支付手段。推行自由的、多边的国际结算制度有利于国际贸易的发展。其主要内容有以下几点。

(1)外汇自由买卖。需要(或持有)外汇者,均可在国际市场上自由购买(或售出)外汇,没有人为的限制或障碍。

(2)资本在国际上的自由流动。资本可以在资本主义国家间自由流动,资本的输入输出,是通过自由买卖外汇来实现的。

(3)黄金的自由输出入。如果需要输出入黄金,用现金结算方式来进行国际结算,可以自由地输送黄金。

(4)黄金和外汇自由市场的存在。资本主义国家的商业银行和外汇市场均可以自由地经营外汇业务,其汇价是在外汇市场上根据外汇的供求状况自发形成的。在金本位制度下,汇价波动局限在黄金输送点的范围,因而基本保持稳定,成为自由多边的结算的基础。

(5)多边结算制度的存在。在黄金与外汇自由买卖的条件下,国际上的多边的债权、债务可以最大限度地集中到少数几个金融中心相互抵消,余额或少数金额再用现金偿付。这种方法,可以大大节约费用和资金占用,减轻风险程度,尤其是简化了多边国际债权、债务关系的结算。

外汇自由与多边结算紧密联系,相互结合,形成了资本主义国家以非现金结算为主要方法的结算机制。英国是当时的世界多边贸易、多边支付体系的中心,伦敦成为国际金融中心。这个体系为所有国际贸易参加国提供购买货物的支付手段,也使得国家之间债权、债务的清偿,利息、红利的支付能够在伦敦顺利完成。第一次世界大战后,资本主义经济和政治陷入全面危机,外汇自由被外汇管制所代替,黄金和资本的自由输出输入受到限制;20世纪30年代空前规模的经济危机,又从根本上打乱了资本主义世界的经济秩序,货币制度陷入混乱,市场竞争日趋激化。于是自由的、多边的国际结算制度为管制的、双边的国际结算制度所代替。

(二)管制的、双边的国际结算制度

管制的、双边的国际结算制度出现于20世纪30年代金本位制崩溃后,是资本主义经济危机加深、贸易保护主义盛行的产物。这种制度包括两个层次的内容。

一是外汇管制,又称外汇管理,即资本主义国家通过法令对外汇的收、存、兑进行有目的的管理。其主要内容是限制甚至禁止外汇自由买卖、管制资本的输出入、实行复汇率制等,目的在于限制进口,鼓励出口,保证国际收支平衡。

二是双边结算,即由两国政府间签订支付协定,开立清算账户,用集中抵消的办法清偿彼此间的债权、债务关系。其主要内容包括清算机构、清算账户、清算范围、清算货币、信用摆动额及清算账户差额的处理等。在这种制度下,甲国对乙国的债权只能用来偿还甲国对乙国的债务,而不能用此债权来抵偿甲国对任何第三国的债务。

由于这种制度是排他性的,必然会影响到缔约国与其他国家的贸易往来,因此不利于世界经济一体化与国际贸易的发展,也成为第二次世界大战之前西方各国贸易保护的工具。第二次世界大战结束后的20多年间,发展中国家加强外汇管制,实行双边结算,目的是缓解国家外汇短缺的困难,节省黄金及外汇储备的使用。

(三)多元的、混合型的国际结算制度

20世纪50年代后期,世界政治经济格局发生了重大变化。西欧各国与日本等由于经济得到恢复和发展,国际收支有所改善,于是开始放松外汇管制,相继恢复多边结算。从1960年开始,日本与当时的联邦德国率先宣布货币自由兑换,英国也在1979年撤销了残存的一些外汇管制条例;60年代后期由于经济危机与金融货币危机的影响,双边结算措施又略有加强,但对经常性收支项目则有所减少。为实现经济独立和平衡国际收支,一些发展中国家则一直实行比较严格的外汇管制(包括国际收支的全部项目)和双边结算制度。因此,多元化、混合型成为第二次世界大战后国际结算制度的重要特征。这种国际结算制度的主要特点如下:

(1)外汇自由兑换与程度不同的外汇管制并存,而以外汇自由兑换为主。

(2)自由的、全球性的多边结算制度,区域性的和集团性的多边结算制度与发展中国家之间管制的双边结算制度并存,而以全球的和区域性的多边结算为主。

随着经济全球化的迅速发展,国际贸易结算制度将向着多元化和自由化的多边结算制度方向发展。

任务二 国际结算的产生与发展

国际结算是随着国际贸易的发展而产生和发展的。综观国际结算的发展过程,经历了四大变革,即现金结算变为非现金结算、直接结算变为银行结算、货物买卖变为单据买卖、人工结算变为电子结算。

一、现金结算发展到非现金结算

早期的国际结算是现金交易,如我国古代对日本及南洋各国的海上贸易,除了直接的以货易货交易外,长期都是使用金银等贵金属进行交换和清算的。但这种现金结算具有很大的局限性:①风险大,如自然灾害、劫持、盗窃等带来损失;②费用高;③运期长,造成资金长期占压,不利于资金周转。到了14和15世纪,有了资本主义的萌芽。到了15世纪末16世纪初,随着资本主义的发展,国际贸易的扩大,逐渐形成了区域性的国际商品市场。上述那种通过运送金银来偿债的方式就不能适应当时贸易发展的需要,于是就出现了以商业票据来结算债权、债务的方式。过去做法,如图1—3所示。

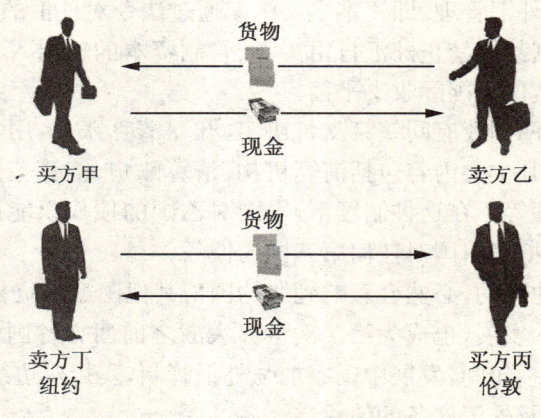

图1—3 现金结算

现在用商业票据代替现金,如图1—4所示。

①乙向甲、丁向丙出口商品;②乙开立一张以甲为付款人的汇票,转让给丙;③丙买入汇票,付款给乙(有前提);④丙将汇票寄给丁;⑤丁向甲提示;⑥甲付款。

转让中,付款人不变,收款人改变了。这样通过一张汇票使异国间的两笔债权、债务得以结清。既销售了商品,又避免了运送现金所带来的风险,节约了时间、费用,有利于当时经济的发展。但这种汇票在商人间自行结算有其局限性。①两笔交易的金额和付款期限必须完全一致,在大量复杂的交易中,是非常有限的;②即使存在上述条件,他们之间还要有密切的业务联系和相互了解的信用基础,否则,合作是困难的;③任何一方要有垫付资金的能力。要同时具备以上三个条件是困难的,这些局限性使商人间的直接结算发生了变化。

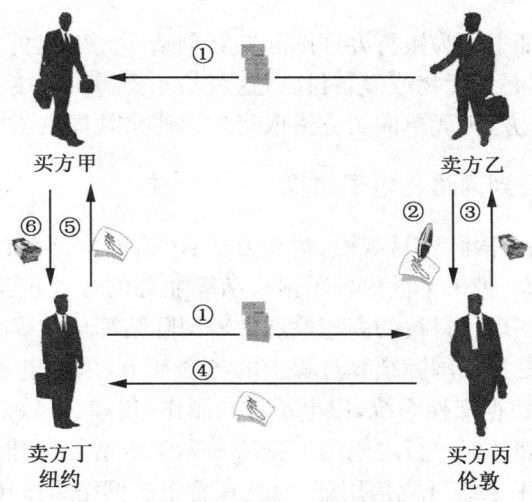

图1—4 非现金结算

二、从商人间的直接结算发展到以银行为中介的转账结算

由于买卖双方位于两个不同国家,使用不同币种,处在不同的贸易和外汇管理制度下,因此双方间面对面的直接结算不适合客观情况。到了18世纪60年代,银行从国内遍设机构扩展到国外设点,使银行网络覆盖全球,银行成了国内外结算的中心。因此,此时买卖双方间的债权、债务的清偿只有委托银行办理结算。从而使买卖双方集中精力开展贸易,货款结算则完全通过银行办理。银行办理结算业务有如下有利条件。

(1)网络遍及全球,有其独特的条件、先进的手段开展业务,为进出口双方服务。

(2)资金雄厚,信用卓著,这是进出口商无法比拟的。

(3)所有不同种货币、不同期限外汇票据,都通过银行买卖转让,可使大量的债权、债务关系在最大限度内加以抵消,这样大大地节省了费用和利息的支出;进出口商就不必自找对象来清算,而把所有的信用工具通过银行代为办理。

三、从凭货付款到凭单付款

原始的结算,卖方一手交货,买方一手交钱,钱货两清,通常称为交货付现或货到付款(cash on delivery,COD)方式。当贸易商与运输商有了分工以后,卖方将货物交给运输商承运至买方,运输商将货物收据交给卖方转寄给买方向运输商取货,简单的货物收据发展变化成为比较完善的海运提单(B/L,起货物收据、运输契约和物权凭证三种作用)。由于提单有物权凭证的性质,它把货物单据化了。交单等于交货,持单等于持有货物的所有权。海运提单因此成为可以流通转让的单据(negotiable documents),便于转让给银行持有,让银行凭此向买方索取货款,或当作质押品,获得银行资金融通。

商品买卖合同中,卖方履行合同的义务是按期、按质、按量地发运货物。买方履行合同的义务是接收货物,按期如数支付货款。为了表示履约,卖方交来B/L,以其签发日期来证明按期发货;提交商检局签发的品质证书来证明按质发货;提交商检局签发的数量证书来证明按量发货。

货物单据化与履约证书化为银行办理国际结算创造了一个良好条件,因为只需凭审核相符的单据即可付款,而不必凭货物或设备付款,这就给不熟悉商品专门知识的银行,能够介入买卖之间,凭单垫款给卖方,再凭单向买方索取货款归还垫款提供了可能与方便。

四、从人工结算发展到网络化电子结算

第二次世界大战以后,国际贸易规模、贸易方式、运输方式、商品结构的巨大变化,以及非贸易国际经济交往的扩大,带来了世界各国银行结算业务的快速扩张,对国际结算在速度、质量上提出了更高的要求。现代科技的高速发展使得国际结算从传统的人工结算开始向电子结算时代迈进。电子结算是指在国际结算过程中的各个环节,采用电子方法处理业务。如国际贸易中使用的 EDI 电子数据交换系统,以电子方式制作、传递、审核商业单据等,传递信息,结清债权、债务;银行为处理各账户行之间的汇兑往来和资金清算所建立的电子支付系统;在信用证业务中,采用 SWIFT 系统开立信用证,而且在特定的网络系统中进一步实现了电子化交单。总之,今后的趋势是在电子化、网络化的银行业务中,电子结算的应用范围将继续扩大。

拓展识读 1—1

电子数据交换

电子数据交换(electronic data interchange,EDI)是一种主要应用于国际贸易领域的电子商务技术,是伴随着现代信息技术的发展而产生和发展的。EDI 就是运用一定标准将数据和信息规范化和格式化,通过计算机网络将文件从一个企业传输到另一个企业,以实现无纸化贸易。

EDI 是在 EDIFACT 标准下以计算机网络为依托,通过 EDI 网络中心,将与国际贸易有关的工厂、公司、海关、航运、商检、银行和保险等单位连成一个 EDI 网络,用方可以通过公用数据网连接到 EDI 中心,然后把要传的单证,如产地证申报单、进出口报检单、进口报关单等传到 EDI 服务中心,EDI 服务中心就会把这些单证相应地传到商检、海关等相关单位,还可以将银行审单的结果传送到客户,从而大大加快了贸易的全过程。

EDI 为国际贸易和国际结算带来了巨大的经济效益和社会效益。美国在 20 世纪 60 年代末期开始应用 EDI。时至今日,欧洲大部分国家都认定 EDI 是经商的唯一途径。澳大利亚、日本和新加坡等国也纷纷在 20 世纪 90 年代初期宣布,所有的商户首选交易方式为 EDI,不采用 EDI 的商户将推迟或不予办理。EDI 的应用使国际市场上形成了一个新的贸易壁垒,不采用 EDI 技术的国家无疑意味着被排斥在这壁垒之外,必将失去贸易机会和客户。

目前有关 EDI 的法律问题正在探讨之中,如果能在世界范围内形成 EDI 的法律法规,国际贸易与结算的无纸化和一体化最终将会实现。在我国,许多工商企业仍不熟识 EDI。EDI 系统模型如图 1—5 所示。

图 1—5　EDI 系统模型

（资料来源：什么是 EDI，港航信息，http://www.portinfo.net.cn/edispec/edikwg/edi1.php）

任务三　商业银行国际结算运作

现代国际结算的一个基本特征是以商业银行为中介，国际性的商业银行既是国际结算的中心，又是国际信贷的中心，两者紧密结合，相辅相成，彼此促进。另外，国际结算最终要实现的资金转移划拨及债权、债务的了结必须借助于由各个商业银行组成的国际银行网络及跨国清算支付系统来完成。

一、国际结算的当事人及其相互关系

在国际结算中，不同的交易背景及结算方式包括不同的当事人及相互关系，在国际结算中最为常见的传统贸易结算方式下，存在着一些基本当事人及其相互关系。主要包括进口商、出口商以及双方的往来银行这 4 个基本当事人。国际结算的基本过程就是对进出口商由于国际贸易而产生的债权、债务进行了结清算的过程，进出口商通过他们各自的往来银行，利用国际银行所形成的代理行网络及主要货币的跨国支付体系，最终实现资金的转移，体现为进出口商在各自银行账户上的存款增减变动。进出口商之间是基于买卖合同的债权、债务关系，双方的商业信用是决定国际结算能否顺利完成的基础。进口商、出口商与其各自的往来银行在一些结算方式下是委托代理关系（如汇款、托收等），通过银行支付与收取货款，此时商业银行仅仅作为结算的中介机构提供结算服务；在另外一些结算方式下（如信用证、银行保函等），银行不仅仅依照委托提供代理服务，而且以自身信用参与结算过程，提供资金融通或付款担保等，此时进出口商与其往来银行形成了新的债权、债务关系。进出口商的银行间通常具有代理行关系，这些代理行形成了一个全球性的银行网络系统，保证国际结算的顺利完成。国际结算的当事人及其相互关系如图 1—6 所示。

二、代理行及其建立

商业银行的国际结算业务必须依赖发达的国际银行网络。一家银行要经营国际银行业务，除了拓展自身的海外分支机构外，还必须与其他国家的银行进行合作，相互委托，进行国际银行业务。

(一)银行办理国际业务的主要境外机构类型

1. 代表处

代表处是商业银行在海外设立的非营业性机构。它不能办理银行业务，其主要职能是开

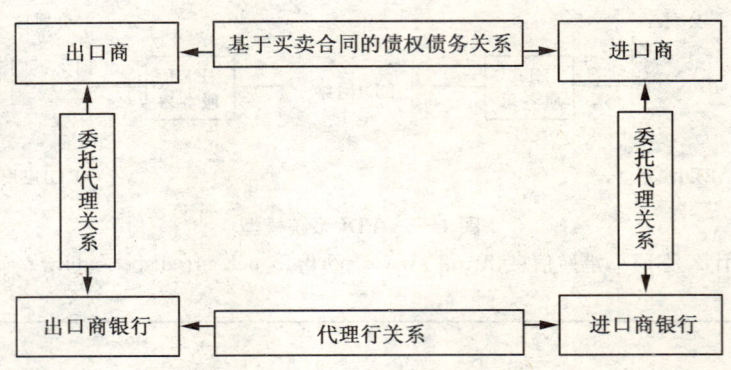

图1-6 国际结算的当事人及其相互关系

展公关活动,向驻地的政府机构、贸易商和官方人员提供本国企业和国家的相关信息;同时也为本国客户探寻新的业务前景,寻找新的贸易机会等。代表处是海外分支机构最低一级和最简单的形式。

2. 海外分支行

海外分支行是商业银行在海外设立的营业性机构。它本身不具备独立的法人地位,不但受其总行管理,而且还受其营业地的金融管理法令条例的约束。海外分支行的业务范围及经营策略与总行保持一致,总行对分支行的经营活动负有全责。

3. 附属银行(子银行)

子银行是按当地法律注册的一家独立的银行。其资本全部或大部分属国外母银行,母银行对它有控制权,其余资本可属当地所有,也可属其他国外银行。此类银行只能在当地经营银行业务。

4. 联营银行

联营银行在法律地位、性质和经营特点上同子银行类似,但任何一个国外投资者拥有的股权都在50%以下,即拥有少数股权,其余可以为东道国所有,或由几家外国投资者共有。其业务依注册而定或由参股银行的性质而定。联营银行的最大优势是可以集中多家参股者的优势。

5. 银团银行

银团银行通常是由两个以上不同国籍的跨国银行共同投资注册而组成的公司性质的合营银行。任何一个投资者持有的股份均不超过50%。银团银行有自己的名称和特殊职能,其业务范围一般包括:对超过母银行能力的或母银行不愿意发放的大额、长期贷款做出全球性辛迪加安排,承销公司债券,经营欧洲货币市场业务,安排国际的企业合并和兼并,提供项目融资和公司财务咨询等。

6. 代理行

两家银行建立直接的互相委托业务往来关系称为建立代理行关系。他们之间要交换控制文件,可以签订或不签订代理合约。两家银行成为彼此的代理行,便于国际业务的开展,弥补海外分支机构的不足,且成本较低。

(二)选择代理行的标准

选择合适的代理行才能够保证国际结算业务的顺利进行,在选择时须注意以下三点。

(1)按照客户的要求选择地区和币种等。代理行一般都选在客户所要求的国际结算业务发生的地区,它们对当地的经济、政治和商业往来更了解,更有利于业务的开展。

(2)适合本国的外交政策。同本国未建交国家的银行不能往来,不能建立代理行关系,双方民间的商业往来发生的债权、债务应通过第三国银行结算。

(3)审查对方资信状况。目前,国际上比较通用CAMELS评级模型来衡量代理行风险,它包括资本充足率(capital adequacy)、资产质量(asset quality)、管理能力(management capability)、盈利(earnings)、流动性(liquidity)、对市场风险敏感性(sensitivity to market risk)六个方面。

(三)代理行关系的建立

在经济全球化的今天,尽管有许多大银行,在世界各国的主要城市设有各种类型的分支机构或联行,但是依靠这些分行办理业务满足不了业务发展的需要。这是因为:首先,有一些特定业务必须依靠当地银行来完成;其次,在国外开设分行需要大量的资金;再次,一些国家政府对外国银行开设分支机构有种种限制。所以,一家经营国际业务的银行在国外不可能设立太多的分支机构,必须广泛地与国外银行建立代理行关系,才能大量开展业务。例如,英国最大的银行巴克莱银行在74个国家中设有4 100多家分行,但它还是要建立它的代理行网络。代理行关系的确立应建立在充分考察对方银行资信的基础上,通常要经过两个关键的步骤。

1. 签订代理协议并互换控制文件

代理协议一般由双方银行的总行签订,它包括双方银行名称、地址、代理机构、业务范围、代理期限、控制文件、使用的货币、授信额度、合作项目、头寸偿付方法、协议生效日期等。

2. 双方银行确认控制文件

两家银行建立了代理行关系,相互提供服务、委托业务,这些业务往来一般以信函或电信方式办理,首先要确认往来文件确系对方银行所发,因此需要双方交换控制文件来确保代理业务的真实有效。控制文件包括三部分。

(1)密押(test key)是两家银行事先约定的专用密码,由发电行在发送电报或电传时加注在电文内,由收报行核对相符,确认电报或电传的真实性。建立密押关系可由一方银行寄送密押给对方银行,经双方约定共同使用,也可由双方银行互换密押,各自使用自己的密押。

(2)签字样本(booklet of authorized signature)是银行列示有权签字人员的签字式样和其权力等级的文件。收件银行或委托付款银行将信函、凭证或票据上的签字与签字样本核对相符后即可确认信函、凭证、票据的真实性,然后才能按内容要求进行处理或付款。

(3)费率表(schedule of terms and conditions)是银行承办各项业务的收费标准。对方银行委托业务,按被委托银行收费标准收取。如果代理关系良好,彼此可以约定优惠办法。

三、账户行及其设置

商业银行在进行国际结算业务时,不仅需要相互委托办理业务,而且为了实现委托业务中发生的货币收付,还必须通过外汇账户予以清算。因此,银行间除了要建立代理行关系外,还要建立账户行关系。

(一)账户行关系

一家银行在自己的众多代理行中,选择其中一些国际货币所在国的重要银行来建立账户行关系,通过银行间的划转,发挥网络辐射功能,实现货币的收付。所谓账户行就是两家代理行之间其中一方在另一方开设账户或双方互设账户,它们之间的关系既是代理行关系又是账户行关系。通常一家国际性的商业银行,它在海外的代理行的数目往往可以达到几千家,而它的海外账户行的数量仅有二三百家。

(二)账户行的设置

两家分处于不同国家的商业银行在代理行的基础上,因为货币收付的需要,或者一方在对方建立账户,或者相互设账,建立账户行关系。账户的设置,有下述三种情况。

(1) A 行在 B 行开立 B 行所在国货币的账户,如图 1—7 所示。

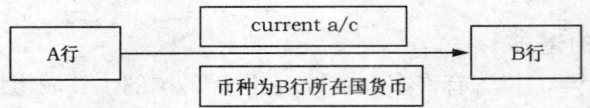

图 1—7　A 行在 B 行开立 B 行所在国货币的账户

(2) B 行在 A 行开立 A 行所在国货币的账户,如图 1—8 所示。

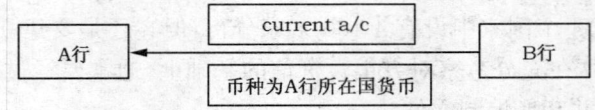

图 1—8　B 行在 A 行开立 A 行所在国货币的账户

(3)双方互相开立对方所在国货币的账户,如图 1—9 所示。

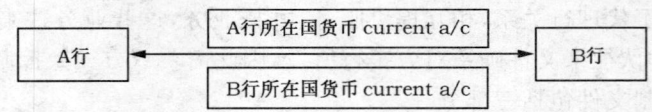

图 1—9　双方互设对方所在国货币的账户

双方建立的账户关系也称为来账或往账。以第一种情况为例,从 A 行的角度看是往账(nostro a/c),即我行设在你行的账户;反之,从 B 行的角度看,是来账(Vostro a/c),即你行设在我行的账户。第二种情况与此刚好相反。第三种情况 A 行与 B 行互为账户行和存款行,各有来账和往账。

(三)账户行往来账户的应用

账户行之间委托办理各项国际业务所涉及的货币收付行为,表现在有关银行账户余额的相应增减变化上。例如,甲行在乙行开立存款账户,甲行在乙行账户上的余额增加表明甲行的存款增加,甲行从乙行收到了相应款项;余额减少则表明甲行在乙行的存款减少,说明甲行付给了乙行一定数额的货币。在银行账务处理中,余额增加使用"贷记"(to credit),余额减少使用"借记"(to debit)。当货币从甲行转往乙行时,我们称甲行为汇出行,乙行为汇入行。根据汇出行与汇入行之间开设账户的情况,我们把账户行实务分为 4 种转账方法。

1. 主动贷记

当汇入行在汇出行设有账户时,作为偿付,汇出行应主动将相应款项贷记汇入行账户并发送贷记通知(In cover, we have credited your a/c with us)。

2. 授权借记

当汇出行在汇入行设有账户，作为偿付，汇出行授权汇入行借记本行在汇入行中的账户（In cover, please debit our a/c with you），汇入行完成账务处理后应发送借记通知给汇出行。

3. 共同账户行转账

当汇出行与汇入行相互之间没有往来账户，但是在同一代理行开立账户，拥有共同账户行时，汇出行可以主动授权这个共同账户行借记本行账户并同时贷记汇入行账户（In cover, we have authorized X Bank to debit our a/c and credit your a/c with them，如图1—10所示）。

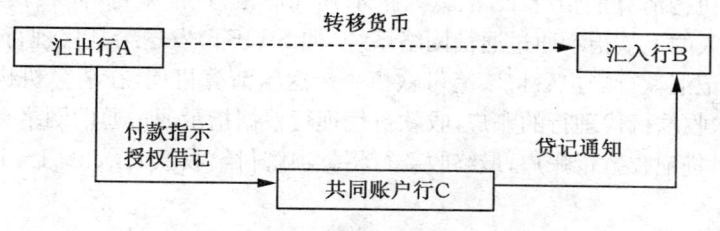

图1—10　共同账户行实务操作

4. 各自账户行转账

当汇出行和汇入行之间没有共同账户行，但它们各自的账户行之间有账户往来关系时，汇出行指示其账户行（X Bank）将款项转移给汇入行的账户行（Y Bank）开立的账户。其操作过程如图1—11所示。

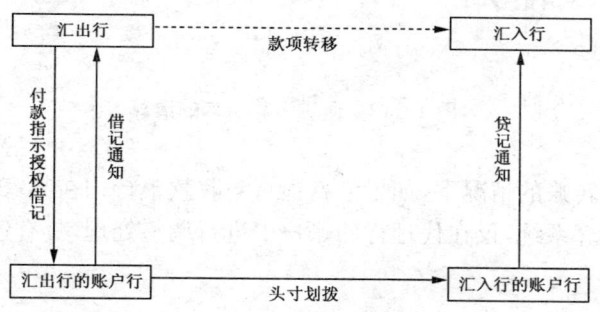

图1—11　各自账户行转账实务操作

任务四　国际清算系统

结算是清算的前提，清算是结算的继续和完成。不通过银行间债权、债务的清算，国际结算根本无法实现。

一、国际清算的概念

由于国际经济、政治、文化关系的广泛发展，形成了各种错综复杂的多边债权、债务关系，不论是个人间的、企业间的或政府间的债权、债务或货币收付都不可能由一家银行单独去完成，而必须由不同国家的两个或两个以上的银行在国际金融市场上来共同完成，也就是要通过在各金融中心的大商业银行的存款账户上集中进行转账冲销而得到清算，这种清算制度通常称为国际清算。快速、安全、高效地实现国际清算已成为当代国际结算的主要课题。

国际结算与国际清算是紧密联系和不可分割的,结算是清算的前提,清算是结算的继续和完成。结算主要是指债权人和债务人通过银行清偿债权、债务关系,清算是指银行之间通过清算网络来结算债权、债务关系,而银行之间的债权、债务关系又主要是由结算引起的。

国际银行间债权、债务的清算有两种情况:一种是通过清算机构清算,另外一种是通过银行内部转账清算。

在通过清算机构清算的情况下,汇款人指示其开户银行(汇款行)向收款人支付一笔款项。汇款银行将汇款人的汇款指示通过通信网络系统(如 SWIFT)发送给其代理行(汇款行代理行),汇款行代理行借记汇款行账户后将该笔付款指令传送给清算机构,在清算机构内完成资金清算后,该笔款项进入收款行代理行的账户,收款行代理行根据指示通过通信网络系统将汇款信息发送给收款行,同时贷记收款行账户,最终收款行将款项解付给收款人,如图1—12所示。

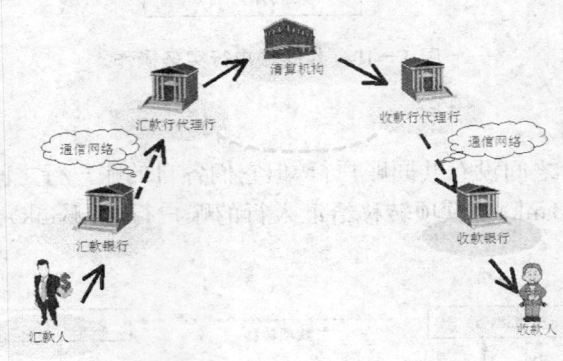

图1—12 通过清算机构的清算

在通过银行内部转账的情况下,如果汇款银行与收款银行均在某家代理行开有账户,资金的流动可以不经过清算系统,仅在代理行的账户中进行调整处理,具有速度快、成本低的特点。

实例1—2

A银行与B银行在纽约C银行都开有美元账户。A银行将汇款人的汇款指示通过通信网络系统发送给其账户行C银行。通过内部转账的清算方式,C银行直接借记A银行在其的账户并同时贷记B银行的账户,资金的清算无须通过清算系统即可完成(见图1—13)。

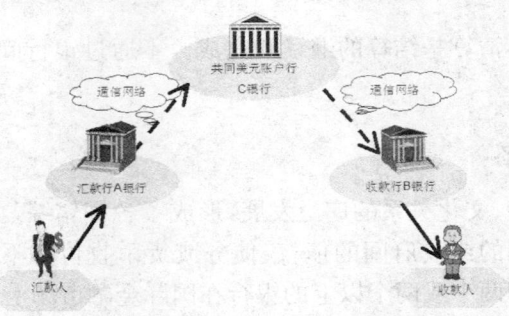

图1—13 通过银行内部转账的清算

二、国际清算的基本条件

办理国际清算必须具备三个条件。

(一)自由兑换货币

现汇结算方式盛行于第一个统一的国际货币制度——国际金本位时期。金本位时期最典型的形态是金币本位制,黄金具有自由流通,自由兑换,自由铸造,熔毁和自由输出输入国境四大特点,由于"黄金输送点"的制约,各国货币之间的汇率稳定,资金调拨自由,为国际清算创造了顺利开展的条件。但是在1973年以后的纸币本位制下,黄金与纸币已不发生直接联系,各国对本国货币的可兑换性和资金移动施加不同程度的限制,于是在现汇结算方式下所使用的货币必须是可自由兑换的货币。目前,世界上属于可自由兑换的货币有70多种,其中在现汇结算中常用的有USD、EUR、GBP、JPY、CAD和HKD等。在国际结算和清算中,一切货币的收付最终必须在该货币的清算中心进行结算。如纽约美元清算中心、法兰克福欧元清算中心、伦敦英镑清算中心、东京日元清算中心、悉尼澳元清算中心构成的全球骨干清算中心,可安全高效、便捷地为客户提供世界主要币种的清算服务。

同步案例1-2

A国的进口公司向B国的出口公司进口机器设备。他们决定用第三国货币支付。但在实际支付货款时,发现两国的银行在第三国没有碰头行,在支付货款过程中延误了不少时间。国际结算中,从支付清算的便利角度来说,在选择支付货币时应该分析哪些因素?

案例精析:在国际经济交往中,付款货币不同,所涉及的要素就有所不同。有的货币收付不用通过票据交换所,有的则必须通过票据交换所。

(1)付出口国货币。进口国的某银行在出口国某银行总行开有出口国货币的存款账户。出口国账户行在其来账上划转(借记),或通过交换进行转账。前者不涉及出口国的票据交换所,而后者要涉及出口国的票据交换所。

(2)付进口国货币。出口国的某银行在进口国某银行总行开有进口国货币的存款账户。进口国银行可直接收进(贷记),或通过交换收进。前者不涉及进口国的票据交换所,后者要涉及进口国的票据交换所。

(3)付第三国货币。如果进出口国的银行同在第三国同一家银行开有当地货币的存款账户,就形成了碰头行转账结算。由第三国银行直接借记进口国的第三国货币存款,转而贷记出口国的第三国货币存款,不用通过票据交换所转账。如果进出口国的银行在不同的代理行开立了存款账户,而没有碰头行,那么就要通过第三国的货币清算中心的票据交换所交换转账,完成收付。

在选择结算货币时,除了考虑汇率因素外,还应考虑银行结算的便利性,必要时可以向有业务关系的银行咨询一下银行之间开立账户的情况,尽可能选择支付便利的货币,提高贸易结算的效率。

(二)建立可自由调拨的账户

一国的国际清算要顺利进行,除了必须使用可自由兑换货币外,还需要有本国的商业银行在世界各国际金融中心的商业银行开立各种货币的存款账户,使各种货币之间能相互兑换,并且本国商业银行与他国商业银行在同一国家商业银行账户上的头寸彼此可以相互调拨,以抵消或清偿各种债权、债务。

(三)建立代理关系

办理外汇业务没有其他银行的协助、合作是办不到的。也就是要通过银行彼此之间的代理关系来实现。所谓代理关系,是指两家不同国籍的银行,相互承做国际结算业务所发生的往来关系。建立代理关系的双方即互为双方的代理行。建立代理行的标志是:掌握对方的控制文件(control documents),它包括有权签字人的印鉴(specimen signature)、密押(test key)、费率表(terms and conditions)。代理关系中有账户行与非账户行的区别,账户行即两行之间单方或双方互在对方行开立账户。账户行间的支付大多通过在其所开立的账户上进行划拨结算。而非账户行则没有这种账户关系,它们之间所代理的货币收付需要通过第三家银行办理。代理关系中账户行的建立,除了信誉卓著、地理位置优越、业务往来多外,还应选择经常使用的自由兑换货币的发行国,资力雄厚、关系密切的大银行,其设立的条件更为严格。建立代理行关系的步骤如图1—14所示。

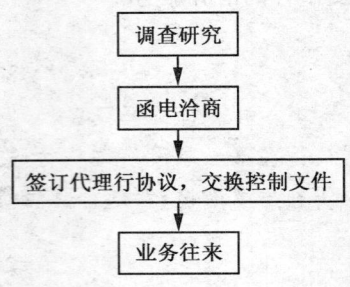

图1—14 建立代理行关系的步骤

三、主要清算系统简介

清算系统(clearing system)又称金融体系支付系统(payment system)或支付清算系统,是一个国家或地区对伴随着经济活动而产生的交易者之间、金融机构之间的债权、债务关系进行清偿的一系列组织和安排。具体来说,它是由提供支付服务的中介机构、管理货币转移的规则、实现支付指令传送及资金清算的专业技术手段共同组成的。

目前,世界上已有五大电子清算系统,它们是:SWIFT、CHIPS、CHAPS、TARGET和FEDWIRE。通过电子计算机来完成国际结算中的资金调拨。

(一)SWIFT

SWIFT(Society of Worldwide Inter—bank Financial Telecommunication,环球银行间金融电讯协会)是1973年5月由15个国家的239家银行在比利时共同创办的一个国际非营利性国际合作组织。其总部设在比利时,受比利时法律管辖。拥有全球208个国家/地区的8 300多家银行机构、证券机构和企业客户作为会员。它的环球计算机数据通信网在荷兰、美国和中国香港设有运行中心,在各会员国设有地区处理站。

我国的中国银行于1983年加入SWIFT,是SWIFT组织的第1 034家成员行,并于1985年5月正式开通使用,成为我国与国际金融标准接轨的重要里程碑。

SWIFT自投入运行以来,以其高效、可靠、低廉和完善的服务,在促进世界贸易的发展,加速全球范围内的货币流通和国际金融结算,促进国际金融业务的现代化和规范化方面发挥了积极的作用。我国的中国银行、中国农业银行、中国工商银行、中国建设银行、中国交通银行、中信实业银行、上海和深圳的证券交易所,也先后加入SWIFT,成为环球银行间金融电讯协会的会员。

SWIFT的标志如图1—15所示。

图1—15 SWIFT的Logo

(二)CHIPS

CHIPS(Clearing House Inter-bank Payment System)是"纽约清算所银行同业支付系统"的简称,是一个带有EDI(电子数据交换)功能的实时的、大额电子支付系统,是纽约清算所的分支机构,由纽约清算协会管理,其成员拥有和使用各自的电讯网络。

CHIPS于1970年4月成立,会员银行最多时达到142家,其中2/3的银行是外国银行,是当前最重要的国际美元支付系统,日平均清算/结算242 000笔,日处理金额1.2万亿美元。目前全世界银行同业间美元清算的98%以上都是通过CHIPS进行的。

CHIPS的参加银行主要包括三类:①纽约交换所的会员银行;②纽约交换所非会员银行;③美国其他地区的银行及外国银行。

CHIPS系统的应用特点有:①允许事先存入付款指示。参加银行除了可在当日调拨资金外,CHIPS还允许参加银行事先将付款指示存入中央计算机系统,然后等到解付日才将此付款通知传送到收款银行。任何资金调拨需经拨款银行下达解付命令后,CHIPS的中央计算机系统才会于解付日将此付款通知传送给收款银行。在未下达解付命令前,拨款银行有权取消该笔付款指示。②完善的查询服务功能。客户可以随时查询自己银行的每笔提出或存入的金额,并及时调整自己的头寸。③自动化程度高。参与行的支付信息可在不同系统之间流动,而无须人工干预。④安全性好。CHIPS将四台大型机组成两套系统,实行两套系统互为备份,2004年6月又建成了第三个数据中心,作为第三个热备份站点。

CHIPS的标志如图1—16所示。

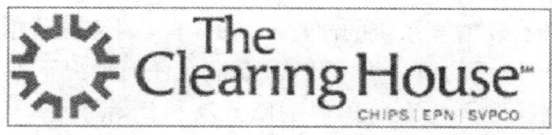

图1—16 CHIPS的标志

(三)CHAPS

CHAPS(Clearing House Automated Payment System,伦敦银行同业自动清算系统)于

1984年在伦敦建立。它是世界上第二大实时总额结算系统(第一位是美国联邦储备电划系统,FEDWIRE)。自1999年1月4日,CHAPS分成CHAPS欧元和CHAPS英镑,共有会员银行21家,日处理交易8万笔,涉及金额2 400亿英镑,并与泛欧清算系统(the Trans-European Automated Real-time Gross Settlement Express Transfer System,TARGET)联网。

CHAPS采用双重清算体制,即所有商业银行都通过其往来的清算银行(14家英国银行,也称结算银行)进行清算,称为初级清算。它由国家银行(英格兰银行)和清算银行之间进行的集中清算,称为终级清算。所有商业银行都必须在清算银行开立账户,在初级清算时轧算差额,再由各清算银行在英格兰银行开立账户,以此进行终级清算和轧算差额。14家结算银行,由9条信息通道把他们和该系统的一个信息转换中心连接起来,其中四大结算银行,即巴克莱银行、国民西敏寺银行、米兰银行和劳合银行,分别单用一条信息通道,其余10家结算银行每两家合用一条信息通道。参加该系统的银行进出自动系统的付款电报都使用统一格式。它的9条信息通道分别都有对出、入的收付电报自动加押和核押的软件装置以及信息储存装置。除此之外,每一通道都有一个自动加数器,它可以把发给或来自其他通道的付款电报所涉及的金额根据不同的收款行(指其他清算银行)分别加以累计,以便每天营业结束时,清算银行之间进行双边对账和结算,其差额通过他们在英格兰银行的账户划拨来结清。

CHAPS有4个特点:①它是英国银行间用于有担保、无条件、金额在100英镑以上的当日起息付款的电子资金划拨系统;②它以高度电脑化的信息传递全部地取代了依靠票据交换方式,自动化程度高,快捷价廉;③CHAPS开通时间为当地时间9:10～15:10。在意外情况下,该系统的主管部门有权对结算时间作出必要的修改;④它使伦敦城外的清算银行为付款人的交易也可以实现当天结算。CHAPS使用的计算机设备对所有的软件都有备用件,一旦机器局部发生故障,备用件就能自动接替工作。此外,即使整个通道因某项特殊原因失灵,每家清算银行都另有完整的通道随时可供备用。

CHAPS的标志如图1-17所示。

图1-17 CHAPS的标志

(四)TARGET

TARGET(Trans-European Automated Real Time Gross Settlement Express Transfer System)是欧洲实时全额自动清算系统的简称。1995年5月欧洲货币当局为保证欧元的启动及贯彻实施欧洲中央银行体系的单一货币政策,保证在任何情况下在当天能进行大额资金的收付,在德国的法兰克福建立了一个跨国界的欧元支付清算系统。1999年1月1日正式启动。它保证了欧元清算的及时有效,对欧洲中央银行实施货币政策具有重要的作用。2007年11月19日新的欧元区支付系统TARGET2开始在德国等8个国家正式启用。由欧盟和欧洲央行共同推行的TARGET2支付系统是欧元区支付系统的一大革新,它克服了原有系统在结构上的一系列缺陷。此外,TARGET2还将对计划中的单一欧洲支付区(SEPA)做出贡献。

TARGET 的标志如图 1—18 所示。

图 1—18　TARGET 的标志

（五）FEDWIRE

联邦资金转账系统（Federal Reserve Wire Transfer System，FEDWIRE）即美联储资金电划系统，是由美国的中央银行——美国联邦储备委员会开发与维护的美国境内美元电子转账系统。该系统是一个实时的、全额的、贷记的资金转账系统，用于遍及美国 12 个储备区的 1 万多家成员银行之间的资金转账，实时处理美国国内大额资金的划拨业务，逐笔清算资金。FEDWIRE 自 1914 年 11 月开始运行，1970 年开始建立自动化电子通信系统，其重要任务之一就是为美国银行系统创建统一的境内美元的支付清算设施。

FEDWIRE 的成员主要包括联邦储备成员银行、联储设有存款账户的金融机构和美国境内的外国银行。目前主要用于纽约州之外的美国境内银行间隔夜拆借、银行间结算业务、公司之间付款以及证券交易结算等，并为 CHIPS 提供最终资金清算。

实例 1—3

我国某出口商出口货物，结算货币为美元，结算方式为托收。货物出运后，出口商将全套单据送到 A 银行，委托其办理托收，在托收指示中，出口商指定 B 银行为代收行。A 银行在接受了托收指令后，发现其与 B 银行没有账户关系，但 A 银行的纽约分行与 B 银行同为 CHIPS 的参加行。于是 A 银行在给 B 银行的托收委托书中写明如下指示："When collected, please remit the sum to our New York Branch via CHIPS（ABA：　　）for credit of our account （UID：　　）with them."那么，CHIPS 是怎样运作的？什么是 ABA 号码？什么是 UID 号码？

解析

CHIPS 是一个贷记清算系统，它累计多笔支付业务的发生额，并且在日终进行净额结算。CHIPS 的会员行可以是商业银行、国际条例公司和纽约州银行法所定义的投资公司或者在纽约设有办事处的商业金融机构的附属机构。CHIPS 网络现有 140 个会员行，分为每个营业日末的 CHIPS 结算的会员行和非结算会员行。在非结算会员行中，绝大部分是外国银行在美国的分行或代理机构。结算会员行必须在纽约联邦银行开设资金和簿记证券账户。

参加 CHIPS 的银行均有一个美国银行公会号码（American Bankers Association Number），即 ABA 号码，作为参加 CHIPS 清算所的代号。每个 CHIPS 会员银行所属客户在该行开立的账户，由清算所发给通用认证号码（Universal Identification Number），即 UID 号码，作为收款人或收款行的代号。凡通过 CHIPS 支付和收款的双方必须都是 CHIPS 会员银行，才能通过 CHIPS 直接清算。通过 CHIPS 的每笔收付均由付款一方开始进行，即由付款一方的

CHIPS会员银行主动通过其CHIPS终端机发出付款指示,注明账户行ABA号码和收款行UID号码,经CHIPS计算机中心传递给另一家CHIPS会员银行,收在其客户的账户上。

本案中,B银行收妥款项,通过CHIPS发出付款指示,注明账户行的ABA号码和收款行的UID号码,汇交A银行纽约分行贷记款项,A银行得知款已收妥,即可贷记出口商账户。通过CHIPS传递的支付通常是具有国际性的、与跨行业务有关的支付。CHIPS处理着目前国际绝大部分美元的支付清算。

四、跨境贸易人民币清算

自2009年4月我国开展跨境贸易人民币结算试点以来,到2011年8月跨境贸易人民币结算境内地域范围扩大至全国,人民币逐步用于汇付、托收、信用证、担保等国际货物结算与融资业务以及其他经常项目下跨境结算业务。2015年12月1日,IMF宣布,人民币将纳入特别提款权(SDR)货币篮子,SDR货币相应扩大至美元、欧元、人民币、日元和英镑5种货币,人民币的权重为10.92%,超过日元和英镑,居第三位。

(一)参与跨境贸易人民币清算业务的银行

1. 境外参加银行

境外参加银行主要是指为境外客户(公司或金融机构)提供跨境贸易人民币结算或融资服务的境外银行。境外参加银行可以是外国金融机构,也可以是中资银行的海外分支机构,需要在境内代理行或港澳人民币清算行开有人民币清算账户。境外参加银行可以在不同境内代理银行开立的人民币同业往来账户之间进行资金汇划,也可以在境内代理行开立的同业往来账户与在港澳人民币清算行开立的人民币账户之间进行资金汇划。

2. 境内结算银行

境内结算银行又称境内参加行,主要是指为境内、外企业办理跨境贸易人民币结算、担保或融资服务,具备国际结算业务能力的我国境内商业银行。境内参加行每日日终将人民币跨境收支信息、进出口日期或报关单号和人民币贸易融资等信息报送中国人民银行人民币跨境收付信息管理系统(RCPMIS)。

3. 境内代理银行

境内代理银行主要是指与境外参加行签订人民币代理结算协议、开立人民币同业往来账户的境内参加行。代理协议中通常约定双方的权利义务、账户开立的条件、账户变更撤销的处理手续、信息报送授权等内容。境内代理银行可以通过中国人民银行的大额支付系统,代理境内、境外参加行办理人民币跨境清算业务。

境内代理银行根据中国人民银行的规定,可以为境外参加行提供铺底资金兑换、在限额内购售人民币和提供人民币账户融资等服务,每日日终要向RCPMIS报送同业往来账户的收支和余额、拆借及人民币购售业务等情况。

4. 港澳清算银行

港澳清算银行主要是指经中国人民银行和中国香港地区金融管理局、澳门地区金融管理局认可,已加入中国人民银行大额支付系统并进行港澳人民币清算业务的银行,如中国银行(香港)有限公司、中国银行股份有限公司澳门分行。

港澳清算银行可以按照中国人民银行的有关规定从境内银行间外汇市场、银行间同业拆借市场兑换人民币和拆借资金,每日日终将当日拆借发生额、余额等情况报送RCPMIS。

拓展识读 1－2

跨境人民币收付信息管理系统

中国人民银行建立的人民币跨境收付信息管理系统(RCPMIS)的主要功能是收集人民币跨境收付及相关业务信息,对人民币跨境收付及相关业务情况进行统计、分析、监测;依法开展跨境人民币业务的银行应当接入系统,并按照有关规定向系统及时、准确、完整地报送人民币跨境收付及相关业务信息。银行工作人员应当严格按照有关规定保存、使用人民币跨境收付及相关业务信息,依法保守秘密。银行可借助系统履行交易真实性、一致性的审核义务,通过系统可以查询:跨境人民币业务关注企业名录;为企业办理跨境贸易人民币结算所需的物流背景信息;系统对本机构履行交易真实性审核情况的考评情况;本机构所报送的信息;其他可以查询的信息。港澳人民币清算行人民币跨境收付及相关业务信息的报送及监测,按照中国人民银行与港澳人民币清算行签订的《关于人民币业务的清算协议》执行。

(二)跨境贸易人民币清算模式

目前,我国商业银行开展跨境贸易人民币结算业务有代理行清算模式和港澳清算行模式两种清算模式,两种模式各有优势、互为补充。

1. 代理行清算模式

代理行清算模式主要是指中资银行境内银行和海外联行、代理银行之间进行的人民币清算业务,即中资银行的海外分支机构、作为其海外代理行的外资银行等(统称为境外参加行)在境内中资银行开立人民币清算账户,通过 SWIFT 进行的人民币资金的跨境结算和清算。其清算流程如图 1－19 和图 1－20 所示。

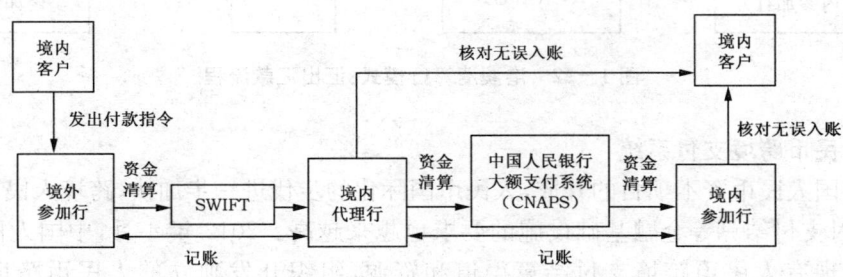

图 1－19　代理行清算模式:汇入汇款流程

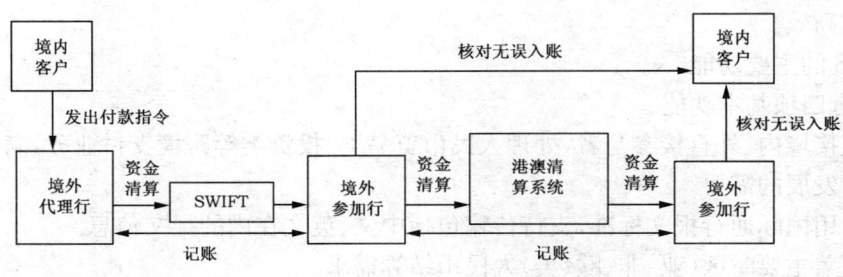

图 1－20　代理行清算模式:汇出汇款流程

2. 港澳清算行模式

港澳清算行模式主要是指在中资银行境内银行和港澳地区境外分支行之间进行的清算业务，即港澳地区以及内地以外的其他地区的银行（境外参加行），在中资银行香港/澳门的分支行开立人民币清算账户，通过中国人民银行大额支付系统（CNAPS）进行人民币资金的跨境结算和清算。其清算流程如图1—21和图1—22所示。

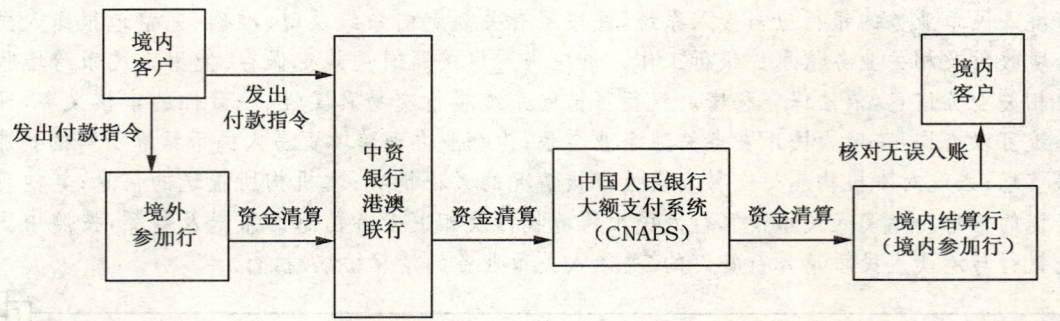

图1—21 港澳清算行模式：汇入汇款流程

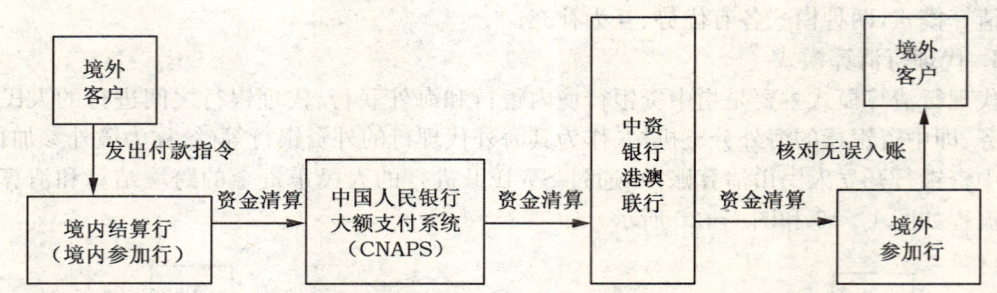

图1—22 港澳清算行模式：汇出汇款流程

（三）人民币跨境支付系统

随着我国人民币资本项目的开放，人民币国际化的步伐进一步加快，跨境人民币业务结算不断增长，对支付结算等金融基础设施的要求也越来越高。2012年4月，中国人民银行决定进一步整合现有人民币跨境支付结算渠道和资源，组织开发独立的人民币跨境支付系统（Cross-border Inter-bank Payment System，CIPS），以提高跨境清算效率，满足主要时区的人民币业务发展需要，提高交易的安全性，构建公平的市场竞争环境，保证人民币跨境支付业务安全、稳定、高效。

1. CIPS的主要功能

CIPS有四项基本功能。

一是连接境内、外直接参与者，处理人民币贸易类、投资类等跨境支付业务，满足跨境人民币业务不断发展的需要。

二是采用国际通行报文标准，支持传输包括中文、英文在内的报文信息。

三是覆盖主要时区（亚、非、欧、美）人民币结算需求。

四是提供通用和专线两种接入方式,让参与者自行选择。

2. CIPS 与大额支付系统(HVPS)的联系

大额支付系统(HVPS)是中国人民银行"中国现代化支付系统"(China National Automatic Payment System,CNAPS)的重要应用系统。该系统于 2005 年在全国建成运行,实现了资金实时到账,提高了资金的周转速度,而且通过连接中央债券综合业务系统、公开市场业务交易系统、银行卡跨行支付系统、全国银行间外汇交易系统以及香港、澳门人民币清算行业务系统,为金融市场资金结算和跨境贸易人民币结算提供了有力支持。

CNAPS 的功能与美联储资金电划系统(FEDWIRE)的类似,主要为境内银行业金融机构和金融市场参与者提供跨行人民币资金清算服务,是境内跨行人民币资金汇划的主渠道。CIPS 主要处理人民币跨境支付业务,业务处理时间和业务类型均独立于大额支付系统(HVPS)。两个系统之间相互独立,但互联互通。境内机构可以同时作为 HVPS 和 CIPS 的直接参与者,境外机构不再与 HVPS 直接相连,而作为 CIPS 的直接参与者或间接参与者。

人民币跨境支付系统是人民币跨境支付的基础设施和技术准备,有利于完善人民币支付清算体系,其研发与建成将对人民币国际化有着重要的意义。

任务五 国际结算的法律基础、惯例与规则

由于国际结算活动涉及不同国家的法律,但各国关于国际结算的法律规定却并不完全统一。为了消除分歧,保证国际结算的顺利进行,国际社会已发展和形成了关于国际结算的统一惯例、做法与相关的规则。

一、国际结算的法律基础

国际结算需要相关的法律、法规、规则规定、行业惯例等规范、约束当事人行为,保证经济交易顺利进行。国际结算会涉及相关的国际法、国内法和国际惯例。

(一)国际法

国际结算涉及的国际法有以下几种。

(1)《联合国国际货物买卖合同公约》。该公约规范了国际货物贸易合同双方当事人的权利和义务,一般地也适用于当事人在结算业务中的行为。

(2)《联合国国际汇票和国际本票公约草案》《联合国国际支票公约草案》。

(3)《日内瓦统一汇票、本票法公约》和《日内瓦统一支票法公约》。二者通称为《日内瓦统一票据法》,是 1930 年法国、瑞士、德国等大多数欧洲国家以及日本、巴西等共二十余国参加的国际会议达成的公约。该公约主要依据大陆法系的机制制订,英、美等国不受此约束。

(二)国内法

各国的民法和商法,特别是票据法、银行法等单项法律法规,是调整国际结算当事人关系的主要依据。

我国有关国际结算的法律和法规有:①《中华人民共和国票据法》;②《中华人民共和国外汇管理条例》;③中国人民银行制订的《结汇、售汇及付汇管理规定》。

(三)国际惯例

目前国际上使用的国际惯例有:①《跟单信用证统一惯例》(UCP600)。②《托收统一规

则》(UCR522)。③《见索即付保函统一规则》(URDG458)。这几个国际惯例均由国际商会制订,并得到世界各国和有关当事人的普遍承认和采纳,成为国际结算最重要的行为规范和法律基础。④《国际保付代理协议》(CIFC,1994),由国际保理商联合会制订。

在国际贸易和结算领域,以 UCP 为核心,还有许多配套的规则。其中最主要的有以下两个。

1. eUCP

根据国际商会(ICC)国家委员会的建议,eUCP1.1 版是专门对 UCP600 所作的升级版本,共有 12 个条款,仍作为 UCP600 的补充。需要注意的是,UCP 很多条款并不对电子交单产生影响,所以要与 eUCP 一起使用。在以电子交单或电子和纸质单据混合的方式提交单据时,要同时使用 eUCP 和 UCP 两个规则。

2. 国际标准银行实务及其修改

《国际标准银行实务》(International Standard Banking Practice,ISBP)是一个供单据审核员在审核跟单信用证项下提交的单据时使用的审查项目(细节)清单。ISBP 于 2002 年首次通过,作为国际商会制定的应用广泛的关于跟单信用证的规则——《跟单信用证统一惯例》的必不可少的补充,受到了各界的广泛接纳。通过详细规定跟单信用证操作中的细节,比如如何签发海运提单,保险单据的关键特征如何,如何处理拼写和打印错误等,ISBP 填补了概括性的 UCP 规则与信用证使用者日常操作之间的差距。2007 年 7 月 1 日通过了与 UCP 精神相一致的 ISBP,新的 ISBP 草案称为《审核跟单信用证项下单据的国际标准银行实务》(*ISBP for the Examination of Documents under Documentary Credits Subject to UCP* 600),全文共 185 条,内容非常全面。

除了上述法律、法规和惯例的规定之外,还必须掌握在实践中形成的与国际结算有关的一般原则和行业的具体操作规范。

二、有关国际结算的国际惯例

国际惯例是指在世界范围内被人们反复运用与普遍承认的习惯做法和特定方式。它是在国际范围内日积月累地逐渐形成的。其中涉及国际结算的主要(不限于)有以下几种。

(1)1992 年《见索即付保函统一规则》(URDG458,国际商会第 458 号出版物)。

(2)1992 年《多式运输单据规则》(国际商会第 481 号出版物)。

(3)1993 年《跟单信用证统一惯例》(UCP500,国际商会第 500 号出版物)。

(4)1995 年《托收统一规则》(URC522,国际商会第 522 号出版物)。

(5)1996 年《跟单信用证项下银行间偿付统一规则》(URR525,国际商会第 525 号出版物)。

(6)1998 年《国际备用信用证惯例》(ISP98,国际商会第 590 号出版物)。

(7)2000 年国际保理商联合会《国际保理业务惯例规则》。

(8)2002 年《〈跟单信用证统一惯例〉(UCP500)电子交单补充规则》(eUCP1.0 版)。

(9)2002 年国际商会《跟单票据争议解决专家意见规则》(DOCDEX,国际商会第 811 号出版物)。

(10)2003 年《审核跟单信用证项下单据的国际标准银行实务》(ISBP,国际商会第 645 号出版物)。

(11)2007年《跟单信用证统一惯例》(UCP600,国际商会第600号出版物)。
(12)2007年《〈跟单信用证统一惯例〉(UCP600)电子交单补充规则》(eUCP1.1版)。
(13)2007年《审核跟单信用证项下单据的国际标准银行实务》(ISBP,国际商会第681号出版物)。
(14)2008年《跟单信用证项下银行间偿付统一规则》(URR725,国际商会第725号出版物)。
(15)2010年《见索即付保函统一规则》(URDG758,国际商会第758号出版物)。

需要指出的是,在上述有关国际结算的国际惯例中,有的存在若干版本,比如关于保函的URDG458与URDG758,关于信用证的UCP500与UCP600,但与一般法律不同的是,并非新版本国际惯例的出台,就自然导致旧版本的废止。到底适用哪个版本,完全由当事人自主决定。这也是由国际惯例的性质和特点决定的。

拓展识读1—3

国际惯例与法律、合同的关系

国际惯例本身并不是法律,而是人们共信共守的规则。它本身不具有法律效力。因此,合同的一方不能强迫对方使用某惯例,也不能自己主动地去执行某惯例,除非在合同上引用了某惯例,则此惯例对有关各方均具有约束力。所以在合同要载明:"This is subject to UCP600"或类似的字样。

当国际惯例与合同的规定相违背时,以合同为准;合同中没有规定的,又与现行的法律法规不违背的,国际惯例则起到补充的作用。

三、有关国际结算的其他规则

调整与规范国际结算活动或与国际结算相关的规则除了国际惯例之外,还涉及一些国家的国内法与国际条约。

(一)与票据相关的规则

与票据有关的规则主要是英国的《票据法》以及在日内瓦签订的有关汇票、本票与支票的两个国际公约。

1. 英国《票据法》

英国的《票据法》于1882年颁布实施,它规定了汇票和本票,并将支票包括在汇票之内。虽然该法属于英国国内法,但该法历史悠久,在票据领域占有重要地位,因而为许多国家的当事人所引用。

2.《日内瓦统一汇票、本票法公约》和《日内瓦统一支票法公约》

1930年,由法国、德国等十几个国家在日内瓦签订了《日内瓦统一汇票、本票法公约》,1931年又签订了《日内瓦统一支票法公约》。这两项公约已为大多数大陆法系的国家所接受。

(二)与单据相关的规则

涉及单据方面的国际规则主要是有关提单的《海牙规则》(Hague Rules)、《维斯比规则》(Visby Rules)、《汉堡规则》(Hamburg Rules)以及有关保险的英国伦敦保险业协会所制定的

《协会货物条款》。

1. 有关提单的规则

《海牙规则》全称为《统一提单的若干法律规定的国际公约》(International Convention for the Unification of Certain Rules of Law Relating to Bills of Lading),1924 年在海牙通过,是关于提单法律规定的第一部国际公约。《维斯比规则》是《修改统一提单若干法律规定的国际公约议定书》(Protocol to Amend the International Convention for the Unification of Certain Rules of Law Relating to Bills of Lading)的简称,于 1968 年 2 月 23 日在布鲁塞尔外交会议上通过,自 1977 年 6 月 23 日生效。因该议定书的准备工作在瑞典的维斯比完成而得名。是《海牙规则》的修改和补充,故常与《海牙规则》一起,称为《海牙—维斯比规则》(Hague-Visby Rules)。1978 年 3 月 6 日至 31 日在德国汉堡举行由联合国主持的由 78 国代表参加的海上货物运输大会又通过了《汉堡规则》,即《联合国海上货物运输公约》(United Nations Convention on the Carriage of Goods by Sea,1978),于 1992 年 11 月 1 日生效,进一步完善了海上货物运输规则。以上三个公约中,《海牙规则》目前为大多数国家采用。该规则自 1931 年生效以来,全世界大多数船公司制定的提单条款都以其为依据。因此,《海牙规则》堪称现今海上货物运输方面最重要的国际公约。虽然我国并非《海牙规则》的缔约国,但是,《海牙规则》的制定是在长期的海运习惯的基础上发展而来的,并且经过多年的实践,已为航运界较为广泛地认可,因此,《海牙规则》可以说是我国海商法最主要的渊源和参考依据。另外我国海商法也参照了部分《维斯比规则》以及《汉堡规则》的内容。总体来看,中国海商法在实质问题上同《海牙规则》,在形式问题上同《汉堡规则》、《维斯比规则》,倾向于保护承运人的利益。

《海牙规则》《维斯比规则》以及《汉堡规则》的生效实施,使得海上货物运输法律制度在三个公约的范围内得到了统一。不过三部公约的同时存在也成为国际海上货物运输法律制度未能实现最终统一的明证。在联合国国际贸易法委员会的主持下,一部新的国际公约《联合国全程或者部分国际海上货物运输合同公约》(UN Convention on Contract for the International Carriage of Goods Wholly or Partly by Sea),于 2008 年 12 月 12 日获得联大 35 次会议审议通过,并于 2009 年 9 月在荷兰鹿特丹正式签署发布,又称《鹿特丹规则》(Rotterdam Rules)。从内容上看,《鹿特丹规则》是当前国际海上货物运输规则之集大成者,不仅涉及包括海运在内的多式联运、在船货两方的权利义务之间寻求新的平衡点,而且还引入了如电子运输单据、批量合同、控制权等新的内容,此外公约还特别增设了管辖权和仲裁的内容。从公约条文数量上看,公约共有 96 条,实质性条文为 88 条,是《海牙规则》的 9 倍,《汉堡规则》的 3.5 倍。因此,该公约被称为一部"教科书"式的国际公约。不过,该公约目前尚未生效。

为了便于大家了解上述规则之间的差异,表 1—1 中对《海牙规则》《维斯比规则》《汉堡规则》《鹿特丹规则》以及《中国海商法》就主要方面进行了比较。

表 1—1　　　　《海牙规则》《维斯比规则》《汉堡规则》《鹿特丹规则》《中国海商法》比较

	《海牙规则》	《维斯比规则》	《汉堡规则》	《鹿特丹规则》	《中国海商法》
单据形式	提单		提单	提单与电子提单	
提单的证明力	承运人收到货物的初步证据	对托运人是初步证据,对提单受让人是最终证据	—	初步证据 转让后最终证据	—

续表

	《海牙规则》	《维斯比规则》	《汉堡规则》	《鹿特丹规则》	《中国海商法》
承运人的基本义务	(1)船舶适航的义务；(2)管货义务		增加：管船义务（取消了航行过失免责）	提供、管理、维持船舶（保持状态）（特别），管货（具体）	(1)适航义务；(2)管货义务（航行过失可以免责）
责任范围	损坏、灭失		损坏、灭失、迟延	损坏、灭失、迟延	损坏、灭失、迟延
责任基础	不完全过失责任（航行过失免责）		完全过失责任、推定过失责任	过失推定	不完全过失责任，同《海牙规则》
承运人的免责	包括承运人的驾船管船过失（共17项）		(1)取消了航行过失免责；(2)取消了火灾的免责	免责，但不得有过失，不得违反海上航程特别义务	航行过失免责＋无过失免责，不包括火灾过失免责（少于《海牙规则》，多于《汉堡规则》）
责任期间	钩至钩		收到交	收到交，当事人可约定延长，但不得缩短	(1)散货，装到卸；(2)集装箱运输，接到交
赔偿限额	每件或每单位不超过100英镑	每件或每单位666.67特别提款权，或毛重每千克2特别提款权，高者为准	每件或每单位835特别提款权，毛重每千克2.5特别提款权，高者为准	每件或每单位875特别提款权或者毛重每千克3特别提款权，高者为准；迟延交付为货物运费的2.5倍	每件或每单位666.67特别提款权，或每千克2特别提款权（同1968年《维斯比规则》）
索赔时	(1)提货时发现，当时提出；(2)损害不明显，3日内提出		(1)提货时发现，次日提出；(2)损害不明显，15日提出；(3)迟延交付应在收货后连续60天内提出	7日内及时通知，否则推定相符；不通知，不影响索赔权；交货后21天内提交迟延交付通知，否则不赔	(1)提货时发现，当时提出；(2)损害不明显7日内提出，集装箱15日内提出；(3)迟延交付应在收货后连续60天内提出
诉讼时效	1年，自货物交付或应当交付之日起算	1年，双方协商可延长。对第三者的索赔期限，还有3个月的宽限期	2年，双方协商可延长。对第三者索赔90日宽限期	2年，但被索赔人可声明延长；时效期满可提起追偿诉讼	1年
货物的适用范围	不适用于舱面的货和活牲畜		可以依约定、惯例、法律在舱面装货，活牲畜免责	—	同《汉堡规则》

续表

	《海牙规则》	《维斯比规则》	《汉堡规则》	《鹿特丹规则》	《中国海商法》
公约适用范围	(1)适用于缔约国签发的一切提单; (2)租船合同项下的提单(注意不适用于租船合同)	(1)任何缔约国签发的提单; (2)从缔约国港口起运; (3)提单中列有首要条款(即当事人选择适用该公约)	(1)任何缔约国签发的提单; (2)当事人合意选择该公约; (3)装货港、卸货港、备选卸货港在缔约国; (4)租船合同项下的提单	运输合同约定的收货地、装货港、交货地或卸货港中的一个位于缔约国内。 本规则替代以前的《海牙规则》《维斯比规则》《汉堡规则》	—
其他(重要)	—	承运人责任限制,同样适用于其代理人、雇佣人	(1)首次承认了善意保函的相对效力(在托运人和承运人之间有效); (2)迟延交货的责任	首次规定单证托运人[1]、控制方与控制权[2]	(1)承运人责任限制,同样适用于其代理人、雇佣人; (2)过失造成迟延交货的责任

注:

[1]单证托运人(documentary shipper)是指托运人以外、同意在运输单证或电子运输记录中记名为"托运人"的人,单证托运人享有托运人的权利并承担其义务。

[2]一般来说,托运人为控制方(对货物行使控制权的人),除非托运人在订立运输合同时指定收货人、单证托运人或其他人为控制方。只有控制方有权行使控制权(right of control),即向承运人发出有关货物的指示的权利。

2. 关于保险的规则

在国际保险市场上,各国保险组织都制定有自己的保险条款。但最为普遍采用的是英国伦敦保险业协会所制定的《协会货物条款》(Institute Cargo Clause, I.C.C.)。《协会货物条款》最早制定于 1912 年,后来经过多次修改,现在普遍适用的是在 1982 年修订、1983 年 4 月 1 日实施的版本。伦敦保险协会的保险条款一共有 6 种。

(1)协会货物条款(A)(Institute Cargo Clause A, I.C.C.(A));

(2)协会货物条款(B)(Institute Cargo Clause B, I.C.C.(B));

(3)协会货物条款(C)(Institute Cargo Clause C, I.C.C.(C));

(4)协会战争险条款(货物)(Institute War Clause—Cargo);

(5)协会罢工险条款(货物)(Institute Strikes Clause—Cargo);

(6)恶意损坏条款(Malicious Damage Clause)。

以上 6 种保险条款中,前 3 种即协会货物条款(A)(B)(C)是主险或基本险,后 3 种则为附加险。该条款对世界各国保险业有着广泛的影响,应用也最为广泛,已成为国际海上保险单的范本。目前,世界上大约有三分之二的国家在海上保险业务中直接采用或根据《协会货物保险条款》制定自己的运输保险条款。

值得关注的是,1982 年协会货物保险条款在 2009 年又进行了部分修订。新条款扩展了保险责任起讫期,对保险公司引用免责条款作出了一些条件限制,对条款中容易产生争议的用词作出更为明确的规定,条款中的文字结构也更为简洁、严密。新版条款是各国法律法规和全球经济政治形势发展变化的产物。一旦保险人采用新版协会条款,必然会导致保险人、被保险人及相关方权利义务的改变。在我国财产保险公司中,对于国际海上货物运输,目前使用的还是中国人民保险公司的海洋货物运输保险条款或者是1982年版协会货物运输条款,是否需要使用新版协会条款,如果使用新版协会条款会对自己的保险责任产生怎样的影响,新版协会条款内容在国际上的通用解释是什么,产生争议后如何根据中国本国的法律制度进行操作,等等,都需要进一步的明确。①

国际结算业务的国际性与专业性决定了它是有关国际惯例表现最充分的领域,涉及的国际惯例与规则众多。而且,随着时代的发展,旧的惯例与规则在不断地修订变化,新的惯例与规则不断地涌现,这就需要我们紧跟时代的步伐,了解并熟悉这些惯例与规则。

应知考核

一、单项选择题

1. 现代国际结算就是指通过银行办理的国与国之间的(　　)收付业务。
   A. 信用证　　　　　B. 支票　　　　　C. 货币　　　　　D. 汇票
2. 下列(　　)不属于国际结算的范围。
   A. 有形贸易类　　　B. 物物交换类　　C. 无形贸易类　　D. 金融交易类
3. 结算工具包括货币现金、(　　)以及电报、邮寄支付凭证等。
   A. 票据　　　　　　B. 黄金　　　　　C. 信用卡　　　　D. 代金券
4. CHIPS 是(　　)。
   A. 美元国际支付系统
   B. 英镑票据清算系统
   C. 传递银行间金融交易的电讯系统
   D. 欧元区各成员国中央银行的大批量实时清算系统
5. 一般而言经营银团贷款业务的是(　　)。
   A. 银团银行　　　　B. 办事处　　　　C. 代理银行　　　D. 联营银行
6. 在对海外银行的选择上,银行最先选择(　　)协助办理国际结算业务。
   A. 账户行　　　　　B. 办事处　　　　C. 代理行　　　　D. 联行
7. 下列属于国际银行间非营利性组织的是(　　)。
   A. FEDWIRE　　　　B. CHIPS　　　　　C. TARGET　　　　D. SWIFT
8. A 行在 B 行设立 B 行所在国货币的账户,下列说法正确的是(　　)。
   A. 从 A 行的角度看,这个账户是往账　　B. 从 B 行的角度看,这个账户是往账
   C. 从 A 行的角度看,这个账户是来账　　D. 上述说法均不正确
9. 下列说法不正确的是(　　)。
   A. "已贷记你行账"表示在来账上增加了一笔款项
   B. "请借记我行账"表示在往账上减掉一笔款项

---
① 王莹.2009年伦敦协会货运险条款较1982年版的变化.上海保险.2009(7).

C."请贷记我行账"表示在往账上增加一笔款项

D."已贷记你行账"表示在往账上增加了一笔款项

10. SWIFT 是一个（　　）。

A. 美元国际支付系统

B. 英镑票据清算系统

C. 传递银行间金融交易的电讯系统

D. 欧元区各成员国中央银行的大批量实时清算系统

二、多项选择题

1. 国际债权、债务关系的形成源于多种因素，分别是（　　）。

   A. 有形贸易　　　　B. 期货交易　　　　C. 无形贸易　　　　D. 补偿贸易

2. 主要的国际结算工具包括（　　）等。

   A. 货币现金　　　　B. 银行票据　　　　C. 邮寄支付凭证　　D. 金银铸币

3. 自由的多边国际结算制度包括（　　）。

   A. 外汇自由买卖　　　　　　　　　　　B. 资本自由输出入

   C. 黄金自由输出入　　　　　　　　　　D. 多边结算制度的存在

4. 国际结算的基本方式有（　　）。

   A. 汇付　　　　　　B. 托收　　　　　　C. 信用证　　　　　D. 汇票

5. 国际结算工具主要有（　　）。

   A. 汇票　　　　　　B. 本票　　　　　　C. 支票　　　　　　D. 现汇

三、思考与讨论

1. 简述办理国际清算的基本条件。
2. 简述银行是如何进行账户行设置的。
3. 作为一个学科，国际结算主要研究哪些内容？
4. 简述国际结算的性质和特点。
5. 简述国际结算的当事人及其相互关系。

应会考核

■技能案例

1. 我国某省某外贸公司作为受益人，收到一份以英国标准麦加利银行伯明翰分行为开证行开立的信开本信用证，金额为 USD37 200；通知行为伦敦国民西敏寺银行。由于通知行与受益人不在同一个国家，因而该信用证没有像往常一样经受益人当地银行通知，而是从国外直接寄给受益人。试问：该受益人收到该信用证后，在发运货物前应首先做什么？

2. 2015 年 11 月，国内 A 公司按 FOBTianjin 向韩国 B 公司出口一批价值 10 万美元的货物，即期信用证付款。来证规定：已签署的商业发票一式三份；全套的清洁已装船海运提单，做成空白抬头，空白背书，注明运费到付；通知买方；禁止分批装运。

A 公司将货物装船后，由韩国 C 海运公司在天津的代理签发了海运提单。A 公司将全套单据交银行议付，议付行审单无误后给 A 公司办理了押汇，并将全套单据寄交开证行索偿。不料开证行将全套单据退回议付行。当议付行向 A 公司追索时，A 公司才告知，由于备货不足，实际只交付 9.5 万美元的货物，为顺利结汇，签发的商业发票金额为 10 万美元，准备近期向 B 公司补交余下的 5 000 美元货物，且 A 公司已将货款另作他用。A 公司此时只好与 B 公司协商，最后 B 公司同意按 D/P 方式支付货款，原议付行为托收行。但托收行委托开证行代收货款时，银行再次退单，理由是 B 公司拒付。此时，A 公司与议付行从有关方面获悉 B 公司已将货物提走并在市场销售，深感事态严重。很显然，在信用证项下全部单据，包括全套海运提单退回的情况下发生提货必是 C 海运公司所为；但在找到 C 海运公司在天津的代理时，该代理说海运提单注明运费到付，B 公司付清运费后就可以提货。A 公司与议付行指出：海运提单上不论注明运费预付或是运费到付，均不影响其物权证书的作用，坚持要求说明货物去向；3 天后，该代理承认 C 海运公司凭 B 公司提供的由开证行会签的担保，将货物放给了 B 公司。最后，在各有关方面的共同努力下，历时半年才收回了货款。

请问案例中的有关当事人是否真正遵循了有关国际规则与惯例？

■项目实训

【实训项目】

对国际结算的认识与理解

【实训情境】

老孙是山东半岛一家肉制品加工企业的老板。2015 年 10 月，二连浩特一家贸易公司前来联系，想帮助老孙把产品打进蒙古国市场。老孙从未做过出口生意，通过向别人咨询才知道做外贸有一套不同于国内贸易的规则。但有三个问题他不明白：一是企业做贸易为何必须与银行打交道；二是与蒙古国做贸易为何能用美元；三是出口货款是如何回到自己公司账上的。提示：其实老孙面临的不止这三个问题，只要是涉及货币的国际收付活动中所存在的疑问，都能够从一门课程里找到答案，这门课程就是国际结算。

【实训任务】

请为老孙讲解国际贸易结算涉及的问题。

项目二　国际结算票据

知识目标
理解：票据的概念、特性作用、票据的当事人、票据行为。
熟知：国际结算中各种票据的基本当事人。
掌握：国际结算票据中汇票的记载事项和汇票的票据行为。

技能目标
学生掌握国际结算中汇票各主要项目的填写、汇票的各种票据行为和处理流程。

能力目标
学生能够具有较强的分析归纳能力，能够辨认出日常接触的各种票据。

教学目标
教师要培养学生认识国际结算票据中汇票、本票、支票的理论及业务知识，为后续信用证业务的学习打下基础。

项目案例
永固房地产有限责任公司（简称"永固公司"）从丽德贸易进出口公司（简称"丽德公司"）购进2 000吨水泥，总价款50万元。水泥运抵后，永固公司为丽德公司签发一张以永固公司为出票人和付款人，以丽德公司为收款人的三个月后到期的商业承兑汇票。一个月后，丽德公司从吉祥公司购进木材一批，总价款54.5万元，丽德公司就把永固房地产有限责任公司开的汇票背书转让给吉祥公司，余下的4.5万元用支票方式支付完毕。后来，永固公司发现2 000吨水泥中有一半以上质量不合格，双方发生纠纷。汇票到期时，吉祥公司把汇票提交永固公司要求付款，永固公司拒绝付款，理由是丽德公司供给的水泥不合格，不同意付款。请问永固公司是否可以拒绝付款？

分析：永固公司不可以拒绝付款，其做法是违反法律规定的。这可从票据的无因性进行分析。票据的无因性是指票据关系虽然需要基于一定的原因关系才能成立，但是票据关系一经成立，就与产生或转让票据的原因关系相分离，两者各自独立。原因关系是否存在和有效，对票据关系不发生影响，票据债权人只要持有票据即可行使票据权利，票据债务人不得以原因关系无效为理由，对善意的持票人进行抗辩。在本案中，丽德公司和永固公司之间的购销关系是本案汇票的原因关系,汇票开出后,永固公司就与持票人产生票据关系,原因关系与票据关系相分离。永固公司提出水泥质量不合格是原因关系有瑕疵,其拒绝付款是用原因关系来对抗票据关系。由于持票人不再是原因关系的当事人,所以永固公司不能拒绝付款。付款后票据关系消灭,而原因关系仍存在,永固公司仍可以根据原因关系的瑕疵请求丽德公司赔偿。

知识支撑

任务一　国际结算票据概述

一、票据的概念

票据有广义和狭义之分。广义的票据是指商业上的权利单据(document of title),即用来表明某人对不在其实际控制下的资金或物资所有权的书面凭证。如股票、债券、仓单、提单、保险单、汇票、本票、支票等。

狭义的票据是指资金单据(financial document),是由出票人签发,约定自己或命令他人在一定日期无条件支付确定金额的书面凭证。它是以支付金钱为目的的特定凭证。若约定由出票人自己付款的是本票,命令第三者付款的则是汇票或支票。

国际结算中的票据就是指这种狭义的票据,它能够代替货币现金起流通和支付作用,从而抵消和清偿国际债权、债务,或者完成资金转移,因而是国际结算中的重要工具。现代国际结算是以票据为基础的非现金结算。

二、票据的特性

票据(instruments/documents)又称资金单据,这里所说的票据是狭义的票据,是以支付一定货币金额为目的的、可以转让流通的证券。它是出票人签名于票据上面,无条件指定自己或指定他人,以支付一定金额为目的的证券,主要有汇票、本票和支票。

票据不是货币,但可以代替货币行使某些职能,主要因为它具有以下特性。

(1)票据为设权证券。即票据的设权性,指票据做成及经过交付,就创设了它的权利——付给一定金额的请求权。设权证券是指票据的持有人凭票据上记载的内容可以证明票据的权利,以取得金钱或财产,这种票据权利,随票据的设立而产生,随票据的转移而转让,离开了票据,就无法证明票据的权利。

票据权利的产生,必须做成票据;票据权利的转移,必须交付票据;票据权利的行使,必须提示票据。

(2)票据为要式证券。即票据的要式性,票据的做成,必须具备法定的必要条件,才能发挥票据的效力。票据的成立不受当事人之间的基本关系的影响,而非常注重它的形式与内容。要式性即指票据形式必须符合票据法的规定,其上记载的必要项目必须齐全。各国票据法都对此作出了详细的规定,使票据文义简单明了,当事人的责权也因此确定无疑。

(3)票据为文义证券。即票据的文义性,指票据上的权利、义务,是依据票据上所记载的文义而决定的,不能以票据文义以外的事项确定票据的权利和义务。在票据上签字盖章的人,要对票据的文义负责。

(4)票据为无因证券。即票据的无因性,"因"是指产生票据权利义务关系的原因。无因证券即当债权人持票行使票据上的权利时可以不受票据原因的影响。对受让人来说也无须证明原因,只要要式齐全就能取得票据定义所载明的权利。

票据的行为(如产生与转让)是有原因的,是以签名及交付而完成的。但票据设立后,就有了独立的权利和义务的关系,与产生或转让票据的原因相分离。票据是否成立不受票据原因的影响,票据当事人的权利和义务也不受票据原因的影响。

(5)票据为流通证券。即票据的流通性,指票据上的权利,可以经过背书转让流通,从一个人流通到另外一个人。一般的契约下,如果要进行债权的转移必须征得债务人的同意,而票据可以经过背书或仅凭交付而自由转让流通,这种转让无须通知债务人,债务人不能以未曾接到通知为由来拒绝承担义务。

(6)票据为提示证券。即票据的提示性,指票据上的债权人请求债务人履行付款的义务时,必须向债务人提示票据,才能请求付给;如果不提示票据,则付款人就没有履行付款的义务。因此票据法规定了提示期限,超过期限,付款人责任即被解除。

(7)票据为返还证券。即票据的返还性,指票据的持票人领到票据的票款后,应将票据交还付款人,付款人应要求持票人写证明收讫字样的签名为证,收回票据,以防再度取款。因此票据不能无限期地流通,付款后即结束其功能,即仅有货币的部分功能。

(8)票据为金钱证券(有价证券)。即票据的金钱性。票据是以金钱为付给标的物的证券,不能支付其他形式的物品或服务。

(9)票据为债权证券。即票据的债权性。票据是表示一定债权的有价证券,谁拥有了票据,谁就拥有了票据文义表明的权利。

三、票据的作用

我国于1995年5月10日第八届全国人民代表大会常务委员会第十三次会议通过,于1996年1月1日起施行的《中华人民共和国票据法》,于2004年8月28日第十届全国人民代表大会常务委员会第十一次会议进行了修改。修正后的《票据法》在规范票据使用行为,保障票据使用中当事人的合法权益,维护社会经济秩序,促进社会主义市场经济的发展等方面起着很重要作用。

(一)汇兑作用

在商业交易中,交易双方往往分处两地,经常会发生在异地之间兑换或转移金钱的需要。因为一旦成交,就要向外地或外国输送款项供清偿之用。在这种情况下,如果输送大量现金,不仅十分麻烦,而且途中风险很大。但是,如果通过在甲地将现金转化为票据,再在乙地将票据转化为现金的办法,以票据的转移,代替实际的金钱的转移,则可以大大降低上述风险。

(二)支付作用

汇票、本票作为汇兑工具的功能逐渐成形后,在交易中以支付票据代替现金支付的方式逐渐流行起来。用票据代替现钞作为支付工具,可以避免清点现钞时可能产生的错误,并可以节省清点现钞的时间。因此,人们在经济生活中都普遍使用票据特别是支票作为支付的工具。

(三)流通作用

最初的票据仅限于一次付款,不存在流通问题。但自从背书转让制度出现之后,票据就具有流通功能,得以背书方式进行转让。按照背书制度,背书人对票据的付款负有担保义务,因此,背书的次数越多,对票据负责的人数也越多,该票据的可靠性也越高。在当代西方社会,票据的流通日益频繁和广泛,仅次于货币的流通。

票据虽然可以代替现金流通,但票据本身并不是货币,票据与货币的主要区别在于:它不具有法定货币的强制通用效力。因此,当债务人以法定货币清偿债务时,债权人不能不接受;但如果债务人准备以票据清偿其债务时,则必须征得债权人的同意,否则债权人可以拒绝接受。

(四)融资作用

票据的融资作用就是票据筹集资金的作用。这主要通过票据贴现来实现。所谓票据贴现,是指对未到期票据的买卖行为,也就是说持有未到期票据的人通过卖出票据来得到现款。在汇票、本票的付款期日未到之前,持票人可能会发生资金运用困难的情况,为了调动资金,持票人可寻求将手中未到期的票据以买卖方式转让于他人。收买未到期的票据,再将其卖给需用票据进行支付或结算的人,可以从买卖票据的差价中获利,这样,买卖票据的业务发展起来。

(五)信誉作用

信誉作用是票据的核心功能。票据当事人可以凭借某人的信誉,就未来可以取得的金钱,作为现在的金钱来用。票据的背书,加强了票据的信誉作用,汇票和本票都有信誉工具的作用。

四、票据的法律体系和法的冲突的处理原则

票据法是规定票据种类、票据形式、票据行为及票据当事人权利义务关系的法律规范的总称。在国内外经济活动中,票据发挥着十分重要的作用,绝大多数国家都制定了各自的票据法,将票据流通规则法律化。目前最具有影响力的是英美法系中的英国《票据法》和大陆法系中的《日内瓦统一票据法》。

(一)英美法系

英国在对银行长期实践经验总结的基础上,于 1882 年颁布实施了《票据法》(Bills of Exchange Act),它对汇票和本票作了法律规定,并将支票作为汇票的一种。1909 年、1914 年和 1917 年英国政府先后三次修订了该法,现在仍使用该法。1957 年英国政府另行制定了《支票法》(Cheques Act 1957),作为《票据法》的补充。英国《票据法》实施至今已经一百多年,但其中绝大多数条款长期有效不变,其适用性强。故本项目有关票据实务内容较多地引用英国《票据法》的规定。美国借鉴英国《票据法》,于 1952 年制定了《统一商法典》(Uniform Commercial Code)。目前,英国、美国、爱尔兰、加拿大、澳大利亚、印度等国家和地区均采用或借鉴英国《票据法》。

(二)大陆法系

大陆法系是法国法系和德国法系的综合。早在 1643 年法国国王路易十四颁布了《商事敕令》,其中对汇票和本票的签发和流通都作了规定,因此法国的票据法历史最悠久。1807 年,法国又颁布了《商法典》,其中规定了票据法,但仅对汇票和本票作规定。法国票据法对欧洲大陆如意大利、荷兰、比利时、西班牙等国家后来制订票据法产生很大的影响。

德国在 1871 年颁布票据法,1908 年又颁布了支票法。欧洲大陆的奥地利、瑞士、葡萄牙、丹麦、瑞典、挪威以及亚洲的日本等国家的票据法皆属于德国票据法系统。

由于各国票据法归属的体系不同,其内容也不完全相同,这对票据的国际流通与使用带来许多不便。为了协调英美法系、法国法系和德国法系的矛盾和冲突,统一各国的票据法,国际联盟先后在 1930 年和 1931 年在日内瓦召开了以欧洲大陆国家为主的 30 多个国家参加的国际票据法会议。会议通过了四个关于票据的公约,即《1930 年统一汇票、本票法公约》《1930 年解决汇票、本票关于法律冲突的公约》《1930 年统一支票法公约》《1931 年解决支票关于法律冲突的公约》,它们合并简称为《日内瓦统一票据法》。由于英美未派代表参加日内瓦会议,《日内瓦统一票据法》也就不可能得到英美的承认,致使至今世界上还没有统一的票据法,而存在英国《票据法》和欧洲《日内瓦统一票据法》两大票据法体系。

(三)法的冲突处理原则

票据按流通领域的不同可以划分为国内票据和国际票据。由于涉及多个国家,世界各国对票据和票据行为的法律规定又有所不同,因此必然会发生究竟以哪一个国家的法律为准的问题。由此产生了法的冲突问题。

为了不因不同票据法阻碍票据的跨国流通和使用,国际上通行票据的行为地法律原则,即票据的完善与否以出票地的国家法律为准;其他票据行为的正确有效与否以该行为发生地点所在国的法律为准。事实上,出票是最基本的票据行为,因此,行为地原则也就可以简单地概括为:各种票据行为的合法有效与否,均以该行为发生地所在国家的有关法律规定为准。

五、票据的关系人

票据关系人是依据票据法规定有票据债权、债务关系和票据收受、支付关系的人。

票据上有三个基本关系人,包括出票人、付款人、收款人,其他关系人还有背书人、承兑人、持票人、被背书人等。三个基本关系人,任何两个关系人可以是同一人。最常见的是本票。例如,客户签发支票向他的银行提取现金,PAY MYSELF;客户签发支票向他的银行偿还贷款,PAY YOURSELF。基本当事人中如有特殊身份或专业的人,特别是某当事人为银行或财政部门时,就使票据流通性起了质的变化。例如,银行汇票即支票,中央银行本票即纸币(原来是中央银行可兑现不记名的定额本票,后转变为由国家立法强制推行的、不兑现纸币,才成为现金);财政部本票,财政部发行的一定时期后凭票付款的大额、定额、不记名本票,如国库券。

(1)出票人(drawer)。开立票据并交付给他人的人。其主要责任有:①票据开立之后,出票人对收款人及正当持票人承担票据在提示时,付款人一定付款或承兑的保证责任;②如果票据遭到拒付,出票人被追索时,应该偿还票款的责任。即期付款票据或远期付款未承兑票据,出票人是主债务人。

(2)付款人(payer/drawee)。又称受票人,是根据出票人的命令支付票款的人或票据开给的当事人。付款人对票据承担付款责任,但不是绝对责任,持票人不能强迫其付款。因为汇票的付款人有权防止他人无故向他乱发汇票,在未承兑时,付款人对汇票可不负责任。一经付款人承兑,则表示付款人承认了此项债务的有效性,变成了主债务人,承担到期付款的责任。

(3)收款人(payee)。又称受款人,收取票款的人,即可以获得票面金额的人。它是票据的主债权人。权利:有付款请求权,有权向付款人要求付款;有追索权,如遭到拒绝,有权向出票人追索票款。

收款人经背书成为背书人时,同样要承担付款人、承兑人的保证责任。如持票人向其追索,应负责偿还票款,然后再向出票人追索补还。

(4)背书人(endorser)。指以转移票据权利为目的,在票据背面签字交付给受让人的人。

受让人成为被背书人(Endorsee),他还可以在票据背面签字转移给他人,成为新的背书人,新的背书人称为第二背书人,依次类推可连续背书转让。背书人的责任:①对其后手承担票据的付款人付款或承兑人的保证;②证明签字的真实性和以背书的连续性证明其权利的正当。

对受让人来说,所有背书人及原出票人都是他的前手。对转让人来说,所有受让人都是他的后手。

(5)承兑人(acceptor)。同意支付票款并用文字记载于票据上的人。承兑人是主债务人。

(6)保证人(guarantor)。由非票据债务人对出票人、背书人、承兑人作保证行为的人。经保证后保证人负被保证人的同样责任。

(7)持票人(holder)。指票据的占有人。持票人可能是收款人,是最后被背书人或持票来人。其权利主要表现在:①在规定时间内向债务人提示要求承兑或付款;②如遭拒绝,对次债务人有追索权;③获得票款后应交票据给付款人。

付对价持票人(holder for value)指取得票据时,付出一定代价的人。所付代价,不一定与票据金额完全相等。

正当持有人又称善意持有人(Holder in Due Course),是善意地付全部金额的对价,取得一张比较完整的、表面合格的、不过期的票据的持有人。他未发现这张票据曾被退票,也未发现其前手在权利方面有任何缺陷。正当持有人的权利优于前手。

六、票据行为

票据行为是以负担票据上的债务为目的所做的必要形式的法律行为。票据行为有出票、背书、承兑、参加承兑和保证五种。票据行为的必要条件是行为人的签名(签名的目的在于确定行为责任人的责任以及辨认行为的真伪)。基本票据行为也称主票据行为,即出票;附属票据行为也称从属票据行为,主要有背书、承兑、参加承兑、保证等。

任务二 国际结算票据——汇票

一、汇票的概念

我国《票据法》第19条规定,汇票是由出票人签发的,委托付款人在见票时或在指定日期无条件支付确定的金额给收款人或持票人的票据。

英国《票据法》规定:"汇票(bill of exchange,draft)是一人向另一人出具的无条件书面命令,要求对方见票时或在某一规定的时间或可以确定的时间,向某一特定人或其指定人或持票人支付一定的金额"。

《日内瓦统一汇票本票法公约》规定:汇票应具备的几个必要项目是:表明"汇票"的字样、无条件支付命令、确定的金额、出票地点和日期、付款期限、付款人名称和付款地点、收款人名称、出票人名称和签字。具备了上述八个条件,汇票就具有了法律效力。

尽管各国票据法规定汇票的角度不同,但总的来看,对汇票基本内容的规定是一致的,只在一些具体规定上略有差别。汇票样式见图2—1。

国际结算

样式一

```
                                BILL OF EXCHANGE
凭                                                      不可撤销信用证
Drawn Under                                             Irrevocable      L/C No.
日期
Date                            支取  Payable  With interest  @   %   按  息  付款
号码                  汇票金额                              南京
No.                   Exchange for                       Nanjing
                      见票                                日后(本汇票之副本未付)付交
                      at                                 sight of this FIRST of Exchange (Second of Exchange
Being unpaid) Pay to the order of
金额
the sum of
此致
To
```

样式二

```
                                BILL OF EXCHANGE
No.
For
      (amount in figure)                   (place and date of issue)
At                                    sight of this    FIRST   Bill of exchange (SECOND being unpaid)
pay to                                                                    or order the sum of

                                           (amount in words)
Value received for                   of
        (quantity)                         (name of commodity)
Drawn under
L/C No.                              dated
To:                                  For and on behalf of

                                          (Signature)
```

图 2—1 票据样式

二、汇票的必要记载事项

(一)写明"汇票"字样(bill of exchange, exchange, draft)

汇票上注明"汇票",主要是为区别于其他支付工具,如本票、支票。一般在汇票的正文开头和标题位置。

例如,Exchange for £1 000 000
　　　Draft for USD £1 832 000

英国《票据法》无此要求;美国无此要求,但实际中一般都写明"汇票"字样;日本对此要求更严,要求除正文写有"汇票",标题上也要写。

例如:　　　　　　　　Bill of Exchange
Exchange for USD $1 000

(二)无条件的支付命令(unconditional order to pay)

1. 汇票是一项支付命令

汇票是一项支付命令,而不是付款请求。必须用祈使句,不能用表示请求的虚拟句。例如:

Pay to A Company or order the sum of five thousand pounds only. ——有效汇票

I should be pleased if you pay to the order of B Company the sum of five thousand pounds only. ——无效汇票

2. 汇票的支付命令是无条件的

汇票的支付命令是无条件的,即出票人要求受票人的付款必须是无条件的,付款人的支付不能以收款人履行某项行为或事件为前提条件。否则,该汇票无效。例如:

Pay to ABC Company or order the sum of five thousand pounds only providing the goods supplied in compliance with contract … ——无效汇票

Pay to ABC Company or order the sum of five thousand pounds from our account No. 1 with you … ——无效汇票

但下列说明不能作为有条件支付的记载:

(1)注明汇票起源交易,即出票条款(drawn clause),不构成支付命令的条件。例如:

Pay to A Company or order the sum of five thousand pounds. Drawn under Midland Bank, London L/C No. 3456 dated 1st June 20 _____ . ——有效汇票

(2)注明汇票付款后如何取得偿付的,不构成支付命令的条件。例如:

Pay to Robert Brown the sum of one hundred pounds and debit our a/c with you. ——有效汇票

(3)注明"对价收讫"或"对价已收"的汇票也是有效的。例如:

Pay to A Company or order the sum of five thousand pounds only for value received …——有效汇票

(三)一定金额的货币(a sum certain in money)

1. 以确定的货币表示

汇票的支付标的必须是金钱,其金额必须是可以确定的。任何选择的或者浮动的记载或未定的记载,都使汇票无效。例如:

(1)GBP1000 or GBP2000。

(2)between GBP1000 and GBP2000。

(3)about GBP1000。

汇票金额必须是任何人根据汇票上的规定能准确计算出来的。

2. 大写(amount in word)和小写(amount in figure)

汇票的金额包括两部分,货币名称和货币金额,金额同时以大小写表示。一般来说,"Exchange for"后面填小写金额,"the sum of"后面填大写金额。

如果大小写不一致,英国《票据法》和《日内瓦统一票据法》都规定以大写为准。我国《票据法》规定,票据大小写金额必须一致,大小写金额不符,票据无效,银行以退票处理。

> **同步案例 2—1**
>
> A 银行向 B 银行开出不可撤销信用证,受益人交单后 B 银行通过快递将单据寄交 A 银行,A 银行审单后发现下述不符点,遂对外拒付。
>
> 汇票上小写金额为 USD905 000.00,大写金额为 HONG KONG DOLLARS NINE HUNDRED AND FIVE THOUSAND ONLY,金额不一致。
>
> 收到 A 银行的拒付电后,B 银行认为所述不符点仅是打字手误,非实质性不符点。请对此进行分析。
>
> ———————
>
> 案例精析:1930 年 6 月 7 日日内瓦《统一汇票法公约》第二章第一节第六条规定:"汇票金额同时以文字及数字记载者,两者有差异时,文字记载之数额为付款数额。"
>
> "汇票金额以文字或数字记载在一次以上,而先后有不符时,其较小数额为付款数额。"
>
> 《国际汇票和国际本票公约(草案)》第二章第二节第七条(1)款规定:"票据上以文字表明的金额与以数码表明的金额不符时,应以文字金额为准。"
>
> 英国《1882 年票据法》第二章第一节第九条(2)款规定:"票面所列数额,如用文字及数字并书时,若两者有不符时,应以文字金额为准。"
>
> 本案例中,汇票票面金额同时以文字及数字记载,文字金额即大写金额为 HONG KONG DOLLARS NINE HUNDRED AND FIVE THOUSAND ONLY,数字金额即小写金额为 USD 905 000.00,两者不一致,根据上述规定,开证行只能按文字金额即大写金额照付。

3. 利息条款(with interest)

汇票上注明按一定的利率或某一日市场利率加付利息,是允许的。但利息条款须注明利率、起算日和终止日。例如:

Pay to ABC Company or order the sum of five thousand pounds plus interest …——无效汇票

Pay to ABC Company or order the sum of five thousand pounds plus interest calculated at the rate of 6% per annum from the date hereof to the date of payment …——有效汇票

4. 分期付款(by stated installments)

分期付款的条款必须具体、可操作。例如:

Pay to the order of ABC Company the sum of five thousand US dollars by installments.——无效汇票

At 60 days after date pay to the order of ABC Company the sum of five thousand US dollars by 5 equal consecutive monthly installments.——有效汇票

5. 支付等值其他货币(pay the other currency according to an indicated rate of exchange)

支付等值其他货币是指按一定的或可以确定的汇率折算后付款。例如:

Pay to the order of ABC Company the sum of five thousand US dollars converted into sterling equivalent at current rate of exchange.——有效汇票

现时汇率即按照付款日当天的汇率折成英镑,任何人按此汇率都能算出相同的金额。因此,该汇票可以接受。之所以这么规定,也是体现了票据法的冲突的行为地原则:在票据的付款地实行严格的外汇管制,而票据上是以外汇表示金额时,就必然有货币兑换的问题。票据行为必须尊重付款地点的国家法律。

(四)付款人名称和地址

付款人Payer的名称、地址必须写清楚。付款人先是接受命令的人,也叫受票人(Drawee)。受票人只有对汇票作出承兑或付款,才成为承兑人或付款人。受票人在汇票上通常就表述为"To (Drawee)"

受票人的记载应有一定的确定性,以便持票人向其提示要求承兑或付款。英国《票据法》规定可有两个或两个以上受票人,同时要求他们之间应为并列的关系。如受票人可以是A、B和C,但不能是A或B或C,也不能是先A后B再C。受票人的地址,并非必要项目,但为了便于提示,在实务上应写明地址。特别是以同一城市有许多机构的银行为付款人时一定要详细注明。

(五)收款人名称

汇票的收款人(Payee)是汇票的主债权人,必须明确记载。汇票的收款人通常又称汇票抬头(order)。在汇票正文中"pay"或"pay to"后的姓名或商号,即为抬头。根据汇票抬头的种类,可以确定汇票的流通性。汇票的抬头一般有以下几种情况。

1. 限制性抬头

限制性抬头(restrictive order)是指汇票的收款人仅限制在某个人或某个公司,此种汇票不得转让他人。

例如:Pay to Smith only. "只能付给史密斯"。

　　　　Pay to Smith not transferable. "付给史密斯不得转让"。

出票人开立此种抬头的汇票,是不愿让汇票流入第三人手中,以便把自己在汇票上的债务仅限于对收款人一人。

2. 指示性抬头/记名抬头

指示性抬头(indicative order)指汇票的收款人是某人或某公司或其指定人,此种汇票经过背书和交付可以转让他人,实际使用中较多。

例如:Pay to Smith or order.

　　　　Pay to ABC Co. or order.

　　　　Pay to the order of ABC Co.

　　　　Pay to ABC Co.

　　　　Pay to the order of Westminster Bank Ltd. , London.

3. 持票来人抬头/来人式抬头

来人式抬头(payable to bearer)的汇票指汇票的收款人是任何持有汇票来提示的人。

例如:Pay to bearer. / Pay bearer.

　　　　Pay to the order of ABC Co. , or bearer.

只要写上"bearer"的字样,不管其前后有无具体的名称,均视为来人抬头。此种抬头的汇票无须持票人背书,仅凭交付就可以转让。英国《票据法》允许来人做收款人,《日内瓦统一票据法》不允许来人做收款人。一些国家的票据法规定,票据上未记载收款人,即视为来人抬头,但大多数国家的票据法都要求收款人一定要注明。

俗称的"已收汇票"是指汇票的收款人就是出票人本人,在贸易中广泛使用,一般是出口商开出汇票,给进口商要求进口商付款给出口商,出口商可在汇票承兑后,背书转让或请银行贴现。

(六)出票日期

出票日期是指汇票签发的具体时间。出票日期的作用如下:

(1)决定汇票的有效期。持票人如不在规定时间内要求票据权利,票据权利自动消失,《日内瓦统一票据法》规定汇票的有效期是从出票日起1年,我国《票据法》规定见票即付的汇票有效期为2年。

(2)决定汇票的到期日。出票后定期付款的汇票到期日的计算是以出票日为基础的。对于出票后若干天(月)(at ××× days after date)付款的汇票,付款到期日的确定就取决于出票日。

(3)决定出票人的行为效力。若出票时,法人已宣告破产或清理,就丧失了行为能力,则该汇票不能成立。

(4)决定利息的起算日。如支付指定人USD10 000,并按X%支付利息,这时出票日为起息日,付款日为到期日。

(七)出票人签章

汇票上要有出票人签名,以确认出票人对汇票的债务责任。我国《票据法》规定票据上的签字为签名或盖章或签名加盖章。英国《票据法》规定必须手签。目前按照国际惯例,涉外票据应采用手签方式。

如果出票人是代理其委托人(公司、银行等)签字,应在委托人名称前面加注"for""on behalf of","for and on behalf of"等字样,并在个人签字后注明职务的名称。例如:

For ABC Co.

John Smith

General Manager

这样,ABC公司受到个人John Smith签名的约束,而John Smith不是他个人开出的汇票,而是代理公司开出汇票。

如果汇票上没有出票人签字、伪造签字或代签名的人并未得到授权,则不能认为是出票人的签名,这样的汇票不具备法律上的效力。

(八)出票地点

出票地点是指出票人签发汇票的地点。对国际汇票具有重要意义。因为票据是否成立是以出票地法律来衡量的。但是,票据不注明出票地并不会影响其生效,我国《票据法》规定:汇票上未记载出票地,则出票人的营业场所、住所或者经常居住地为出票地。出票地点应与出票人的地址相同,若汇票上未记载地点,根据《日内瓦统一票据法》规定,则以出票人姓名旁的地点为出票地点。

(九)付款地点(place of payment)

付款地点是指持票人提示汇票请求付款的地点。根据国际私法的"行为地原则",到期日的计算,在付款地发生的"承兑""付款"等行为都要适用付款地法律。付款地也是票据遭到拒付时做出拒付证书的地点。因此,付款地的记载是非常重要的,但是,不注明付款地的票据仍然成立,根据我国《票据法》的规定,汇票上未记载付款地的,付款人的营业场所、住所或者经常居住地为付款地。

（十）付款期限

付款期限（tenor）又称付款到期日（maturity）、付款时间（time of payment），它是付款人履行付款义务的到期日，必须在汇票上反映出来。一般有下列四种方式。

1. 即期付款

这种汇票称为即期汇票（sight/demand bill），汇票收款人提示汇票的当天即为到期日，汇票上一般有这样的字样："即期"（at sight/on demand/on presentation）。

例如：On demand (duplicate unpaid) pay to the order of ABC company.

如果汇票上没有明确表示付款时间，也未注明到期日，即视为见票即付的汇票。即期汇票无须承兑。

2. 定期付款或在可以确定的将来时间付款

这种汇票称为远期汇票（time/usance/term Bill），远期付款期限一般是30天、60天、90天。定期付款又分以下三种情况。

（1）见票后若干天或月付款（payable at ×× days / × months after sight），即付款人看见汇票后一定时间进行付款。

例如：At ninety days after sight pay to Smith 100 dollar.

At one month after sight pay to Smith 1000 dollar.

此种汇票须由持票人向付款人提示，要求承兑，以便以承兑时作为见票日，从此算起，确定付款到期日。

（2）出票后若干天/月付款（payable at ×× days / × months after date），即从出票人出票时开始算起一定时期后付款。

例如：At 60 days after date of this first of exchange pay to …

At 3 months after date of this first of exchange pay to …

此种汇票的付款日期是从出票日计起，而不是从付款人看见汇票的日子开始算，但此种汇票也必须提示要求承兑，以明确承兑人的付款责任，做好付款准备。

（3）注明日期后若干天/月付款（payable at ×× days / × months after stated date），即在标明的某个日期之后一段时间付款。

例如：At 60 days / 2 month after 1st May 2015 of this first of exchange pay to …

此种汇票的付款日期从标注的日期开始算。此种汇票也必须提示要求承兑，以明确承兑人的付款责任。

（4）板期付款（bills payable on a fixed future date）。在汇票中具体指明付款的年月日，即定期。这种汇票也须提示要求承兑，以明确受票人的付款责任。

例如：Exchange for USD1000.00　　　　　New York 20 Dec., 2015

On 30 Mar., 2015 fixed pay to ourselves or order the sum of US dollars one thousand only…

（5）延期付款（bills payable at ×× days/months after shipment/the date of B/L）。这是指装运日/提单日后若干天（月）付款。虽然对照提单签发日期可以确定汇票的付款时间，但为了落实受票人对付款的态度和让其做好付款准备，还是事先提示受票人承兑为好。

例如：Exchange for USD1 000.00　　　　　New York 20 Dec., 2015

At 30 days after B/L date (15 Dec., 2015) pay to ourselves or order the sum of US dollars one thousand only…

拓展识读 2—1

关于到期日的计算

(1) 计算到期日的原则为：算尾不算头，不包括见票日和出票日，须包括付款日。

(2) 如果汇票到期日为非营业日，则顺延到下一营业日。

(3) 如果汇票是出票或见票后一个月或数月后付款时，到期日应该在付款所在月的月内相应日子，如果没有相应日子，则该月最后一天即为到期日。

如：出票一月后付款的汇票，出票日期是 2015 年 1 月 31 日。按推理到期日为 2 月 31 日，众所周知，2 月份没有 31 日，那么 2 月 28 日或 29 日即为汇票到期日。

(4) 如果汇票是出票或见票后若干天后付款时，从出票日或见票日的次日开始数若干天，即为到期日。例如：见票后 90 天付款（At 90 days after sight pay to …），见票日即为承兑日，假定为 4 月 15 日，4 月 15 日开头这一天不算，4 月 16 日作为起算日。

4 月 16 日～4 月 30 日	15 天	见票日次日为起算日
5 月 1 日～5 月 31 日	31 天	
6 月 1 日～6 月 30 日	30 天	
7 月 1 日～7 月 14 日	14 天	90 天的最后一天为到期日

合计 90 天

(5) 实际中有"从说明日起若干天后付款"，"从（from）"的概念包括所述日。如："从 4 月 15 日起 90 天付款"（At 90 days from 15th April pay to …），4 月 15 日即为起算日，到期日为 7 月 13 日。由于此种表示容易引起误会，票据制作时最好少用或不用"from"。

(6) 如果到期日遇到非营业日或国家法定假日则顺延。

---

3. 确定将来日期付款

此种汇票称为板期付款汇票，即付款日期一看便知，是一个将来确定日期，无须计算。此种汇票也必须提示承兑，以明确承兑人的责任。

例如：On 28th Nov. 2015 fixed pay to ABC company one thousand US dollars.

On 20th May 2015 fixed pay to …

4. 延期付款

此种汇票称为延期付款汇票（deferred payment bill），指说明日期或其他特定日期以后若干天或月付款，一般指装运日或交单日或其他特定日以后若干时间付款。

例如：At 60 days after date of Bill of Lading pay to …

At 30 days after date of presentation of documents pay to …

"提单日后 60 天付款"，那么汇票上就须注明提单签发日期或交单日期，这对出口商来说是不合理的，有的进口商就会以此为借口称票证材料不符合而不付款，实际应用中视情况而定。如果汇票上注明了具体的提单签发日期或交单日期，那么就变成了注明日期后若干天付款。

如果付款期限不能确定或无法确定的，例如如果汇票注明在一个不确定日期，或在一个不确定日期以前或报关以后付款,此汇票无效。

实例2-1

期之末日付款,汇票到期日均为票据载明付款期限的最后一天。假日顺延,到期日如遇节假日,则顺延至下一个营业日。算尾不算头,用于以天为单位时,时间开始之日不算,到期之日要计算,如:2015年6月1日见票(承兑)30天后付款,到期日为7月1日,也就是说6月2日起算的30天。要注意汇票上的文意,英文算尾不算头表达为 at … after …,但有时会遇到汇票记载不符国际惯例,如要求算尾又算头,英文表达 at … from … 此时付款日期比前者早一天,即从6月1日起算,到6月30日。月为日历月,以月为单位时,不论大小月,都做一个月计;月之同日为到期日,无同日即为月之末日;半月以15天计,月初为1日,月中为15日,月末为最后一天。

三、汇票的基本当事人及其权利、责任

(一)基本当事人

出票人、受票人和收款人是汇票的必要的当事人,也是汇票尚未进入流通领域之前的基本当事人。

1. 出票人(drawer)

出票人是开出和签发并交付汇票的人。从法律上看,汇票一经签发,出票人就负有担保承兑和担保付款的责任,直到汇票完成它的历史使命。如果出票人因汇票遭拒付而被追索时,应对持票人承担偿还票款的责任。

在汇票被承兑前,出票人是汇票的主债务人;在汇票被承兑后,承兑人成为主债务人,出票人是汇票的从债务人。因此,在即期汇票付款前,或远期汇票承兑之前,出票人是汇票的主债务人。

2. 受票人(drawee)

受票人是按汇票上记载接受别人的汇票且要对汇票付款的人,在他实际支付了汇票规定的款项后也称为付款人(payer)。他是接受付款命令的人(addressee)。受票人未在汇票签名之前,可承兑,也可拒付,他不是必然的汇票债务人,并不必然承担付款责任。

受票人承兑了汇票,即在汇票上签名,表示他接受出票人发出的到期无条件支付一定款项的命令,从此受票人成为承兑人,就要对汇票承担到期付款的法律责任,而成为汇票的主债务人。

3. 收款人(payee)

收款人是收取票款之人,即汇票的受益人,也是第一持票人(holder),是汇票的主债权人,可向付款人或出票人索取款项。具体地说,收款人可以要求付款人承兑或付款;遭拒付时他有权向出票人追索票款;由于汇票是一项债权凭证,他也可将汇票背书转让他人。

(二)其他当事人

1. 背书人(endorser)

背书人是收款人或持票人在汇票背面签字,并将汇票交付给另一人,表明将汇票上的权利转让的人。

一切合法持有票据的人均可以成为背书人。收款人或持票人可以通过背书成为背书人,

并可以连续地进行背书转让汇票。背书人就成为其被背书人和随后的汇票权利被转让者的前手,被背书人就是背书人和其他更早的汇票权利转让者的后手。其中,收款人是第一背书人。

实例2-2

一张汇票的出票人A,收款人B,A开立后交付给B,B凭背书或单纯性的交付转让给C,C再转让给D。如果D不再转让,他便成了最后持票人。则B是A的后手、C和D的前手,C是D的前手、A和B的后手,A、B、C均是D的前手。如图2-2所示。

A(出票人)→B(收款人)→C(第一受让人)→D(持票人)

（第一背书人）（第一被背书人）（第二受让人）

（第二背书人）（第二被背书人）

图2-2 票据转让关系

背书的作用在于传递票据,并保证汇票是完满的、无缺陷的。经过背书,收款人或持票人变成背书人,从债权人变成债务人。即背书人是汇票上的债务人。背书人对汇票承担的责任与出票人相同,但对其前手以至出票人享有追索权。

2. 被背书人(endorsee)

即接受背书的人。当他再转让汇票时,就成为另一背书人。若不转让,则将持有汇票,就成为第二持票人。因此,他是汇票的债权人,最后被背书人必须是持票人(holder)。他拥有向付款人和前手背书人直至出票人要求付款的权利。

3. 承兑人(acceptor)

受票人同意接受出票人的命令并在汇票正面签字,就成为承兑人。承兑人只存在于远期汇票关系中,本票和支票由于没有承兑行为,也就没有承兑人。

票据一经承兑,出票人退居从债务人的地位,而由承兑人成为主债务人。承兑人必须保证对其所承兑的文义付款,而不能以出票人不存在、出票人的签字伪造或出票人没有签发票据的能力或授权等为借口拒付。在票据法中"禁止承兑人翻案"。如果承兑人到期拒付,持票人可直接向法院起诉,也可向前手追索。

4. 参加承兑人(acceptor for honour)

参加承兑人是非汇票债务人对被拒绝承兑或无法获得承兑的汇票进行承兑的人。参加承兑人也是汇票的债务人。当票据到期付款人拒不付款时,参加承兑人负责支付票款。

参加承兑人仅对受票人担保,且与受票人有特殊的关系,有意要保护受票人的名誉。

5. 保证人(guarantor)

保证人是一个第三者对于出票人、背书人、承兑人或参加承兑人做保证行为的人,做"保证"签字的人就是保证人。保证人与被保证人负担相同责任。为出票人、背书人保证时,保证人应负担保承兑及担保付款之责;为承兑人保证时,保证人应负付款之责;在票据被拒付时,也承担被追索的责任。

6. 持票人(holder)

指收款人或被背书人或来人,是现在正持有汇票的人。他是票据权利的主体,享有以下的权利:付款请求权,持票人享有向汇票的承兑人或付款人提示汇票要求付款的权利;追索权,持票人在汇票得不到承兑或付款时,享有向前手直至出票人、保证人等要求清偿票款的权利;票据转让权,持票人享有依法转让其汇票的权利。

7. 付过对价持票人(holder for value)

所谓对价是指一方所得收益相当于对方同等收益的交换。这种交换不一定是等价交换,对价可以货物、劳务、金钱等形式体现。

付过对价持票人指在取得汇票时付出一定代价的人。不论持票人自己是否付了对价,只要其前手付过对价转让到现在持有汇票的人,就是付过对价持票人。例如,背书人在转让前或转让后已付过对价,则对被背书人而言,就是付过对价持票人。它通常是指前手付过对价,自己没有付对价而持票的人。

英国《票据法》根据是否付过对价,对持票人规定不同的权利。

8. 正当持票人(holder in due course)

正当持票人指经过转让而持有汇票的人。根据英国《票据法》规定,持票人应符合以下条件的,才能成为正当持票人:

(1)持有的汇票票面完整正常,前手背书真实,且未过期;
(2)持票人对于持有的汇票是否曾被退票不知情;
(3)持票人善意地付过对价而取得汇票;
(4)接受转让时,未发现前手对汇票的权利有任何的缺陷。

正当持票人的权利优于其前手,不受前手权利缺陷的影响,且不受汇票当事人之间债务纠葛的影响,能够获得十足的票据金额。

同步案例 2-2

A市的甲和B市的乙达成协议,由甲交给乙一张银行承兑汇票,金额400万元。其中200万元用于偿还原先所欠债务,200万元用于联营投资。十天后,甲、乙和A市的丙银行三家达成协议,由甲出具汇票(丙银行承兑)400万元给乙,乙将400万元资金一次性汇入丙银行存储。协议达成后,丙银行开出银行承兑汇票400万元给了乙,但是乙并未划款给丙,却持这张汇票到了B市的丁银行办理抵押贷款400万元,并由B市公证处出具公证书。

这时,丁银行几次向丙银行查询所出汇票的真伪,在得到准确有效答复后贷款400万元给乙。丙银行在收不到资金的情况下,便去人去函索要所开汇票。但此时乙已经丧失偿债能力,请问对丙银行出具的银行承兑汇票和丁银行400万元贷款应如何处理?

案例精析:本案中甲第一次签发400万元的银行承兑汇票给乙,属于真实的交易关系和债权、债务关系,并不违法,至于后来甲、乙、丙三方达成的协议,即乙应将400万元资金一次性汇入丙银行存储,实质上是丙银行对乙提出条件,作为自己承兑该汇票的代价,这在票据法上没有任何规定,因而不受票据法的保护。乙后来违反了这个三方协议,也不会对该汇票的效力发生任何影响。只要该汇票的记载事项符合票据法的要求,丙银行作为承兑人具有付款的义务,甲作为出票人承担担保付款的义务。

四、汇票的其他记载事项

(一)"付一不付二"与"付二不付一"

出口商通过银行向进口商收款时开出的是一式二份的成套汇票(a set of bill)。两张汇票内容完全相同,且具有同等的法律效力。两张汇票分不同航班邮寄,先到的那张起作用,后到的就自动失效。所以在第一张上印有"同样金额期限的第二张不付款",pay this first bill of exchange, second of the same tenor and dated being unpaid, 第二张印有"同样金额、期限的第一张不付款"。即付一不付二或付二不付一。

这样避免了付款人为了同一笔金额的两次付款,又避免由于意外事故的发生使单据遗失。

(二)需要时的受托处理人(referee in case of need)

托收是出口商先出运商品后收款的结算方式。为了防止在货到后进口商的拒绝承兑或拒绝付款,造成出口商的被动,出口商有必要在进口商所在地委托一家公司作为需要时的受托处理人。当汇票遭拒付时,持票人可向需要时的受托代理人联系,求助于他。若他愿意,即可参加承兑,到期日参加付款,又称预备付款人。

汇票若以买主作为付款人时,在其名称旁边记载需要时的受托处理人的名称和详细地址。例如:

TO: DEF CO. (address)
　In case of need refer to B Co. (address)

(三)担当付款行(a banker designated as payer)

在当今买方市场下,为了进口商方便,出票人(出口商)可根据与付款人(进口商)的约定,出票时载明付款人的开户银行作为担当付款行。如:

A bill drawn on DEF Co., London.
Payable by Bank of B, London.

担当付款行只是推定的受委托付款人,不是票据的债务人,对票据不承担任何责任。远期汇票的持票人可先向付款人提示要求承兑,到期日再向担当付款行提示要求付款,担当付款行支付票款后借记付款人账户。若出票人无载明,付款人承兑时可加列。例如:

ACCEPTED
(date)
Payable at
C Bank Ltd. London
For B Bank, London
Signed

(四)利息与利率(interest and its rate)

汇票上可以记载利息条款,但应载明起息日或收取利息的期限以及适用的利率,以便计算。

(五)用其他货币付款(payable in other currency)

汇票可以注明用其他货币付款,并注明汇率,但这种记载不得与当地法律相抵触。

(六)提示期限(limit of time for presentment)

提示期限的规定,要在汇票有效期内。

(七)免做退票通知(notice of dishonor excused)、放弃拒绝证书(protest waived)

出票人/背书人在他签名旁记载放弃对持票人的某种要求。如:

"John Smith Notice of dishonor excused"
"John Smith protest waived"

表示 john smith 对后手做出的安排,一方面表明他相信后手;另一方面做成证书、通知要支付一定的费用,不做退票通知、放弃拒绝证书,持票人仍可向他追索,表明他对汇票仍然是负责的。

(八)无追索权(without recourse)

出票人或背书人在自己的签名上记载"without recourse"字样,就免除了他们的追索权。实际上是免除了出票人或背书人对汇票应负的责任。如:

Without recourse to us
For A Co. Ltd. , London

五、汇票的票据行为

狭义的票据行为是以负担票据上的债务为目的所做的必要形式的法律行为,包括出票、背书、承兑、参加承兑、保证。其中出票是主票据行为,其他行为都是以出票为基础而衍生的附属票据行为。

广义的票据行为除上述行为外,还包括票据处理中有专门规定的行为,如提示、付款、参加付款、退票、行使追索权等行为。票据行为与票据形式和内容一样具有要式性,必须要符合票据法的规定。

(一)出票(issue)

1. 出票的概念

出票是指出票人签发汇票并将其交付给收款人的票据行为。出票是主票据行为,离开它就不可能有汇票的其他行为。一个有效的出票行为包括两个动作:(1)制成汇票并签字(to draw a draft and to sign it);(2)将制成的汇票交付给收款人(to deliver the draft to payee)。这两个动作缺一不可。出票创设了汇票的债权,收款人持有汇票就拥有债权,包括付款请求权和追索权。

交付(delivery)是指实际的或推定的从一个人的拥有,转移至另一人拥有的行为。汇票的出票、背书、承兑等票据行为在交付前都是不生效的和可撤销的,只有将汇票交付给他人后,出票、背书、承兑行为才开始生效,且不可撤销。

汇票的开立可以是单张或多张。国内汇票多为单张汇票(sola bill)。国外汇票是一式多份,如一式两份的"付一不付二"、"付二不付一"的汇票。若两份汇票都经背书人或承兑人不经意的背书或承兑,且落入正当持票人之手,则背书人或承兑人应同时对这两张汇票负责。

2. 出票的影响

汇票的出票行为一旦完成,就确立了汇票承兑前出票人是主债务人的地位和收款人的债权人地位,出票人要担保所开立的汇票会由付款人承兑和付款;而付款人对于汇票付款并不承担必然责任,他可以根据提示时与出票人的资金关系来决定是否付款或承兑。因为汇票不是领款单,而是出票人担保的信用货币,收款人的债权完全依赖于出票人的信用。

(二)背书(endorsement)

1. 背书的概念

背书是指持票人在票据背面签字,以表明转让票据权利的意图,并交付给被背书人的行为。它是指示性抬头的票据交付转让前必须完成的行为。

背书包括两个动作:(1)在票据背面或粘单上记载有关事项并签名,根据我国《票据法》规定,背书必须记载签章、背书日期、被背书人名称等事项;(2)交付给被背书人或后手。

2. 背书的种类

(1)特别背书(special endorsement)又称记名背书或正式背书。即持票人在背书转让时注明了被背书人的名称。背书内容完整、全面。例如:

(汇票背面)
Pay to XYZ Co. or order
　　For ABC Import and Export Company ,Fuzhou
　　　Liu Hua(General Manager)

被背书人作为持票人拥有继续进行背书转让汇票的权利。如图2—3所示。

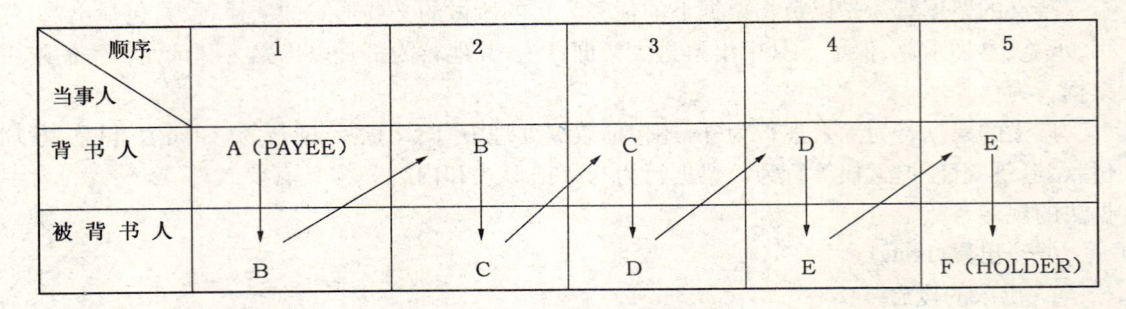

顺序 当事人	1	2	3	4	5
背书人	A（PAYEE）	B	C	D	E
被背书人	B	C	D	E	F（HOLDER）

图2—3　特别背书的连续性

(2)空白背书(blank endorsement)又称不记名背书。即背书人仅在背面签名,而不注明被背书人。做此背书后,被背书人要再转让,只需凭交付即可。例如:

(汇票背面)
　　For ABC Import and Export Company ,Fuzhou
　　　Liu Hua (General Manager)

指示性抬头的汇票经过空白背书后使汇票成为来人抬头式汇票,受让人可以仅凭交付来转让票据的权利。已做空白背书的指示性抬头汇票,任何持票人均可将空白背书转变为记名背书,只要在背书人名称与签字上面加注"付给×××或指定人"即可。此后的被背书人可以继续空白背书或记名背书。

值得注意的是,经空白背书转变成的来人抬头汇票与原来是来人抬头的汇票是有区别的,前者可以继续恢复成指示性抬头(记名背书),而后者即使再做成记名背书也始终是来人汇票。

(3)限制性背书(restrictive endorsement)。指背书人在票据背面签字、限定某人为被背书人或记载有"不得转让"字样的背书。例如:

(汇票背面)
　　Pay to John Smith only(or not transferable or not negotiable)
　　　　　　　　　　　　Liu Hua

经过限制性背书后,指示性抬头的汇票成为限制性抬头的汇票,不能继续背书转让其权

利,同时,也只有限制性背书的被背书人才能要求付款人付款。

对于限制性背书的被背书人的转让权利,各国票据法有不同的规定。英国《票据法》认为限制性背书的被背书人无权再转让票据权利;我国《票据法》和《日内瓦统一票据法》规定限制性背书的票据仍可由被背书人进一步转让,但原背书人即做限制性背书的背书人只对直接后手负责,对其他后手不承担保证责任。

(4) 有条件的背书(conditional endorsement)。指"交付给被背书人"的指示是带有条件的,即只有在所附条件完成时才把汇票交付给被背书人。该条件仅对背书人和被背书人起约束作用,与付款人、出票人承担的责任无关。例如:

> (汇票背面)
>   Pay to the order of B Co.
>   On delivery of B/L No. 123
>   For A Co., London
>   (Signed)

由于汇票是无条件支付命令,因而多数国家包括我国的《票据法》规定:"有条件背书的背书行为是有效的,但背书条件无效。"即这些条件不具有法律效力。因此,有条件背书的受让人在行使票据权利或再转让票据时,他可以不理会前手所附加的条件。但英国《票据法》规定汇票的开立不能有条件,但允许背书附加条件。

(5) 托收背书(endorsement for collection)。指背书人在背书时记载"委托收款(for collection)"字样委托被背书人以代理人的身份行使汇票权利的背书。例如:

> (汇票背面)
> Pay to the order of Bank of China, New York Branch for collection
>   For ABC Import and Export Company, Fuzhou
>   Liu Hua(General Manager)

托收背书的目的是委托被背书人收款,背书人只是赋予被背书人以代理权。被背书人虽持有汇票,但不能拥有进行背书转让汇票权利,只能继续进行委托收款背书。可见,托收背书并非所有权的转让,汇票的所有权仍属于原背书人。

3. 背书的法律效力

(1) 明确了前后手的关系。例如上述图2—3,经过背书,B、C、D分别有1、2、3个前手。在付款人拒付时,B、C、D作为后手可以依次向自己的前手行使追索权。

(2) 明确了背书人的责任。背书人在背书后必须保证被背书人能得到全部的票据权利,担保汇票能及时承兑与付款,并对后手保证前手签名的真实性和票据的有效性。

(3) 确立了被背书人的债权人地位。被背书人接受票据后即成为持票人,获得了票据上的全部权利,享有相当于收款人的付款请求权和追索权,从而使其成为债权人。对于被背书人来说,前手背书的人越多,表明愿意对汇票承担责任的人也越多,票据的质量就越高,他也就越安全。

(三) 提示(presentation)

1. 提示的概念

提示是指持票人将汇票提交给付款人，要求付款人按汇票指示履行承兑或付款义务的行为。有了提示行为才能实现收款人的收款权利。

2. 提示的形式

提示的形式有提示承兑和提示付款两种类型。

提示承兑是指持票人在票据到期前向付款人出示票据，要求其承兑或承诺到期付款的行为。提示承兑只是针对远期汇票而言，即期汇票、本票和支票没有提示承兑行为。

提示付款是指持票人在即期或远期汇票到期日向付款人出示票据要求其付款的行为。汇票、本票和支票都需要有提示付款行为。

可见，即期汇票、本票和支票只有一次提示，即提示付款；远期汇票则需要两次提示，一次是到期前的提示承兑，另一次是到期时的提示付款。

3. 提示的法律要求

根据票据法的规定，提示汇票应在汇票规定的时限内和规定的付款地点进行。

(1) 在规定的时限内提示。各国票据法的规定有较大的不同，如英国《票据法》规定：即期票据必须自出票日起 1 个月、本地支票 10 日内作提示付款；见票后定期付款汇票，自出票日起 1 个月做提示承兑；远期汇票、本票，自到期日起 10 日内做提示付款。

《日内瓦统一票据法》规定：即期票据必须自出票日后的 1 年内做提示付款；见票后定期付款汇票，自出票日后的 1 年内做提示承兑；远期汇票在到期日及以后 2 个营业日内做提示付款。

我国《票据法》规定：定日或出票日后定期的汇票，应在汇票到期日前做提示承兑；见票后定期的汇票，应自出票日起 1 个月内做提示承兑；即期汇票自出票日起 1 个月内做提示付款；远期汇票自到期日起 10 日内做提示付款。

(2) 在规定的付款地点提示。持票人应在票据上指定的付款地点提示票据，如果未规定地点，则将付款人或承兑人的营业地址或居住地视为提示地点。由于目前使用的大部分是以银行为付款人的汇票，因此，持票人可以通过银行票据交换所向付款人提示汇票，也可以委托自己的往来银行向付款银行提示。

提示必须在汇票规定的时限内和规定的付款地点做出才有效，否则持票人将丧失对前手的追索权或丧失票据的权利。

(四) 承兑 (acceptance)

1. 承兑的概念

承兑是指远期汇票的受票人在票面上签字以表示同意按出票人的指示到期付款的行为。受票人通过在汇票正面签字，确认了他到期付款的责任，受票人承兑汇票后成为承兑人。承兑行为的完成包括两个动作：写成和交付。

(1) 写成。付款人在票面上作承兑有以下不同的做法：①仅有付款人的签名；②加注"承兑 (Accepted)"字样并签名；③付款人签名并加注承兑日期；④加注"承兑 (Accepted)"字样、签名并加注承兑日期。例如：

①<u>John Smith</u>(付款人签名)

②Accepted ("承兑"字样)

　<u>John Smith</u>(付款人签名)

③<u>John Smith</u>(付款人签名)

28 Mar., 2014（承兑日期）

④Accepted（"承兑"字样）

<u>John Smith</u>（付款人签名）

28 Mar., 2015（承兑日期）

可见，受票人签名是承兑的必要内容，"承兑"字样的记载则可有可无，承兑日期的记载则视情况而定，如见票后定期付款的汇票就必须记载。

(2)交付。承兑的交付有两种：实际交付和推定交付，前者即受票人在承兑后将汇票退还给持票人；后者即受票人在承兑后将所承兑的汇票留下，而以承兑通知书的方式通知持票人汇票已作承兑并告知承兑日期。根据国际银行业的惯例，180天以内的远期汇票承兑后，由承兑银行专门缮制承兑通知书给持票人，用承兑通知书代替已承兑的汇票，完成交付。

2. 承兑的影响

承兑构成承兑人在到期日无条件的付款承诺，在汇票承兑后，承兑人是该票据的主债务人，他要对所承兑的票据的文义负责，到期履行付款责任。出票人则由汇票被承兑前的主债务人变为从债务人。

对于持票人而言，汇票承兑后，其收款就有了肯定的保证，汇票的流通性增强了。因此，经承兑的汇票具有了贴现融资的可能。

3. 承兑的种类

(1)普通承兑（general acceptance）。指付款人对出票人的指示毫无保留地予以确认的承兑。在正常情况下的承兑都是普通承兑。

(2)保留承兑（qualified acceptance），又称限制承兑。指付款人在承兑时对汇票的到期付款加上某些保留条件，从而改变了出票人所企图达到的目的和票面上的记载。常见的类型有：

①带有条件的承兑（conditional acceptance）。即承兑人的付款依赖于承兑时所提条件的完成。例如：

Accepted

10 Dec. 2015

Payable on delivery of B/L

For ABC Company

<u>John Smith</u>

根据我国《票据法》规定，承兑附有条件的，视为拒绝承兑。所以持票人有权拒绝带有条件的承兑，把这样的承兑当成受票人的拒付。

②部分承兑（partial acceptance）。即承兑人仅承诺支付票面金额的一部分。例如，汇票的票面金额为USD10 000.00，而做如下承兑：

Accepted

10 Dec. 2015

Payable for amount of nine thousand US dollars only

For ABC Company

<u>John Smith</u>

③限定地点承兑（local acceptance）。即承兑时注明只能在某一特定地点付款。例如：

Accepted

10 Dec., 2015
Payable on the counter of Bank of China, New York and there only
   For ABC Company
    John Smith

应注意：加注付款地点的承兑仍然是普通承兑，除非它表明仅在某地付款而不是在别处。如上例中若没有"and there only"字样的限制，则成为普通承兑。

④限制时间承兑(qualified acceptance as to time)。即修改了票面上的付款期限。例如，汇票上记载的付款时间是出票后 30 天付款(payable at 30 days after date)，而做如下承兑：

Accepted
10 Dec., 2015
Payable at 60 days after date
   For ABC Company
    John Smith

汇票持票人有权对上述的保留承兑予以拒绝，就认为承兑人做出的保留承兑为拒绝承兑。若持票人接受了上述的保留承兑，而出票人或其前手背书人并未授权，事后也不同意，则持票人以后不能向他们行使追索权。

（五）付款(payment)

付款是指即期票据或到期的远期票据的持票人向付款人提示票据时，付款人支付票款以消除票据关系的行为。付款人必须按正常程序付款(payment in due course)以后，才能免除其付款责任。所谓正常程序付款，是指：

(1)由付款人或承兑人支付，而非出票人或背书人支付，否则汇票上的债权、债务不能视为最后清偿；

(2)要在到期日那一天或以后付款，不能超前；

(3)要付款给持票人，前手背书须真实和连续；

(4)善意付款，不知道持票人的权利有何缺陷。

付款人按正常程序付款后，付款人及票面上所有的票据债务人的债务责任都得以解除，汇票流通过程得以终结，汇票上所列明的债权、债务最终得到清偿。

（六）退票(dishonor)

持票人提示汇票要求承兑时，遭到拒绝承兑，或持票人提示汇票要求付款时，遭到拒绝付款，均称为退票，也称拒付。某些有条件承兑、拒绝付款、拒绝承兑、付款人死亡、破产、失去支付能力、避而不见等都要退票。

持票人在遭遇退票时，可以把被付款人拒付的情况通知前手，做成退票通知；还可以通过公证机构做成拒绝证书。

做成退票通知(notice of dishonor)的目的是让汇票的债务人及早了解拒付事实，以便做好被追索的准备。发出退票通知的方法有两种：(1)持票人在退票后的一个营业日内以书面或口头的形式将拒付事实通知前手背书人，前手背书人再通知他的前手，依此类推，直至通知到出票人；(2)由持票人将退票事实对其前手(包括出票人)逐个通知。如图 2—4 所示。

拒绝证书(protest)是由拒付地点的法定公证人做出的证明拒付事实的法律文件。英国《票据法》规定，外国汇票在拒付后，持票人须在退票后一个营业日内做成拒绝证书。

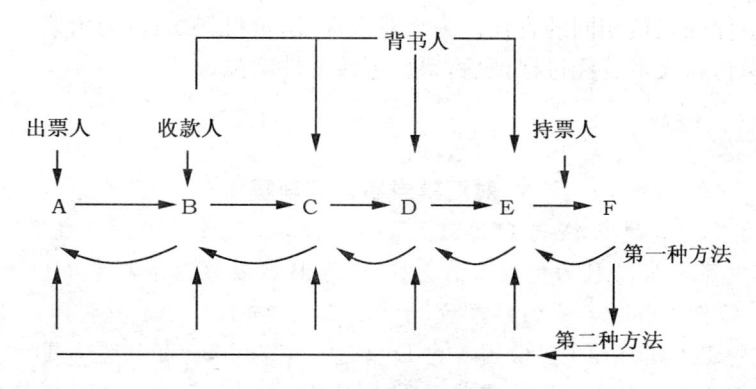

图 2—4　退票的通知方法

具体地,持票人应先交汇票,由公证人持向付款人再做提示,仍遭拒付时,就由公证人按规定格式做成拒绝证书,其中说明做成拒绝证书的原因、向付款人提出的要求及其回答。持票人凭拒绝证书及退回汇票向前手行使追索权。

(七)追索(recourse)

追索指汇票遭拒付时,持票人要求其前手背书人或出票人或其他票据债务人偿还汇票金额及费用的行为。持票人所拥有的这种权利就是追索权(right of recourse)。追索权和付款请求权共同构成了汇票的基本权利。持票人要行使追索权,须具备三个条件:

(1)必须在法定期限内向受票人提示。英国《票据法》规定,在合理时间内向付款人提示汇票,未经提示,持票人不能对其前手追索。

(2)必须在法定期限内做成退票通知。英国《票据法》规定,在退票日后的次日,将退票事实通知前手直至出票人。

(3)外国汇票遭退票必须在法定期限内做成拒绝证书。英国《票据法》规定,在退票后一个营业日内由持票人请公证人做成拒绝证书。

只有办到此三点,持票人才能保留和行使追索权。但追索权的行使必须在法定保留期限内进行方为有效。我国《票据法》规定,自被拒绝承兑或被拒绝付款之日起 6 个月,《日内瓦统一票据法》规定为 1 年,英国《票据法》规定为 6 年。

行使追索权时,追索的票款包括:汇票金额、利息、做成退票通知和拒绝证书的费用及其他必要的费用。

(八)保证(guarantee/aval)

保证是非票据的债务人对于出票、背书、承兑、参加承兑等行为所发生的债务予以保证的附属票据行为。汇票的出票人、背书人、承兑人、参加承兑人都可以作为被保证人,由第三者(如大银行、金融担保公司等)担当保证人对其保证,即在票面上加具"Guarantee"字样,这张汇票信誉提高了,能够更好地流通。例如:

Guarantee
　　For account of
　　　　ABC Import and Export Company,Fuzhou(被保证人名称)
　　　　　　　　Guarantor A Bank(保证人名称)
　　　　　　　　　　Signature

保证人与被保证人负相同的责任。为承兑人保证,负付款之责;为出票人、背书人保证,负担保承兑或担保付款之责。经过保证后,票据可接受性增强。

实例 2—3

对汇票当事人的理解

A在B处存有一笔款项,A与C签订了购货合同,从C处购买一批商品。交易达成后,A于6月20日签发了一张以B为付款人的汇票,命令B按照票面金额见票后30天付款。A将汇票交付给C。C作为收款人拿到票据后,于6月25日向B作了承兑提示。B于6月25日见票,当日承兑后将汇票退还给C。C因曾向D借过一笔资金,为了清偿与D之间的借贷关系,于6月30日将票据转让给D。D因接受了E的劳务,于7月5日将票据转让给E。E也因为某种对价关系,于7月8日将票据转让给F。如果F不再转让票据,则F作为持票人,于汇票到期日(7月25日)向B作付款提示。B于7月25日付款。请分析本例涉及的当事人及票据行为。

解析

A为出票人,B为受票人,C为收款人及第一背书人,D为第一被背书人及第二背书人,E为第二被背书人及第三背书人,F为最后被背书人和持票人。具体如表2—1所示。

表2—1　　　　　　　　　　汇兑当事人及使用票据的业务流程

行为日期	使用流通程序	行为人	行为指向人	与当事人之间的关系
6月20日	出票	出票人A	收款人C	原因关系
6月25日	承兑提示	持票人C	受票人B	法律关系
6月25日	承兑	承兑人B	持票人C	法律关系
6月30日	背书	第一背书人C	第一被背书人D	对价关系
7月5日	背书	第二背书人D	第二被背书人E	对价关系
7月8日	背书	第三背书人E	第三被背书人F	对价关系
7月25日	付款提示	持票人F	受票人B	法律关系
7月25日	付款	付款人B	持票人F	法律关系

六、汇票的种类

(一)按照出票人的不同,汇票可分为银行汇票和商业汇票

银行汇票(banker's bill)指出票人是银行的汇票。它一般为光票。

商业汇票(commercial bill)指出票人是公司或个人的汇票。它可能是光票,也可能是跟单汇票。由于银行的信用高于一般的公司或个人的信用,所以银行汇票比商业汇票更易于流通转让。

(二)按照承兑人的不同,汇票可分为银行承兑汇票和商业承兑汇票

银行承兑汇票(banker's acceptance bill)指由银行承兑的远期汇票,它是建立在银行信用基础之上。

商业承兑汇票(trader's acceptance bill)指由个人商号承兑的远期汇票,它是建立在商业信用基础之上。由于银行信用高于商业信用,因此,银行承兑汇票在市场上更易于贴现,流通性强。应注意:银行承兑汇票不一定是银行汇票,因为银行承兑的汇票有可能是银行汇票也有可能是商业汇票。

(三)按照付款时间的不同,汇票可分为即期汇票和远期汇票

即期汇票(sight bill or demand draft)即见票即付的汇票,它包括:票面上记载"at sight / on demand"字样的汇票,提示汇票即是"见票";出票日与付款日为同一天的汇票,当天出票当天到期,付款人应于当天付款;票面上没有记载到期日的汇票,各国一般认为其提示日即到期日,因此也就是见票即付。

远期汇票(time bill / usance bill)即规定付款到期日在将来某一天或某一可以确定日期的汇票。它可分为出票后定期付款汇票、见票后定期付款汇票、在其他事件发生后定期付款汇票、定日付款汇票和延期付款汇票五种情况。

(四)按照是否附有货运单据,汇票可分为光票和跟单汇票

光票(clean bill)即不附带货运单据的汇票。在国际贸易结算中一般用于贸易从属费用、货款尾数、佣金等的收取或支付。

跟单汇票(documentary bill)即附带货运单据的汇票。与光票相比较,跟单汇票除了票面上当事人的信用以外,还有相应物资做保障,因此该类汇票流通转让性能较好。

(五)按照流通领域的不同,汇票可分为国内汇票和国际汇票

国内汇票(domestic bill)指汇票的出票人、付款人和收款人三个基本当事人的居住地同在一个国家或地区,汇票流通局限在同一个国家境内。

国际汇票(international bill)指汇票出票人、付款人和收款人的居住地中至少涉及两个不同的国家或地区,尤其是前两者不在同一国,汇票流通涉及两个国家或地区。国际结算中使用的汇票多为国际汇票。

(六)按照票面标值货币的不同,汇票可分为本币汇票和外币汇票

本币汇票(domestic money bill)是指使用本国货币标值的汇票。国内汇票多为本币汇票。

外币汇票(foreign money bill)是指使用外国货币标值的汇票。

(七)按照承兑地点和付款地点是否相同,汇票可分为直接汇票和间接汇票

直接汇票(direct bill)是指承兑地点和付款地点相同的汇票。国际贸易中使用的汇票大部分是直接汇票。

间接汇票(indirect bill)是指承兑地点和付款地点不同的汇票。承兑人在承兑时须写明付款地点。

(八)按照收款人的不同,汇票可分为来人汇票和记名汇票

来人汇票(bearer bill)是指收款人是来人抬头的汇票。

记名汇票(order bill)是指收款人是指示性抬头或限制性抬头的汇票。

(九)按照同一份汇票张数的不同,汇票可分为单式汇票和多式汇票

单式汇票(sola bill)是指同一编号、金额、日期只开立一张的汇票。用于银行汇票。

多式汇票(set bill)是指同一编号、金额、日期开立一式二份甚至多张的汇票,用于逆汇项下的商业汇票。

汇票有着多种的分类方法,但并不意味着一张汇票只具备一个特征,它可以同时具备几个特征。

七、汇票的贴现

(一)贴现业务

贴现(discount)是指远期汇票承兑后,尚未到期,由银行或贴现公司从票面金额中扣减按照一定贴现率计算的贴现息后,将净款(net proceeds)付给持票人的行为。

商业票据贴现就是票据的买卖,是指持票人出售已承兑的远期汇票给贴现公司或贴现银行,提前得到票款,贴现银行持贴进的汇票直到到期日提示给承兑人要求付款,承兑人支付票面金额归还贴现银行的垫款,并使银行赚取了贴现息,所以贴现业务既是票据买卖业务,又是资金融通业务。

贴现息的计算公式为

$$贴现息 = 票面金额 \times \frac{贴现天数}{360} \times 贴现率$$

贴现天数指距到期日提前付款的天数,一般按贴现日到到期日前一日的天数计算。公式中除以360,是因为贴现率是用年率表示的,应折算成日利率,英镑按365天做基数进行折算,美元等其他货币按360天做基数进行折算。

$$净款 = 票面金额 - 贴现息$$

或者

$$净款 = 票面金额 \times \left(1 - \frac{贴现天数}{360} \times 贴现率\right)$$

一般而言,票据贴现可以分为三种,即贴现、转贴现和再贴现。贴现是指客户(持票人)将没有到期的票据出卖给贴现银行,以便提前取得现款。一般工商企业向银行办理的票据贴现就属于这一种;转贴现是指银行以贴现购得的没有到期的票据向其他商业银行所作的票据转让,转贴现一般是商业银行间相互拆借资金的一种方式;再贴现是指贴现银行持未到期的已贴现汇票向人民银行的贴现,通过转让汇票取得人民银行再贷款的行为。再贴现是中央银行的一种信用业务,是中央银行为执行货币政策而运用的一种货币政策工具。

(二)贴现市场

由于不同国家在票据贴现市场的融资规模、结构状况及中央银行对再贴现政策的重视程度方面存在差异,票据贴现市场具有不同的运行特点。

美国的票据贴现市场主要由银行承兑汇票贴现市场和商业票据市场所构成。银行承兑汇票是进出口贸易中进口商签发的付款凭证,当银行承诺付款并在凭证上注明"承兑"字样后,就变成了承兑汇票。大多数银行承兑汇票偿还期为90天,因其以商品交易为基础,又有出票人和承兑银行的双重保证,信用风险较低,流动性较强。

与美国相比,英国贴现市场的历史则更为久远,已走过了100多年的发展历程,且一直比较发达,在金融市场中的地位也颇为重要和独特。英格兰银行在相当长一段时间内高度重视再贴现政策的运用。19世纪中叶,伦敦贴现市场所经营的几乎全部是商业汇票的贴现业务,到19世纪末,才陆续增加国库券和其他短期政府债券的贴现业务。20世纪50年代中期以前,票据贴现市场是英国唯一的短期资金市场。20世纪50年代后期,英国货币市场的家族才逐步扩大,出现了银行同业存款、欧洲美元、可转让大额定期存单等子市场,但票据贴现市场在英国货币市场中仍毋庸置疑地处于核心地位。英国票据贴现市场的参与者众多,包括票据贴现所、承兑所、企业、商业银行和英格兰银行。伦敦贴现市场由12家贴现公司(discount house)组成,专门经营买入各种票据,包括贴现商业票据。还有8家商人银行,称为承兑公司(accepting house),办理承兑汇票业务,即承兑公司以其自身名义承兑汇票,由持票人将汇票持向贴现公司办理贴现,取得资金融通。承兑公司赚取承兑手续费,不垫付资金,汇票到期,出票人将票款交承兑公司,以备持票的贴现公司取款。

日本的票据贴现市场上用来贴现的票据,主要是期票和承兑汇票。所谓期票,是由一些资信度较高的大企业签发的,以自身为付款人、以银行为收款人的一种票据。承兑汇票主要指国际贸易中出口商持有的、经过承兑的出口贸易票据。按照日本的中央银行——日本银行的规定,出口商持出口贸易票据向商业银行贴现,或商业银行持同类票据向中央银行办理再贴现时,均可获得低于商业银行短期普通贷款利率的优惠利率。此举的目的在于刺激出口,增强日本商品的国际竞争力。在日本,不仅一些大的城市银行将票据贴现作为放款业务的主要内容,就连经营长期金融业务的信用机构,基于调整资产结构、保持资产流动性的目的,也十分重视票据承兑与贴现业务,将其作为放款业务管理的重要内容。

我国票据贴现市场发展明显滞后,一方面表现为票据贴现业务起步晚、数量小、比重低,面临着一系列制约因素;另一方面表现为发展票据贴现市场的框架和基本思路不够明确。

实际中使用比较多的贴现业务是:承兑公司与普通商号约定,允许普通商号开出以承兑公司作为付款人的远期汇票,承兑公司不收对价,在汇票上签字承兑,用自己的名字来提高汇票的信誉;出票人也是收款人,将已承兑汇票拿到贴现公司要求贴现,从而获得资金融通,待汇票到期日持票人将票款交给承兑公司,以便支付给提示汇票索款的贴现公司。这里使用的汇票又称为融通汇票(accommodation bill),承兑人又称融通人(accommodation party)。

(三)汇票的身价

不是所有票据都能得到贴现,一张汇票能否贴现,能否有优惠的贴现率,既取决于贴现申请人(收款人)和贴现执行人(银行,贴现行)的关系,又取决于代表汇票身价的出票人和承兑人的资信及汇票的开立依据等因素。汇票的身价(quality of bill)主要从以下两方面鉴别。

(1)出票人和承兑人的资信地位(credit standing)。出票人和承兑人必须具有好名誉(good name),具有好资力(good capital resource)。汇票上有两个好名誉的商号,这样的汇票就有了好的身价,一般更着重鉴别承兑人名号的好坏,承兑人是银行的要优于商号,大银行要优于小银行。

(2)表示汇票起源的出票条款,贴现公司认为由于正常交易,出售货物而出具的汇票是可靠的。例如,注明根据信用证出票的汇票是比较好的。

(四)贴现的费用

贴现的费用包括承兑费、印花税和贴现息。

(1)承兑费(acceptance commission)。它是指承兑公司承兑汇票时收取的手续费。伦敦银行对于远期汇票的承兑费按承兑期每月1‰计收,最少按60天承兑期(即2‰)收费,一般由买方负担。

(2)印花税(stamp duty)。一些国家要求对汇票贴印花,收取印花税。英国对于3个月的远期国内汇票按2‰、6个月的远期国内汇票按4‰贴印花;外国汇票按国内汇票的一半贴印

(3) 贴现息(discount interest)。它是指贴现时扣除的利息,按照贴现息的计算公式计算。伦敦市场的贴现率由伦敦贴现市场公会决定,按年率计算。汇票的出票人、承兑人名誉好,贴现率就低;反之就高。贴现率经常变动,一般略低于银行对客户的放款利率。

贴现率与利率比较接近,但两者并不相等,而且利率越高、期限越长,两者的差距越大,二者的关系如下:

$$利率 = \frac{贴现率}{1 - 贴现率 \times 时间} \quad 或 \quad 利率 = \frac{贴现息}{净值 \times 时间}$$

贴现息是根据贴现率计算出的银行在贴进票据时应扣得的利息,余下净款付给持票人。

任务三 国际结算票据——本票

一、本票的概念

英国《票据法》对本票(promissory note)的定义为:A promissory note is an unconditional promise in writing made by one person (the maker) to another (the payee or the holder) signed by the maker engaging to pay on demand or at a fixed or determinable future time a sum certain in money to or to the order of a specified person or to bearer.

结合英国《票据法》的定义、我国《票据法》对本票的解释以及实际使用中的专业认识的经验,本书对本票的定义表述为:本票是一人向另一人签发的,保证即期或定期或在可以确定的将来的时间,对某人或其指定人或持票来人支付一定金额的无条件书面承诺。

与汇票定义相比有三处明显的不同:①本票是"保证自己",汇票是"要求他人"。②本票是"承诺",汇票是"命令"。即本票是一人向另一人签发并保证自己付款的承诺,而汇票是一人要求第三者付款的命令。③本票只有两个基本当事人,即制票人(同时兼任受票人/付款人)和收款人,而汇票则有三个基本当事人,即出票人、收款人和受票人(付款人)。

英国《票据法》规定,以"我"为付款人的汇票为对己汇票或者己付汇票,即本票。

二、本票的基本内容

1. 本票的记载事项

根据我国《票据法》第76条规定,本票绝对应记载的事项有:表明"本票"的字样;无条件支付的承诺;确定的金额;收款人名称;出票日期;出票人签章。

本票未记载上述规定事项之一的,则本票无效。根据我国《票据法》第77条规定,本票相对应记载的事项有:付款地,本票上未记载付款地的,出票人的营业场所为付款地;出票地,本票上未记载出票地的,出票人的营业场所为出票地。

2. 本票的付款

根据我国《票据法》的规定,银行本票是见票付款的票据,收款人或持票人在取得银行本票后,随时可以向出票人请求付款。但为了防止收款人或持票人久不提示票据而给出票人造成不利,我国《票据法》第79条规定了本票的付款提示期限:"本票自出票之日起,付款期限最长不得超过2个月。"如果本票的持票人未按照规定期限提示本票的,则丧失对出票人以外的前手的追索权。

本票的背书、保证、付款行为和追索权的行使,除本票的规定外,适用有关汇票的规定。

本票样式如图2-4所示。

```
Promissory Note
GBP 10000.00           London,25th Apr.,2015
On the 28th July, 2014 fixed by the promissory note
We promise to pay China Export Corporation or order
The sum of pound sterling Ten Thousand Only
                    For and on behalf of the
                       Trading company
                          London
```

图2-5 本票样式

三、本票的种类

(一)商业本票和银行本票

按签发人身份的不同,本票分为商业本票和银行本票。

商业本票(trader's note)是以商号或工商企业作为制票人,用以清偿制票人自身债务的本票。它是建立在商业信用基础上,由于本票的制票人对本票金额负有绝对的付款责任,而制票人的付款能力又缺乏有效的保证,所以其使用范围渐渐缩小。现在中小企业几乎没有人接受而很少签发本票。

商业本票按期限可分为远期本票和即期本票。目前在国际贸易中,远期商业本票一般用于出口买方信贷,当出口国银行把资金贷放给进口国的商人以支付进口货款时,往往要求进口商开立分期付款的本票,经进口国银行背书保证后交贷款银行收执。这种本票不具有流通性,仅作为贷款凭证。

银行本票(banker's note)是由商业银行签发即期付给记名收款人或者付给来人的本票,它可以作为现金交给提取存款的客户。银行本票建立在银行信用基础上。银行本票也可以分为即期和远期两种,但远期使用得较少。即期银行本票是指本票一上柜面即能取现的本票。它能代替现钞作为支付工具,可用于大额现金交易中。由于即期银行本票的发行一定意义上会增加货币投放量,因此各国对它的发行有限制。

我国《票据法》所称本票仅限于银行本票,且为了维护正常的经济秩序,有利于国家实行有效的金融管理和宏观调控,还特别规定,银行本票的"出票人资格必须由中国人民银行审定"。

同步案例2-3

2015年8月16日,A企业(买方)与B企业(卖方)签订购销合同,双方约定货款以本票支付。合同生效后,B企业按时向A企业发货,A企业向其开户银行申请开立了银行本票,并转交B企业作为货款支付。由于B企业先期拖欠C企业款项,正好与该本票金额相同,于是B企业将该本票背书转让给了C企业。但C企业没有按时向银行支取该本票款项,直到10月才向银行请求支付本票金额。但银行以该本票已经过期为由拒付。于是C企业转向B企业要求支付本票款项,但也遭到拒绝。多次交涉无果后,C企业向法院起诉B企业和银行,要求它们共同承担赔偿责任。C企业的请求能得到法院支持吗?

案例精析:可以部分得到支持,因为C企业自己也有责任。C企业作为正当持票人,未在法定期限内提示付款,其前手背书人B企业不再承担保证本票付款的责任。但作为本票出票人的银行,则不能免除付款责任。最终法院判决银行支付本票金额给C企业,但应承担延期取款责任。

(二)旅行支票

旅行支票(traveler's cheque)是由银行、非银行金融机构或旅行服务机构发行的不指定付款地点、具有固定票面金额、专供旅游者使用的信用工具。购买人可在其他地点凭票兑付现款或直接用于支付。从付款人就是该票的发行机构来看,旅行支票带有本票的性质。

由于发行人都是信誉卓著的大银行或大旅行社,所以旅行支票易被世界各地银行、商号、饭店所接受。大银行或大旅行社签发旅行支票是有利可图的,首先,在一定时间内可无息地占用旅行者购买旅行支票的资金;其次,可利用旅行者使用旅行支票,为自己做无成本的广告宣传;最后,可收取购买手续费,为旅行者提供安全、方便的支付服务。另外,兑付旅行支票的代理行可有兑付费等手续费收入。

购买者可以安全、方便地使用旅行支票。在购买旅行支票时,购买人要当着银行职员的面留下初签,然后带到国外旅行。在兑付取现或消费时,购买人进行复签,付款代理机构以初签与复签一致作为支付的条件。然后,代理机构与发行机构结算所兑付的旅行支票。若旅行者尚有剩余旅行支票,也可向发行者兑回现金。

随着计算机技术与网络的不断发展,旅行支票的使用受到了挑战。国际信用卡以其更为安全方便、手续更为简化等特点而成为旅行支票的替代品,这就使得旅行支票使用数量出现下降趋势。关于旅行支票与国际信用卡我们在本书项目七"国际非贸易结算方式"中还要详细介绍。

(三)记名本票

根据本票上是否记载收款人的名称,国际上本票可分为记名本票和无记名本票。我国《票据法》第76条规定,本票必须记载收款人名称,否则,本票无效。所以,我国《票据法》只调整记名本票。

我国《票据法》之所以只调整即期本票、银行本票和记名本票,而不调整远期本票、商业本票和无记名本票,其原因是因为我国的社会主义市场经济尚处于起步阶段,信用制度还很不成熟。本票具有通过信用进行融资的功能,如果利用不当,流通中的本票没有相应的货币或商品作为保障,有可能产生信用膨胀,并扰乱经济秩序,特别在目前我国信用制度尚不健全的阶段,上述情况更有可能发生。所以,我国《票据法》在现阶段只调整信用度较高的即期本票、银行本票和记名本票。

四、本票与汇票的异同

本票与汇票的异同如表2-2所示。

表2-2　　　　　　　　　　　　　本票与汇票的异同

	种类 项目	汇票	本票
不同点	性质不同	无条件的支付命令	无条件的支付承诺
	基本当事人不同	出票人、付款人、收款人	制票人/付款人、收款人
	有否承兑行为	有	没有
	提示的形式不同	有提示承兑和提示付款两种形式	只有提示付款
	主债务人不同	出票人在承兑前是主债务人,在承兑后成为从债务人	制票人在流通期间始终是主债务人
	退票时是否作拒绝证书	需要	不需要
相同点	1. 都以无条件支付一定金额为目的; 2. 出票人(或制票人)都是票据的债务人; 3. 对收款人的规定相同; 4. 对付款期限的规定相同; 5. 有关出票、背书等行为相同。		

任务四　国际结算票据——支票

一、支票的概念

我国《票据法》第81条规定:"支票是出票人签发的,委托办理支票存款业务的银行或者其他金融机构在见票时无条件支付确定的金额给收款人或者持票人的票据。"

英美等国票据法把支票看成汇票的一种形式。英国《票据法》规定:"支票是以银行为付款人的即期汇票。它是银行存款人(出票人)对银行(付款人)签发的授权银行对某人或其指定人或持票人即期支付一定金额的无条件书面命令。"支票有两个主要特点:一是付款人有资格限制;一是见票即付。

支票的出票人必须在付款银行有存款,其签发支票的票面金额不得超过其在银行的存款。凡票面金额高于其在银行存款的支票,称为空头支票。空头支票的持有人向付款银行提示支票要求兑付时会遭到拒绝,支票的出票人也要负法律责任。

二、支票的记载项目

根据《日内瓦统一票据法》的规定,支票必须具备以下项目:
(1)写明其为"支票"字样;

(2)无条件支付命令；
(3)付款银行名称和地址；
(4)出票人名称和签字；
(5)出票日期和地点(未载明出票地点者,以出票人名称旁的地点为出票地点)；
(6)写明"即期"字样；
(7)一定金额货币；
(8)收款人或其指定人。
支票样式见图2—6。

```
Cheque for GBP 5 000.00    No.5451016
                                        London,1st Jan. 2015
Pay to the order of British Trading company
The sum of pound sterling five thousand only
To：National Westminister Bank Ltd.
London                                  For London Export Corporation
```

图2—6　支票样式

三、支票的使用必须具备的条件

(1)支票的出票人必须是银行的存款户。这就要求出票人在银行要有存款,在银行没有存款的人绝对不可能成为支票的出票人,因为没有存款的支票得不到付款。

(2)出票人在银行必须有足够的存款。支票的出票人所签发的支票金额不能超过其在银行的存款金额,如果银行允许在一定限度内透支,则透支金额不超过银行允许的范围,出票人不得开立空头支票。

(3)出票人与银行签有使用支票的协议。预留签字样本或印鉴。

(4)支票的出票人必须使用存款银行统一印制的支票。支票不能像汇票、本票一样,由出票人自制,而必须向存款银行购买统一印制的支票簿。

(5)支票为见票即付。支票都是即期的,付款银行必须见票即付,所以支票无需注明付款期限,由于支票没有远期,因而不需办理承兑手续。

(6)支票的付款人仅限于银行。汇票的付款人可以是银行、企业或个人。

四、支票的种类

(一)根据支票的支付方式划分

1. 现金支票

现金支票是指出票人签发的委托银行支付给收款人确定数额现金的支票。只能用于提现,不能转账。现金支票的样式如图2—7所示。

2. 转账支票

转账支票是指出票人签发给收款人凭以办理转账结算,或委托银行支付给收款人确定金额的支票。转账支票只能用于转账,不能支取现金。转账支票的样式如图2—8所示。

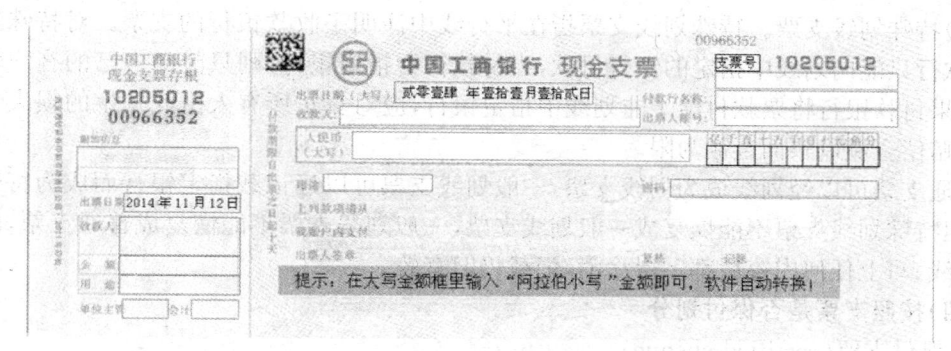

图 2—7 现金支票

图 2—8 转账支票

(二)按照收款人(抬头人)的不同划分

1. 记名支票(cheque payable to order)

在支票的收款人一栏内写明收款人姓名,取款时需由收款人签章,方可取走。

2. 不记名支票(cheque payable to bearer)

又称空白支票(cheque in blank)或来人支票,支票上不记载收款人姓名,或只写"付来人"(pay bearer),取款时不需收款人签章即可取走,可以仅凭交付而转让。

(三)根据支票是否有特殊限制或特殊保障划分

1. 普通支票

普通支票又称非划线支票,无两条平行线的支票或对付款人无特殊限制或保障的一般支票。普通支票的持票人可以持票向付款行提取现金,也可以通过其他往来银行代为转账,只要提示支票合格,付款银行就立即付款。因此,万一丢失,容易被冒领,且很难返还,为了防止冒领,就产生了支票特有的划线方法。

2. 划线支票

划线支票是指由出票人或持票人在普通支票正面划有两条平行线的支票。划线支票的持有人只能委托银行收款,不能直接提取现金,即对支票取款人加以限制,限制于银行或银行的客户,便于核查票款去向。划线支票可以起到防止遗失后被人冒领,保证收款人利益的作用,根据平行线内是否注明收款银行,划线支票又分为普通划线支票和特殊划线支票。

(1)普通划线支票。又称一般划线支票,指不注明收款银行的划线支票,收款人可以通过任何一家银行收款。

(2)特殊划线支票。特殊划线支票指在平行线中注明了收款银行的支票。对特殊划线支票,付款行只能向划线中指定的银行付款,当付款行为指定银行,则只能向自己的客户转账付款。如果付款银行将票款付给了非划线中指定银行,应对真正所有人由此发生的损失负赔偿责任。赔偿金额以票面金额为限。

普通支票可以经划线成为划线支票,一般划线支票可以经记载指定银行而成为特殊划线支票,但特殊划线支票不能恢复成一般划线支票,一般划线支票不能恢复成普通支票,即在划上平行线、写上任何内容后都不得涂消,记载仍旧有效。

(四)按照支票是否保付划分

1. 保付支票(certified cheque)

保付是由付款银行在支票上加盖保付戳记,以表明在支票提示时一定得到付款。支票一经保付,付款责任即由银行承担,付款银行对支票保付后,即将票款从出票人账户转入一个特殊账户,以备付款,所以保付支票提示时,不会退票。支票保付后,付款银行成为主债务人,出票人和背书人都因此免除责任,持票人不受付款提示期的限制,即使在期限以外仍可请求付款,付款行仍有照义付款义务。如果持票人遗失保付支票,一般不做止付通知。

2. 不保付支票(uncertified cheque)

是指没有付款银行加盖"保付"印戳的支票。

五、支票的止付

支票的止付指出票人撤销其开出的支票的行为。支票的止付,应由出票人向付款银行发出书面通知,要求某张支票(号码、日期、金额、收款人名称等)停止付款。

当持票人遗失支票,要求付款银行止付时,银行将告诉持票人立即与出票人联系,由出票人发出书面通知,止付才能成立。

做法:一般出票人可先以电话通知付款银行止付,随后发出书面止付通知。付款行在接到出票人口头止付通知后,如果支票被提示,银行所能做的只是推迟付款,以等待出票人的书面确认。

实例2—4

一起空头支票引发的思考

我某公司在广交会上与外商签订了一份出口合同,并凭外商所给的以国外某银行为付款人的、金额为6万美元的支票,在2天后将货物装运出口。随后,我出口公司将支票通过我国国内银行向国外付款行托收支票时,被告知该支票为空头支票。试分析我方应吸取的教训。

解析

此案例属于利用空头支票进行诈骗的案件,我方应吸取的教训:应了解客户资信情况,加强与国外银行联系,掌握支票的使用,避免造成损失。

六、支票与汇票、本票的异同

支票与汇票、本票的比较如表2—3所示。

表 2—3　　　　　　　　　　　支票与汇票、本票的比较

异 同		汇票	本票	支票
相同点	(1)性质	属于以支付金额为目的的票据,都具备必要的内容,都具有一定的票据行为		
	(2)流通	记名式和指示式的票据,经背书可以转让;来人式票据,经过交付即可转让。转让后在市场上流通,成为流通工具		
不同点	(1)用途	结算工具,信贷工具	结算工具,信贷工具	多用于结算工具
	(2)期限	即期,远期	即期,远期	即期
	(3)当事人	出票人,付款人,收款人	制票人,收款人	出票人,付款行,收款人
	(4)份数	多份(正本与副本)	一份(只有正本)	一份(只有正本)
	(5)承兑	远期汇票尤其是见票后若干日付款汇票必须承兑	不需要	没有承兑
	(6)贴现	可贴现	可贴现	不能贴现
	(7)责任	汇票在承兑前,出票人是主债务人;承兑后,承兑人是主债务人	出票人始终是主债务人	出票人始终是主债务人
	(8)票据有效期内的追索权	要保留追索权应做拒绝证书。持有人对出票人、背书人、承兑人都有追索权	无须做拒绝证书。只对出票人有追索权	无须做拒绝证书。只对出票人有追索权
	(9)票据过期时的追索权	过期遭拒付,对票据上一切当事人丧失追索权	即使拒付,对背书人丧失追索权,对出票人仍可行使追索权 6 年	过期拒付,持票人仍可向出票人追索
	(10)关于保证	可由第三者作保证	不需要	没有保证有保付
	(11)是否划线	银行即期汇票可划线,其他汇票不能	不需要	可划线

应知考核

一、单项选择题

1. 在下列背书中,(　　)没有使票据权发生转移。
 A. 有条件的背书　　B. 不得转让背书　　C. 委托收款背书　　D. 记名背书
2. 如果汇票上注明"At three month after sight pay to …",则此种汇票(　　)。
 A. 应提示承兑　　B. 不应提示承兑　　C. 可以提示承兑　　D. 可以不提示承兑
3. 一张出票日为 1 月 31 日的远期汇票,付款期限是"At one month after date pay to…"则其到期日为(　　)。
 A. 2 月 28 日　　B. 3 月 2 日　　C. 3 月 3 日　　D. 以上都不是
4. 下述表示汇票金额的方法中正确的是(　　)。
 A. About USD200　　B. USD200　　C. USD200 plus interest
5. 某银行签发一张汇票,以另一家银行为受票人,则这张汇票是(　　)。
 A. 商业汇票　　B. 银行汇票　　C. 商业承兑汇票　　D. 银行承兑汇票

6. 在汇票的使用过程中,使汇票一切债务终止的票据行为是(　　)。
   A. 提示　　　　　　B. 承兑　　　　　　C. 背书　　　　　　D. 付款
7. 某支票的签发人在银行的存款总额低于他所签发的支票票面金额,则他签发的这张支票被称为(　　)。
   A. 现金支票　　　　B. 转账支票　　　　C. 个人支票　　　　D. 空头支票
8. 承兑交单方式下开立的汇票一定是(　　)。
   A. 即期汇票　　　　B. 远期汇票　　　　C. 银行汇票　　　　D. 银行承兑汇票
9. 若汇票受款人一栏内写明"Pay to the order of …",则该汇票(　　)。
   A. 不可流通转让
   B. 可以经背书转让
   C. 无须背书,即可流通转让
   D. 由出票人决定是否可以转让
10. 90天假远期信用证,出口商在填制汇票时,应在付款期限栏目中(　　)。
    A. 打上AT SIGHT
    B. 填90 DAYS
    C. 打上"……"或"＊＊＊＊＊"
    D. 留空白

二、多项选择题

1. 汇票上关于收款人的记载又称"抬头",其填写方法主要有(　　)。
   A. 限制性抬头　　　B. 空白抬头　　　　C. 指示性抬头　　　D. 来人抬头
2. 汇票的出票日期是指汇票签发的具体日期,其作用是(　　)。
   A. 决定汇票的有效期
   B. 决定到期日
   C. 决定出票人的行为效力
   D. 决定付款人的行为效力
3. 托收结算方式根据是否随附有货运单据,可分为(　　)。
   A. 付款交单　　　　B. 承兑交单　　　　C. 光票托收　　　　D. 跟单托收
4. 付款交单可分为即期付款交单和远期付款交单,与即期付款交单相比,远期付款交单有以下特点:(　　)。
   A. 出口商开具的是远期汇票
   B. 进口商应先予承兑汇票
   C. 进口商承兑汇票取得单据
   D. 汇票到期才付款赎单
5. 支票与汇票的区别在于(　　)。
   A. 前者只能用作结算工具,后者既可做结算和押汇工具,又可以作为信贷工具
   B. 前者无须承兑,后者的远期汇票通常要经过承兑
   C. 前者的提示期限较短,后者的提示期限相对要长得多
   D. 前者可以止付,后者在承兑后不可撤销

三、思考与讨论

1. 简述国际结算的性质和特点。
2. 简述国际结算中的惯例。
3. 简述票据的作用。
4. 简述支票、汇票与本票的异同。
5. 简述汇票的票据行为包括的内容。

应会考核

■ 计算题

2月20日,Smith开立了一张金额为US$100 000.00,以Brown为付款人,出票后90天付款的汇票,因为他出售了价值为US$100 000.00的货物给Brown。3月2日,Smith又从Jack那里买进价值相等的货物,所以,他就把这张汇票交给了Jack。Jack持该票于同年3月6日向Brown提示,Brown次日见票承兑。3月10日,Jack持该票向A银行贴现,当时的年贴现利率为10%(按360天计算),请计算到期日、贴现天数及实得票款净值。

■ 技能案例

1. 2014年12月25日,A市甲公司财务人员到乙银行A分行营业部要求兑付9张每张价值1000美元的由美国丙公司发行的旅行支票。该银行业务人员审核后发现,这些旅行支票与运通公司的票样相比,支票的印刷粗糙,估计是彩色复印机所制;票面金额、徽标等没有凹凸感;复签底线也非由小字母组成,而是一条直线,估计是复印机无法分辨原票样的细微字母;票面在紫光灯下泛白色,没有水印。经仔细查询、审核,该行确认这些旅行支票为伪造票据,予以没收。经查,这些伪造的旅行支票是丙公司出具给甲公司抵债用的,甲公司准备兑付后还贷款。请结合本项目的内容对本案例进行分析,通过此案例对我们有什么启示?

2. 某甲开立100英镑的支票给乙,授权乙向丙银行取款,乙拿到支票后拖延很久不去取款,恰在此时,丙银行倒闭,甲在丙银行账户里的存款分文无着。乙在未获支票款项的情况下,找到了甲,要甲负责。甲以支票已过期为由拒绝对乙负责。请问应该由谁来承担责任?

3. 德亨水果批发公司和利兴进出口贸易公司签订了一份购销合同。德亨水果批发公司卖给利兴进出口贸易公司价值20万元的水果,利兴进出口贸易公司以空白转账支票方式支付货款。9月22日货物发出,利兴进出口贸易公司验收合格后签发给德亨水果批发公司一张在用途上注明"限额20万元"的空白转账支票。

同年10月5日,德亨水果批发公司与瑰宝纸箱有限责任公司签订了一份购销合同。德亨水果批发公司购买瑰宝纸箱有限责任公司30万元包装纸箱,遂将上述空白转账支票补记30万元金额背书转让给了瑰宝纸箱有限责任公司。

10月20日,瑰宝纸箱有限责任公司向当地工商银行分行提示付款,银行拒付,理由是:票面写有限额20万元,而提示的票据票面金额为30万元,超过了限额。

瑰宝纸箱有限责任公司遂向出票人利兴进出口贸易公司行使追索权。利兴进出口贸易公司认为自己出票时已经注明该空白转账支票限额20万元,所以只能承担20万元的责任,对超过部分不承担。

瑰宝纸箱有限责任公司又向德亨水果批发公司行使追索权。德亨水果批发公司认为尽管金额是自己补记的,但是支票是利兴进出口贸易公司签发的,应由利兴进出口贸易公司承担付款责任。

瑰宝纸箱有限责任公司只得起诉于法院。

问:银行是否应该足额付款?"限额20万元"的票据记载事实是否具有票据法上的效力?为什么?

4. A伪造一张100万元的银行承兑汇票,该汇票以B公司为收款人,以乙银行为付款人。

○ 国际结算

A将这张伪造的银行承兑汇票向B换取了78万元,B持这张伪造的汇票到甲银行申请贴现,甲银行未审查出汇票的真假,予以贴现95万元,B公司由此获得收入17万元。甲银行通过联行往来向乙银行提示付款。乙银行从未办理过银行承兑业务,在收到汇票后,立即向公安局报案。后查明该汇票系伪造的汇票。因此乙银行将汇票退给甲银行,拒绝付款。此时,甲银行该如何处理该纠纷?

■项目实训

【实训项目】

缮制汇票

【实训情境】

国际出口公司(International Exporting Co.)出口机器设备和零部件给环球进口公司(Globe Importing Co.),价值100 000美元。国际出口公司在2015年4月20日开出汇票,要求环球进口公司在见票后30天付款给XYZ银行。环球进口公司于2015年4月30日承兑了该汇票。

【实训任务】

请按上述条件填写下列汇票。

	BILL OF EXCHANGE	
ACCEPTED	For _____ (amount in figure)	_____ (date of issue)
_____ (Date)	At _____ sight of this bill of exchange (SECOND being unpaid) Pay to _____ or order the sum of _____ (amount in words) for value received.	
_____ (Company Name)	To _____	For and on behalf of _____

项目三　国际结算方式——汇款

知识目标
理解：国际结算方式中顺汇法和逆汇法。
熟知：汇款方式在国际贸易中的具体应用及风险防范。
掌握：汇款方式的概念、当事人及种类、流程。

技能目标
学生掌握汇款业务的流转程序及银行间头寸的划拨办法。

能力目标
学生能够具有汇款方式的实务操作和相关单据的填写能力，熟知SWIFT的应用和格式。

教学目标
教师要培养学生能够运用所学的汇款业务理论及业务知识进行实践操作，处理汇款业务。

项目案例
上海A银行某支行有一笔美元汇出汇款通过其分行汇款部办理，分行经办人员在审查时发现，汇款申请书中收款银行一栏只填写了"Hong Kong and Shanghai Banking Corp. Ltd."（汇丰银行），而没有具体的城市名和国家名，由于汇丰在世界各地有众多的分支机构，汇出行的海外账户行收到这个汇款指令时肯定无法执行。为此，经办人员即以电话询问该支行的经办人员，后者答称当然是中国香港的汇丰银行，城市名称应该是香港。本行经办人员即以汇丰银行香港分行作为收款人向海外账户行发出了付款指令。事隔多日，上海汇款人到支行查询，称收款人告知迄今尚未收到该笔款项，请查阅于何日汇出。分行汇款部当即再一次电海外账户行，告知收款人称尚未收到汇款，请复电告知划付日期。账户行回电称，该笔汇款已由收款银行退回，理由是无法解付。这时，汇出行再仔细查询了汇款申请书，发现收款人的地址是新加坡，那么收款银行理应是新加坡的汇丰银行而不是中国香港的汇丰银行，在征得汇款人的同意后，重新通知其海外账户行将该笔汇款的收款银行更改为"Hong Kong and Shanghai Banking Corp. Ltd., Singapore"，才最终完成了这笔汇款业务。

分析：
本案例中该笔汇出款项最初没有能够顺利解付的原因就在于没有准确地向汇出行提供收

款银行地址和名称。本案例提示我们汇款人正确填写汇款申请书的重要性,特别是对于收款人或收款银行的详细地址包括城市名称和国家名称更是不能填错或漏填。对于银行工作人员来说,应该认真审查汇款申请书,当发现汇款人填写不全时务必请其详细填写,以防汇错地址,导致收款人收不到款或被人误领。如果由于某些原因不能确切知道收款行或收款人的详细地址时,应向知情的当事人询问清楚,不能主观推测。这样有利于合理保护汇款人和收款人的权益。

知识支撑

任务一 国际结算方式概述

一、国际结算方式的概念

国际结算方式又称支付方式,通常是指在一定的条件下,使用一定的货币结清债权、债务关系的过程中所采用的方式,也就是债务人向债权人偿还债务的方式。

国际结算方式的内容包括:(1)买卖双方为了保证买方可靠地获得代表货物所有权的单据及卖方安全地收汇,所采取的交单与付款方式;(2)结算过程中,买方、卖方和相关银行之间各自权责的确定;(3)订明具体的付款时间、使用货币、所需单据和凭证;(4)相关银行之间的汇款头寸划拨安排;(5)交易双方为了加速资金的周转,以提高经营效益,结合结算方式,争取银行融资的安排。

二、国际结算方式的分类

(一)根据汇兑的方向,可划分为顺汇法和逆汇法

1. 顺汇法(remittance)

顺汇法又称汇付法,它是付款人主动将款项交给银行,委托银行采用某种结算工具支付给收款人的结算方式。由于在这种结算方式下资金的流动方向与结算工具的传递方向相同,故称顺汇法,具体如汇款方式。其基本流程如图 3-1 所示。

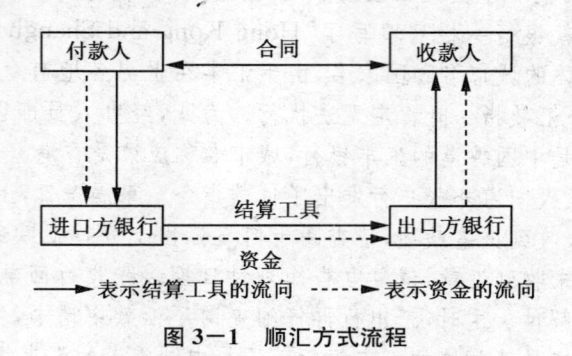

```
     付款人  ←——合同——→  收款人
       │ ↑                    ↑
       │ │                    ┊
       ↓ ┊                    ┊
   进口方银行 ——结算工具——→ 出口方银行
            ←·····资金·····
```
——→ 表示结算工具的流向   ┄┄→ 表示资金的流向

图 3-1 顺汇方式流程

2. 逆汇法(reverse remittance)

逆汇法又称出票法,是由收款人(债权人)出具汇票,委托银行向国外的付款人(债务人)收取一定金额的结算方式。由于在这种结算方式下资金的流动方向与结算工具的传递方向相

反,故称逆汇法,具体如托收方式和信用证方式。其基本流程如图3—2所示。

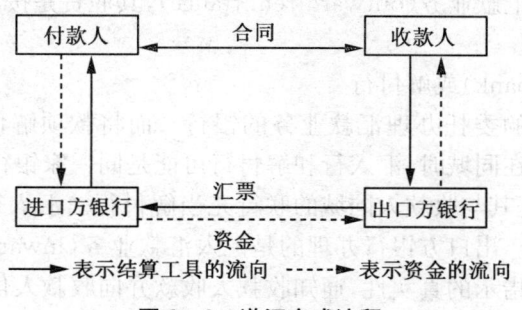

图3—2 逆汇方式流程

(二)根据提供信用的角度,可划分为以商业信用为基础和以银行信用为基础的结算方式

1. 以商业信用为基础的结算方式

以商业信用为基础的结算方式是指银行对结算中的收付双方均不提供信用,只是接受委托,办理款项的收付,如汇款方式和托收方式。

2. 以银行信用为基础的结算方式

以银行信用为基础的结算方式是指银行为交易提供信用保证的结算方式,如信用证方式和银行保函方式等。

任务二 汇款概述

一、汇款方式概述

(一)汇款方式的概念

汇款(remittance)又称汇付,是汇出行(remitting bank)应汇款人(remitter)的要求,以一定的方式,把一定的金额,通过其国外联行或代理行作为汇入行(paying bank),付给收款人(payee)的一种结算方式。汇款是顺汇方式。可单独使用,也可与其他结算方式结合使用。既能适用于贸易结算,也可适用于非贸易结算,凡属外汇资金的调拨都是采用汇款方式。所以它是基本的结算方式,是银行的主要外汇业务之一。

(二)汇款方式的当事人

1. 汇款人(remitter)

即付款人,指向银行交付款项并委托银行将该款交付给收款人的人;在国际贸易中,汇款人即进口商。其责任是填写汇款申请书、提供汇出的款项并承担相关费用。汇款申请书是汇款人与汇出行之间的契约,也是汇款人的委托指示,要求汇款人应填写明确清楚。

汇款申请书的主要内容有:(1)汇款种类的选择;(2)收款人姓名、地址;(3)开户行名称、地址、账户;(4)汇款人姓名、地址;(5)汇款金额及币别;(6)汇款附言。如图3—3所示。

2. 收款人或受益人(payee/beneficiary)

指被汇款人委托银行交付汇款的对象;在国际贸易中,收款人即出口商。其权利是凭证取款。

3. 汇出行(remitting bank)

它是受汇款人的委托，汇出汇款的银行。通常是汇款人所在地的银行或进口方银行。进口方银行办理的是汇出汇款业务(outward remittance)，其职责是按汇款人的要求通过一定的途径将款项汇交收款人。

4. 汇入行(paying bank)或解付行

汇入行是受汇出行的委托办理汇款业务的银行。而将款项解付给受益人的银行是解付行。当收款人与汇入行在同城时，汇入行和解付行可能是同一家银行；当收款人与汇入行不在同城时，汇入行可能委托其与收款人同城的联行充当解付行。汇入行或解付行是收款人所在地的银行或出口方银行。出口方银行办理的是汇入汇款业务(inward remittance)。其职责是证实汇出行的委托付款指示的真实性，通知收款人收款并向收款人付款；同时也有权在收妥头寸后再解付款项。

境外汇款申请书如图 3—3 所示。

境 外 汇 款 申 请 书

致：中国工商银行　　　　　　　　　　　　　　　　　　日期：

	□ 电汇　□ 票汇　□ 信汇			发电等级	□ 普通　□ 加急
申报号码	□□□□□□　□□□□　□□　□□□□□□　□□□□				
银行业务编号			收电行/付款行		
汇款币种及金额			金额大写		
其中	现汇金额		账号		
	购汇金额		账号		
	其他金额		账号		
汇款人名称及地址					
			□对私	个人身份证件号码	
□	对公　组织机构代码 □□□□□□□□-□			□中国居民个人	□中国非居民个人
收款银行之代理行名称及地址					
收款人开户银行名称及地址	收款人开户银行在其代理行账号 Bene's Bank A/C No.				
收款人名称及地址	收款人账号 Bene's A/C No.				
汇款附言	只限140个字位			国内外费用承担 All Bank's Charges If Any Are To Be Borne By □汇款人 OUR　□收款人 BEN　□共同 SHA	
收款人常驻国家（地区）名称及代码					□□□
请选择：□ 预付货款　□ 货到付款　□ 退款　□ 其他				最迟装运日期	
交易编码	□□□□□□ □□□□□□	相应币种及金额		交易附言	
是否为进口核查项下付款	□ 是　□ 否	合同号		发票号	
外汇局批件/登记表号		报关单经营单位代码		□□□□□□□□□□	
报关单号		报关单币种及总金额		本次核注金额	
报关单号		报关单币种及总金额		本次核注金额	
银行专用栏		申请人签章		银行签章	
购汇汇率		请按照贵行背页所列条款代办以上汇款并进行申报			
等值人民币					
手续费					
电报费					
合计					
支付费用方式	□ 现金 □ 支票 □ 账户	申请人姓名 电话		核准人签字 日期	
核印		经办		复核	

图 3—3　境外汇款申请书

(三)汇款的特点

1. 商业信用

银行仅凭汇款人的指示转移相关款项,不负责传递单据,更不承担任何付款或担保责任。预付货款的项下,出口人是否及时交货、所交货物是否符合合同的约定;进口人是否全额、及时付款,全凭买卖双方的商业信用。因此存在商业信用风险。

2. 资金负担不平衡

预付货款项下,卖方可利用预付款备货、装货,减轻自行垫付资金的负担。货到付款项下,进口人可在收货后甚至可在出售货物后方可支付货款。

3. 手续简便、费用低廉

汇付方式在小额交易的货款、订金及一些贸易从属费用时经常使用。汇付方式因方便快捷而受到相互信任的贸易方或跨国公司内部母、子公司之间交易者的青睐。

二、汇款方式的分类

根据汇款过程中所使用的支付工具的不用,汇款可以分为电汇、信汇和票汇三种方式。在目前的实际业务操作中,信汇使用很少,主要采用电汇方式,票汇一般用于小额支付。

(一)电汇(telegraphic transfer,T/T)

1. 电汇的概念和流程

电汇是汇出行应汇款人的申请,通过加押电报或电传或 SWIFT 指示和授权汇入行解付一定金额给收款人的汇款方式。相对而言,电汇费用高,但速度快,使用最广泛。在进出口贸易中,电汇业务流程如图 3-4 所示。

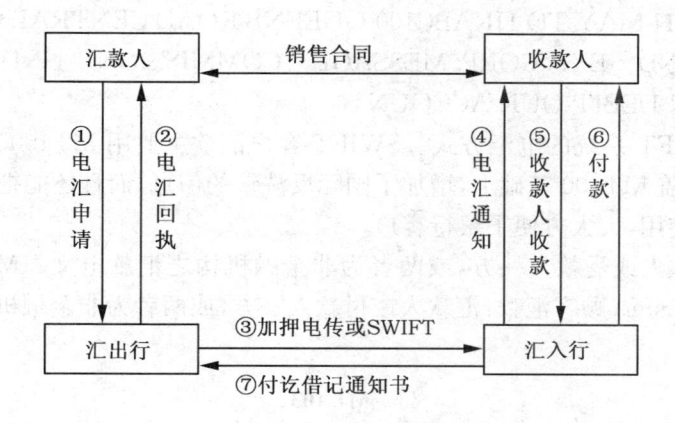

图 3-4 电汇业务流程

①汇款人填写电汇申请书,并向汇出行付款;
②汇出行向汇款人出具电汇回执;
③汇出行拍发电传、电报或 SWIFT 给汇入行;
④汇入行核对密押后将电汇通知书送达收款人;
⑤收款人将收款收据盖章,交给汇入行;
⑥汇入行借记汇出行账户,解付汇款给收款人;
⑦汇入行将付讫借记通知书寄给汇出行。

2. 电汇汇款的两种方式

(1)采用电报或电传方式汇款。电报汇款分为书信电、普通电和加急电三个等级，自从出现了电传和 SWIFT 以后，就分为普通电和加急电两个等级。电传方式类似于直接电报，经由电传机拍发出去。因此，电传和电报的内容大体相同。一般来说，具有以下内容：

FM：(汇出行名称)
TO：(汇入行名称)
DATE：(发电日期)
TEST：(密押)
OUR REF. NO. _____ (汇款编号)
NO ANY CHARGES FOR US (我行不负担费用)
PAY (AMT) VALUE (DATE) TO (付款金额、起息日)
(BENEFICIARY)(收款人)
MESSAGE _____ (汇款附言)
ORDER _____ (汇款人)
COVER _____ (头寸拨付)

例如：

FM：BANK OF ASIA, FUZHOU
TO：THE HONGKONG AND SHANGHAI BANKING CORP., HONGKONG
DATE：21TH MAY
TEST 2356 OUR REF. 208TT0737 NO ANY CHARGES FOR US PAY HKD10 000. VALUE 21TH MAY TO HKABC100 QUEEN'S ROAD CENTRAL ORDER FUZHOU LIGHT IMP. AND EXP. CORP. MESSAGE COMMISSION UNDER CONTRACT NO. 1001 COVER DEBIT OUR ACCOUNT.

(2)采用 SWIFT 系统的电汇方式。SWIFT 客户汇款主要用 MT100、MT103 电文根式，MT103 电文在涵盖 MT100 基础上，增加了国际反洗钱的信息，而且还能把汇款资料以靠背方式提供给第三方使用，大大方便了银行客户。

MT 103：汇款人或受款人一方，或两者为非金融机构之汇款电文。MT 103 Single Customer Credit Transfer(顾客汇款：汇款人或付款人一方，或两者为非金融机构)格式如表 3—1 所示。

表 3—1　　　　　　　　　　　　　　MT 103

Status(M 或 O)	Tag(项目编号)	Field Name(项目名称)
M	20	发电行编号(Transaction Reference Number)
M	23B	银行作业代号(Bank Operation Code)
O	23E	指示代号(Instruction Code)
O	26T	交易形态代号(Transaction)
M	32A	生效日/币别代号/银行间清算金额(Value Date/Currency Code/Interbank Settled Amount)

续表

Status(M 或 O)	Tag(项目编号)	Field Name(项目名称)
O	33B	币别/指示之金额(Currency/Instructed Amount)
O	36	汇率(Exchange Rate)
M	50K	汇款顾客(Ordering Customer)
O	51A	发电机构(Sending Institution)
O	52a	汇款申请机构(Ordering Institution)
O	53a	发电行之通汇行(Sender's Correspondent)
O	54a	收电行之通汇行(Receiver' correspondent)
O	55a	第三补偿机构(Third Reimbursement Institute)
O	56a	中间银行(Intermediary Institution)
O	57a	设账机构(Account With Institution)
M	59a	受益顾客(Beneficiary Customer)
O	70	付款明细(Remittance Information)
O	71A	费用明细(Details of Charges)
O	71F	发电行之费用(Sender's Charges)
O	71G	收电行之费用(Receiver's Charges)
O	72	发电行致收电行之讯息(Sender to Receiver Information)
O	77B	申报之规定 Regulatory Report
O	77T	Envelope Contents

注：M：Mandatory(必要填列之字段)；O：Optional(自由选项填列之字段)

实例 3—1

南京康宝公司(KOMPAL CORP.)因为业务需要对加拿大的市场做市场调查工作，据以确定业务发展规划，该司委托 CANADIAN CONSULATE GENERAL 公司进行相关调查并出具调研报告，调研相关费用共计 4 000 美元。2015 年 6 月 25 日，KOMPAL CORP. 的业务人员来到汇款银行(假设是交通银行)，准备通过电汇的方式将该笔款项汇至 CANADIAN CONSULATE GENERAL 公司开在美国的银行(BANK OF AMERICA，SWIFT No. 为 BOFAUS3N×××的账号 4615127。

解析：

(1)银行柜面接单

以交通银行为例来说明，汇款相关人员请 KOMPAL CORP. 经办人员填具汇款申请书(汇款方式是电汇，需选择 T/T)并盖单位公章。

(2)客户填写汇款申请书

汇款人应仔细看清银行所出具的汇款申请书的每一个栏位，并将业务场景中的汇款有关要素填写清楚。

○ 国际结算

银行业务编号 Bank Transac. Ref. No.		收电行/付款行 Receiver/Drawn on	
汇款币种及金额 Currency & Interbank Settlement Amount	USD 4 000.00	金额大写 Amount in Words	美元肆仟元整
汇款人名称及地址 Remitter's Name & Address	KOMPAL CORP., NANJING, CHINA		
收款银行之代理行名称及地址 Correspondent of Beneficiary's Bank Name & Address			
收款人开户银行名称及地址 Beneficiary's Bank Name & Address	收款人开户银行在其代理行账号 Bene's Bank A/C No. BANK OF AMERICA, 239 MADISON STREET NY, 01002 USA (ACCOUNT NO. 4615127)		
收款人名称及地址 Beneficiary's Name & Address	CANADIAN CONSULATE GENERAL, 235 EAST STREET NY, USA		
汇款附言	只限140个字位 RESEARCH FEE	国内外费用承担 SHA	
收款人常驻国家(地区)名称及代码	美国	☐☐☐	
交易编码	☐☐☐☐☐☐	相应币种及金额	USD 4 000.00	交易附言
购汇汇率		请按照贵行背页所列条款代办以上汇款并进行申报		
等值人民币				
手续费				
电报费				
合计		申请人姓名:KOMPAL CORP. 公章 电话:65651111 日期:20150625		
支付费用方式	现金 支票 账户			核准人签字 日期:20150625
核印		经办		复核

(3) 电汇方式

采用电汇方式时,交通银行作为汇出行审核汇款申请书和相关证明材料,在确认其资料准确无误后,依据汇款申请书,交通银行便制作并发出下列电文给其纽约交通银行(即账户行)。

① MT103电文

---------------- Message Header ----------------

Swift Output   :FIN 103 Single Customer Credt Transfer
Sender   :COMMCNSHNJG
Receiver   :COMMUS33×××

---------------- Message Text ----------------

20   Sender's Reference
      TT201505906

23B	Bank Operation Code
	CRED
32A	Val Dte/Curr/Interbnk Settld Amt
	Date　　　150625
	Currency　　USD
	Amount　　4 000
50K	Ordering Customer—Name & Address
	Account　　　/32181426216299
	Name And Address　KOMPAL CORP.
	NANJING, CHINA
53A	Sender's Correspondent-BIC
	BIC　　　COMMCNSH××
57A	Account With Institution-BIC
	BIC　　　　BOFAUS3N×××
59	Beneficiary Customer-Name & Addr
	Account　　　/4615127
	Name And Address CANADIAN CONSULATE GENERAL
	235 EAST STREET NY, USA
71A	Details of Charges
	SHA

② 业务处理要点

编写上述电文,需正确地理解报文的每个栏目。20 是汇款银行自身编号。32A 是起息日、币种和金额,电文中 Date 100625 Currency USD Amount 4000 需与申请书一致。50K 是汇款人信息,请见申请书。提请注意的是,汇款人在填写申请书时应填写公司的准确英文名称以免翻译有误,如康宝公司的英文是 KOMPAL CORP.,如果翻译成其他内容,则会给查询等方面带来不必要的麻烦。32181426216299 是汇款人在交通银行的公司账号。53A 和 57A 是此汇款的路径,我们可以看出此汇款是通过交通银行纽约分行借记其总行 COMMCNSH×××在 BOFAUS3N×××的账户来完成款项的划拨的。59 是收款人名称、地址和账号,信息取自于申请书。71A 是费用承担方式,SHA 表示汇款人和收款人对于汇款中银行所产生的费用是平分的。此业务的资金流程如图 3—5 所示。

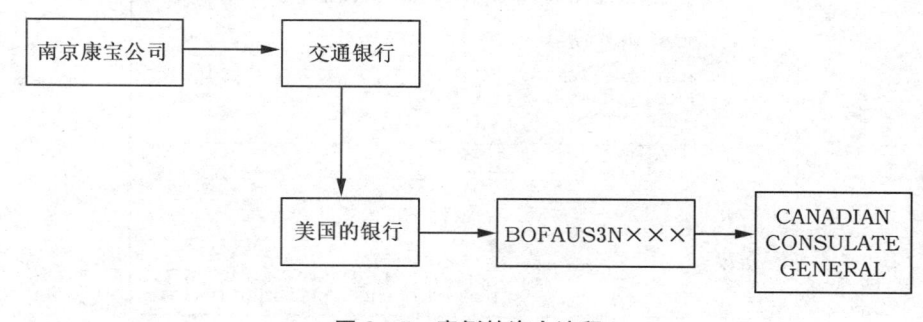

图 3—5　案例的资金流程

(二)信汇(mail transfer, M/T)

1. 信汇的概念和流程

信汇是汇出行应汇款人的要求,以航邮方式将信汇委托书(M/T advice)或支付委托书(payment order)寄给汇入行,授权其解付一定金额给收款人的一种汇款方式。其速度慢、费用低,目前实务中少用。在进出口贸易中,信汇业务流程如图 3-6 所示。信汇业务程序与电汇基本相同,仅在第三步不同:汇出行邮寄信汇委托书或支付委托书给汇入行,而不是采用电讯方式授权。

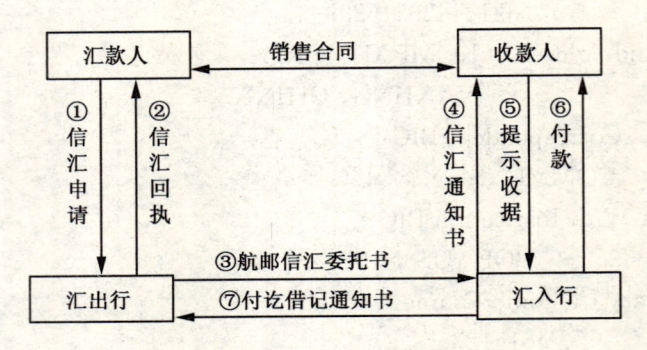

图 3-6 信汇业务流程

① 汇款人填写信汇申请书,并向汇出行付款;
② 汇出行向汇款人出具信汇回执;
③ 汇出行制作委托书,邮寄给汇入行;
④ 汇入行核对签字后将信汇通知书送达收款人;
⑤ 收款人将收款收据盖章,交给汇入行;
⑥ 汇入行借记汇出行账户,解付汇款给收款人;
⑦ 汇入行将借记通知书寄给汇出行完成汇款。

2. 信汇业务的结算工具

信汇业务的结算工具有两种:信汇委托书(mail transfer advice)和支付委托书(payment order)。

信汇委托书样式如图 3-7 所示。

图 3-7 信汇委托书样式

支付委托书样式如图 3—8 所示。

```
           中 国 银 行 支 付 委 托 书
                  BANK OF CHINA
                  PAYMENT ORDER
                              GuangZhou
                   致
                   TO

  支付通知书号码          收款人                金额
  No. of payment order   To be paid or credited to    Amount


大写金额
Amount in Words:
汇款人                        附言
By order of                   Remarks
□ you are authorized to debit our account with you
□ we have credited your a/c with us.
                              中国银行广州分行
                        BANK OF CHINA, GUANGZHOU BRANCH
```

图 3—8　支付委托书样式

实例 3—2

客户李丽的女儿张佳在日本 KYOTO UNIVERSITY 学习法律。李丽于 2015 年 3 月 9 日来到交通银行欲将 5 000 000 日元作为生活费信汇给女儿，收款人银行为 BANK OF CHINA KYOTO BRANCH。

解析：

(1)银行柜面接单

交通银行汇款相关人员请李丽填具汇款申请书。

(2)客户填写汇款申请书

汇款人李丽应仔细看清银行所出具的汇款申请书的每一个栏位，并将业务场景中的汇款有关要素填写清楚。此时客户在填写汇款申请书时选择信汇。

银行业务编号 Bank Transac. Ref. No.	MT2015001	收电行/付款行 Receiver/Drawn on	
汇款币种及金额 Currency & Interbank Settlement Amount	JAPANESE YEN 5 000 000	金额大写 Amount in Words	日元伍佰万元整
汇款人名称及地址 Remitter's Name & Address	LILI 323 ZHUJIANG RD,NANJING,CHINA		
□对公 组织机构代码 　　　Unit Code	□□□□□□□□	⊗对私	个人身份证件号码 Individual ID No.
			□中国居民个人 　Resident Individual
			□中国非居民个人 　Non-Resident Individual

续表

银行业务编号 Bank Transac. Ref. No.	MT2015001	收电行/付款行 Receiver/Drawn on	
收款银行之代理行名称及地址 Correspondent of Beneficiary's Bank Name & Address			
收款人开户银行名称及地址 Beneficiary's Bank Name & Address	收款人开户银行在其代理行账号 Bene's Bank A/C No. BANK OF CHINA KYOTO P. O. BOX 10005, JAPAN		
收款人名称及地址 Beneficiary's Name & Address	ZHANGJIA P. O. BOX 258, HAIDE STREET, KYOTO, JAPAN		
汇款附言	只限140个字位	国内外费用承担 SHA	
收款人常驻国家(地区)名称及代码	日本 □□□		
交易编码 □□□□□		相应币种及金额	USD 5 000 000.00	交易附言	cost of living
外汇局批件/备案表号		报关单经营单位代码	□□□□□□□□□
银行专用栏	申请人签章		银行签章
购汇汇率	请按照贵行背页所列条款代办以上汇款并进行申报		
等值人民币			
手续费			
电报费			
合计	申请人姓名:LILI 李丽		
支付费用方式	现金 支票 账户	电话:45453333 日期:20150625		核准人签字 日期:
核印		经办		复核

(3) 信汇付款委托书

银行受理李丽的申请后开出如下信汇付款委托书(假设交通银行为汇款银行,汇款银行需填写信汇付款委托书),该委托书与SWIFT报文不同之处主要在于,它不像SWIFT报文有固定的格式(MT103、MT202),而是可以由李丽委托的银行自行决定格式,只要相关汇款要素明确显示,并由有权签字人签署即可。

交通银行股份有限公司
江苏省分行

Address：No. 124 Zhongshan Road(N)，Nanjing，China
地址：中国南京市中山北路124号
Swift：COMMCNSHNJG

BANK OF COMMUNICATIONS CO.，LTD.
Telex：34022
JIANGSU PROVINCIAL BRANCH
OUR REF MT2015001

To：BANK OF CHINA KYOTO BRANCH P. O. BOX 10005，JAPAN

MAIL TRANSFER

Beneficiary's Bank Name And Address：BANK OF CHINA KYOTO BRANCH, P. O. BOX 10005, JAPAN
Beneficiary's Name And Address：ZHANGJIA P. O. BOX 258, HAIDE STREET, KYOTO, JAPAN
Currency and Amount：JPY5 000 000.00 JAPANESE YEN FIVE MILLION ONLY
Remitter's Name And Address：LILI 323 ZHUJIANG RD, NANJING, CHINA
Remittance Information：COST OF LIVING
All bank charges if any are to be borne by   SHA X
                                                     BEN
                                                     OUR

Name of Applicant：LILI   BANK'S SIGNATURE

                                                     AUTHORISED PERSONAL

                                                     DATE：2015－3－9
                                                          Signature

此案例的业务流程如图3－9所示。

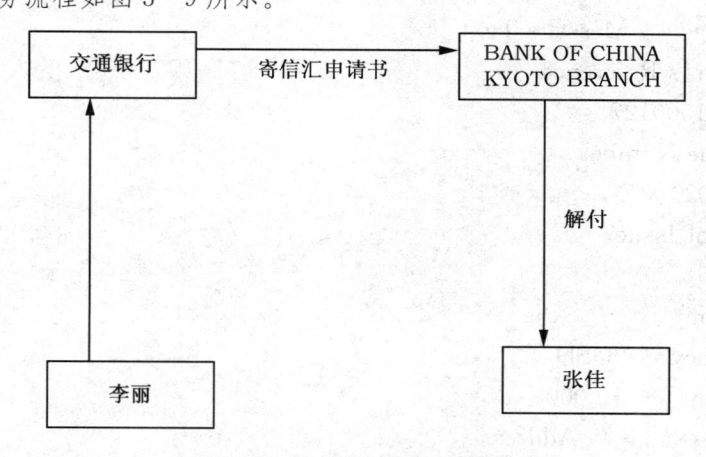

图3－9 实例3－2的业务流程

(4)汇票业务处理要点

信汇付款委托书是银行缮制，每个银行的格式可能不太一样，但以下的基本要素一般要体现在信汇付款委托书上：汇入行名称和地址（BANK OF CHINA KYOTO BRANCH, P.O. BOX 10005, JAPAN）、编号（OUR REF. MT2015001）、收款人（ZHANGJIA P.O. BOX 258, HAIDE STREET, KYOTO, JAPAN）、货币金额大小写（Currency and Amount：JPY5 000 000.00 JAPANESE YEN FIVE MILLION ONLY）、汇款人（LILI 323 ZHUJIANG RD, NANJING, CHINA）和附言（COST OF LIVING）。

如有不清楚的要素，银行会及时联系汇款人核实，以防产生风险。

汇票样本如下：

```
BANK OF COMMUNICATIONS
DRAFT NO. 15062927
  ISSUING OFFICE     JIANGSU PROVINCIAL BRANCH
  REF   DD201500341                          DATE 2015 JAN. 05
PAY TO THE ORDER OF TO ZHANGXIN 893 WEST STREET AMHERST LOS ANGELES, CA, USA
  THE SUM OF USD10 000.00 US DOLLARS TEN THOUSAND ONLY
  DRAWN ON   BANK OF AMERICA, 390 COLLEGE STREET 01002, LOS ANGELES
```

(5)汇票电文

银行（如交通银行，SWIFT No. 为COMMCNSHNJG）在出票的同时，给清算银行BANK OF AMERICA SAN FRANCISCO, CA（SWIFT No. 为BOFAUS6SXXX）发电，电文格式如下。

```
    MT110 电文
            ----------- Message Header -----------
Swift Output      :FIN 110 Advice of Cheque(s)
Sender            :COMMCNSHNJG
Receiver          :BOFAUS6SXXX
            ----------- Message Text -----------
    20     Sender's Reference
           CK201500127
    21     Cheque Number
           15063020
    30     Date of Issue
           150105
    32B    Amount
           Currency    USD
           Amount   10 000
    59     Payee-Name & Address
           ZHANGXIN 893 WEST STREET AMHERST
```

LOS ANGELES, CA, USA

(6)汇票电文处理要点

交通银行同时向清算银行 BANK OF AMERICA SAN FRANCISCO, CA 发出通知电文 MT110,通知其交通银行已经开出此汇票。该清算银行收到电文后应记录相关信息,以便当持票人来兑付时核对信息,经核对无误后给予兑付。

该电文 30 是汇票开出日期;32B 是交通银行出具汇票的金额;59 是收款人。

图 3—10 为实例 3—2 的资金流程。

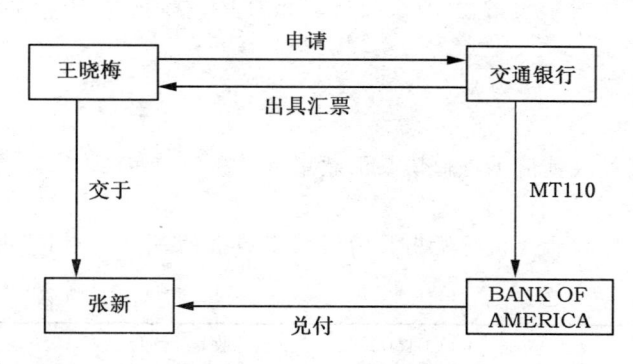

图 3—10　实例 3—2 的资金流程

(三)票汇(remittance by banker's demand draft, D/D)

1. 汇票的概念

票汇是汇出行应汇款人的申请,代汇款人开立以其分行或代理行为解付行的银行即期汇票(banker's demand draft),支付一定金额给收款人的一种汇款方式。其特点是方便、灵活。

2. 汇票的流程

汇票的流程票汇业务流程与电汇和信汇稍有不同,如图 3—11 所示。

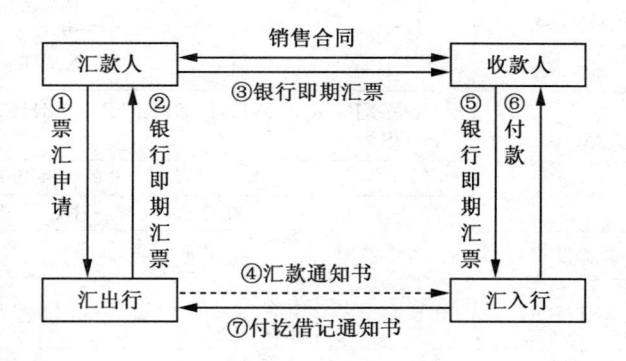

图 3—11　票汇业务流程

①汇款人填写票汇申请书,并交款付费给银行;
②汇出行开立银行即期汇票交给汇款人;
③汇款人自行邮寄汇票给收款人或亲自携带汇票出国;
④汇出行开立汇票后,将汇款通知书邮寄给国外代理行;

⑤收款人持汇票向汇入行取款；
⑥汇入行验核汇票与票根无误后，解付票款给收款人；
⑦汇入行把付讫借记通知书寄给汇出行；
⑧如汇出行与汇入行没有直接账户关系，还须进行头寸清算。

实例 3-3

2015 年 1 月 5 日，客户王晓梅因儿子张新在美国 UNIVERSITY OF CALIFORNIA LOS ANGELES 学习需交学费来到银行（假设是交通银行）汇款，欲将 10 000.00 美元学费通过票汇的方式汇给儿子。

解析：

(1) 银行柜面接单

交通银行汇款相关人员请王晓梅填具汇款申请书。

(2) 客户填写汇款申请书

汇款人王晓梅应仔细看清银行所出具的汇款申请书的每一个栏位，并将业务场景中的汇款有关要素填写清楚。

银行业务编号 Bank Transac. Ref. No.	DD201500341	收电行/付款行 Receiver/Drawn on	
汇款币种及金额 Currency & Interbank Settlement Amount	USD10 000.00	金额大写 Amount in Words	美元壹万元整
汇款人名称及地址 Remitter's Name & Address	王晓梅 WANGXIAOMEI　南京市荣庄街 75 号 No. 75 RONGZHUANG STREET, NANJING, CHINA		
□对公 组织机构代码 　　 Unit Code	□□□□□□□□	⊗对私	个人身份证件号码 Individual ID No.
			□中国居民个人 　Resident Individual □中国非居民个人 　Non-Resident Individual
收款人名称及地址 Beneficiary's Name & Address	ZHANGXIN 893 WEST STREET AMHERST LOS ANGELES, CA, USA		
汇款附言	学费	国内外费用承担 SHA	
收款人常驻国家(地区)名称及代码	美国	□□□	
相应币种及金额	USD10 000.00	交易 附言	非居民向境外付款
银行专用栏	请按照贵行背页所列条款代办以上汇款并进行申报 申请人姓名：王晓梅 电话：55354455 日期：20150105		核准人签字（银行填写） 日期：20150105

(3)银行出票

银行需查验客户身份证明,在符合外管政策的情况下,开立以下汇票交于王晓梅,王晓梅可以将汇票邮寄至张新,由张新向银行提示付款,也可以自行携带出境取款给张新。

汇票样本如下:

BANK OF COMMUNICATIONS
DRAFT NO. 15062927
ISSUING OFFICE　　JIANGSU PROVINCIAL BRANCH
REF　DD201500341　　　　　　　　DATE 2010 JAN. 05
PAY TO THE ORDER OF TO ZHANGXIN 893 WEST STREET AMHERST LOS ANGELES, CA, USA
THE SUM OF USD10 000.00 US DOLLARS TEN THOUSAND ONLY
DRAWN ON　BANK OF AMERICA, 390 COLLEGE STREET 01002, LOS ANGELES

(4)票汇电文

银行(假设是交通银行,SWIFT No. 为 COMMCNSHNJG)在出票的同时,给清算银行 BANK OF AMERICA SAN FRANCISCO, CA (SWIFT No. 为 BOFAUS6SXXX)发电,电文格式如下。

MT110 电文

──────────── Message Header ────────────
Swift Output　　　　　:FIN 110 Advice of Cheque(s)
Sender　　　　　　　 :COMMCNSHNJG
Receiver　　　　　　 :BOFAUS6SXXX
──────────── Message Text ────────────
20　　Sender's Reference
　　　CK201500127
21　　Cheque Number
　　　15063020
30　　Date of Issue
　　　150105
32B　 Amount
　　　Currency　　USD
　　　Amount　　　10 000
59　　Payee-Name & Address
　　　ZHANGXIN 893 WEST STREET AMHERST
　　　LOS ANGELES, CA, USA

(5)业务处理要点

交行同时向清算银行 BANK OF AMERICA SAN FRANCISCO, CA 发出通知电文 MT110,通知其交行已经开出此汇票。该清算银行收到电文后应记录相关信息,以便当持票人来兑付时核对信息,经核对无误后给予兑付。

该电文 30 是汇票开出日期;32B 是交行出具汇票的金额;59 是收款人。具体流程如图

3—12所示。

```
王晓梅  ——申请——>  交行
       <—出具汇票—
  │                    │
  交于                  MT110
  │                    │
  ▼                    ▼
  张新  <——兑付——  BANK OF AMERICA
```

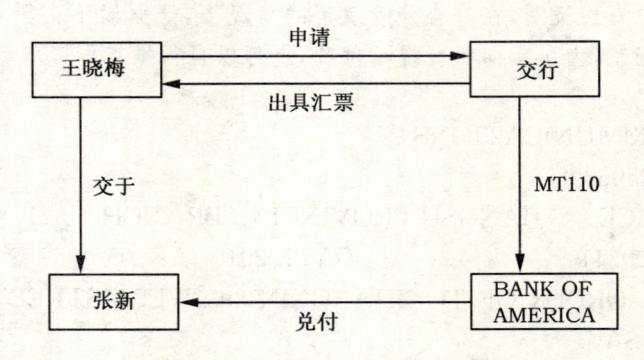

图3—12 实例3—3的资金流程

(四)电汇、信汇、票汇三种汇款方式的比较

表3—2 电汇、信汇、票汇比较

方式	利	弊	成本	速度
T/T	较安全,款通过银行付给指定的收款人;汇款人可充分利用资金;减少利息损失	银行不能占用资金;汇款人要多付电信费和手续费	高	最快
M/T	银行可占用客户的资金	速度较慢,有可能在邮寄中延误或丢失	较低	比T/T慢
D/D	汇入行不必通知取款;背书后可流通转让;汇出行可占用客户资金	可能会丢失、被盗	最低	最慢

三、汇款的偿付

汇出行在办理汇出业务时,应及时将汇款金额拨交给其委托付款的汇入行,这种行为称为汇款的偿付(reimbursement of remittance cover),俗称"拨头寸"。每笔汇款都必须注明拨头寸的具体指示。根据汇出行和汇入行账户的开设情况,头寸的拨付的方式有以下几种。

(一)授权借记:汇出行在汇入行开有账户

汇出行在委托汇入行解付款项时,应在信汇委托书或支付委托书上注明拨头寸的指示:"Please debit our a/c with you"或"In cover, we authorized you to debit the sum to our a/c with you."("请借记"或"授权借记")汇入行收到信汇委托书或支付委托书,即被授权凭以借记汇出行账户,同时可以拨付头寸解付给收款人,并以借记报单(注明"your account debited")通知汇出行。此笔汇款业务即告完成。如图3—13所示。

```
            A. 汇款委托书的付款指示:"请借记"
            In cover, please debit our a/c with you.
汇出行  ————————————————————————————>  汇入行
        <————————————————————————————
            B. 付讫借记通知:"已借记"
            Your account have been debited.

                              Dr.  汇出行  Cr.
                                    △
```

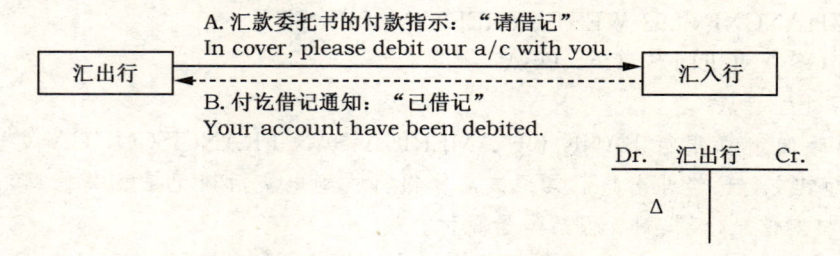

图3—13 授权借记

(二)主动贷记:汇入行在汇出行开有账户

汇出行在委托汇入行解付款项时,应在信汇委托书或支付委托书上注明拨头寸的指示:"In cover, we have credited the sum to your a/c with us"。("已贷记"或"主动贷记")汇入行收到信汇委托书或支付委托书,表明汇款头寸已拨入自己的账户,即可使用头寸解付给收款人。如图3—14所示。

在汇出行和汇入行双方互开账户的情况下,汇出行会选择第一种方式。因为从汇出行收到付款人支付的款项到汇入行借记汇出行的账户,其间的资金被汇出行所占用,对汇出行有利,所以在实务中,"请借记"或"授权借记"这种方式较多用。

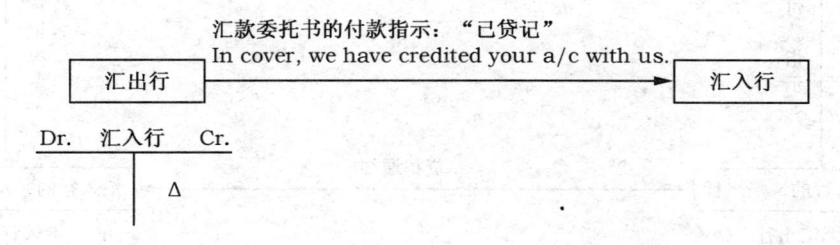

图3—14 主动贷记

(三)共同账户行转账

汇出行与汇入行有共同的账户行,即双方在同一家银行开有账户,通过该银行进行转账。为了偿付款项,汇出行一方面向汇入行发出委托解付汇款的通知,其中拨头寸指示为:"In cover, we have authorized X Bank to debit our a/c and credit your a/c with them."另一方面向共同账户行发出银行转账通知书(bank transfer),要求其先借记汇出行的账户,然后再贷记汇入行的账户,将头寸拨付汇入行在该账户行的账户。汇入行收到汇出行的电汇拨头寸指示及X账户行的贷记报单,即可解付给收款人。这种方式手续较前者复杂,一笔业务需要有两个信息传递时间。如图3—15所示。

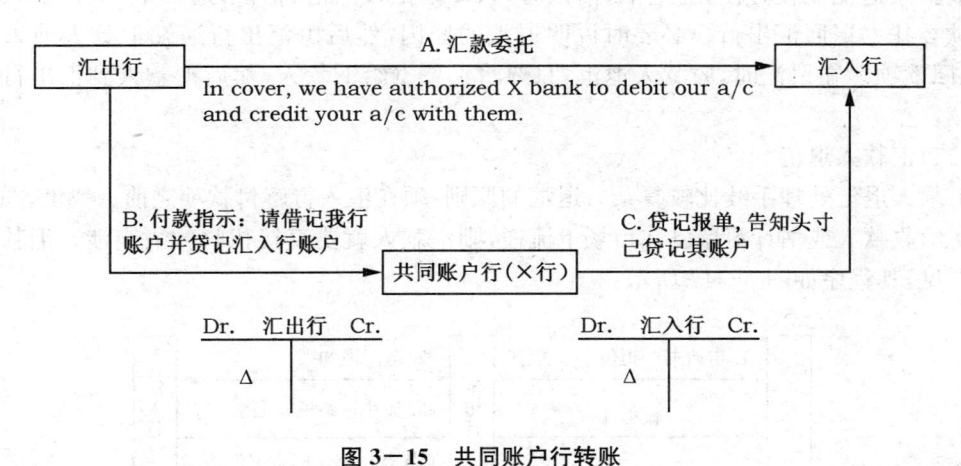

图3—15 共同账户行转账

(四)各自账户行转账

汇出行和汇入行没有共同的账户行,即双方在不同银行开有账户,必须通过两家或两家以上的银行进行转账。为了偿付,汇出行在汇出汇款时,主动通知其账户行将款拨给汇入行在其他代理行开立的账户。同时汇出行向汇入行委托解付汇款的通知,其中拨头寸指示为:"In cover, we have instructed X Bank pay / remit the proceeds to your a/c with Y Bank."汇入行在收到 Y Bank 贷记报单后,即可解付。如图 3—16 所示。

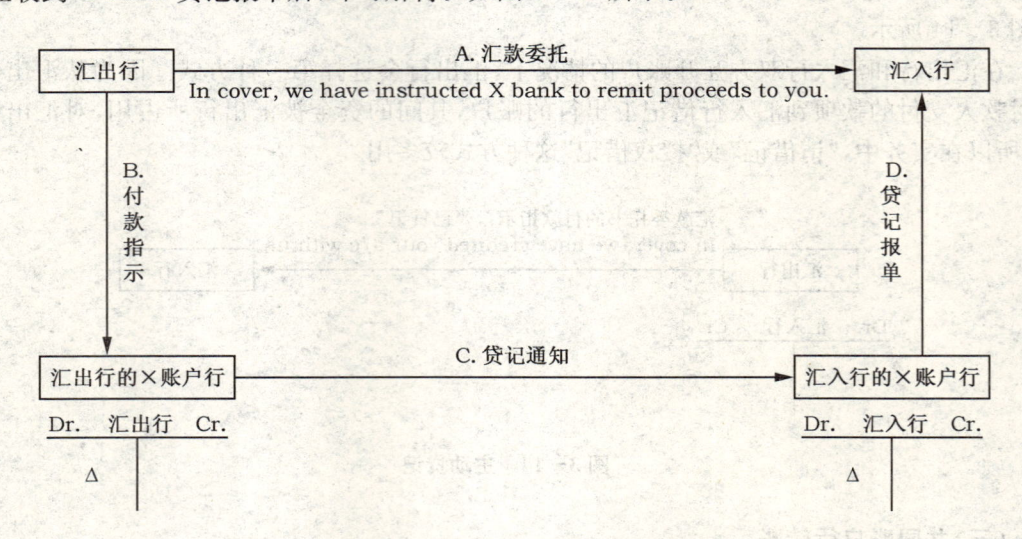

图 3—16 各自账户行转账

四、汇款的退汇

汇款的退汇(cancellation of the remittance)是指在汇款解付前的撤销。退汇可能是由收款人提出,也可能由汇款人提出。

(一)收款人退汇

收款人退汇比较方便,在电汇、信汇时,只要他拒收电汇、信汇,通知汇入行,汇入行可以将汇款委托书退回汇出行。必要时说明退汇的原因,然后由汇出行通知汇款人前来办理退汇,取回款项。在票汇时,收款人退汇,只要将汇票寄给汇款人,然后汇款人到汇出行办理退汇手续。

(二)汇款人退汇

汇款人退汇处理手续比较复杂。退汇的原则:须在汇入行解付款项之前。票汇方式下,汇票已寄给收款人或估计汇票已在市场上流通,则汇款人就要直接找收款人交涉。汇款人退汇较为常见,其程序如图 3—17 所示。

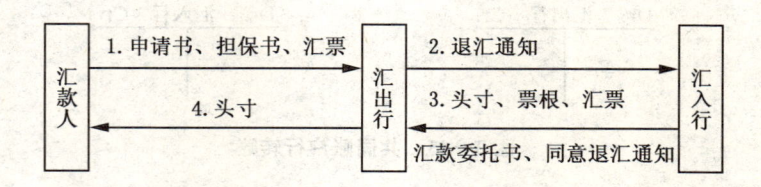

图 3—17 退汇程序

具体说明如下:

(1)汇款人向汇出行填交退汇申请书(如图3-18),详细说明退汇理由,必要时提交担保书(票汇下出具,担保若发生重付,由汇款人负责)。如果票汇退汇,须将汇票背书后交汇出行。

```
              中国农业银行汇入汇款退汇申请书
致:中国农业银行_____分/支行:
    本公司/本人于_____年_____月_____日收到下述汇入汇款,现因_____原因,特
授权贵行将该笔款项退回原汇款人,本公司/本人承诺承担由此引起的一切责任。
    申请人账户号码:
    原汇款人:
    原汇出行:
    原账户行:
    原汇款编号:
    汇票号码:
    币种金额:                    原汇款用途:
                                 申请人签章
                                       年  月  日
    银行审核意见:
    经办:              审核:              审批:
    本申请书一式三联,第一、二联银行留存,第三联申请人留存。
```

图3-18 汇入汇出退款申请书

(2)汇出行对申请书进行审查,确认退汇理由合理后,向汇入行发出退汇通知,并要求退回汇款时已划拨的头寸。

(3)汇入行核对退汇通知书的印押,查清汇款确未付款后,退回汇款头寸,并寄回汇款委托书、汇票等,且一并寄上退汇通知。

(4)汇出行收到退回头寸后,将其退给汇款人。有关汇票上加盖退汇图章注销。

(三)汇入行退汇

在电汇和信汇方式下,若收款人迟迟不来取款,过了一定时期,汇入行有权主动通知汇出行注销,办理退汇。

任务三 汇款在国际贸易中的应用及风险防范

一、汇款在国际贸易中的应用

在国际贸易中,使用汇款方式结清买卖双方债权、债务,主要有预付货款、货到付款和凭单付汇三种方式。

(一)预付货款

预付货款(payment in advance)是指买方先将货款通过银行汇交卖方,卖方收到货款后,

根据买卖合同规定,在一定时间内或立即将货发运至进口商的一种汇款结算方式。预付货款是对进口方而言的,对出口方来说,就是预收货款,又称先结后出。

这种方式对卖方最为有利,他甚至可以无偿占用进口商的资金,做一笔无本生意,根本没有什么风险,掌握了货物出口的主动权。

但对进口商是不利的,不仅进口商的资金被占用,会造成利息损失,影响自身资金周转;而且进口商在付款后要承担不能按时、按量、按质收到合同规定的货物的风险。

因此,进口商有时为了保障自身利益,可以规定汇入行解付汇款的条件,如卖方收取货款时,必须提供银行保函,由银行担保卖方如期履行交货义务,保证提供全套装运单据,否则担保行负责退还预收货款,并加付利息等。

进口商之所以愿意采用这种方式,原因在于:

(1)出口商的商品是国内外市场上紧俏商品,进口商迫切需求以取得高额利润。

(2)进口商双方关系十分密切,有的买方是卖方在国外的联号。

(3)出口商的货物旺销,进口商为了保证购到货物,以预先付款为附加条件来吸引出口商成交。

(4)在成套设备、大型机械、大型运输工具如飞机船舶等,或者在工程承包交易中,或者在专为进口商生产的特订商品交易中,出口商往往要求预付一定比例的预付货款作为定金(down payment),或采用分期付款方式,定金和分期支付的款项采用汇付方式。

(二)货到付款

货到付款(payment after arrival of the goods)是出口商先发货,进口商收到货物后,立即或在一定期限内将货款汇交出口商的一种汇款结算方式。它实际上是属于赊账交易,具有延期付款性质。

对进口商有利:①进口商不承担风险,货不到或货不符合要求就不付款,在整个交易中占据主动;②往往在收到货后过一段时间再付款,所以可以占用出口商的资金。

对出口商不利:①先发货,要承担买方不付款的风险;②货款往往不能及时收回,资金被占用,造成一定损失。

货到付款在国贸中有售定和寄售两种方式:

1. 售定(cash on delivery)

售定是买卖双方签订合同,在合同中明确规定了货物的售价及付款时间等条款,进口商按实收货物数量将货款汇交出口商的一种汇款结算方式。

售定在我国是对港澳地区出口鲜活商品的一种特定的结算方式,由于鲜活商品出口时间性较强或以实收货物数量结算,出口商就采取先发货,出口单据随同货物直接交给进口商,待收到货物时,进口商按实收货物数量、规定的价格、期限将货款通过银行汇交出口方。所以售定方式又称先出后结。

2. 寄售(consignment)

寄售指出口方(委托人,寄售方)将货运交给进口国的约定代销人(受托人),暂不结算货款,仅委托其按照双方约定的条件和办法代为销售的方式。当商品售出后,所得货款,由代销人扣除佣金和其他费用后交给寄售方。这种方式货价和付款时间均不确定。出口商承担的风险很大,能否收回货款取决于国外受托人的营销能力。因此采用寄售时必须十分重视受托人的资信和经营能力。一般寄售方式只适用于推销新产品、处理滞销品或一些不看实物难以成交的商品。

(三)凭单付汇

1. 凭单付汇的概念

凭单付汇(cash against documents,CAD)又称交单付现,是进口商通过银行将款项汇给出口商所在地银行(汇入行),并指示该行凭出口商提交的货运单据即可付款给出口商的一种结算方式。

2. 凭单付汇的特点

(1)有条件的汇款。一般汇款都是无条件的,而交单付现则是有条件的汇款。即买方汇付货款,卖方收取货款以装运交单为前提条件。

(2)风险较均衡。对于预付货款的买方和货到付款的卖方,一旦付了款或发了货就失去了制约对方的手段,届时,买方能否顺利地收到符合合同规定的货物,或卖方能否顺利地收回货款,完全取决于对方的信用。所以在预付货款和货到付款下,买卖双方风险的承担是极不平衡的。

而交单付现下,由于卖方交单时才能收取货款,所以对进口商而言可以防止在预付货款下可能出现的出口商支取货款后不及时交货的风险;对出口商而言,只要及时交货,便可立即支取全部的货款,避免了在货到付款下可能出现的发了货后收不回款的风险。所以这种结算方式对买卖双方都有一定的保证作用,对进出口商都显公平,易被双方所接受。

3. 凭单付汇的影响

对于进口商来说,交单付现相当于预付货款,会造成资金占用;同时要防止出口商以假单据、假货进行诈骗的风险。因此,加强对交易对方的资信调查是必要的。

对于出口商来说,交单即可收汇。但汇款是可撤销的,在汇款尚未被支取之前,汇款人随时可以通知汇款行将汇款退回,所以出口商在收到银行的汇款通知后,应尽快发货,尽快交单收汇。

二、汇款方式的风险防范

汇付方式应用的增加有其特殊的原因。因为其他结算方式如信用证结算方式等是以社会经济结构稳定、经济秩序良好、银行体系完善、企业经营正常为前提。在缺乏上述前提时,即缺乏银行信用时,只能使用商业信用。这一现象在最近几年来的中俄贸易中比较突出。在这些年的中俄贸易中信用证的使用可谓是凤毛麟角。自从1991年苏联解体以后,俄罗斯处在经济转轨时期,市场经济还不成熟、完善,银行信用体系存在缺陷,特别是1998年8月金融危机爆发后俄罗斯最大的几家商业银行突然破产,致使银行信用更加下降,以银行信用为基础的信用证业务难以开展起来。而同中国往来的大部分是中小企业,其资力有限,难以开出信用证,所以更多地使用汇付结算方式。

从贸易角度来看,如果双方缺乏信任,则采用该方式风险很大。因此,企业对汇付风险的防范首先在于加强信用风险管理,同时,为了保障其权益,减少风险,可以在买卖合同中规定保障条款,以获得银行信用担保或第三方的商业信用加入。例如:在买卖合同中可约定卖方收取货款时,必须提供银行保函,由银行担保卖方如期履行交货义务,保证提供全套装运单据等。

从银行角度来看,国际资金偿付作为银行的基本业务在整个业务流程中环节较多,涉及面广,加强风险防范与控制,是一项非常重要的基础工作。银行收到付款指示时,由电脑系统自动识别与控制,对指示行所有的付款指示在确认已收妥相应的头寸后方予以解付,以避免头寸风险的发生。对于经常发生头寸风险问题的国外汇款银行,应格外注意。当退汇时,银行要注意按国际惯例办事,防范头寸风险。

应知考核

一、单项选择题

1. 进出口业务中,M/T 表示(　　)。
   A. 电汇　　　　B. 票汇　　　　C. 信汇　　　　D. 托收
2. 接受汇出行的委托将款项解付给收款人的银行是(　　)。
   A. 托收银行　　B. 汇入行　　　C. 代收行　　　D. 转递行
3. 在汇付方式中,能为收款人提供融资便利的方式是(　　)。
   A. 信汇　　　　B. 票汇　　　　C. 电汇　　　　D. 远期汇款
4. 下列各项中,不是汇付方式当事人的是(　　)。
   A. 汇款人　　　B. 汇出行　　　C. 汇入行　　　D. 提示行
5. 属于顺汇方法的支付方式是(　　)。
   A. 汇付　　　　B. 托收　　　　C. 信用证　　　D. 银行保函
6. 伦敦一家银行委托国外代理行向收款人办理汇款解付,头寸调拨(　　)。
   A. 主动借记对方账户　　　　　　B. 主动贷记对方账户
   C. 授权借记对方账户　　　　　　D. 授权贷记我方账户
7. (　　)是我国南方沿海三省对港澳地区出口某些鲜活商品的一种特定的结算方式。
   A. 延期付款　　B. 赊销　　　　C. 售定　　　　D. 预付货款
8. 对进口商不利的贸易结算汇款方式是(　　)。
   A. 延期付款　　B. 赊销　　　　C. 售定　　　　D. 预付货款
9. 不必限定在汇入行取款的汇款方式是(　　)。
   A. 电汇　　　　B. 信汇　　　　C. 票汇　　　　D. 以上都是
10. 对出口商有利的贸易结算汇款方式是(　　)。
    A. 先结后出　　B. 赊销　　　　C. 延期付款　　D. 售定

二、多项选择题

1. 汇付包括(　　)。
   A. D/D　　　　B. T/T　　　　C. M/T　　　　D. D/A
2. 汇付方式通常涉及的当事人是(　　)。
   A. 汇入行　　　B. 汇款人　　　C. 收款人　　　D. 汇出行
3. 国际贸易中,汇付方式通常用于(　　)。
   A. 预付货款业务　B. 随订单付款业务　C. 交货付现业务　D. 交单付现业务
4. 关于顺汇的描述正确的是(　　)。

A. 债务人主动向债权人付款　　　　B. 资金流向和结算工具的传递方向相同
C. 包括汇款和托收两种形式　　　　D. 不仅有商业信用也有银行信用
5. 信汇业务以（　　）作为结算工具，通过航空邮寄至汇入行，委托其解付。
A. 信汇委托书　　B. 支付委托书　　C. 电报证实书　　D. 票根

三、思考与讨论

1. 简述国际结算方式的顺汇法和逆汇法。
2. 简述电汇操作的流程。
3. 简述汇款的偿付中头寸拨付的方式。
4. 简述汇款在国际贸易中是如何应用的。
5. 简述汇款方式的风险防范。

应会考核

■技能案例

1. 我国某出口企业A与另一国的进口企业B之间签订了一份进出口贸易合同，合同中规定：支付条款为装运月份前15天电汇付款。但是，在后来的履约过程中，B方延至装运月份的中旬才从邮局寄来银行汇票一张。为保证按期交货，我出口企业于收到汇票次日即将货物托运，同时委托C银行代收票款。一个月后，接到C银行通知，因该汇票系伪造，已被退票。此时，货物已抵达目的港，并已被进口方凭出口企业自行寄去的单据提走。事后我出口企业A进行追偿，但进口方B早已人去楼空，我方遭受钱货两空的重大损失。

请结合本项目的内容对本案例进行分析，此案例对我们有什么启示？

2. 我国某地外贸公司与香港某商社首次达成一宗交易，规定以即期不可撤销信用证方式付款。成交后港商将货物转售给了加拿大一客商，故贸易合同规定由中方直接将货物装运至加拿大。但由于进口商借故拖延，经我方几番催促，最终于约定装运期前4天才收到港方开来的信用证，且信用证条款多处与合同不符。若不修改信用证，则我方不能安全收汇，但是由于去往加拿大收货地的航线每月只有一班船，若赶不上此次船期，出运货物的时间和收汇时间都将耽误。在中方坚持不修改信用证不能装船的情况下，港商提出使用电汇方式把货款汇过来。中方同意在收到对方汇款传真后再发货。我方第二天就收到了对方发来的汇款凭证传真件，经银行审核签证无误。同时由于我方港口及运输部门多次催促装箱装船，外贸公司有关人员认为货款既已汇出，就不必等款到再发货了，于是及时发运了货物并向港商发了装船电文。发货后一个月仍未见款项汇到，经财务人员查询才知，港商不过是在银行买了一张有银行签字的汇票传真给我方以作为汇款的凭证，但收到发货电文之后，便把本应寄给我外贸公司的汇票退回给了银行，撤销了这笔汇款。港商的欺诈行为致使我方损失惨重。

请结合本项目的内容对本案例进行分析，此案例对我们有什么启示？

■项目实训

【实训项目】

汇付业务流程图

【实训情境】

大连某机电进出口公司向香港 N 公司出口机电设备,贸易合同规定 N 公司应预付 15% 的货款,金额为 20 万美元。N 公司用电汇方式支付预付款,汇出行是香港渣打银行,汇入行是中国银行上海分行。

【实训任务】

请画出该笔电汇业务的流程图。

项目四　国际结算方式——托收

知识目标

理解：托收方式的概念、种类、当事人及流程。
熟知：托收方式的风险及其防范、资金融通的方式。
掌握：即期付款交单托收业务、远期付款交单托收业务、承兑交单托收业务的流程及托收项下银行间头寸的划拨办法。

技能目标

学生掌握进出口托收业务操作。

能力目标

学生能够具有较强的综合分析能力和实际的操作能力，能够从理论和实践的角度掌握基本知识点。

教学目标

教师要培养学生能够运用托收的基本原理进行案例分析和实践操作，以及防范托收风险和资金融通。

项目案例

2015年3月15日，出口商A与美国B进口公司签订买卖合同，约定支付方式为即期付款交单。同年5月19日，出口商A将货物通过海运从上海运往纽约，并取得海运提单。出口商当日就持全套单据以及美国代收行D银行的资料前往当地的中国某银行C办理托收。当地C银行在审查全套单据后，签发了托收指示函，并将全套单据和托收指示函寄给美国代收行D。美国代收行D于6月11日签收装有全套单据和托收指示的邮件。6月20日美国代收行D在B公司未付款的情况下，自行放单给B公司，B公司于6月25日将货物全部提走，且于当日向出口商A表示无力付款，尽管A多次向B交涉，都无果而终，出口商A损失巨大。

分析：

本案例中由于代收行美国D银行违反托收的国际惯例，在进口商B没有付款的情况下，就将全套单据交与进口商，致使出口商A钱货两空，代收行负有不可推卸的责任，出口商可向代收行提出索赔。

> 知识支撑

任务一　托收概述

一、托收方式的概念

国际商会《托收统一规则》(URC522)第2条规定:托收(collection)是指由接受托收指示的银行依据所收到的指示处理金融单据、商业单据以便取得付款或承兑,或凭付款或承兑交出商业单据或凭其他条款或条件交出单据。

金融单据(financial documents)是指汇票、本票、支票或其他用于取得付款的类似凭证;商业单据(commercial documents)是指发票、运输单据、物权单据或其他类似单据,或者一切不属于金融单据的其他单据。

根据URC522的定义,托收方式适用于国际贸易结算和非贸易结算。在托收业务中,托收是建立在商业信用基础之上的,最大的特点就是"收妥付汇、实收实付",出口商以开具票据的方式,委托当地银行进口商收取款项。因此,托收中资金的流动方向与结算工具的传递方向相反,故托收是逆汇方式。

二、托收方式的当事人

(一)委托人

委托人(principal,consignor)是指出具汇票和提供单据委托银行向付款人收取货款的人。由于委托人经常开具汇票委托银行向国外债务人收款,所以又称出票人(drawer),在国际贸易实务中,一般为出口商(exporter)。

(二)托收行

托收行(remitting bank)又称寄单行,是指接受委托人委托向付款人收取货款,同时又是委托国外联行或代理行向付款人收款的出口地银行,通常也是债权人所在地银行。托收银行仅被允许根据托收委托书的指示和《托收统一规则》办理,不能擅自超越、修改、疏漏、延误委托人在委托书上的批示,否则由此而引起的后果将由托收行负责。

(三)代收行

代收行(collection bank)是指接受托收行委托向付款人收款,并将单据交给付款人的进口地银行,又称受托行,包括除托收行以外的参与办理托收的任何银行。代收行通常是托收行在债务人(付款人)所在地的联行或代理行。

(四)付款人

付款人(payer)也是汇票中的受票人(drawee),是根据托收委托书,由代收行向其提示单据和汇票,并要求其付款的人。托收业务中的付款人也即国际贸易实务中的进口商(Importer),债务关系中的债务人。

(五)提示行

提示行(presenting bank)是指向付款人提示汇票和单据的银行。它也是进口商银行。若代收行与付款人有直接的账户往来,则提示行与代收行是同一家银行。这种情况在实务中常见。否则,代收行使用它选择的一家银行作为提示行,这时提示行与代收行分别是两家银行。

(六)需要时的代理人

需要时的代理人(customer's representative in case of need)是指委托人指定的在付款地的代理人。托收结算方式对于出口商来说意味着先发货后收款,一旦发生受票人对代收行提示的汇票拒付,货物到达目的港后就可能会因无人照料而受损(如延长了在进口国海关仓库存放时间而增加了仓储费用等)。为避免这一情况的发生,出口商可以在付款地事先指定一代理人,由代理人在发生拒付事件后代为料理货物存仓、投保、运回或转售等事宜。委托人在向托收行提交托收申请书时必须注明此代理人的权限。一般出口商直接请代收行作为需要时的代理人。

托收下四大当事人之间存在三个合同关系,一是委托人与付款人之间的销货合同关系,双方按购货合同履行各自的义务;二是委托人与托收行之间的委托代理合同,即委托人填写的托收申请书,托收行应按委托人的指示办理相关业务;三是托收行与代收行之间的委托代理合同,即托收委托书,代收行作为代理人应严格执行托收行的指示办理代收业务。如图4—1所示。

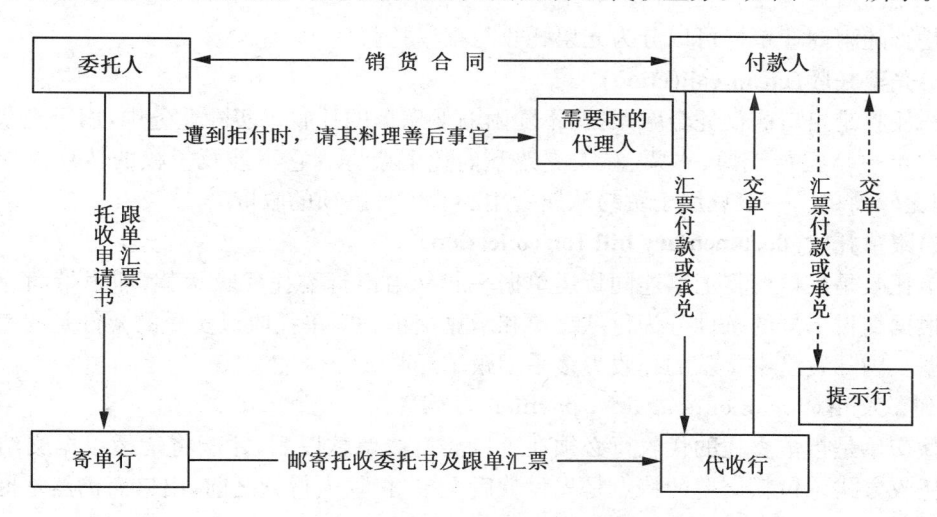

图4—1 托收业务中的当事人之间的契约关系

三、托收的性质和特点

(一)商业信用

托收方式与汇款方式一样,都属于商业信用,即进出口商双方能否取得合同规定的货物或按期收到合同规定的货款分别取决于对方的资信,没有第三者的保证。托收项下的银行只是接受委托办理收款业务,与当事人之间的关系是委托代理关系,他们对于托收过程中遇到的一切风险、费用和意外事故等不承担责任。

(二)较汇款方式安全

托收方式比汇款方式安全。首先,对于出口商来说,进口商必须在付款之后,或进口商向银行书面表示负责付款(承兑)后,才能掌握货权,所以托收方式使得出口商在控制货权、安全收回货款方面比货到付款更有保证,比货到付款或赊销安全。其次,对于进口商来说,出口商按合同装运货物,进口商被提示单据时,说明了货物确实已经装运,才能付款或承兑。这样与预付货款下进口商先付款后收货相比,其利益更有保障。而且在承兑交单方式下,对进口商更为有利,因为承兑后即可赎单提货。等到到期日,用销售所得款项支付出口商的货款,不必另筹资金,这等于出口商给予进口商全额资金融通,对进口商加速资金周转很有利。

(三)资金负担仍不平衡

托收项下,进出口商的资金负担仍不平衡。表现在:在进口商支付货款之前,货物占用的资金全部由出口商承担,所以出口商的资金负担较重,而进口商基本不负担资金。但在进口商支付货款之前,货物的所有权属于出口商的,出口商可以凭物权单据向银行申请融资,办理出口押汇,以减轻资金负担过重的压力。

(四)手续较杂、费用较高

从托收和汇款方式的流程来看,托收的业务流程要比汇款更复杂,手续稍多些,费用自然要高些。

四、托收的种类

按是否随附商业单据可以分为光票托收与跟单托收。

(一)光票托收(clean collection)

光票托收是出口商仅凭金融票据,不随附商业票据的托收。实际业务中,用于光票托收的金融单据可包括银行汇票、本票、私人支票和商业汇票等。它不涉及货权的转移或货物的处理,处理比较简单。一般只用于贸易从属费用和非贸易款项的收取。

(二)跟单托收(documentary bill for collection)

跟单托收是出口商将汇票连同货运单据一起交给银行委托代收货款,即附带商业票据的托收。根据交付单据的条件分为付款交单和承兑交单。跟单托收最实质的要件是代表物权的货运单据。国际贸易中货款的托收大多采用跟单托收。

1. 付款交单(documents against payment, D/P)

付款交单是指被委托的代收行必须在进口商付清票款以后,才能将货运单据交给进口商的一种托收方式。付款交单的特点是先付款后交单,付款人付款之前,出口商仍然掌握着对货物的支配权,因此其风险较小。

根据付款时间不同又分为即期付款交单和远期付款交单。

(1)即期付款交单(D/P at sight):当代收行向进口商提示汇票和单据时,立即付款赎单。具体如图 4—2 所示。

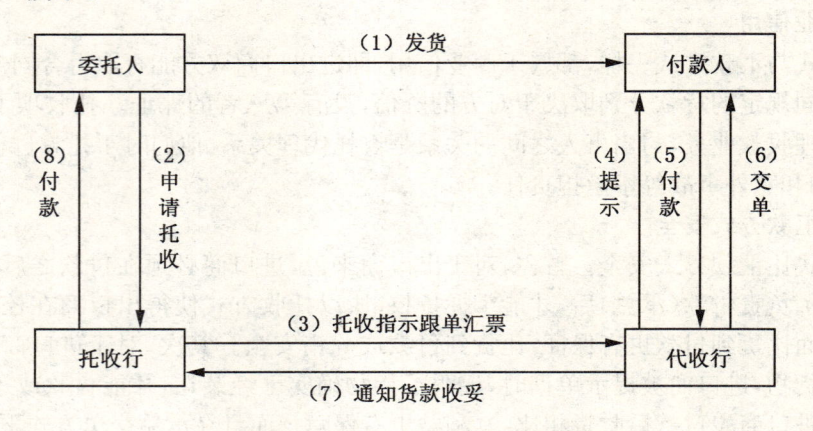

图 4—2 即期付款交单操作流程

(2)远期付款交单(D/P after sight)：出口商开出远期汇票，附带单据通过托收行一并寄代收行，代收行收到单据后，立即向出口商提示远期汇票和单据，进口商审核后随即予以签字承兑，代收行收回汇票及单据，待汇票到期时再向进口商提示，要求其付款，在收到其货款后将单据交进口商。具体如图4—3所示。

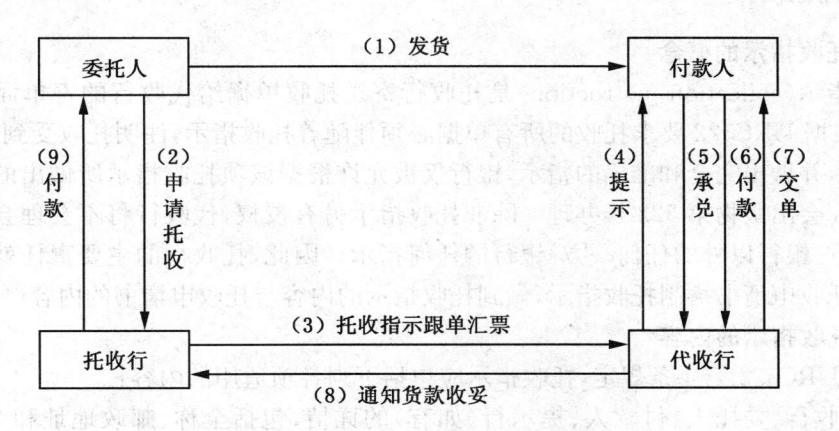

图4—3 远期付款交单操作流程

另外，有些国家或地区在法律中规定，将进口远期付款交单以承兑交单方式处理，从而增加了出口商的风险。因此，对使用远期付款交单应十分谨慎，可在托收指示中特别注明："付款后才能交单"(deliver documents only after payment was effected)。

2. 承兑交单

承兑交单(documents against acceptance，D/A)是指被委托的代收行根据托收指示，于付款人承兑汇票后，将货运单据交给付款人，付款人在汇票到期时履行付款责任的一种托收方式。它适用于远期汇票的托收。这种方式因为出口商在进口商承兑汇票后就不能控制单据而风险较大，承兑的期限越长，风险越大。在实际出口业务中，应避免或者严格控制采用承兑交单方式，在不得不使用承兑交单方式时(如推销滞销产品或产品竞争力较差等情况)，也应尽可能缩短承兑的期限。其业务流程如图4—4所示。

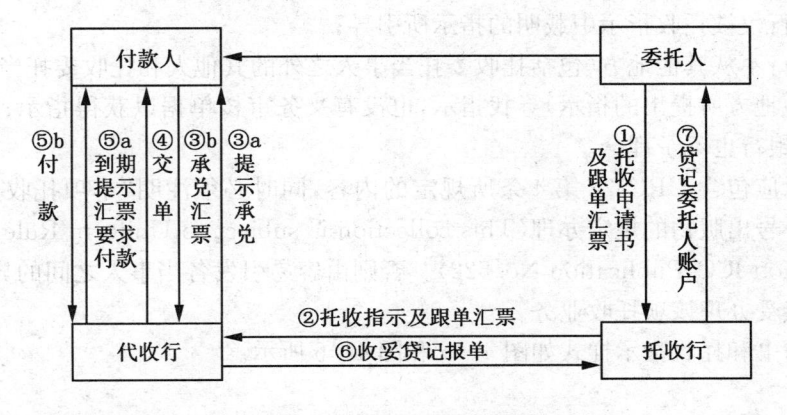

图4—4 承兑交单业务流程

客户(出口商)向银行提交单据或汇票时,要在银行事先印就的空白的"客户交单联系单"上填写相关的事项,并交给银行,银行凭以点收客户所提交的单据,和按客户所选择的结算方式,办理相关的业务手续。

五、托收指示

(一)托收指示的概念

托收指示(collection instruction)是托收行寄送托收单据给代收行的寄单面函(covering letter)。根据URC522要求托收的所有单据必须伴随着托收指示,注明托收受到《托收统一规则》的约束,并做出完全和准确的指示,银行仅被允许根据该项托收指示所做出的各项指示和按照国际商会出版物第522号办理。除非托收指示另有授权,代收行将不会理会除向其发出托收的一方/银行以外的任何一方/银行的任何指示。因此,托收行的主要责任就是严格按照委托人的托收申请书缮制托收指示,做到托收指示的内容与托收申请书的内容严格一致。

(二)托收指示的内容

根据,URC522第4条规定,托收指示应包括下列各项适用的内容:

(1)托收行、委托人、付款人、提示行(如有)的详情,包括全称、邮政地址和SWIFT地址(若有)、电传、电话、传真号码。

(2)托收金额及货币种类。

(3)所附单据及每一项单据的份数。

(4)取得付款及/或承兑的条款和条件。据以交单的条件:付款和/或承兑;其他条件,并有责任确保交单条件表述清楚、意思明确;

(5)要求收取的费用,注明是否可以放弃。

(6)如有应收利息,应注明下列内容:利率、计息期、所适用的计息基础,并注明可否放弃。

(7)使用何种付款方法及通知付款的方式。

(8)发生拒绝付款、拒绝承兑和/或与其他指示不符时的指示。

(三)托收指示的重要性

国际商会《托收统一规则》(URC522)指出,托收指示的重要性主要有以下几点:

(1)所有托收业务都必须附有一个单独的托收指示,该项托收业务离不开该托收指示;

(2)代收行仅被托收指示中载明的指示所引导;

(3)代收行不从其他地方(包括托收委托当事人之外的其他人和托收委托当事人在托收指示之外的其他地方所提出的指示)寻找指示,也没有义务审核单据以获得指示;即使个别单据上带有指示,银行也不予理会。

托收指示应包含URC522第4条所规定的内容,同时必须注明"本项托收业务按照国际商会的第522号出版物的规定办理(This collection is subject to Uniform Rule for Collection—1995 Revision ICC. Publication No. 522)。否则由容易引发各当事人之间的异议纠纷,而使对方不愿意接受办理该项托收业务。

托收申请书和托收指示样式如图4—5和图4—6所示。

中国银行
BANK OF CHINA

托 收 申 请 书
COLLECTION ORDER

致：中国银行上海市分行＿＿＿＿＿＿　　　　　　　　　　　　　　　　　日期：＿＿＿＿＿＿

兹随附下列出口托收单据/票据，请贵行根据国际商会跟单托收统一惯例（URC522）及或贵行有关票据业务处理条例予以审核并办理寄单/票索汇：

托收行(Remitting Bank)： BANK OF CHINA SHANGHAI BRANCH	代收行(Collecting Bank)： 名称： 地址：
委托人(Principal)：	付款人(Drawee)： 名称： 地址： 电话：
付款交单 D/P（　　）承兑交单 D/A（　　） 无偿交单 FREE OF PAYMENT（　　）	期限/到期日：
发票号码/票据编号：	国外费用承担人：□ 付款人　□ 委托人
金额：	国内费用承担人：□ 付款人　□ 委托人

单据种类	汇票	发票	提单	空运单	保险单	装箱单	重量单	产地证	FORMA	检验证	公司证明	船证明		
份数														

特别指示：
1. 邮寄方式：　□ 快邮　　□ 普邮　　□ 指定快邮
2. 托收如遇拒付，是否须代收行做成拒绝证书(PROTEST)：　□ 是　　□ 否
3. 货物抵港时是否代办存仓保险：　□ 是　　□ 否
4. 如付款人拒付费用及/或利息，是否可以放弃：　□ 是　　□ 否
5. ＿＿
6. ＿＿

付款指示：　　　　　　　　　　　　　核销单编号：＿＿＿＿＿＿＿＿
请将收汇款以原币（　）或人民币（　）划入我司下列账户：
开户行：＿＿＿＿＿＿＿＿＿＿＿＿＿＿＿账号：＿＿＿＿＿＿＿＿＿＿＿＿＿
公司联系人姓名：＿＿＿＿＿＿＿＿＿　　　　　　　　　　　　公司签章
电话：＿＿＿＿＿＿＿　传真：＿＿＿＿＿＿＿　　　　　　　年　月　日

银行签收人：	签收日期：
改单/退单记录：	

图 4－5　托收申请书样式

○ 国际结算

托收指示样本：

The Industrial & Commercial Bank Of China

Collection Instruction

ORIGINAL

Date：
Our Ref No.

To：

Dear sirs，

　　We send you here with the under-mentioned item(s)/documents for collection.

Drawer：				Draft No.： Date：	Due Date/Tenor
Drawee(s)：				Amount：	
Goods：		From		To	
By Par		On			
Documents	Draft	Invoice	B/L	Ins. Policy/ Cert.	
1ST					
2ND					

Please following instructions marked " × "

☐ Deliver documents against payment/ (　) acceptance.

☐ Remit the proceeds by airmail/ (　) cable.

☐ Airmail/cable advice of payment/ (　) acceptance.

☐ Collect charges outside ＿＿＿＿ from drawer/ (　) drawee.

☐ Collect interest for delay in payment ＿＿＿＿ days after sight at ＿＿＿＿ ‰ P.A.

☐ Airmail/cable advice of non-payment/non-acceptance with reasons.

☐ Protest for non-payment/ (　) non-acceptance.

☐ Protest waived.

☐ When accepted，please advise us giving due date.

☐ When collected，please credit our account with ＿＿＿＿

☐ Please collect and remit proceeds to ＿＿＿＿ Bank for credit of our account with them under their advice to us.

☐ Please collect proceeds and authorize us by airmail/cable to debit your account with us.

Special Instructions　　　　　　　　　　For The Industrial & Commercial Bank of China

This collection is subject to

Uniform Rules for Collections　　　　　　　　　　　　＿＿＿＿

(1995 Revision) ICC Publication No.522　　　　　Authorized Signature (s)

[1]单据：

Draft：汇票。

B/L：海运提单正本。

Ins. Policy/Cert.：Ins. Policy 即 insurance policy（保险单），Cert.即 certificate(证明)。

[2]交单条件:
[3]利息:
[4]费用:
[5]通知:
Airmail/cable advice of payment/（ ）acceptance："advice"翻译为"通知"。此句是收款指示中的一项，"对方是否付款或是否承兑,请以航邮或电报通知我方。"

[6]拒绝证书:
Protest for non-payment/（ ）non-acceptance：protest 即拒绝证书。
Protest waived：waive 意思是放弃，protest waived 就是不用做成拒绝证书。

[7]收款指示:
Remit the proceeds by airmail/（ ）cable
Please collect and remit proceeds to _____ Bank for credit of our account with them under their advice to us：这是托收指示中收款指示的一种特殊情况，即托收行与代收行之间没有设立往来账户，托收行在国外第三家银行开立了账户，所以"请代收款，并将款项汇至该银行，贷记我行在该行的账户，并请该行通知我行。"

Please collect proceeds and authorize us by airmail/cable to debit your account with us："请代收款项，并以电报或航邮授权我行借记你方在我行的账户"。按照这一收款指示，代收行收款后，要发出支付委托书，授权托收行借记自己的账户。托收行收到支付委托书后，立刻借记代收行账户，并取款，贷记委托人账户，完成托收。

Special Instructions：In case of need refer to Smith & Jones Co., 99 Rue des Achetuer, Paris whose authority is limited to assisting in having the draft honored."委托人指定一名代表，在遇到拒绝付款或拒绝承兑时，作为需要时的代理人"。

图 4-6 托收指示样式

(四)托收指示中的收款指示

收款指示是托收指示中除交单条件外的另一重要内容，所要解决的是双方银行间的头寸划拨问题。根据托收行与代收行之间账户设置的情况的不同而采用不同的收款指示。常用的有以下三种。

1. 托收行在代收行开立账户

托收行在出口托收指示中收款指示是："收妥款项，请贷记我行在你行账户，并以航邮或电报通知我行。"（Upon collection, please credit the proceeds to our a/c with you under airmail/cable advice to us.）当代收行将收妥的款项贷记托收行账户，并发出贷记报单，托收行收到贷记报单，得知款项已收妥后，即可贷记委托人账户，完成此笔托收业务。具体如图4-7所示。

```
            A. 托收指示中的收款指示："请贷记"
            When collect please credit our a/c with you.
  代收行 ←─────────────────────────────  托收行
            B. 贷记报单—已贷记你行账户
            We have credited your account with us.
  Dr.  托收行  Cr.
       △
```

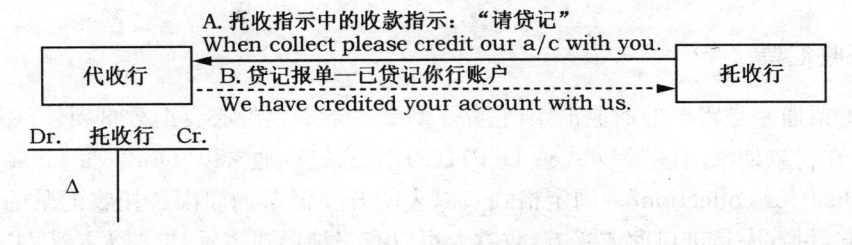

图 4-7 托收行在代收行开立账户

2. 代收行在托收行开立账户

托收行在出口托收指示中收款指示是:"请代收款项并以航邮或电报授权我行借记你行在我行的账户。"(Please collect the proceeds and authorize us by airmail/cable to debit your a/c with us.) 代收行收妥款项后,向托收行发出支付委托书(payment order),授权托收行借记其账户。托收行收到支付委托书后,先借记代收行的账户,再贷记委托人账户,完成此笔托收业务中的头寸划拨。具体如图4-8所示。

A. 托收指示—请授权我方借记
(Please authorize us to debit your a/c with us.)
B. 贷记报单—请借记我行账户(Please debit our a/c with you.)
C. 借记通知—已借记你行账户(We have debited your a/c with us.)

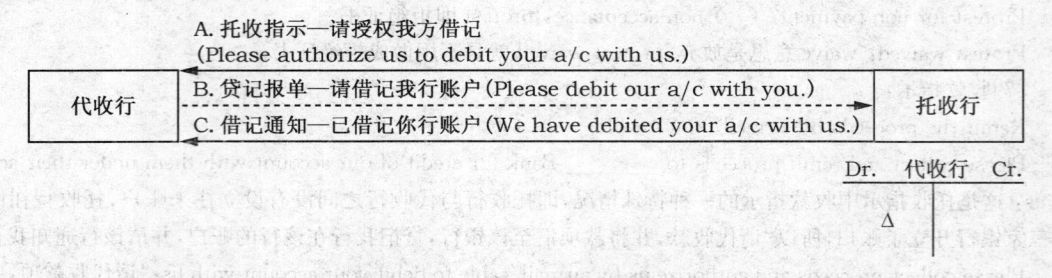

图4-8 代收行在托收行开立账户

3. 托收行与代收行非账户行关系

这种方式是由托收行指示代收行将收妥的款项交指定的托收行的账户行贷记。这时托收行在出口托收指示中的收款指示是:"请代收款项并将款项汇至××银行贷记我行在该行的账户,并请该行以航邮或电报通知我行。"(Please collect and remit the proceeds to ×× Bank for credit our account with them under their airmail/cable advice to us.) 代收行收妥款项汇交××银行贷记托收行账户并通知托收行。托收行收到××账户行贷记报单后,即可贷记委托人账户,完成此笔托收业务。具体如图4-9所示。

A. 托收指示中的收款指示:汇交款项给××行
Please collect and remit the proceeds to X bank for credit our a/c with them.
B. 贷记报单—贷记托收行在你行的账户
C. 贷记报单—已贷记你行的账户

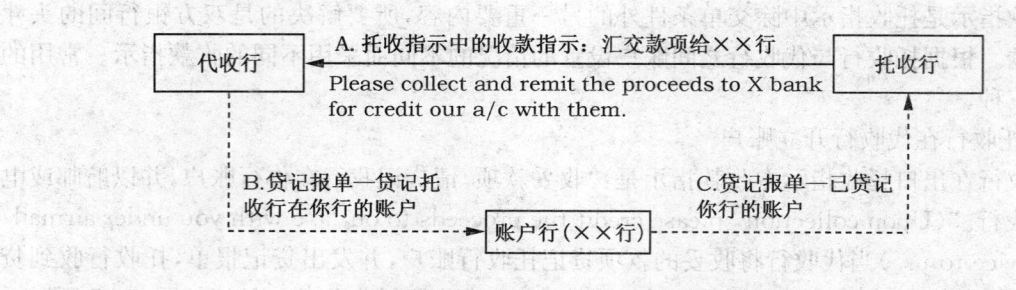

图4-9 托收行与代收行非账户行关系

六、托收汇票

托收汇票通常是跟单的商业汇票,它除了具备一般汇票的必要记载事项外,还应加注:(1)交单条件(在付款期限前注明D/A或D/P);(2)出票条款(通常以"Drawn against shipment of (merchandise) for collection"为固定格式),以表明开立汇票的原因。托收汇票的出票人是出口商或卖方,付款人是进口商或买方,收款人可以有三种形式表示:出票人抬头,托收行抬头和代收行抬头。

1. 出票人抬头

即以委托人或出口商为收款人。如图4—10所示。

```
Exchange for USD 5 000.00            Hong Kong   10 July.20××.

   At sight    pay this first bill of exchange (second unpaid) to the order of  ourselves  the sum
of five thousand US dollars only
   Drawn against shipment of (merchandise) for collection.
   To buyer or importer
   London                              For seller or exporter
                                                      Hong Kong
                                                      Signature
```

图4—10　出票人为抬头人的汇票正面

(1)委托人向托收行提交全套单据时可做成空白背书(见图4—11第一部分)或以托收行为被背书人的记名背书。

(2)托收行将单据寄给代收行时,应以代收行作为被背书人,做成托收背书。(见图4—11第二部分)

```
(汇票背面)
             Seller's name, place
            ___signature___      (第一部分)

   For collection Pay to the order of
   collecting bank, place
               For remitting bank, place
               ___signature___      (第二部分)
```

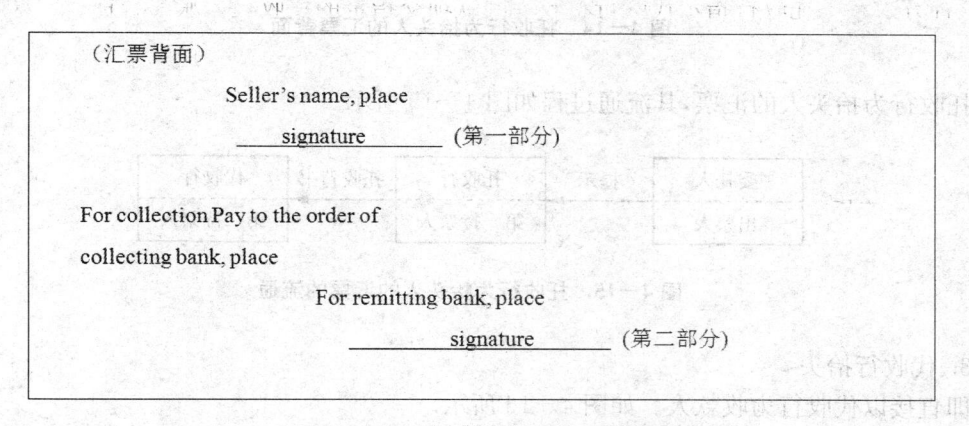

图4—11　出票从为抬头的汇票背面

出票人为抬头人的汇票的流通,其流通过程如图4—12所示。

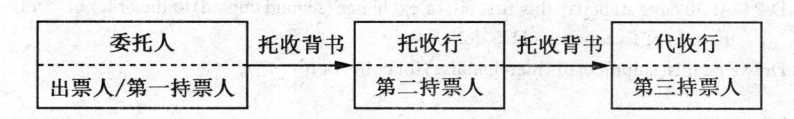

委托人	托收背书	托收行	托收背书	代收行
出票人/第一持票人	→	第二持票人	→	第三持票人

图4—12　出票人为抬头人的汇票的流通

2. 托收行抬头

如图4—13所示。

```
Exchange for USD 5 000.00                    Hong Kong    10 July.20××.

   D/P   At 30 days sight pay this first bill of exchange (second unpaid) to the order of   remitting
bank        the sum of five thousand US dollars only
   Drawn against shipment of (merchandise) for collection.
   To buyer or importer
   London.                                   For seller or exporter
                                                       Hong Kong.
                                                       Signature
```

图 4—13　托收行为抬头人的汇票正面

寄单时汇票由托收行做成托收记名背书，背书给代收行。如图 4—14 所示。

```
(汇票背面)
For collection Pay to the order of collecting bank, place
    For remitting bank, place
           signature
```

图 4—14　托收行为抬头人的汇票背面

托收行为抬头人的汇票，其流通过程如图 4—15 所示。

```
┌─────────┐  提示   ┌─────────┐ 托收背书 ┌─────────┐
│ 委托人  │ ──────▶ │ 托收行  │ ──────▶ │ 代收行  │
│ 出票人  │         │第一持票人│         │第二持票人│
└─────────┘         └─────────┘         └─────────┘
```

图 4—15　托收行为抬头人的汇票的流通

3. 代收行抬头

即直接以代收行为收款人。如图 4—16 所示。

```
Exchange for USD 5 000.00                    Hong Kong    10 July.20××.

   D/P   At 30 days sight pay this first bill of exchange (second unpaid) to the order of   collecting
bank        the sum of five thousand US dollars only
   Drawn against shipment of (merchandise) for collection.

   To buyer or importer
   London                                    For seller or exporter
                                                       Hong Kong
                                                       Signature
```

图 4—16　代收行为抬头人的汇票

这种抬头方式可以避免背书。代收行为抬头人的汇票,其流通过程如图4—17所示。

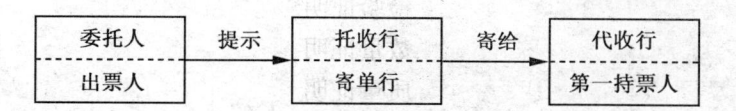

```
委托人  提示   托收行   寄给   代收行
出票人 ─────▶ 寄单行 ─────▶ 第一持票人
```

图4—17 代收行为抬头人的汇票的流通

任务二 进出口托收操作

一、出口托收业务

(一)业务场景与操作

2015年5月16日,我国出口商KOC CO.,LTD. 和进口商GROVE NUTRITION LTD. 签订合同出口货物DORSAN 48 EC,双方在合同中约定采用即期付款托收方式(D/P SIGHT)结算货款,KOC CO.,LTD. 制作了汇票和发票,并将货物交船运公司出运后取得相关运输单据(如果需要保险,需要到保险公司办理相关手续取得保单,其他需要第三方出具的单据也需要到相关部门办理后取得),然后携相关单据来托收银行(假设是交通银行)办理即期付款交单业务。

1. 交单委托书与交单

首先出口商KOC CO.,LTD. 填写出口托收相关的交单委托书,详细列明进口代收银行名址,托收方式(是D/P还是D/A,期限是即期还是远期),交单的种类和份数,银行费用的承担方(一般是出口方),收到货款的入账方式(原币还是结汇,入账账号)以及其他需要说明的事项。

客户交单委托书

致:交通银行江苏省分行国际业务部

向贵行递交下列出口单据(见附单据清单),请贵行予以办理,(×)跟单托收(遵守现行的URC522)

公司名称:KOC CO.,LTD.　　　　　　　联系人:王小姐 电话:025—12345678

发票号码:21Z1134　　　　　　　　　　　交单金额:USD13 000.00

D/P SIGHT 交单

银行名称:MIDLAND BANK U. K.

 SUCURSAL:JUAN DE ARONA 893－SAN ISIDRO LONDON,UNITED KINGDOM

付款指示:请贵行收妥款项后,划入我司在:　　　　(银行)

核销单号码:　　　　　账号:

汇票	2	一般地产证
发票	3	普惠制地产证
海关发票		出口许可证

国际结算

装箱单	3	保单	
提单	3	检验证明	
空运单		数量证明	
货物收据		质量证明	
船公司证明		副本单据	
装船通知			
受益人证明			

2. 出口商向托收行提示单据

(1)汇票。

Drawn under   COLLECTION

信用证或购买证第　　号
L/C or A/P No.

日期　2015年5月16日
Dated

按　　息　　付款 D/P SIGHT
Payable with interest @　　　% Per annum

号码　　　　汇票金额　　　　　　　　　　中国，　南京　年　月　日
No: 21Z1134　Exchange for　　USD13 000.00　　Nanjing China

见票　　　　　　　　　　　　　　　　　日后(本汇票之副本未付)
At　Sight of this FIRST　of Exchange (Second of exchange being unpaid)
pay to the order of BANK OF COMMUNICATIONS CO., LTD., JIANGSU BRANCH
或其指定人

金额
The sum of　US DOLLARS THIRTEEN THOUSAND ONLY

To　GROVE NUTRITION LTD.
64-68 AKEMAN STREET TRING
HERTFORDSHIRE HP23 6AF UK　　　　　　　KOC CO., LTD.

(2)发票。

KOC CO., LTD.

25 Fortune Building No.39 Hongwu Road, Nanjing, China

INVOICE

INVOICE NO.: 21Z1134	S/C NO.: 20150436	DATE OF INV: MAY 16, 2015
SOLD TO:	GROVE NUTRITION LTD. 64-68 AKEMAN STREET TRING HERTFORDSHIRE HP23 6AF UK	
FROM: SHANGHAI, CHINA	TO: FELIXSTOWE, UNITED KINGDOM	BY SEA
MARKS AND NO.	QUANTITIES AND DESCRIPTIONS	AMOUNT
N/M		

	DORSAN 48 EC 18800 MT USD0.6915/MT	
		FOB SHANGHAI TOTAL: USD13 000.00
		SAY USD THIRTEEN THOUSAND ONLY
PAYMENT: D/P SIGHT		CERTIFICATE OF ORIGIN WE HEREBY CERTIFY
SHIPPER: KOC CO., LTD.		THAT THE ABOVE
REMARK: YOUR ORDER NO.: 756		MENTIONED GOODS ARE OF CHINA ORIGIN

SIGNATURE

（3）装箱单。

装 箱 单
PACKING LIST

发票号码：
Invoice No.: 21Z1134
合约号：
S/C No.: 15JOCW21Z—0056
日期：
DATE: 2015—05—16

品名：DESCRIPTION
　　　DORSAN 48 EC
件数：PACKAGES: 225 CARTONS
数量：QUANTITY: 16 000.00 LITRES
毛重：GROSS WEIGHT: 18 800.00 KGS
净重：NET WEIGHT: 17 280.00 KGS
体积：MEASUREMENT: 20.00 m³

唛头 MARKS
N/M

SIGNATURE
KOC CO., LTD.
Address: 25 Fortune Building No. 39 Hongwu Road, Nanjing, China

国际结算

(4)提单

UNITED CONTAINER LINE　　　　　UCL 15615
as the Carrier　　ORIGINAL　　**BILL OF LADING**
　　　　　　　　　　　and port to port shipment

SHIPPER (Complete Name/Street Address) KOC CO., LTD. Address: 25 Fortune Building No. 39 Hongwu road, Nanjing, China	MANIFEST NO.	BILL OF LADING NO. SHBFXT155038
	EXPORT REFERENCES DANNYZ　　SHAECA5028 MBI NO.: SHAEXT060438	
CONSIGNEE(Not Negotiable Unless consigned "To order") TO SHIPPERS ORDER	FORWARDING AGENT REFERENCES	
NOTIFY PARTY(Complete Name/Street Address) GROVE NUTRITION LTD. 64—68 AKEMAN STREET TRING HERTFORDSHIRE HP23 6AF,U.K.	ALSO NOTIFY, ROUTING & INSTRUCTIONS	
PRE-CARRIAGE BY(MODE)　　PLACE OF RECEIPT	FOR DELIVERY OF GOODS PLEASE APPLY TO: SBS WORLDWIDE LTD. SBS CARGO CENTRE, ANCHOR BOULEVARD, CROSSWAYS, DARTFORD, KENT DA2 6SB, UK Tel:+44(0)1322 424755　　Fax:+44 (0)1285592	
VESSEL/VOYAGE　　PORT OF LOADING EVER CONQUEST V 0566—057W　　SHANGHAI, CHINA		
PORT OF DISCHARGE FELIXSTOWE, U.K.		

MARKS AND NUMBERS CONTAINER & SEAL, NUMBERS	PURCHASE ORDER NUMBER /ITEM NUMBER	NUMBER AND DESCRIPTION OF PACKAGES AND GOODS	GROSS WEIGHT	MEASURE
CCLU4236228/J856350/40(PART OF)		(225 CARTONS　18800 KGS　20.000 CBM)CFS/CFS		
N/M		DORSAN 48 EC　EVIDENCING SHIPMENT EFFECTED BY CONTAINERIZED VESSEL	18800 KGS	20.00 M^3

TOTAL IN WORDS: TWO HUNDRED AND TWENTY FIVE (225)CARTONS ONLY

FREIGHT/CHARGES, ITEM NO. RATE/RATE BASIS	PREPAID	COLLECT	DECLARATION OF VALUE IN EXCESS OF US $ 500 PER PACKAGE SEE REVERSE SIDE HEREOF CLAUSE
FREIGHT COLLECT		AS ARRANGED	RECEIVED by United Container line in apparent good order and condition unless other stated, the Goods as specified above for carriage by vessel and/or other modes of transport above. The Goods to be delivered at the above mentioned port of discharge or place of whichever applies. In accepting this Bill of Lading the Merchant(s) agree to be bound by stipulations, exceptions, terms and conditions on the front or back hereof, whether stamped, written or otherwise incorporated. In witness whereof three (3) original Bills of Lading have been signed, if not otherwise stated below all of this tenor and date. If required by Carrier, one original Bill of Lading duly endorsed must be surrendered in exchange for the or Delivery Order, upon which the other(s)shall stand void. The contract evidenced by this Lading is governed by the laws of the Hong Kong Special Administrative Region. Any against the Carrier must be brought in the courts of the Hong Kong Special Administrative Region and no other court.
	TOTAL FREIGHT		
NUMBER OF ORIGINAL BILLS OF LADING THREE (3)	PLACE AND DATE OF ISSUE SHANGHAI 2015.05.16		
SHIPPED ON BOARD DATE 2015.05.16			SBS CHINA LIMITED As Agents for Carrier

3. 托收行寄单

托收行交通银行在审核单据无误后,缮制面函并向进口代收行邮寄单据及面函。2015 年

5月16日，托收行交通银行缮制以下面函连同以上单据寄往国外代收行。（假设银行编号是OC201000065，且此笔业务通过账户行 WELLS FARGO BANK N. A. USA 来划拨资金。）

面函样本

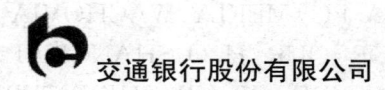

交通银行股份有限公司
江苏省分行

BANK OF COMMUNICATIONS CO., LTD.
JIANGSU PROVINCIAL BRANCH

Address：No. 124 Zhongshan Road(N), Nanjing, China
地址：中国南京市中山北路 124 号
Swift：COMMCNSHNJG

REMITTANCE FOR COLLECTION

MAIL TO：MIDLAND BANK, UNITED KINGDOM
SUCURSAL：JUAN DE ARONA 893—SAN ISIDRO, LONDON, UNITED KINGDOM
ATTN：COLLECTION DEPT   DATE：20150516
PLEASE ALWAYS QUOTE OUR NO.：OC201500065

DRAWER：KOC CO., LTD.
DRAWEE：GROVE NUTRITION LTD.

WE ENCLOSE FOLLOWING DRAFT(S)/DOCUMENTS FOR COLLECTION：
DOCUMENTS INVOICE NO.：21N1134
BILL AMOUNT：USD13 000.00
TENOR：D/P SIGHT
INVOICE NUMBER：21Z1134

DRAFT	2/2
COMM. INV.	3/3
B/L	3/3
PKG LIST	3/3

TOTAL AMOUNT CLAIMED：USD13 000.00
GENERAL INSTRUCTIONS：
　　1. THIS COLLECTION IS SUBJECT TO UNIFORM RULES FOR COLLECTIONS—ICC PUBLICATION NO. 522, 1995 REVISION.
　　2. PLEASE DELIVER THE DOCUMENTS AGAINST PAYMENT.
　　3. IN CASE OF A TIME BILL, PLEASE ADVISE US OF THE DATE OF MATURITY AFTER ACCEPTANCE.
　　4. ALL YOUR CHARGES ARE TO BE BORNE BY THE DRAWEE, WHICH CAN NOT BE WAIVED.

5. IF DISHONOUR, PLEASE DO NOT PROTEST, BUT ADVISE US OF NON-PAYMENT/NON-ACCEPTANCE GIVING DEFINITE REASONS.

AS TO THE PROCEEDS, PLEASE FOLLOW INSTRUCTIONS AS BELOW:

PLEASE COLLECT AND REMIT VIA CHIPS THE PROCEEDS USD13000.00 TO WELLS FARGO BANK, N. A. FORMERLY WACHOVIA BANK, NY, ABA NO. 0608 AT SIGHT/MATURITY FOR OUR H. O. SHANGHAI UID NO. 573455 FOR A/C NO. 27128383 WITH THEM UNDER YOUR/THEIR SWIFT/TELEX ADVISE TO US QUOTING OUR REFERENCE OC201000065.

THIS IS A COMPUTER GENERATED COVERING LETTER. MANUAL SIGNATURE NOT REQUIRED.

4. 代收行提示单据

代收行收到单据后，根据交通银行指示向进口方提示付款交单，如进口方拒付，则代收行需要及时通知托收行（交通银行）转告出口商 KOC CO.，LTD.，以便联系进口商 GROVE NUTRITION LTD. 解决。

5. 业务处理要点

（1）出口商 KOC CO.，LTD. 在与进口商 GROVE NUTRITION LTD. 就该笔出口业务达成协议并同意采用托收方式收款后，缮制发票、汇票和装箱单，将货物交货运公司取得提单、空运单等运输单据，如需要保险，还需同保险公司办理保险手续取得保单，如有需要，还需至相关机构办理手续取得质检证、产地证等托收所需单据，出口商需要保证此贸易的真实性且上面的单据能全面反映出贸易过程及合同的内容。

（2）出口商在填写托收委托书时应注意，写明发票号码（21Z1134），金额（USD13 000.00），进口代收银行（MIDLAND BANK SUCURSAL：JUAN DE ARONA 893-SAN ISIDRO LONDON, UNITED KINGDOM,需写明详细地址和国别，如未选择代收行，可要求银行代为选择，银行一般选择付款人所在地的银行代理行），托收方式（D/P）及付款期限（SIGHT），提交的单据种类和数量（汇票2份、发票3份、装箱单3份、提单3份），该笔出口业务负责人员联系方式（王小姐，电话025-12345678）等相关事项后交予出口银行办理托收。

（3）出口商在填制单据时还应该注意以下事项。

填制汇票时要注意大小写的正确性，如案例中的金额 USD13 000.00 对应 US DOLLARS THIRTEEN THOUSAND ONLY,托收项下付款人是进口商，即 GROVE NUTRITION LTD.，UK。

填制发票时应该注意，一般进口商填在左上角，商品描述应该完全反映出合同所出口的商品，如 DORSAN 48 EC,还应注意价格条款的完整，如 FOB SHANGHAI。如有更正，一定要盖章并小签。

提单应能够正确反映出合同的运输路线和整个货物的运输情况，如 SHIPPER 是 KOC CO.，LTD.，把货物 DORSAN 48 EC 于 2015 年 5 月 16 日从 SHANGHAI 通过 EVER CONQUEST V 0566-057W 运往 FELIXSTOWE, U. K.，集装箱号及封号分别是 CCLU4236228/J856350,装40英寸的集装箱 EFFECTED BY CONTAINERIZED VESSEL,集装箱的交接是 CFS/CFS,运费是 FREIGHT COLLECT（注意和发票上的价格项匹配，现发票上是 FOB,因此提单上是 FREIGHT COLLECT,如果发票上是 CIF,则应与 FREIGHT

PREPAID 项匹配)。这样提单已经从总体上反映出单据流和货物流的大概情况。再者,提单作为一个单独的单据来说,其各项要素和功能应该是明确的,如签发人身份、背书等,虽然对于托收业务,银行没有审核的责任,但对于出口商来说,还是应该从严把握,做到单据之间的一致性。

(4)完整准确地向托收行提供代收行及进口企业名称和地址,MIDLAND BANK SUCURSAL:JUAN DE ARONA 893－SAN ISIDRO LONDON, UNITED KINGDOM 项,明确注明银行是 MIDLAND BANK,城市是 LONDON,国别是 UNITED KINGDOM。单据中也注明了进口商名称(GROVE NUTRITION LTD.)和地址。因托收银行完全按照出口商的指示来处理托收业务,一般情况下,作为托收银行几乎无法、也不可能负责审核代收行的名称、地址等信息。因此如果出口商提供的代收行、进口商的名称或地址不完整、不正确,或邮寄地址错误,小则会延长收汇时间,增加风险,大则因地址错误导致单据反复转递,进而遗失,造成无法收汇。

此外,若代收银行和进口商不在一个国家,出口商一定要和进口商核实后才能交单给托收银行,上述案例中代收银行和进口商全在英国。

(5)交单方式的风险以及防范。上述案例贸易双方签订的交单方式是 D/P SIGHT,即付款交单,这种方式的风险比承兑交单风险小,因为出口商仍然控制着货权。因此,对于初次做出口托收的出口商而言,或是面对新的进口商时,可以首先考虑此种交单方式。业务流程图如图 4-18 所示。

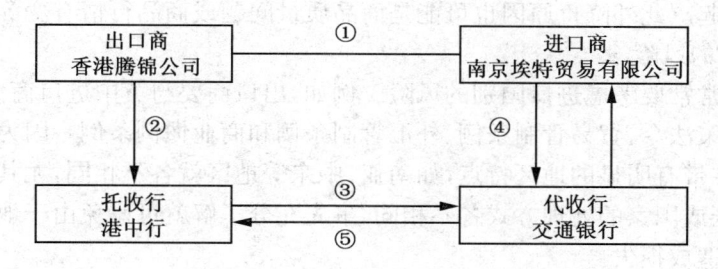

图 4-18 付款交单业务流程

①进出口双方签订合同并决定采用托收方式结算。
②出口商备货并制单,以上述案例为例,交给银行汇票 2 份、发票 3 份、装箱单 3 份、提单 3 份,同时向托收行交单,要求办理托收业务。
③托收行接受委托,缮制银行面函和单据邮寄至进口方银行(代收行)交单。
④进口方银行(代收行 MIDLAND BANK)向进口商 GROVE NUTRITION LTD. 提示单据,进口商根据付款条件付款。在进口商付款后,代收行 MIDLAND BANK 向进口商移交单据。
⑤托收行交通银行与代收行 MIDLAND BANK 之间进行清算。

(二)风险控制

1. 交付单据

从图 4-17 流程我们可以看出,托收这种国际贸易结算方式与汇款不同,因托收方式下出口商的全套单据是通过银行来转递的。进出口商承担的风险相对于汇款来说小一些,因为只有出口商发运货物后才能提交单据,只有进口商付款或者承兑后才能取得单据。但不论是哪种交单方式,总是出口商发货在先,收取货款在后,而出口商与托收行之间,托收行与代收行之间的关系,仅是委托和被委托、代理和被代理的关系,所以,出口货款能否收妥,何时收妥,银行是不负责的,出口商唯一依靠的是进口商的信誉,正因为如此,出口商更应注意风险的防范。以上述案例为例,前面我们已经从单据的角度进行了评价,在操作中还应注意后文提及的几方面风险。

2. 签订合同

从签订合同方面来看,出口商应根据对进口商的了解程度以及资信情况和经营作风来签订相关的贸易合同。同时还要注意合同金额与该进口商的能力是否匹配,从而对金额妥善掌握,这样才能为后续的贸易铺平道路。在实际业务中发生纠纷的一些大金额托收业务,很多就是对此疏忽所致,例如与一个小进口商签了金额达几百万美元的合同等。

此外,出口商应该注意,一旦签订了合同,则一定要严格按照合同规定办理出口,制作单据,以免造成收汇延误。

3. 商品价格

首先要随时把握出口商品在进口地的市场销售状态及行市趋势,同时对商品价格是否具有竞争力应该心中有数,一般应争取按 CIF 或 CIP 条件成交,由出口商办理货运保险,或投保出口信用险,在不采取 CIF 或 CIP 条件时,最好多加投保卖方利益险,当然还要根据个案考虑每一个合同的具体情况。在前文案例中,出口商采用的是 FOB 价格条款。实际业务中的纠纷常因价格变更引起。此外降价原因也可能是商品质量问题或商品行情有变等。

4. 进口国别的风险

托收业务中常常要考虑进口国别的风险。例如,出口商要与英国进口商做生意,首先需了解英国的有关政策法令、贸易管制条例、外汇管制条例和商业惯例条例。因为在国际贸易结算处理中,单据往往带有明显的地区特点,如南亚、中东等地区就各不相同,尤其是在远期付款的情况下,许多地区或国家的处理方式各不相同,事先充分了解就可避免由于地区性问题影响安全迅速收汇从而造成损失。

5. 承兑交单

由于承兑交单只需进口商在汇票上办理承兑之后,即可取得商业单据,并凭以提取货物。所以,一般承兑交单方式只适用于远期汇票的托收。需提醒注意的是,由于只要进口商承兑后,银行便将单据释放,进口商便可取得货运单据并凭以提货,因此出口商将承担进口商到期不履行付款义务而产生的钱货两空的损失风险,尽管进口商承诺一定时期后交付汇票金额,但毕竟没有付款。对于出口商而言,一旦交了货物,就不能以物权单据来约束进口商付款,到期付不付款还是取决于进口企业的信用。一般来说,进口商一旦承兑汇票就要对债务负责,只要是比较讲信誉的进口商都会到期付款。但是也有一些资信不好的进口商,有的甚至存在欺诈行为。意图欺诈的进口商会在承兑后将货物取走,到期却拒绝付款,此时尽管出口商可凭付款人承兑的远期汇票依法起诉,但即便胜诉,进口商也不一定有能力赔偿全部货款和诉讼费用。因此在实际业务中,对于资信不是很好或不甚了解的新客户不宜采用承兑交单方式,有些出口商有时甚至要求代收行对进口企业已承兑的汇票进行保付加签,从而将商业信用转换成银行信用,大大提高收款的安全性。

6. 远期付款交单

交单方式中的远期付款交单与承兑交单相比,总体上,前者的风险要小一些。采用远期付款交单的方式,目的在于给进口商一段时间以准备或筹备资金,在到期付款之前,单据仍然由代收行掌握,以维护出口商的权益。但实际业务中,世界各国的处理方式不尽相同,有的仍视为即期,有的国家则按照 D/A 处理。尽管国际商会 URC522 重申 D/P 远期将被视为 D/P 方式,并明确双方当事人的责任,但它不具有法律的普遍约束力,通常不能逾越进口国国内法律规定。因此,建议出口商在采用 D/P 远期的结算方法时应该慎重,需考虑远期付款的期限与货物运抵目的地时间的匹配问题。如果运输时间较短,而国外代收行又坚持到期日付款赎单,常常会发生货到后,汇票期限还未到,进口商不能取单提货的情况,这样容易产生滞港费,甚至会面临对货物的存仓和保险风险。而有些国家(如中东地区)规定,货进公仓后 60 天内无人提取则容许公开拍卖,这对出口商来讲,会面临钱货两损。因此远期付款交单处理方式的不同,给贸易双方带来了更多不确定性,在选择这种方式时应慎重加以考虑。

(三)往来电文

银行往来电文类型很多,且皆反映的是具体业务个案,在此简单介绍如下。

1. 催收电

如果托收行交通银行(SWIFT No. 为 COMMCNSHNJG)2015 年 5 月 16 日寄单给代收行 MIDLAND BANK,UNITED KINGDOM(SWIFT No. 为 MIDLGB22)。之后,超过了合理时间还没有收汇,需发以下的催收电文。

MT499 电文

---------------- Message Header ----------------
Swift Output   :FIN 499 Free Format Message
Sender   :COMMCNSHNJG
Receiver   :MIDLGB22×××
---------------- Message Text ----------------
20 Transaction Reference Number
OC201500065
21 Related Reference
NONREF 接收方业务编号
79 Narrative
ATTN:IMPORT BILLS DEPT
RE OUR REF OC201500065 FOR USD13 000.00 DATED 20150516
DRAWER:KOC CO.,LTD.
DRAWEE:GROVE NUTRITION LTD.
TENOR:AT SIGHT
　TO DATE, WE HAVE NOT RECEIVED THE PROCEEDS UNDER A/M REF
　OC201500065,PLS INVESTIGATE THE MATTER AND EFFECT PAYMENT ASAP.
B. RGDS

2. 降价电

如进口商要求降价 USD 3 000(产生降价的原因在"风险控制"中已经阐述,这里不再重复），在进出口双方沟通后，交通银行根据出口商的授权发以下电文。
MT499 电文

-------------------- Message Header --------------------
Swift Output   ：FIN 499 Free Format Message
Sender   ：COMMCNSHNJG
Receiver   ：MIDLGB22XXX
-------------------- Message Text --------------------
20 Transaction Reference Number
OC201500065
21 Related Reference
NONREF
79 Narrative
ATTN：IMPORT BILLS DEPT
RE：OUR REF NO. OC201500065
FOR AMOUNT USD13 000.00
DD 20150516
DRAWER：KOC CO., LTD.
DRAWEE：GROVE NUTRITION LTD.
 AS PER DRAWER'S REQUEST，THE AMT OF A/M COLLECTION BE DECREASED FROM USD13000.00 TO USD10000.00 NOW，PLS UPDATE YR RECORD AND CONTACT THE DRAWEE MEANWHILE GIVE US YOUR CONFIRMATION ASAP.
B. RGDS

3. 电文的处理要点
在出口业务中代收行常发的电文有催付款电文，这一般是在托收业务超出收汇合理期时，银行主动提醒出口商注意并得到出口商授权而发。再者是降价电文，它是进出口商就降价问题达成一致后，由出口商给银行授权发出的电文。一般来说，不论何种电文，银行在发出前对整个业务都需进行全面的分析，对如何发，何时发，应和出口商做好沟通，避免日后产生纠纷。托收项下一般是发 MT499。如果不知道国外代收行的编号时，用 NON REF 来表示。

4. 电文的固定格式
TO：代收银行
FM：托收银行
ATTN：部门（如进口代收部门 IMPORT BILLS DEPT）
RE：引用托收的编号等
TEXT（具体内容）
B. RGDS（结尾用语）

（四）总结思考
对于出口商来说，在对外签订合同时不能一味去迎合外商的要求而疏忽相关环节的警惕和防范。在使用业务术语时，尽量选择 D/A 和 D/P 这两种方式，因为在《托收统一规则》等国际惯例中都有详细规定,故进出口商和相关银行在国际贸易交往中很少就此发生争议。近几年在实际业务中,很多进出口商有时使用其他术语,例如目前比较流行的托收业务术语CAD(也称交单付现)。由于目前《托收统一规则》并没有包括CAD这个术语,因此出口商很可能会承担术语解释不确定所带来的风险,这点在与进口商签订合同时应考虑周全。而实际业务中,一些银行的做法是比照D/P处理,在给代收行的指示中,还是采用D/P的条款(PLEASE DELIVER THE DOCUMENTS AGAINST PAYMENT)。

此外,在制作单据时,一是需做到单据和合同要求相符合,二是需做到单据能充分反映合同的内容。再者需注意合同的合理性和安全性,从而避免给业务的顺利完成带来不必要的风险。

对于托收行来说,在处理托收单据时,除按照出口商的指示办理外,还应注意到我国外汇管理政策和国际相关政策对业务的影响。如伊朗是受美国制裁的国家之一,因此在选择美元付款的账户行时就不应该选择美国的账户行,而应该选择代收行在美国以外地区的美元账户行。对于本案例而言,代收行在英国,出口商品是美元结算,托收行交行选择 WACHOVIA BANK, NA (NEW YORK INTERNATIONAL BRANCH)作为此业务的账户银行,因该银行在交行总行开有账户,可以直接划拨资金,因此会减少很多不必要的沟通时间,加快收汇速度。

二、进口代收

(一)业务场景与操作

香港的滕锦公司 HONG KONG TENGJIN INTERNATIONAL COMPANY LIMITED 采用托收 D/P SIGHT 方式由港中行 BANK OF CHINA (HONG KONG) LIMITED 作为托收行,以交通银行南京分行为代收行,向南京埃特贸易有限公司(NANJING IRTEEL TRADE CO., LTD.)就出口货物收取款项 USD 41 609.38。

1. 代收行验收单据和指示

2015年7月3日代收行交行在收到托收行港中行寄来的托收面函(如下)和单据后,经审查无误后打印"进口代收(到单)通知书"并附加主要单据复印件(主要单据一般为发票、运输单据和保单),同时提示客户。在客户同意付款后,交行扣减客户账户款项,并按照托收行港中行付款指示对外付款,同时放单给客户提货。

如承兑,则在获得客户书面承兑后交行即可放单,待到期后客户再付款。如客户拒付,则及时通知托收行,按其指示处理单据。

托收面函:

BANK OF CHINA (HONG KONG) LIMITED, HONG KONG
REMITTANCE FOR COLLECTION
MAIL TO: BANK OF COMMUNICATINS JIANGSU PROVINCIAL BRANCH
ATTN: COLLECTION DEPT   DATE: 20150629
PLEASE ALWAYS QUOTE OUR NO.: 265B10EC006359

DRAWER: HONG KONG TENGJIN INTERNATIONAL CO., LTD.
DRAWEE: NANJING IRTEEL TRADE CO., LTD.
INVOICE NO.: IN—JTI100421

WE ENCLOSE FOLLOWING DRAFT(S)/DOCUMENTS FOR COLLECTION:
BILL AMOUNT: USD41609.38
TENOR: D/P AT SIGHT
DRAFT   2/2
COMM. INV.   4/4
QLY. CERT   2/2
WEIGHT LIST   2/2

TOTAL AMOUNT CLAIMED: USD41609.38
GENERAL INSTRUCTIONS:
1. THIS COLLECTION IS SUBJECT TO UNIFORM RULES FOR COLLECTIONS—ICC PUBLICATION NO. 522, 1995 REVISION.
2. PLEASE DELIVER THE DOCUMENTS AGAINST PAYMENT.
3. IN CASE OF A TIME BILL, PLEASE ADVISE US OF THE DATE OF MATURITY AFTER ACCEPTANCE.
4. ALL YOUR CHARGES ARE TO BE BORNE BY THE DRAWEE, WHICH CANNOT BE WAIVED.
5. IF DISHONOUR, PLEASE DO NOT PROTEST, BUT ADVISE US OF NON-PAYMENT/NON-ACCEPTANCE GIVING DEFINITE REASONS.

AS TO THE PROCEEDS, PLEASE FOLLOW INSTRUCTIONS AS BELOW:
PLEASE COLLECT AND REMIT VIA CHIPS THE PROCEEDS USD 41609.38 TO BKCHUS33×××,FOR ACCOUNT 7201-1000101-006-001 AT MATURITY.

2. 代收行发通知
代收行交行根据托收行港中行寄来的托收面函和单据填制下面的进口代收(到单)通知书。假设交通银行业务编号为IC201500022。

进口代收(到单)通知书

TO:(DRAWEE)NANJING IRTEEL TRADE CO., LTD.	DATE: 20150703 DOCUMENTS PMT REF.: IC201500022
REMITTING BANK'S REF.: 265B10EC006359	CONTRACT NO.: INVOICE NO.: IN-JTI100421
REMITTING BANK: BANK OF CHINA (HONG KONG)LIMITED, HONG KONG, BANK OF CHINA CENTER, FLOOR 19, OLYMPIAN CITY, 11 HOI FAI ROAD, WEST KOWLOON, HONG KONG	DRAWER: HONG KONG TENGJIN INTERNATIONAL COMPANY LIMITED
BILL AMOUNT: USD 41 609.38	
REMITTING BANK CHARGES FOR DRAWEE: USD 0.00	WAIVED(Y/N): N
INTEREST AMOUNT: USD 0.00 RATE 0.0000000 FROM	TO: WAIVED(Y/N): N

项目四　国际结算方式——托收

续表

TO：(DRAWEE)NANJING IRTEEL TRADE CO., LTD.	DATE：20150703 DOCUMENTS PMT REF.：IC201500022
TOTAL PAYMENT AMOUNT：USD 41609.38	OUR BANK CHARGES FOR DRAWEE：WAIVED(Y/N)：N

DRAFT TENOR：D/P AT SIGHT	DUE DATE：
B/L DATE：	DRAFT DATE：20150503
WITH GUARANTEE(Y/N)：N	GUARANTEE NO.：

汇票(DRAFT)	发票 (COMM. INV.)	海关发票 (CUST. INV.)	提单(B/L)	空运单 (AWB)
2/2(1)	4/4(1)			
保险单 (INSUR POLICY/CERT)	装箱单 (PKG LIST)	重量单 (WEIGHT LIST)	质量单 (QLY. CERT)	数量单 (QTY. CERT)
		2/2(1)	2/2(1)	
产地证 (ORIGIN CERT)	受益人证明 (BENE. CERT)	装船通知 (SHIP. ADVICE)		

INFORMATION：

兹将上述全套托收单据附上,请贵公司认真审查并注意以下事项：
1. 我行将严格遵照国际商会 1995 年第 522 号出版物《托收统一规则》办理代收项下一切事宜。
2. 贵公司同意付款/承兑赎单时,请把所配核销单填好返回我行,并在来单通知书上注明是否承担银行费用/利息,加盖贵公司在我行的签章。
3. 若需要购汇付款,请先办好批汇手续,并把足额款项和银行费用(若有)调入我行。
4. 若拒付或要求退单,请书面通知我行并陈述理由。
5. 如发现所附单据中有不属于贵公司的内容,请速交于我行。电话： 　　　联系人：

我公司已收到托收单据。现就有关事项回复如下：
对于 D/P 详细单据,我公司同意对外付款。
对于 D/A 项下单据,我公司同意对外承兑,请在到期日主动对外付款。
若到期日前,我公司对对外付款有异议,将另行发出不同意付款的书面通知。
对于下列费用和利息,我公司以其前面的方框中的符号 V 或 X 表示是否同意支付。V 表示同意；X 表示不同意。
□你行的代收费用和电报费　　□托收行的费用　　□托收行指示收取的利息
该托收单据项下的货款,由我公司承担的银行费用及利息,请你行主动从我公司在你行的　　账户中扣付。

公司签章
2015 年 7 月 3 日

银行签章

3. 业务处理要点

对于进口代收(到单)通知书,要在审核港中行所寄的面函和单据之后正确地填制。填制时需注意以下几点。第一是对业务的描述,如发票号(INVOICE NO.：IN－JTI100421)、出口商(DRAWER：HONG KONG TENGJIN INTERNATIONAL CO.，LTD.)、进口商(DRAWEE：NANJING IRTEEL TRADE CO.，LTD.)、金额(BILL AMOUNT：USD41609.38 和 TOTAL PAYMENT AMOUNT：USD41609.38,如果不一致,应去电查询,是否里面含有电汇等情况)、单据份数和种类(DRAFT 2/2；COMM. INV. 4/4；QLY. CERT 2/2；WEIGHT LIST 2/2)。第二是付款方式(D/P AT SIGHT),它决定了此笔业务如何付款,何时付款,因此千万需注意。第三是汇款路径的正确选择。因 BANK OF CHINA(HONG KONG)LIMITED, HONG KONG 是交通银行的账户行,因此对于此笔款项划拨,发电文 MT202 即可完成款项的支付；若是非账户行,则进口代收(到单)通知书还应该把相应的账户行注明,以方便付汇时使用。进口代收业务流程图如图 4-19 所示。

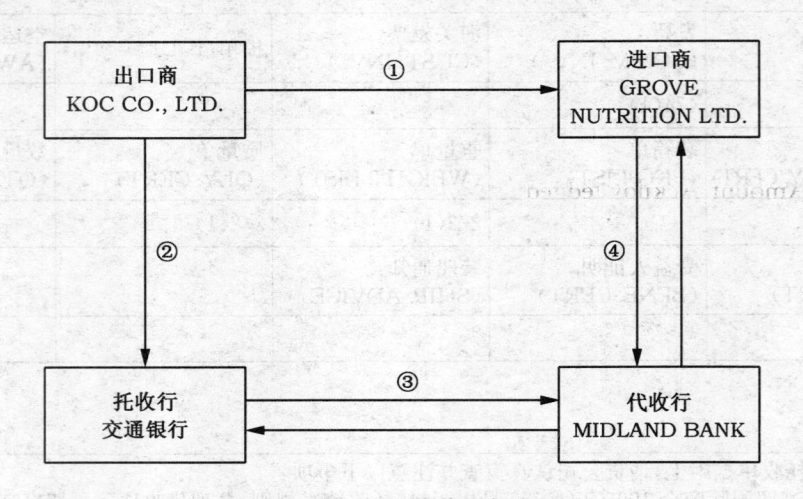

图 4-19 进口代收业务流程

①进出口双方签订合同并决定采用托收方式结算。

②出口商香港腾锦公司(HONG KONG TENGJIN INTERNATIONAL COMPANY LIMITED)备货并制单(汇票 2 份、发票 4 份、重量单 2 份、质量单 2 份),同时向托收行港中行(BANK OF CHINA(HONG KONG)LIMITED)交单,要求办理托收业务。

③托收行港中行接受委托,缮制银行面函和单据邮寄至代收行交通银行交单。

④进口方银行(代收行交通银行)向进口商南京埃特贸易有限公司提示单据,进口商根据付款条件付款。在进口商付款后,代收行交通银行向进口商南京埃特贸易有限公司提交单据。

⑤代收行交通银行与托收行港中行之间进行清算。

(二)风险控制

进口代收是出口托收业务的一个反向,进口代收和出口托收是一个业务过程的两个侧面,其风险点请参考前文出口托收部分,这里不再展开叙述。只需提醒注意：作为进口商,应按进口代收的规定处理业务,付款交单项下,应注意资金的落实,承兑交单项下注意承兑手续的完备；作为代收行,应注意对有关法律政策的掌握,如应严格按外管政策查验外管公布的《进口付汇核销黑名单》和《进口付汇登记分类表》(如有),确认进口商具有的相应付汇资格等。

(三)往来电文

涉及此部分的银行往来电文类型很多,且皆反映的是具体业务个案。这里介绍进口代收项下最常用的电文。

1. 电文 MT410

代收行收到单据的当天向托收行发电文 MT410,告其已经收到寄送的单据。

MT410 电文

------------------------ Message Header ------------------------
Swift Output   :FIN 410 Acknowledgement
Sender   :COMMCNSHNJG
Receiver   :BKCHHKHH×××(港中行)
------------------------ Message Text ------------------------
20   Sending Bank's TRN
        IC201500022
21   Related Reference
        265B10EC006359
32B   Amount Acknowledged
        Currency   USD
        Amount   41 609.38

在付款方式 D/P AT SIGHT 项下,向账户行发电文 MT202,及时付款。(假设交通银行选择的账户行是 IRVTUS3NXXX,款项通过港中行的美元账户行 BKCHUS33××× 进行划拨。)

MT202 电文

------------------------ Message Header ------------------------
Swift Output   :FIN 202 General Fin Inst Transfer
Sender   :COMMCNSHNJG
Receiver   :IRVTUS3NXXX
------------------------ Message Text ------------------------
20 Transaction Reference Number
IC201500022
21 Related Reference
265B10EC006359
32A Value Date,Currency Code,Amt
Date 150703
Currency USD
Amount 41 609.38
53A Sender's Correspondent — BIC
BIC COMMCNSH×××
57A Account With Institution — BIC

BIC BKCHUS33×××
58A Beneficiary Institution — BIC
Party Identifier /7201-1000101-006-001
BIC BKCHHKHH×××
72 Sender to Receiver Information
/BNF/IC201500022

2. 处理电文要点

注意在托收业务中,进口和出口是相反的。出口电文中 20 栏是出口托收行的编号,而在进口电文中是进口代收行的编号。如没有,则注明 NON REF。

(四)总结思考

对于该产品需提示注意的是,由于承兑交单是出口商给予进口商的资金融通,代收行不负责承担进口商对汇票的到期付款,只是负责催促、通知有关信息,因此对出口商来说风险较大。

任务三 托收业务资金融通

一、托收方式中银行对出口商的融资

(一)托收出口押汇

托收出口押汇(collection bills purchased)是指银行有追索权地向出口商购买跟单汇票的行为,是托收行向出口商提供的一种资金融通方式。其基本做法是:银行凭出口商开立的以进口商为付款人的跟单汇票以及所附的商业单据为质押,将货款扣除利息及费用后,净额付给出口商。托收行成为跟单汇票的持票人,又称押汇行。等到代收行收妥款项并将头寸拨给托收行,托收行叙做托收出口押汇的垫款才得以归还。如果出现拒付,押汇行有权向出口商追索票款及利息。

由于托收方式是属于商业信用,托收项下的付款人是进口商。对于押汇行而言,其垫款能否收回取决于进口商的资信,银行叙做托收出口押汇实际上是将原来由出口商承担的风险转移到托收行,因此风险较大,一般银行都不太愿意做。在实务中,银行对托收出口押汇的要求较高,如要求进口商的资信良好、押汇单据必须是全套货运单据、必须取得出口信用保险、出口货物是畅销的等,此外还要求收取较高的押汇利息和手续费用。

(二)出口贷款

出口贷款(advance against collection)是指出口商在其流动资金不足的情况下可以要求托收行发放少于托收金额的贷款,俟其到期时还贷,它相当于以部分货款做押汇。

(三)使用融通汇票贴现融资

使用融通汇票贴现融资(accommodation bill for discount)是指出口商利用开立带有质押的融通汇票,由托收行承兑后,通过贴现公司贴现融资。具体地,出口商可事先与托收行或其他银行订立承兑信用额度协议(acceptance credit agreement),货物出运后,出口商开立一张远期融通汇票,以订立协议的银行(即托收行)作为受票人,以出口商作为出票人和收款人,金额略低于托收汇票,期限略长于托收汇票,并以托收跟单汇票作为融通汇票的质押品,一起交给托收行,托收行在对融通汇票承兑后,送交贴现公司贴现,出口商即可得到净款融资。托收行

将托收跟单汇票寄代收行,收取货款后,向贴现公司付融通汇票到期日应付的票款。

二、托收方式中银行对进口商的融资

(一)信托收据

信托收据(trust receipt,T/R)是进口商表示愿意以代收行受托人的身份代银行提货,承认货权属于银行,并保证在汇票到期日向银行付清货款的一种书面文件,它是在远期付款交单条件下代收行向进口商提供的资金融通方式。这种融资有一定的风险。

凭信托收据借得货物运输单据所提取的货物,其所有权并不随货物的转移而转移。进口商的义务是:(1)将信托收据项下的货物与其他货物分开保管;(2)售得的货款应交付给代收行,或暂代代收行保管,并在账目上与自有资金明确分开;(3)不得将信托收据项下的货物抵押给他人。代收行是信托人,其权利是:(1)可以随时取消信托,收回货物;(2)可随时向进口商收回已经售出货物的货款;(3)若进口商倒闭破产清理,对该信托收据项下的货物和货款有优先债权。

若在托收指示中注明"D/P at ×× days after sight to issue trust receipt in exchange for documents,简称D/P,T/R"(远期付款交单凭信托收据借单),是出口商允许进口商以开立信托收据方式借得货运单据提货,则到期进口商不向代收行缴清货款的风险由出口商自己承担;若代收行在未得到出口商的授权,自行给进口商提供这项融资,则风险应由代收行承担。

(二)融通汇票融资

进口商利用开立不带有质押的融通汇票,由代收行承兑后,通过贴现公司贴现融资。具体地,进口商可事先与代收行或其他银行订立承兑信用额度协议,当进口商收到代收行的通知书要求他付款时,可开立一张远期融通汇票,以订立协议的银行(即代收行)作为受票人,以进口商作为出票人和收款人,要求代收行在对融通汇票承兑后,送交贴现公司贴现,进口商即可得到净款用来支付给代收行。待融通汇票到期,进口商将提取的进口货物销售所得的货款归还融通汇票到期的票款。

任务四 托收业务风险及其防范

一、托收项下的风险

托收仍是出口商先出运商品后收款,所以是相对有利于进口商、不利于出口商的一种结算方式。托收项下的风险主要指出口商面临的风险。

(一)进口商经营风险
来自进口商破产或倒闭,丧失支付能力的风险;

(二)市场风险
来自国际市场行市下跌,买方借故不履约,拒不付款的风险;或进口商利用不赎单给卖方造成被动,借以压低合同价格的风险;

(三)进口国国家风险
进口国由于政治或经济的原因,加强外管,使进口商无法领到进口许可证或申请不到进口所需的外汇,造成货抵进口国无法进口,或不能付款带来风险;

(四)其他风险

如由以上情况所导致的货到目的地后发生的提货、存仓、保险费用和货物变质、短量的风险;转售货物可能发生的价格损失的风险;货物转运的费用负担以及因储存时间过长被当地政府拍卖的风险。

二、托收项下风险的防范

鉴于该方式对出口商风险大,为了保证收汇安全,应采取相应的防范措施:

(一)加强对进口商的资信调查

托收是出口商先出运商品后收款的结算方式,出口商能否顺利地收回货款完全依赖于进口商的资信状况,所以出口商必须事先详细地调查进口商的资信和经营状况,成交的合同金额不宜超过其经营能力和信用程度。

(二)选择适当的商品采用托收方式

采用托收的出口商品种类,应是那些市场价格相对平稳、商品品质稳定、交易金额不大的商品或是向国际市场推销(试销)的新产品。

(三)选择合理的交单条件

出口商应尽量地选择即期付款交单方式。如果一定要使用远期付款交单方式,应把握好付款期限,一般应掌握在不超过从出口地到进口地的运输时间,不宜过长。应尽可能地避免使用承兑交单方式。

(四)选择好价格条款

应争取以 CIF 签订合同。因为 CIF 项下由卖方投保,万一货物出事,买方拒付,出口商仍然掌握货运单据,控制货物的所有权,出口商可凭保险单向保险公司索赔,直接获得赔款,不至于造成重大损失。

(五)了解进口国的有关规定

出口商应随时注意了解进口国的有关贸易法令、外管条例等方面的内容,避免货到目的地不准进口或收不到外汇的损失。

(六)投保出口信用险

现在很多国家都开办了出口信用保险业务,即对买方不付款和买方国家因国家风险导致不能如期付款的损失进行保险。如我国出口商可以向中国出口信用保险公司投保"短期出口信用保险",这项保险业务适用于以付款交单和承兑交单为结算方式,且期限不超过180天的出口合同。投保该险后,如果进口商无力支付货款、不按期支付货款、违约拒收货物,或因进口国实行外汇和贸易管制、发生战争和骚乱而给出口商造成的损失,保险公司将予以赔偿。

应知考核

一、单项选择题

1. 在托收业务中,以下关系中不属于委托代理关系的是(　　)。
   A. 委托人和委托行　　　　　　　　B. 委托行和代收行
   C. 代收行和付款人　　　　　　　　D. 委托人和"需要时的代理"

2. 以下不属于代收行义务的是（　　）。
A. 收到单据应与托收指示核对，如单据有遗失立即通知委托行
B. 按单据的原样，根据托收指示向付款人提示
C. 对于汇票上承兑的形式，负责表面上完整和正确之责
D. 在汇票遭到拒绝承兑或拒绝付款时，负责做成拒绝证书

3. D/P，T/R意指（　　）。
A. 付款交单　　　　　　　　　　　B. 承兑交单
C. 付款交单凭信托收据借单　　　　D. 承兑交单凭信托收据借单

4. 承兑交单方式下开立的汇票是（　　）。
A. 即期汇票　　　B. 远期汇票　　　C. 银行汇票　　　D. 银行承兑汇票

5. 托收出口押汇是（　　）。
A. 出口地银行对出口商的资金融通　　B. 出口地银行对进口商的资金融通
C. 进口地银行对出口商的资金融通　　D. 进口地银行对进口商的资金融通

6. 在托收业务中，如发生拒付，为了处理存仓、保险，重新议价，转售或运回等事宜，委托人可指定一个在货运目的港的代理人办理，这个代理人是（　　）。
A. 委托行　　　B."需要时的代理"　　　C. 代收行　　　D. 承运人

7. 进口商付清货款后，代收行往往会（　　）记托收行账户并向托收行发去相应通知书，托收行收到通知书后将货款（　　）记出口方账户。
A. 借，贷　　　B. 借，借　　　C. 贷，贷　　　D. 贷，借

8. 即期付款交单中，出口商往往开立（　　），通过代收银行向进口商提示。
A. 即期汇票　　　B. 远期汇票　　　C. 银行汇票　　　D. 银行承兑汇票

9. 在跟单托收业务中，出口商不能通过采取（　　）方式来减少和消除风险。
A. 调查了解进口商的资信和作风
B. 尽可能争取"到岸价格"（CIF）交易，争取自办保险
C. 尽可能争取即期付款交单方式
D. 尽可能争取承兑交单方式

10. 光票托收一般不用于（　　）的收取。
A. 出口货款尾款　　　B. 出口货款　　　C. 佣金　　　D. 样品费

二、多项选择题

1. 托收中的D/P与D/A的主要区别是（　　）。
A. D/P是跟单托收，D/A是光票托收
B. D/P是付款后交单，D/A是承兑后交单
C. D/P有即期付款和远期付款，D/A是远期付款
D. D/P是远期付款，D/A是即期付款

2. 下列（　　）采用顺汇的结算方式。
A. 信汇　　　B. 托收　　　C. 电汇　　　D. 票汇

3. 下列（　　）采用逆汇的结算方式。
A. 信汇　　　B. 托收　　　C. 电汇　　　D. 信用证

4. 托收根据所使用的汇票不同,可分为( )。
　A. 付款交单　　　　B. 承兑交单　　　　C. 光票托收　　　　D. 跟单托收
5. 属于商业信用的国际贸易结算方式是( )。
　A. 信用证　　　　　B. 托收　　　　　　C. 汇付　　　　　　D. 汇款

三、思考与讨论

1. 简述托收方式的当事人。
2. 简述托收的性质和特点。
3. 简述托收指示中的收款指示。
4. 简述托收方式中银行对出口商的融资和对进口商的融资。
5. 简述托收项下风险的防范。

应会考核

■ 技能案例

1. 我国某出口商C公司与中东地区进口商B公司签订一批合同,向其出售T恤衫,付款条件均为D/P 45days。1~10月,C公司相继委托某托收行办理托收业务10笔,指明通过A银行代收货款,付款条件为D/P 45days,付款人是B公司,金额共计150万美元。托收行均按托收申请书中指示办理。A银行收到跟单汇票后,陆续以承兑交单(D/A 45days)的方式将大量单据放给进口商。其中多张承兑汇票已逾期,但承兑人一直未曾付款,使C公司蒙受重大损失。托收行向A银行提出质疑,要其承担擅自放单之责任,但A银行以当地习惯抗辩,称当地认为D/P远期与D/A性质相同,推诿放单责任,拒绝承担义务。
请结合D/P和D/A、票据的角度和出口商的角度综合作出分析。

2. 2014年11月,荷兰A银行通过国内B银行向C公司托收货款,B银行收到单据后,将远期汇票提示给付款人承兑。据付款人称,出票人已告知,货物已抵达香港,必须承兑汇票后,出票人才肯交货。付款人为尽快取得货物,遂承兑了汇票。2015年1月,B银行收到已承兑的汇票后,遂对外发出承兑电,称汇票业经付款人承兑,到期我行将按贵行指示付款。
2015年5月,汇票到期,B银行要求付款人(C公司)付款,C公司称,由于未完全收到货物,不同意付款,B银行就此电告A银行,付款人不同意付款。
几天后,A银行回电称:在我行的托收指示中,我们要求贵行:(1)承兑交单(汇票期限为出票后180天);(2)承兑的汇票由贵行担保;(3)如果已承兑的汇票没有由贵行担保,请不要放单。贵行1996年1月来电通知,客户已承兑汇票,到期时,将按我行指示付款。因此,请贵行立即安排付款。
请结合托收的相关内容作出分析。

3. 2015年6月6日,某托收行受理了一笔付款条件为D/P at sight的出口托收业务,金额为USD100000,托收行按出口商的要求将全套单据整理后撰打了托收函一同寄给英国一家代收行。单据寄出5天后委托人声称进口商要求托收,将D/P at sight改为D/A at 60 days after sight,最后委托行按委托人的要求发出了修改指令,此后一直未见代收行发出承兑指令。当年8月19日委托行收到代收行寄回的单据,发现3份正本提单只有两份。委托人立即通过英国有关机构了解到,货物已经被进口商提走。此时,委托行据理力争,要求代收行要么退回全部单据,要么承兑付款,但是代收行始终不予理睬。货款始终没有着落。

请结合托收的相关内容作出分析。

■项目实训

【实训项目】

托收业务流程图

【实训情境】

广州云海进出口公司向英国F公司出口玩具一批,合同支付条款规定采用D/P at sight,货款金额为10万美元。托收行是中国银行广州分行,汇入行是汇丰银行伦敦分行。合同支付条款规定采用D/P at 30 days after sight。

【实训任务】

请画出该笔托收业务的流程图。

项目五　国际结算方式——信用证

知识目标
理解：信用证的概念、特点及作用；银行保函、备用信用证和福费廷的概念。

熟知：信用证业务流程的各个环节的工作要点；银行保函的主要内容；备用信用证的性质；国际保理的功能；福费廷业务流程。

掌握：信用证的开证形式与主要内容；进出口信用证结算实务。

技能目标
学生能够掌握信用证的基本原理进行案例分析，具有实际的操作能力。

能力目标
学生能够具有读懂信用证的能力，理解信用证结算方式的应用问题，能够学会对各种信用证的识别、流程和具体运用。

教学目标
教师要培养学生在正确理解信用证的基本知识和UCP600条款的基础上，掌握信用证业务的实务操作技能，并能在出现国际贸易和国际结算纠纷时运用国际惯例解决实务问题。

项目案例
我国青岛某出口公司收到一份国外开来的信用证，在审核信用证无误后，青岛出口公司按信用证规定将5 000吨钢材装船起运，就在其将单据送交当地银行议付之际，突然接到开证行通知，称开证申请人已经破产倒闭，因此开证行不再承担付款责任。问：出口公司应如何处理？为什么？

分析：

该出口公司应继续交单并要求银行对合格的单据履行付款之责。按照UCP600的相关规定，信用证属于银行信用，由开证行承担第一性的付款责任。开证行的付款责任独立于开证申请人之外，不因开证申请人的破产倒闭或拒付而免责。该案例中，开证申请人虽已破产倒闭，但只要开证行依然存在，就必须根据信用证的约定凭受益人提交的相符的单据付款，而不能免责。

知识支撑

任务一 信用证概述

一、信用证

(一)信用证的概念

根据国际商会《跟单信用证统一惯例》的解释,信用证(letter of credit,L/C)是指由银行(开证行)依照客户(申请人)的要求和指示或自己主动,在符合信用证条款的条件下,凭规定单据,向第三者(受益人)或其指定的人进行付款,或承兑和(或)支付受益人开立的汇票,或授权另一银行进行该项付款,或承兑和支付汇票,或授权另一银行议付。简言之,信用证是银行开立的一种有条件的承诺付款的书面文件,这里的"银行"指开立信用证的银行,"条件"是指受益人交来的单据与开证行开出的信用证中所要求的内容相一致,即"相符交单",如提单、发票、保险单等,"付款承诺"就是开证行自己或授权另一家银行对受益人进行付款、承兑、保证、议付。它强调开证行的付款或承兑必须是在受益人提供的信用证规定的并与信用证条款相符的单据的情况下才能进行,这表明信用证是一家银行对信用证受益人的有条件的付款承诺。

因此,跟单信用证方式是在商品交易双方商业信用的基础上,加上了开证行的信用。在保兑信用证方式下,则还加上了保兑银行的信用,从而增强了这一结算方式的可靠性。同时,还需要验证信用证的真实性和开证银行的支付能力,以及出口商的资信。在跟单信用证业务中,代表资金收付关系的汇票及/或发票的流动方向,与资金的流动方向相反。据此,信用证结算方式是逆汇方式。

(二)信用证的特点

1. 信用证方式属于银行信用,开证行负第一性付款责任

开证行负第一性付款责任是指出口商交来的单据要符合信用证条款,开证行不管进口商是否能够付款,在相符交单的条件下都必须付款给受益人或被指定银行。开证行承担了第一性的、首要的付款责任,而不能以开证申请人的情况为由,拒绝付款;而且,开证行对受益人的付款是终局性的,没有追索权,从而体现了信用证的银行信用。UCP600 第 7 条 b 款规定:"开证行自开立信用证之时起,即不可撤销地承担承付责任。"

UCP600 第 8 条规定:"保兑行自对信用证加具保兑之时起,即不可撤销地承担承付或议付的责任","只要规定的单据提交给保兑行,或提交给其他任何指定银行,并且构成相符交单,保兑行就必须:承付或无追索权地议付。"在保兑信用证业务中,则由保兑银行承担第一性付款责任。

因此,信用证结算方式是以开证行(若有保兑行)的银行信用增强交易双方的商业信用。

同步案例 5-1

我某公司以 CIF 价格向美国出口一批货物,合同的签订日期为 6 月 2 日。到 6 月 28 日由日本东京银行开来了不可撤销即期 L/C,金额为 50 000 万日元,证中规定装船期为 7 月份,偿付行为美国的花旗银行。我中国银行收证后于 7 月 2 日通知出口公司。7 月 10 日我方获悉国外进口商因资金问题濒临破产倒闭。在此情况下,我方应如何处理?

案例精析:由于两个业务行,开证行(东京银行)、偿付行(花旗银行)都是资信很高的银行,我方可以办理出口手续,将货物出口。信用证业务中,开证行承担第一性的付款责任。因此,我方应在 7 月份按时发货并认真制作单据,交单议付,由议付银行向东京银行寄单,向花旗银行索偿。

2. 信用证是一项自足文件,不依附于贸易合同而独立存在

UCP600 第 4 条规定:"就性质而言,信用证与可能作为其开立基础的销售合同或其他合同是相互独立的交易,即使信用证中含有对此类合同的任何援引,银行也与该合同无关,且不受其约束。因此,银行关于承付、议付或履行信用证项下其他义务的承诺,不受申请人基于其与开证行或与受益人之间的关系而产生的任何请求或抗辩的影响。""受益人在任何情况下,不得利用银行之间或申请人与开证行之间的合同关系。""开证行应劝阻申请人试图将基础合同、形式发票等文件作为信用证组成部分的做法。"

因此,在信用证业务中,当事人只受信用证条款的约束,不受贸易合同条款或开证申请书的约束。

3. 信用证业务处理的是单据而不是货物

UCP600 第 5 条规定:"银行处理的是单据,而不是单据可能涉及的货物、服务或履约行为。"只要受益人交来的单据符合信用证条款,指定的银行就必须付款。因此,信用证交易把合同的货物交易转变成只管单据是否相符的单据交易。在保兑信用证业务中,保兑银行向受益人的付款依据,也能是信用证和信用证项下的单据,不能是开证行或开证申请人或其他任何的情况。

正是由于信用证的这一性质,UCP600 第 14 条 g 款规定:"提交的非信用证所要求的单据将不予理会,并可被退还交单人。"同条 h 款规定:"如果信用证含有一项条件,但未规定用以表明该条件得到满足的单据,银行视为未作规定并不予理会。"如果一份信用证上出现上述 h 款所指出的条款,则该条款就被称为"非单据条款"。通知行、议付行以至受益人可以不理会这样的非单据条款。

同步案例 5-2

英国伦敦某进口商为购买我国罐头向 P 银行申请开出 L/C,金额为 60 280 美元。我方银行于 10 月 4 日议付,并向开证行寄单索汇。开证行接单后于 10 月 28 日来电拒付,理由是:"受益人未按商务合同规定分两批发货装船。"经查我方供货人与英国进口方签订的商务合同确有分两批装运的条款。而我方议付行检查来证并无分批发货条款,且单证相符,单单相符,故复电开证行仍要求付款,且要求保留索偿迟付款项利息的权利。问:开证行拒付理由是否成立?我方要求是否合理?

> 案例精析：拒付不成立，我方要求合理。信用证处理的是单据，开证行付款条件是单单相符、单证相符。这里的相符是指单据表面相符，与实质贸易及合同无关。如果提单描述的货物与信用证不符，可以拒绝付款赎单，但货物品质与合同是否相符与信用证结算无关，因此不可拒绝付款。

(三)信用证的作用

采用信用证支付方式，给进出口双方以及银行都带来一定的好处。信用证在国际结算中的作用主要表现在以下几个方面：

1. 对出口商的作用

(1)保证出口商凭单取款。信用证支付所遵循的原则是单证严格相符，出口商提交的单据只要做到与信用证规定相符，银行就保证支付货款。在信用证支付方式下，出口商交货后不必担心进口商到时不付款，而是由银行承担付款责任，这种银行信用要比商业信用可靠。因此，信用证支付为出口商收取货款提供了较为安全的保障。

(2)保证出口商得到外汇。在严格实行外汇管制和进口管制的国家里，进口商要开立信用证，首先要得到本国外汇管理当局的批准，只有使用外汇的申请得到批准后，方能向银行提出开证的申请。这样，出口商若能按时收到信用证，就说明进口商已获得相关的外汇。因此，可以保证出口商履约后如期收到有关的外汇。

(3)可以取得资金融通。在出口商资金周转困难时，可凭进口商开来的信用证做抵押，向出口地银行申请打包贷款(Packing Credit)，用以收购、加工、生产出口货物和打包装船；或出口商在收到信用证后，按规定办理货物出运，并将汇票和信用证规定的各种单据提交议付行议付，通过押汇可及时取得货款。这是出口地银行对出口商提供的资金融通，从而有利于资金周转，扩大出口。

2. 对进口商的作用

(1)保证取得代表货物所有权的单据。在信用证方式下，无论是开证行、付款行、保兑行的付款，还是议付行的议付货款都要对有关单据表面的真伪进行审核，只有单证相符、单单相符才履行付款义务。因此，可以保证进口商交付货款后，取得代表货物所有权的单据，特别是提单。

(2)保证按时、按质、按量收到货物。进口商可以通过信用证条款来控制和约束出口商交货的时间、交货的品质和数量，如在信用证中规定最迟的装运期以及要求出口商提供由信誉良好的公证机构出具的品质、数量或重量证明书等，从而保证进口商按时、按质、按量收到货物。

(3)提供资金融通。进口商在申请开证时，需要交纳一定的押金，有些国家的银行对信誉良好的开证人还可减免押金，而全部货款待单据到达后再支付，这样就减少了资金的占用。如采用远期信用证时，进口商还可凭信托收据向银行借单，先行提货、转售、使用，到期再向开证行支付货款，这就为进口商提供了资金融通的便利。

3. 对银行的作用

开证行接受开证申请人的开证申请后，即承担了开立信用证和履行付款的责任，这是银行以自己的信用做出的保证，是一种银行信用。因此，开证申请人在申请开证时要向银行交付一定的押金或担保品，为银行利用资金提供便利。此外，在信用证业务中，银行每提供一项服务均可取得一定的收益,如开证费、通知费、议付费、保兑费、修改费、利息、手续费等收入。

总之,信用证支付方式在进出口贸易中可起到以下两个作用:

(1)安全保证作用。信用证支付方式是一种银行信用,它把进口人履行的付款责任,转为由银行来履行,保证了出口方能迅速安全地收到货款,进口方能收到代表货物的单据,有效地缓解了买卖双方互不信任的矛盾,使进出口贸易能够顺利地进行。

(2)资金融通作用。在信用证业务中,银行不仅提供信用和服务,还可以通过打包贷款、叙做出口押汇向出口人融通资金;通过凭信托收据、叙做进口押汇向进口人融通资金。

二、信用证的当事人

(一)开证申请人(applicant)

开证申请人是指向银行申请开立信用证的人,即进口人或实际买方。开证申请人的责任是:(1)完整、明确地填写开证申请书,即向开证行明确地指示所要开立的信用证的条款内容;(2)按照开证行的要求缴纳开证手续费和开证保证金;(3)若为交足开证保证金,则在开证行依全套符合信用证规定的单据向受益人付款后,向开证行补足所差款项,并赎得全套单据;其权利是:(1)要求开证行严格按照信用证要求审查受益人提交的单据,并仅对符合信用证规定的单据付款;(2)在有关情况发生较大变化时,可以要求开证行向受益人发出信用证修改书。

(二)受益人(beneficiary)

受益人是指信用证上所指定的有权使用该证的人,即出口人或实际供货人。受益人的权利是:(1)有权审查信用证及信用证修改书的内容,并对其中认为不可接受的条款向开证行要求修改或删除;(2)有权依照信用证条款和条件提交汇票及/或单据要求取得信用证的款项;(3)受益人交单后,如遇到开证行倒闭,信用证无法兑现,则受益人有权向进出口商提出付款要求,进口商仍应负责付款。受益人的责任是:必须提交符合信用证条款规定的全套单据。

(三)开证行(issuing bank)

开证行是指接受开证申请人的要求和指示或根据其自身的需要,开立信用证的银行。开证行一般是进口商所在地银行。开证行以自己的名义对信用证下的义务负责的。具体地说,开证行的责任是:(1)按照开证申请书的内容,开立信用证;(2)受益人提交符合信用证规定的单据,由自己或者指定银行履行付款、承兑和/或延期付款;(3)在开证申请人或受益人提出修改信用证的要求,并认为其要求可接受的情况下,出具信用证修改书,并自修改书出具之时,就受修改书的约束,除非受益人拒绝了修改书;(4)在其他银行根据其开立的信用证,办理了议付、付款之后,向这些银行偿付。开证行的权利是:(1)向开证申请人收取开证手续费和开证保证金;(2)对不符合信用证条款规定的单据,有权拒绝付款;(3)在受益人提交了符合信用证条款规定的单据情况下,若开证申请人未交或者未交足开证保证金却破产或进入破产程序,则开证行在向受益人付款后,有权处理该信用证项下的单据,以补偿自己对受益人的付款。

(四)通知行(advising bank)

通知行是指受开证行的委托将信用证通知受益人的银行。通知行是受益人所在地的银行。其责任是:(1)验核信用证的真实性并及时澄清疑点;(2)及时向受益人通知或转递信用证。如通知行不能确定信用证的表面真实性,即无法核对信用证的签署或密押,则应毫不延误地告知从其收到指示的银行,说明其不能确定信用证的真实性。如通知行仍决定通知该信用证,则必须告知受益人它不能核对信用证的真实性;(3)若决定不通知信用证,则必须毫不延误地将该决定告知开证行。通知行的权利是:(1)向受益人收取通知费,(2)在开证行在信用证或其面函中要求通知行对信用证加具保兑时,可根据自己的考虑,决定是否接受该项要求,并将决定告知开证行。

(五)保兑行(confirming bank)

UCP600 第 2 条规定:"保兑行指根据开证行的授权或要求对信用证加具保兑的银行。""保兑指保兑行在开证行承诺之外做出的承付或议付相符交单的确定承诺。"未接受开证行对其开立的信用证加具保兑请求的银行,不能称为保兑行。保兑行的权利是:(1)向开证行收取保兑费;(2)决定是否将自己的保兑责任扩展到开证行出具的修改书的条款,但必须把自己的决定通知开证行和受益人;(3)审查受益人提交的单据是否符合信用证的要求;(4)在单据符合信用证规定、并向受益人支付了款项后,有权向开证行要求偿付所付款项以及有关的利息。保兑行的主要责任是:(1)接受受益人提交的符合信用证条款规定单据,并向受益人终局性地支付信用证所承诺的款项;(2)通过通知行向受益人传递信用证修改书,若在通知修改书时,未特别声明其保兑责任仅限于信用证原条款范围,则表明其保兑责任已延展到所通知的修改书条款。

(六)议付行(negotiating bank)

议付银行是指根据开证行的授权买入或贴现受益人提交的符合信用证规定的汇票及/或单据的银行。议付行的责任是:(1)按照信用证条款的规定,审查受益人提交的全套单据;(2)在确认受益人提交的单据符合信用证条款规定后,向受益人办理议付;(3)在办理议付后,向开证行、保兑行、信用证指定的银行寄单索偿。其权利是:(1)向受益人收取议付费;(2)如果开证行发现单据不符信用证要求的情况存在,拒绝偿付,则议付行向受益人行使追索权。

(七)付款行(paying bank)

付款银行是开证行授权进行信用证项下付款或承兑并支付受益人出具的汇票的银行。通常,付款银行就是开证行,也可以是开证行指定的另一家银行。如果开证行资信不佳,付款行有权拒绝代为付款。但是,付款行一旦付款,即不得向受益人追索,而只能向开证行索偿。

(八)偿付行(reimbursing bank)

偿付行是开证行指定的对议付行或付款行、承兑行进行偿付的代理人。为了方便结算,开证行有时委托另一家有账户关系的银行代其向议付行、付款行或承兑行偿付,偿付行偿付后再向开证行索偿,偿付行的费用以及利息损失一般由开证行承担。偿付行不接受和审查单据,因此如事后开证行发现单证不符,只能向索偿行追索而不能向偿付行追索。如果偿付行没有对索偿行履行付款义务,开证行有责任向索偿行支付索偿行向受益人支付的款项及有关的利息。

(九)承兑行(accepting bank)

远期信用证如要求受益人出具远期汇票的,会指定一家银行作为受票行,由它对远期汇票做出承兑,这就是承兑行。如果承兑行不是开证行,承兑后又最后不能履行付款,开证行应负最后付款的责任。若单证相符,而承兑行不承兑汇票,开证行可指示受益人另开具以开证行为受票人的远期汇票,由开证承兑并到期付款。承兑行付款后向开证行要求偿付。

偿付授权书
REIMBURSEMENT AUTHORIZATION ON LETTER OF CREDIT

To: Reimbursement Unit　　　　Date:＿＿

　　　　　　　　　　　　　letter of credit No.＿＿

　　　　　　　　　　　　　For$ ＿＿Valid until＿＿

Gentlemen:

We have advised the above sight/usance through＿＿ designating you as the reimbursing bank.

Please honour reimbursement requestes by debiting our account with you as follows:

(　)All charges are for our account.

(　)All charges are for beneficiary's account.

(　)Accept drafts at ＿＿ days after date/sight.

Acceptance commission and discount charges (if any) are for our/beneficiary's account.

(　)Special instructions

Yours very truly＿＿＿＿

三、信用证的开证形式与主要内容

(一)信用证的开证形式

根据信用证开立方式不同,可将信用证分为信开信用证和电开信用证。

1. 信开信用证

信开信用证就是开证行缮制成信函格式、并通过邮寄方式送达通知行的信用证。信开信用证是开证的通常形式。信用证的英文名称为"Letter of credit",因为信用证初创时是采用信函形式开立的。信开信用证一般是开立正本一份,副本数份,其中正本和一份副本以邮寄方式寄给通知行,经通知行审证后,其中正本交付给受益人,供其办理随后各项手续所用,副本供通知行存档备查。另一份副本交申请人供其核对,以便发现有与开证申请书不符或其他问题时,可及时修改。

2. 电开信用证

电开信用证就是用电讯方式开立和通知的信用证,电开信用证所用电讯方法一般可以是电报、电传或SWIFT方式。通知行收到电开信用证,需复制一份作为副本存档备查。电开信用证可分为简电开本和全电开本。

(1)简电开立信用证(brief cable)。即将信用证金额、有效期等主要内容用电文预先通知出口商,目的是使出口商早日备货。

传统的电开信用证发出后,开证行往往还通过通知行,向受益人发出一份"电报证实书"(cable confirmation),供受益人核对原先的简电开证。通知行应在收到的电报证实书上显眼处加盖"电报证实书"的印戳,提醒受益人不能将电报证实书错当又一份信用证,而重复出运货物。

由于通信技术的发展和电信费用的降低,一般电开本信用证记载的内容也日趋完整全面,因此,UCP600第11条a款规定:"以经证实的电信方式发出的信用证或信用证修改即被视为有效的信用证或修改文据,任何后续的邮寄确认书应被不予理会。如电讯声明'详情后告'(若类似用语)或声明以邮寄确认书为有效的信用证或修改,则该电讯不被视为有效的信用证或修改。开证行必须随即不迟延地开立有效的信用证或修改,其条款不得与该电讯矛盾。"

(2)全电开立信用证(full cable)。是开证行以电文形式开出的内容完整的信用证。开证行一般会在电文中注明"This is an operative instrument no airmail confirmation to follow."后面不注有"随寄证实书"字样。这样的信用证有效,可以凭以交单议付。由于电讯技术的发展,特别是各国从事国际结算的中等以上的商业银行基本上都参加了SWIFT,全电开证已经成为普遍使用的方式,具体如表5—1所示。

表5—1　　　　　　　　　MT700 Issue of a Documentary Credit

M/O 项目类型	Tag 代号	Field Name 栏位名称	Content/Options 内容
M	27	Sequence of Total 合计次序	信用证的页次
M	40A	Form of Documentary Credit 跟单信用证类别	信用证的类型
M	20	Documentary Credit Number 信用证号码	开证行编制的流水号
O	23	Reference to Pre-Advice 预通知的编号	预先通知号码
O	31C	Date of Issue 开证日期	信用证开立的日期
M	31D	Date and Place of Expiry 到期日及地点	信用证规定的最迟提交单据的日期和地点
O	51a	Applicant Bank 申请人的银行	开立信用证的银行的名称和代码
M	50	Applicant 申请人	一般为进口商的名称和地址
M	59	Beneficiary 受益人	一般为出口商的名称和地址
M	32B	Currency Code, Amount 币别代号、金额	开证行承担付款责任的最高限额和币种
O	39A	Percentage Credit Amount Tolerance 信用证金额加减百分比	信用证金额上下浮动允许的最大范围,该项目的表达方法较为特殊,数值表示百分比的数值,如:5/5,表示上下浮动最大为5%
O	39B	Maximum Credit Amount 最高信用证金额	信用证最大限制金额
O	39C	Additional Amounts Covered 可附加金额	额外金额,表示信用证所涉及的保险费、利息、运费等金额。
M	41A	Available With…By… 向…银行押汇,押汇方式为…	指定的有关银行及信用证总付的方式
O	42C	Drafts at… 汇票期限	汇票付款日期,必须与42A同时出现
O	42A	Drawee 付款人	汇票付款人名称,必须与42C同时出现。
O	42M	Mixed Payment Details 混合付款指示	混合付款条款

续表

M/O 项目类型	Tag 代号	Field Name 栏位名称	Content/Options 内容
O	42P	Deferred Payment Details 延迟付款指示	迟期付款条款
O	43P	Partial Shipments 分批装运	表示该信用证的货物是否可以分批装运
O	43T	Transshipment 转运	表示该信用证是直接到达,还是通过转运到达
O	44A	Loading on Board/Dispatch/Taking in Change at/from… 由…装船/发运/接管地点	装船、发运和接收监管的地点
O	44B	For Transportation to… 装运至…	货物发运的最终地
O	44C	Latest Date of Shipment 最后装运日	装船的最迟的日期,44C 与 44D 不能同时出现
O	44D	Shipment Period 装运期间	船期
O	45A	Description of Goods and/or Services 货物描述及/或交易条件	(货物描述)货物的情况、价格条款
O	46A	Documents Required 应具备单据	各种单据的要求
O	47A	Additional Conditions 附加条件	特别条款
O	71B	Charges 费用	表明费用是否由受益人(出口商)出,如果没有这一条,表示除了议付费、转让费以外,其他各种费用由开信用证的申请人(进口商)支付
O	48	Period for Presentation 交单期限	信用证项下全套单据必须提交的期限
M	49	Confirmation Instructions 保兑指示	开证行是否要求保兑的指示
O	53A	Reimbursement Bank 清算银行	偿付行
O	78	Instructions to the Paying/Accepting/Negotiation Bank 对付款/承兑/议付银行之指示	开证行对付款行、承兑行、议付行的指示
O	57A	"Advise Through" Bank 通知银行	通知行
O	72	Sender to Receiver Information 银行间的通知	附言

(二)信用证的主要内容

信用证上记载的事项必须明确、完整,否则会导致当事人之间的纠纷。现在各开证行的开证格式,基本参照"最新标准跟单信用证格式"。

信用证内容主要包括:

(1)开证行名称。

(2)信用证类型。UCP600 第 7 条规定,从 2007 年 7 月 1 日 UCP600 实施起,从形式上讲,不能再有可撤销信用证。

(3)开证行的信用证编号。凡随后有关该信用证的文件、单据等,都应加注信用证的号码,以便于查对和办理相关手续。

(4)开证地点和日期。开证地点是指开证行所在地;开证日期是指信用证开立的日期。

(5)有效日期和地点。①有效日期。即受益人提交单据的最后期限,超过这一期限开证行就不再承担付款责任,也称为到期日,所有信用证都应规定到期日。信用证若未规定其有效期限,则该信用证无效。此外,信用证还应规定最迟装运日和最迟交单。若信用证中未规定最迟交单日,可默认为装运(以运输单据签发日为凭)后 21 天内交单,但必须是在信用证有效期内。国际商会认为,一份信用证规定的最迟装运日期到信用证有效到期日之间的天数,正好是该信用证规定的最迟交单期,则该信用证是好的信用证。②有效地点。即交单地点,也称到期地,它是单据必须在到期日或之前进行提示的地点。一般为开证行指定的银行所在地。最好是出口地银行,以便受益人掌握交单取款的时间。如果有效地点是开证行,受益人应考虑能否接受该规定,因为受益人必须在到期日前,使单据到达开证行,但受益人很难控制单据的邮寄时间,也就有可能造成信用证过期失效。

(6)申请人。申请人的名称和地址。

(7)受益人。可使用信用证出口商品并提交相关单据、向开证行要求付款的当事人的名称和地址。

(8)通知行。此处填写将信用证通知给受益人的银行名称和地址,参考编号下面不应填写任何其他内容(此处仅供通知行使用)。

(9)金额。包括货币名称和具体金额。金额应分别有大写和小写表示,在整数大写金额后面,要加"only",以防涂改。货币名称使用标准化国际三字符代码,如 USD、GBP、JPY 等。若金额前有 About、Approximately、Circa 等词语,表示允许有 10%的增减幅度。

(10)指定银行及信用证的可用性。信用证在此处要表明指定银行及其可用性的细节。①指定银行。指定银行可以是保兑行、付款行、承兑行或议付行。②信用证类型。信用证类型是按信用证的使用方式即受益人兑现信用证的方式划分的。所有的信用证必须清楚地表明,该证适用于即期付款、延期付款、承兑或议付的其中一种。方法是在所选中项目的小方格加注"×"来表示。③受益人的汇票。如果信用证的条款明确要求出具汇票,在此小方格标上"×",同时表明汇票的受票人和汇票的到期日。有一点非常重要,即汇票的受票人不应是开证申请人。

(11)分批装运。可以在允许或不允许的方格内标上"×",以表明申请人对受益人装运货物时的要求。

(12)转运。UCP600 第 19 条"涵盖至少两种不同运输方式的运输单据"的 b 款规定:"转运指在从信用证规定的发送、接管或发运地点至最终目的地的运输过程中,从某一运输工具上卸下货物,并装上另一运输工具的行为(无论其是否为不同的运输方式)。"c 款规定:"ⅰ. 运输单据可以表明货物将要或可能被转运,只要全程运输由同一运输单据涵盖;ⅱ. 即使信用证禁止转运,注明将要或者可能发生转运的运输单据仍可接受。"UCP600 第 23 条 b、c 款和第二十四条 d、e 款也分别对空运单据和公路、铁路或内河水运单据有相同意思的条款。

UCP600 从第 19 条到第 27 条用了大量的篇幅规定了各种运输单据及对运输单据内容的处理规范。特别应注意有关转运和分期装运的定义及其应用的条文。

(13)买方投保。仅在信用证不要求提交保险单据,而且申请人表示他已经或将要为货物投保时,方可在此方格内标上"×"。根据国际商会的《2000 年国际贸易术语解释通则》的解释,在交易采用海洋运输方式时双方选择 FAS、FOB 或 CFR 价格,或采用其他运输方式时双方选择 EXW、FCA 或 CPT 价格情况下,都应该由进口商自行办理货物运输的投保手续。在这些情况下,信用证的这一栏目中,就应该在方格内标上"X"。

(14)信用证中的装运条款通常是:

(From)…

运至(For Transportation to)…

不得迟于(Not Later than)…

起运地指发货人将货物交给承运人或其代理人的地方。当货物从一个内陆国家运出或起运地为内陆时,及货物采用联合运输、空运、陆运和邮包形式运送时,起运地不应规定一个海港装运,而要根据 UCP600 的条款处理。目的地必须清楚、避免缩写、避免模糊用语。要求起运地和目的地必须使用全称,因为不是每个人都知道"P. R. C.(中国)"的概念。也不能使用诸如 main ports、west European ports 等表达不具体的港口。"Not later than"的意思是"on or before",即包括所指定的日期在内;若信用证用"from"、"before"或"after",按 UCP600 第 3 条的解释,分别表示"从……开始"、"在……之前"或"在……之……后",则都不包括所提到的日期。而根据 UCP600 第 3 条的解释,"to"、"until"、"till"、"from"及"between"等词语用于确定发运日期时包含所提及的日期;"on or about"或类似用语则应视为规定的事件发生在指定日期的前后五个日历日之间,起讫日期计算在内。

对于实际装运日期的认定,UCP600 第 19 条 a 款第 2 项规定"运输单据的出具日期将被视为发运、接管或装船的日期";UCP600 第 20 条 a 款第 2 项也规定"提单的出具日期将被视为发运日期";随后的第 21 条关于不可转让的海运单、第 22 条的关于租船合同提单、第 23 条关于空运单据、第 24 条关于公路、铁路或内陆水运单据和第 25 条关于快递收据、邮政收据或投邮证明,都有相应的规定:相关的单据签发日期将被视为发运日期。

(15)~(21)中间空白处。用来填写信用证要求受益人提交的各种单据的具体内容。

(15)货物描述。①货物描述应尽可能地简洁明了,货物描述不应罗列过多细节。应避免在信用证中所要求的单据无法获得,或规定的细节不能在一种或几种单据中实现。②数量和价格。货物数量前面有 About、Approximately、Circa 或类似词语,则数量有 10% 增减幅度,如以重量、长度、容积作为数量,则有 5% 增减幅度。相关的贸易术语,例如:CIF Rotterdam,CFR New York,FOB Hamburg 应作为信用证条款和条件的一部分加以规定,且最好包括在货物描述中。

(16)规定的单据。信用证一般列明需要提交的单据,分别说明单据的名称、份数和具体要求(正本还是副本、出单人、有关内容等)。单据应按下述顺序列出:商业发票、运输单据、保险单据、其他单据,例如:产地证明书、分析证明书、装箱单、重量单等。

(17)商业发票。除非信用证另有规定,必须表面看来系由信用证指定的受益人出具,必须以申请人的名称为抬头,且无须签字;必须表明货物描述与信用证的描述相符。

(18)运输单据。UCP600 第 19 至第 27 条明确了对各种运输单据的要求,以及可接受或拒受何种运输单据的理由。

(19)保险单据。①保险单据种类。UCP600 第 28 条规定,保险单据,例如保险单或预约保险项下的保险证明书或者声明书,必须看似由保险公司或承保人或其代理人或代表出具并签署。如果保险单据表明其以多份正本出具,所有正本均须提交。从长期的业务中看,凡信用证要求提交保险单,受益人就不能以保险凭证替代;如果要求提交保险凭证,受益人则可以提交保险单或保险凭证两者中的任何一种。但暂保单将不被接受。保险金额,除非信用证另有规定,保险单据必须使用与信用证同样的货币,其最低投保金额是:货物的 CIF 价(成本、保险加和运费)或 CIP 价(运费和保险费付至指定目的地)之金额加 10%,但这仅限于能从单据表面确定 CIF 或 CIP 的价值的情况。否则,银行将接受的最低投保金额为信用证要求付款、承兑或议付金额的 110%,或发票金额的 110%,两者之中取金额较大者。申请人可有理由另行规定,例如,他可以希望:要求不同的最低百分比,确立一个固定的百分比,确立一个最低和最高的百分比。②险别。按照 UCP600 第 28 条,如果规定保险单据,信用证应规定所投保的险别及附加险。如果信用证使用诸如"通常险别"或"惯常险别"以及类似的不明确的用语,则无论是否有漏保的风险,保险单据将被照样接受。信用证规定"投保一切险"时,开证行就应知道,按 UCP600 第 36 条规定,银行将接受下列保险单据:含有任何"一切险"的批注或条文,无论是否带有"一切险"的标题,即使保险单据表明不包括某种险别,银行对于没有投保的任何险别概不负责。

(20)其他单据。对上述单据之外的其他单据的要求,如商品检验证书、产地证、装箱单、重量单、已装运通知等。

(21)特别条件。在实务中开证行使用特别条款说明与 UCP600 精神相悖的一些特别要求,信用证特别条款通常表示:银行费用由谁承担条款、有关装运的特别规定,如限制某国籍船只装运、装运船只不允许在某港口停靠或不允许采取某航线、佣金条款等。但这些条件应当是要求受益人提交相应单据或者在某特定单据上必须对这样特别条件有所说明。否则,这样的条款将被视为"非单据条款"而不被理会。

(22)交单期限。UCP600 第 6 条 d 款第 1 项规定:信用证必须规定一个交单的截止日。规定的承付或议付的截止日将被视为交单的截止日。UCP600 第 14 条 c 款规定:"如果单据中包含一份或多份受第 19、20、21、22、23、24 或 25 条规定的正本运输单据,则须由受益人或其代表在不迟于本惯例所指的发运日之后的 21 日历日内交单,但是在任何情况下都不得迟于信用证的截止日。"

(23)①通知指示(仅用于"致通知行的通知书")。"×"标注将放在三个小方格中的一个,表示通知行是否被要求在通知信用证时:[1]不要加上它的保兑;[2]加上它的保兑;[3]如受益人要求时,它被授权加上其保兑。UCP600 第 8 条 d 款规定:"如果开证行授权或要求另一银行对信用证加具保兑,而其并不准备照办,则其必须毫不延误地通知开证行,并可通知此信用证而不加保兑。"

②银行间的指示(仅用于"致通知行的通知书")。[1]开证行应在此处表明,依照 UCP600 第 13 条 a、b 及 c 款的规定,信用证所指定的付款、承兑或议付的银行为何处、如何及何时获得偿付,例如:a. 借记我行开设在你行的账户;b. 我行将贷记你行开设在我行的账户;c. 向××行索偿(开证行的代理行,即偿付行)。[2]如果付款、承兑或议付银行为另一家银行,索偿时,

应注意 UCP600 第 13 条的规定。

(24)页数。开证行必须注明所开出信用证的页数。

(25)签字开证行在"致通知行的通知书"和"致受益人的通知书"上都要签字。

在实务操作中,信用证大多是采取 Telex、SWIFT 等形式开具。Telex(电传)开具的信用证费用较高,手续繁琐,条款文句缺乏统一性,容易造成误解。SWIFT 信用证内容具有方便、迅速、安全、格式统一、条款明确的特点,而在实务中被广泛使用。

任务二　信用证的种类

在国际结算中信用证种类很多,从不同的角度可划分不同的种类。一份信用证可以具有多种信用证的特征。如一份信用证可以同时具备即期的、不可撤销的、加具保兑的、可转让的、可循环的特征。每一种信用证都是与进出口业务的实际需要紧密联系在一起的,在实际应用中注意选择适用。

一、按用途及是否随附物权单据,可分为光票信用证和跟单信用证

(一)光票信用证(cash/clean credit)

光票信用证是指不随附单据的信用证,其主要用于非贸易项下,随着国际结算方式的不断演变和发展,其功能已被旅行支票和信用卡取代,现在已经很少见到。光票信用证的主要内容是:申请人向银行申请开立信用证,并交受益人,受益人可在信用证有效期内,在信用证总额的范围内,一次或数次向指定银行凭汇票或支取收据支取现金。

(二)跟单信用证(documentary letter of credit)

跟单信用证是指在付款、承兑和议付时,需要随附商业发票、商品检验证书、产地证、装箱单、保险单(若交易双方以 CIF、CIP 等由出口方办理货物运输保险手续)、运输单据等商业单据,并视情况决定是否需要汇票的信用证。国际贸易结算中使用的信用证绝大多数是跟单信用证。跟单信用证的核心是单据,银行通过掌握物权单据来掌握货权,通过转移物权单据转移物权,根据单据提供贸易信贷,保证付款,促进国际贸易的发展。

二、按照是否可以撤销,可以分为可撤销信用证和不可撤销信用证

原来的《跟单信用证统一惯例》国际商会(第 500 号出版物)1993 年修订本,分可撤销信用证和不可撤销信用证。自 UCP600 起,所有跟单信用证均为不可撤销信用证,这充分体现了信用证保护受益人利益的原则。

不可撤销信用证(Irrevocable L/C)是指开证行一经开出、在有效期内未经受益人或议付行等有关当事人同意,不得随意修改或撤销的信用证;只要受益人按该证规定提供 有关单据,开证行(或其指定的银行)保证付清货款。凡使用这种信用证,必须在该证上注明"不可撤销"(Irrevocable)的字样,并载有开证行保证付款的文句。按《跟单信用证统一惯例》第 3 条 C 款的规定:"信用证是不可撤销的,即使信用证中对此未作指示也是如此。"

不可撤销信用证有如下特征:

1. 有开证行确定的付款承诺

对于不可撤销跟单信用证而言,在其规定的单据全部提交给指定银行或开证行,符合信用

证条款和条件时,即构成开证行按照信用证固定的时间付款的确定承诺。

开证行确定的付款承诺是:

(1)对即期付款的信用证——即期付款;

(2)对延期付款的信用证——按信用证规定所确定的到期日付款;

(3)对承兑信用证——a.凡由开证行承兑者,,承兑受益人出具的以开证行为付款人的汇票,并于到期日支付票款;b.凡由另一受票银行承兑者,如信用证内规定的受票银行对于以其为付款人的汇票不予承兑,应由开证行承兑并在到期日支付受益人出具的以开证行为付款人的汇票;或者,如受票银行对汇票已承兑,但到期日不付,则开证行应予支付;

(4)对议付信用证——根据受益人依照信用证出具的汇票及/或提交的单据向出票人或善意持票人履行付款,不得追索。

2. 具有不可撤销性

这是指自开立信用证之日起,开证行就受到其条款和承诺的约束。如遇要撤销或修改,在受益人向通知修改的银行表示接受该修改之前,原信用证的条款对受益人依然有效。

当然,在征得开证行、保兑行和信用证受益人同意的情况下,即使是不可撤销信用证也是可以撤销和修改的。

不可撤销信用证较好地体现了跟单信用证作为一项合同,其当事双方——开证行与受益人的平等地位,对受益人收取货款较有保障,在国际贸易中,当选择信用证结算方式时,普遍要求使用不可撤销信用证。

但要注意信用证业务的实践,确实有一些信用证在形式上是"不可撤销"的,但却包含了软条款,或使信用证生效受限,或使开证行不承担本应由其承担的信用证责任。对于信用证中所有的软条款,受益人都必须要求开证行删除或修改,以确认信用证的不可撤销性。

三、按信用证是否有另一银行加以保证兑付,可以分为保兑信用证和不保兑信用证

(一)保兑信用证(confirmed L/C)

保兑信用证是指开证行开出的信用证,由另一家银行保证对符合信用证条款规定的单据履行付款义务。换句话说,一份信用证上除了有开证银行确定的付款保证外,还有另一家银行确定的付款保证。这家参加保兑、承担保兑责任的银行称为保兑行,保兑行通常是通知行,但也可以是其他银行。

保兑信用证的产生,主要是由于受益人一般在对开证行的资信不够了解或不信任,或对进口国家的政治或经济形势有所顾虑,很可能提出保兑要求;另外,有的开证行,由于自身实力有限,担心自己所开出的信用证不被受益人接受或不易被其他行议付,可能主动要求另一家银行对该信用证加具保兑。被授权对信用证加具保兑的银行可以不保兑该信用证,但必须将自己的决定及时告知开证行。信用证经另一家银行保兑后,对出口方受益人而言,就取得了两家银行的付款保证。按UCP600第8条B款规定,信用证一经保兑,即构成保兑行在开证行以外的一项确定承诺。UCP600第8条a款规定,保兑行对信用证所负担的责任与信用证开证行所负担的责任相当。即当信用证所规定的单据提交到保兑行或任何一家指定银行时,在完全符合信用证规定的情况下则构成保兑行在开证行之外的确定承诺。保兑行在付款后,即使开证行倒闭或无理拒付,保兑行对受益人也没有追索权。UCP第8条c款规定:"其他指定银行承付或议付相符交单,并将单据转往保兑行之后,保兑行即承担偿付该指定银行的责任。无论

另一家被指定是否于到期日期前,已经对相符提示予以预付或者购买,对于承兑或延期付款信用证项下相符交单的金额的偿付在到期日办理。保兑行偿付另一家被指定银行的承诺独立于保兑行对于受益人的承诺。"

信用证加保兑的做法:

(1)开证行在给通知行的信用证通知书中授权另一家(通知行)在信用证上加保。如:

⊗Adding your confirmation

(2)通知行以加批注等方法列入信用证条款,以示该信用证具有保兑功能。

This credit is confirmed by us.

银行只能对不可撤销信用证加具自己的保兑。

保兑行有权决定是否将自己的保兑责任延展到信用证的修改书条款,并将自己的决定在传递修改书的同时,通知开证行和受益人。因此,受益人要注意保兑行的保兑责任是否延展到修改书的条款。

若保兑行是出口地银行,则受益人必须向保兑行交单;若保兑行不是出口地银行,则受益人在向出口地银行交单时应提请接受交单的银行,必须向保兑行寄单索偿或索汇,而不能绕开保兑行、径向开证行寄单索汇或索偿。

(二)不保兑信用证(unconfirmed L/C)

不保兑信用证,是指没有另外一家银行加以保证兑付的信用证,即仅有开证行承担付款责任。在国际上使用的信用证中绝大多数是不保兑信用证,因为只要开证行信誉好,付款是有保证的。加保兑只是非正常情况下的变通做法。

四、按照兑付方式的不同,可以分为即期付款信用证、延期付款信用证、承兑信用证和议付信用证

(一)即期付款信用证(sight payment credit)

即期付款信用证是指定一家银行凭受益人提交的单证相符的单据立即付款的信用证。这种信用证一般有"L/C is available by payment at sight"等类似词句,或者开证行在信用证上表明支付方式的栏目"by payment at sight"前的框格中打上"×"号。即期付款信用证的受益人将单据交给指定付款行,经审核单据相符付款。

由开证行充当付款银行的即期付款信用证被称为"直接付款信用证(Straight Credit)"。这种信用证所使用的货币通常是开证行所在国的货币。当信用证使用货币并非开证行所在国货币时,开证行就需要指定其本身在该货币结算中心的账户行作为被指定的付款银行。如果付款行不是开证行时,付款行在付款后寄单给开证行索偿或按规定方式索偿款项,该付款的银行也可称为代付行。即期付款信用证可以规定需要或不需要汇票。如需要提供汇票,则汇票付款人应是开证行或被指定的付款行。开证行验单后对受益人的付款是无追索权的。被指定的付款行凭受益人的汇票付款后,也没有追索权,但可以用快捷的办法向开证行索偿,且应于索偿同日起息。

即期付款信用证的业务程序在上一任务中已做详细介绍。

(二)延期付款信用证(deferred payment credit)

延期付款信用证是指开证行在信用证上规定货物装运后若干天付款或交单后若干天付款的信用证。这种信用证一般有"L/C is available by deferred payment at ××days after date of or sight …"等类似词句,或者开证行在信用证上表明支付方式的栏目"by deferred payment at …"前的框格内打上"×"号。

使用这种信用证是基于买卖双方签订的远期合同。延期付款信用证不要求受益人开立汇票。这是开证申请人为了避免承担其国内印花税的负担而提出的。但因此,受益人就不可能利用远期票据贴现市场的资金,如需资金只能自行垫款或向银行借款。由于银行贷款利息高于贴现利率,这种信用证的货物成交价要比银行承兑远期信用证方式的货价略有提高。

为了预防可能的被欺诈风险,未经开证行授权,在延期付款信用证项下,被指定银行不宜对受益人提供融资。而受益人则可通过要求开证行提供另一家银行(如在不由开证行担任付款行时的付款行或偿付行)对该延期付款信用证加具保兑,来降低风险。

(三)承兑信用证(acceptance credit)

承兑信用证是指规定出具远期汇票,受益人将远期跟单汇票提交给汇票付款行,经审单相符,该行在汇票上履行承兑行为,并在确定的到期日付款的信用证。开证行在信用证上表明支付方式的栏目"by acceptance of draft at …"前的框格内打上"×"号,就表明该信用证为承兑信用证。承兑信用证项下,受益人必须签发汇票,信用证应在随后条款中明确汇票的受票人和付款时间等内容,而受票人不能是开证申请人。

承兑信用证的特点是在承兑前,银行对受益人的权利与义务是以信用证为依据,承兑后单据与汇票脱离。承兑银行成为汇票的承兑人,按票据法的规定,应对出票人、背书人、持票人承担付款的责任。如果承兑行不是开证行,承兑行则单寄开证行索偿,说明汇票承兑及到期日,于到期日付款。如果受益人急需要资金,可以提前要求承兑行贴现取得货款,但要扣除贴现息。承兑信用证的开出往往是基于买卖双方的远期付款的合同。

在实务中,信用证所指定的付款行在承兑该信用证所要求的汇票后,并不将已承兑的汇票通过寄单行寄还出票的受益人,而是向受益人发出承兑通知书或承兑通知电,并自行保存汇票于承兑到期日付款,以避免已承兑汇票的寄送过程中可能发生的遗失等事故给最终付款造成困难。受益人收到承兑电或承兑书后,如欲加速资金周转,可以凭承兑电或承兑书向商业银行或贴现公司办理贴现,但相关的商业银行或贴现公司却无法利用这样的承兑电或承兑书办理再贴现。

(四)议付信用证(negotiable credit)

1. 议付的概念

UCP600第2条规定:"议付意指被指定银行在相符交单下,在其应偿付的银行工作日当日或之前,通过向受益人垫付或者同意垫付款项的方式,购买相符交单项下的汇票(其付款人为被指定银行之外的银行)及/或单据的行为。"开证行在信用证上表明支付方式的栏目"by negotiation"前的框格内打上"×"号,即表明该信用证为议付信用证。议付信用证项下,若开证申请人要规避其国内印花税的需求,则要求受益人不签发汇票。

议付信用证是指受益人在发运货物后可将跟单汇票或不带汇票的全套单据交给银行,请求其垫付票款的信用证。出口地银行经审单确认受益人已满足相符交单的要求,即可根据受益人的申请购买汇票、单据,垫款扣除从议付日到预计收款日的利息、议付费、单据邮寄及电讯等费用(若该信用证在此前也由议付行通知受益人,而暂未向受益人收取信用证通知费,则此时应一并收取)后将净款付给受益人,并背批信用证,然后按信用证规定单寄开证行,向开证行或偿付行索偿。银行这种付出对价的行为就是议付(negotiation),在我国俗称"出口押汇"。当开证行以确凿的理由说明受益人提交的单据存在不符点时,议付银行对受益人的议付有追索权。但如果保兑行议付,则对受益人无追索权。议付后,银行根据信用证规定寄出汇票、单据索偿。

2. 议付信用证的种类

(1)按是否限定由某一家被指定的银行议付,议付信用证可分为限制议付信用证和自由议付信用证。

①限制议付信用证(restricted negotiable L/C)是指只能由开证行在信用证中指定的银行进行议的信用证。限制议付信用证通常有如下类似文句:"This credit is restricted with ×××bank by negotiation"。产生限制议付信用证的原因可能是多方面的,其中最主要一点是开证行为了给自己在受益人所在国家的分支机构、联行或代理行带来业务收入。限制议付信用证使受益人丧失了自由选择议付行的权利,对受益人不利;不仅如此,若开证行指定的限制议付的银行远离受益人所在地,将给受益人带来了许多不便,增加了受益人的成本和费用,还可能延误交单。一家银行经常开立限制议付信用证,也可能导致未被其选择为议付行的代理行采取"投桃报李"的对待,结果将影响正常的与代理行的业务往来。因此,实务中,限制议付信用证使用有限。

②自由议付信用证(freely negotiable L/C)是指可以在任何银行议付的信用证,也被称为公开议付信用证(open negotiable L/C)。信用证中通常有如下文句:"This credit is available with any bank by negotiation"。根据自由议付信用证,受益人可持其相关单据那里就近向任何办理国际结算的商业银行提交,委托其办理结算。这对受益人很方便,因此,在贸易洽商时,若双方选择以议付信用证方式办理结算,出口商可要求进口商申请开立自由议付信用证。

(2)按议付行向受益人实际预付信用证规定款项的时间划分,根据 UCP600 第 2 条中对"议付"所下的定义,包括了"向受益人垫付或者同意垫付款项,购买相符交单项下的汇票及/或单据的行为"两种情况,则议付信用证可分为即期议付信用证和远期议付信用证。这是 UCP600 对 UCP500 相关规定的一项变动,UCP600 不再像 UCP500 那样强调"仅审核单据而未付给对价并不构成议付"。信用证的一般业务程序如图 5-1 所示。

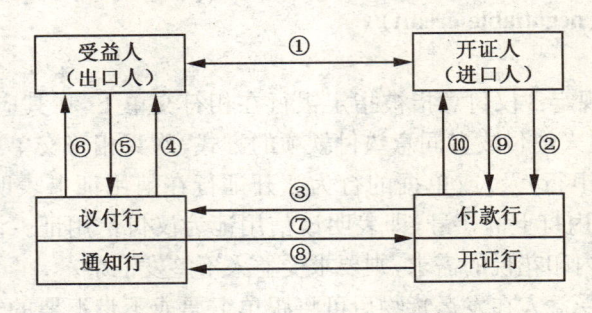

图 5-1 跟单议付信用证工作流程

说明:

①进口人(开证人)与出口人(受益人)订立买卖合同,规定以信用证方式支付货款。

②进口人向当地银行提出申请,填写开证申请书,交纳押金或提供其他担保,请开证行开证。

③开证行根据申请书内容,向出口人(受益人)开出信用证,并寄发给通知行请其通知受益人。

④通知行核对印鉴(或密押)无误后,将信用证通知受益人。

⑤出口人(受益人)审核信用证与合同相符后,按信用证规定装运货物,并背齐各项货运单据,开立汇票,在信用证有效期内送交当地银行(议付银行)请求议付。

⑥议付银行按信用证条款审核单据无误后,按照汇票金额扣除利息,把货款垫付给受益人(押汇)。

⑦议付行将汇票和货运单据寄开证行或其指定的付款行索偿。

⑧开证行或其指定的付款行核对单据无误后,付款给议付行。

⑨开证行通知开证人付款赎单,开证人验单无误后付清货款。

⑩开证行将货运单据送交进口人(开证人)。

五、根据受益人对信用证的权利是否可转让,可以分为可转让信用证和不可转让信用证

1. 可转让信用证(transferable L/C)

可转让信用证是指信用证的受益人(第一受益人)可以要求授权付款、承担延期付款责任、承兑或方针的银行(统称"转让行"),或当信用证是自由议付时,可以要求信用证中特别授权的转让行,将该信用证全部或部分转让给一个或数个受益人(第二受益人)使用的信用证。

在国际贸易实务中,可转让信用证的第一受益人通常是中间商,他们利用其国际交往关系向国外进口商出售商品,自己并非实际供货人。中间商与国外进口商成交后,将信用证转让给实际供货人办理装运交货,以便从中赚取差价利润。中间商要求国外进口商开立可转让信用证,是为了转让给实际供货人。但是,信用证的此类转让并不等于销售合同的转让,倘若信用证的受让人(即第二受益人)不能按时交货,或提交的单据有不符点,第一受益人仍应对销售合同规定的卖方义务负连带责任。

(1)UCP600 第 38 条对可转让信用证的规定。

①银行无办理信用证转让的义务,除非其明确同意。

②只在开证行在其开立的信用证中明确注明"可转让(transferable)"的信用证才能转让,类似文句有:"This Credit is Transferable 或 Transfer to be Allowed";可转让信用证可应受益人(第一受益人)的要求,通过银行办理转让,转为全部或部分由另一受益人(第二受益人)兑用。

③信用证中若使用诸如"Divisible""Fractionable""Assignable""Transmissible"等用语,并不能使信用证可转让,因此银行可不予理会。

④信用证通常只能转让一次,即由第一受益人转让给第二受益人;已转让信用证不得应第二受益人的要求转让给任何其后受益人。第一受益人不视为其后受益人。而且,只要信用证不禁止分批装运或分批支款,可转让信用证可以分为若干部分分别转让,这些转让的总和将被视为只构成信用证的一次转让。

⑤可转让信用证必须通过银行办理,而不能由第一受益人自行转让给第二受益人。应第一受益人要求办理可转让信用证转让手续的银行被称为转让行。开证行可以特别授权某银行

为办理信用证转让,也可以由自己担任转让行。既非开证行、也非保兑行的转让行没有对该信用证承担付款或议付责任。

⑥信用证只能按原证中规定的条款转让,但对于信用证金额、货物单价、信用证的到期日、最后交单日、装运期限这5项中的任何一项或全部均可以减少或提前;而对于必须投保的保险金额比例可以增加。此外,还可以用第一受益人名称代替原证中的开证申请人名称,但若原证中明确要求原申请人的名称应在除发票以外的单据上出现时,必须要求照办。

⑦若信用证允许部分支款或部分发运,该信用证可部分地转让给数名第二受益人;

⑧在信用证转让后,第一受益人有权以自己的发票替换第二受益人的发票,其金额不得超过信用证规定的原金额;若信用证规定了单价,应按原单价开具发票。经替换发票后第一受益人可以在信用证项支取其自己的发票与第二受益人之间的可能差价。第二受益人或代表第二受益人的交单必须交给转让行。

⑨如果第一受益人应提交其自己的发票和汇票(若有的话),但未能在第一次要求时照办,或第一受益人提交的发票导致了第二受益人的交单中本不存在的不符点,而其未能在第一次要求时修正,转让行有权将从第二受益人处收到的单据照交开证行,并不再对第一受益人承担责任

⑩除非另有约定,第一受益人必须承担转让信用证的有关各项费用;并且在第一受益人未付清这些费用之前,转让行没有办理转让的义务。

⑪可转让信用证转让给多个第二受益人之后,如有修改,则一个或多个第二受益人接受或拒绝对信用证的修改,不影响其他第二受益人拒绝或接受对信用证的修改;换言之,若某一已转让信用证有两个或多个第二受益人,则允许这些第二受益人对该信用证的修改持有不同的态度:接受或拒绝。

在实务中,可转让信用证上一定要加"THIRD PARTY DOCUMENTS ACCEPTABLE",这样受让人(第二受益人)的名称、地址就可以出现在单据里。如果受让人是国内的一家出口商,提单上也可以作为SHIPPER,在产地证上也可以作为SHIPPER,就可以办理产地证。

(2)可转让信用证业务流程。

可转让信用证业务处理中,涉及的当事人及业务流程相对复杂。基于转让行就是通知行或议付行、并且由转让行兼做第二受益人的通知行或议付行的情况下,可转让信用证的业务流程大致有下列几个环节:

①中间商分别与进口商和实际供货人签订贸易合同;

②进口商根据合同规定,申请开立可转让信用证;

③开证行开出可转让信用证;

④通知行将可转让信用证通知中间商(第一受益人);

⑤中间商(第一受益人)向转让行提出转让信用证;

⑥转让行将信用证转让并通知实际供货人(第二受益人);

⑦实际供货人(第二受益人)将货物出运后,备齐单据向议付行交单;

⑧议付行通知中间商(第一受益人)替换发票和汇票;

⑨中间商(第一受益人)替换发票和汇票要求议付;

⑩议付行向开证行交单索汇;

⑪开证行对单证审核无误后付款或偿付；
⑫开证行通知进口商付款赎单。

(二)不可转让信用证(non-transferable L/C)

不可转让信用证是指信用证项下的权利只能是受益人本人享有,不能以转让形式给他人使用。若受益人不能执行信用证条件,信用证只能作废。凡未注明"可转让(transferable)"字样的信用证都是不可转让信用证。

六、其他种类的信用证

(一)假远期信用证(Usance credit payable at sight)

假远期信用证是指在买卖双方商定以即期信用证付款的交易中,开证申请人出于某种需要,要求受益人开具远期汇票,但受益人可以即期收到足额款项,由开证申请人承担贴现利息和有关费用的信用证。因此,假远期信用证也被称为买方远期信用证(buyer's usance L/C)。判断一个信用证是否为假远期信用证,通常是根据信用证是否具有"远期信用证可即期议付"等内容的条款来确定,信用证中通常有以下类似内容的条款:

"Usance draft can be negotiated at sight, discount and acceptance fee will for account of the applicant";

"Usance draft can be negotiated at sight, interest will be bore by the buyer"; "Usance draft under this credit can be negotiated at sight";

"Draft at 180 days after sight … This credit must be negotiated at sight basis."。

1. 假远期信用证与普通远期信用证和即期信用证、远期信用证的区别

假远期信用证与普通远期信用证和即期信用证、远期信用证的区别有以下几点:

(1)假远期信用证项下的买卖合同规定的支付条件一般为即期信用证付款。远期信用证的买卖合同的支付条件则明确规定以远期信用证方式付款。

(2)假远期信用证和远期信用证均要求开立远期汇票,即期信用证则规定开立即期汇票或不使用汇票。

(3)假远期信用证规定汇票的贴现利息及承兑手续费等费用,概由开证申请人负担。远期信用证的远期汇票由于收汇而产生利息、贴现息等一般由受益人负担,即期信用证没有贴现利息等问题。

(4)假远期信用证和即期信用证能即期收汇,而远期信用证不能即期收汇。

(5)即期信用证项下,申请人即期付款赎单,远期信用证和假远期信用证项下,申请人在到期日付款。

2. 使用假远期信用证的原因

(1)一些国家的银行利息一般较商人之间的借贷利息为低,进口商使用假远期信用证,就是充分利用银行信用和较低的贴现息来融通资金,减轻费用负担,降低进口成本。

(2)一些国家由于外汇较紧张,外汇管理条例规定进口交易一律须远期付款。因此,银行只能对外开立远期信用证。在即期付款的交易中,进口商就采用远期信用证,而愿意承担贴现息、利息和费用的假远期做法。

3. 使用假远期信用证应注意的问题

(1)要审核来证中假远期条款。如来证明确规定开证银行负责即期付款或远期汇票可以

在国外贴现,所有贴现利息及费用均由开证申请人或开证银行负担的,一般可以接受。

(2)有的来证虽规定开证申请人负担利息及有关费用,但远期汇票不能贴现,待汇票到期一并收取本息,由于这种信用证实质是"远期加利息"而非"假远期",特别是利息率不明确的,应该慎重考虑。

(3)如来证仅规定受益人可以即期收汇而没有明确何方负担有关费用,应要求开证申请人明确责任后,再给予考虑。

(二)背对背信用证(back to back L/C)

背对背信用证又称对应信用证(counter L/C),是指是中间商收到进口方开来的、以其为受益人的原始信用证(original L/C,又称为主要信用证 master L/C)后,要求原通知行或其他银行以原始信用证为基础,另外开立一张内容相似的、以其为开证申请人、开给另一受益人的新的信用证。在国际贸易中,主要是在信用证不允许转让的情况下,或者实际供货人不接受买方国家银行信用证作为收款保障时,出口中间商凭以他为受益人的、国外开立的信用证作为抵押品,要求他的往来银行开立以实际供货人为受益人的信用证。例如,中国香港地区中间商收到了一出口孟加拉国的纺织面料的信用证,但真正的供货商在内地,于是,香港中间商以该孟加拉国的信用证作抵押,向香港某银行申请要求开立以自己为开证申请人、内地的供货商为受益人的信用证,新证的内容与孟加拉国的来证内容相似,该新证就是背对背信用证。

对应信用证与原始信用证相比较,所要求的商品是同样的,一般都要求使用中性包装,以便中间商做必要改装或再加工;若该商品属于易损商品,则数量上可能略多,以备若有损耗,可以满足原始信用证的要求。就两证本身比较,对应信用证金额和商品单价均应低于原始信用证,以便中间商有利可图;对应信用证有效期、最迟装运期和最迟交单期都应早于原始信用证,以便中间商的再加工和办理商品转口手续。

可转让信用证与背对背信用证的区别:

(1)可转让信用证是将以出口商为受益人的信用证全部或一部分转让给供货人,允许供货人使用。可转让信用证是一份信用证。而背对背信用证则与原证完全是两个独立的信用证,两者同时存在。

(2)可转让信用证的权利转让要以开证申请人及开证银行准许为前提;而背对背信用证的开立则与原证开证申请人及开证银行无关。可转让信用证的受让人,即第二受益人,与第一受益人居于同等地位,均可获得开证银行的付款保证;而背对背信用证的受益人不能获得原证开证行的付款保证,只能得到背对背信用证开证银行的付款保证。

(3)可使用可转让信用证的银行如果开出新证,不因信用证转让而改变该行的地位或增加其责任;而背对背信用证如果经通知行开立,则其地位即改变为背对背信用证的开证行。

(4)国际商会的 UCP600 第 38 条对可转让信用证的限制,对背对背信用证就起不了作用。背对背信用证一般用于由于某些限制而不能开立可转让信用证的情况,或者是用于当开证申请人不打算开立可转让信用证的情况。

(5)可转让信用证的转让条款内容受到原信用证的一定约束,而背对背信用证的条款可变动的幅度则大得多;

背对背信用证的开立、传递流程见图 5-2。

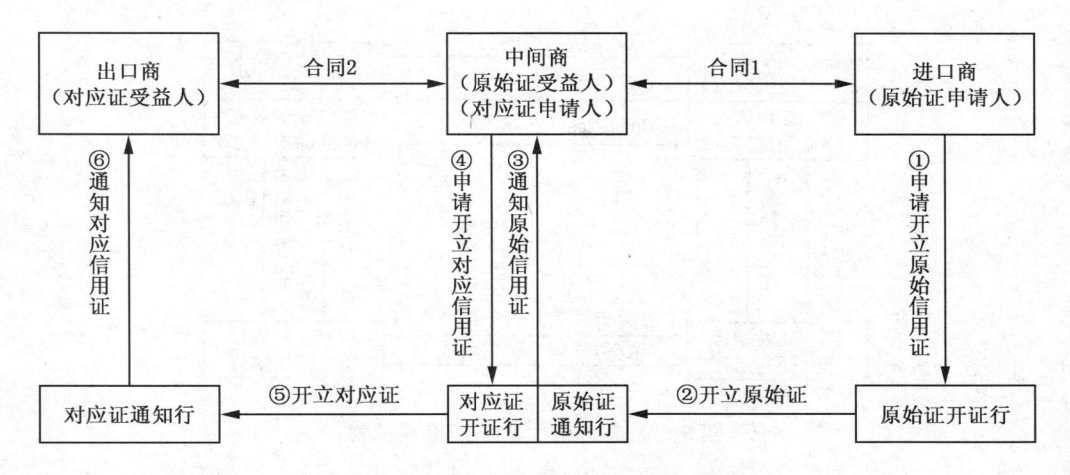

```
出口商 ←合同2→ 中间商           ←合同1→ 进口商
(对应证受益人)   (原始证受益人)              (原始证申请人)
                (对应证申请人)
   ↑              ↑  ↓                      ↓
   ⑥通知对应信用证  ④申请开立对应信用证        ①申请开立原始信用证
                   ③通知原始信用证
   │              │                         │
对应证通知行 ←⑤开立对应证← 对应证开证行 │ 原始证通知行 ←②开立原始证← 原始证开证行
```

图5—2 背对背信用证的开立、传递流程

(三) 对开信用证(reciprocal L/C)

对开信用证是指两张信用证的开证申请人互以对方为受益人而开立的信用证。开立这种信用证是为了达到贸易平衡,以防止对方只出不进或只进不出。第一张信用证的受益人就是第二张信用证(也称回头证)的开证申请人;同时,第一张信用证的开证申请人就是回头证的受益人。其信用证的通知行也往往就是回头证的开证行。

这种信用证一般用于来料加工、补偿贸易和易货交易。当对开信用证用于易货贸易时,两张信用证的金额相等或大体相等,而且两证的种类一样,两份信用证的有效期、最迟装运期和最迟交单期一样或相近,以督促双方同时或在相近时间内出运货物和向银行交单,通过相互对抵,完成结算。若对开信用证用于加工贸易,则两证金额必然有一定的差距,这差距就是受委托加工方的加工费的毛收入。两证要求规定对方受益人出运商品的最迟装运期和交单期必然有先有后,而信用证本身又要同时到期,以便对抵后由委托方向加工方支付加工费——即两份信用证金额的差额,因此,这两份信用证规定的期限种类必然不同,如加工方通过银行向委托方开出的是远期信用证,而委托方开出的则是即期信用证。对开信用证两证可同时互开,也可先后开立。

对开信用证的生效方法是:①两张信用证同时生效。第一证先开出暂不生效,俟对方开来回头证,经受益人接受后,通知对方银行,两证同时生效。②两张信用证分别生效。第一证开立后立即生效,回头证以后另开,或第一证的受益人,在交单议付时,附有一份担保书,保证在若干时间内开出以第一证开证申请人为受益人的回头证。分别生效的对开信用证只有在易货双方互相信任的情况下才会开立,否则先开证的一方要承担对方不开证的风险。对开信用证的流程见图5—3。

对开信用证与背对背信用证有某些类似之处:各有两份信用证,其中,某一份信用证的受益人又是另一份信用证的开证申请人。但两者区别也是显而易见的:

(1)贸易背景不同。背对背信用证通常在中间商参与的转口贸易下使用;而对开信用证通常在易货贸易或者加工贸易中使用,并且一般不存在中间商的参与,是进出口双方的直接贸易。

(2)信用证中货物的名称不同。背对背信用证中,前后两个信用证的货物名称相同,只是

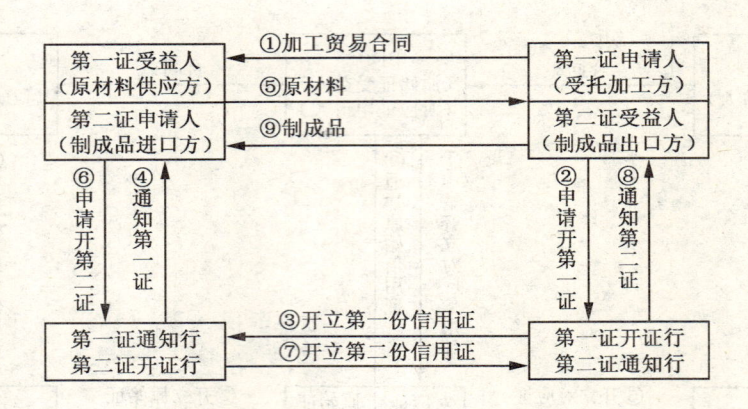

图 5—3 对开信用证开立、传递流程

装运期、有效期等与货物本身无关的条款,以及货物的单价、总价格等不同;而对开信用证前后两个信用证的货物不同;

(3)信用证生效的要求不同。背对背信用证,前后两个信用证的生效时间是确定的,只要开立信用证,就已生效,而对开信用证的生效时间是不确定的,开立了信用证,未必一定生效,需要根据信用证的条款规定来判断生效时间。换言之,背对背信用证是彼此相关、但又互相独立的两份信用证,而对开信用证则是彼此互相依存的两份信用证。

(4)对开的两份信用证申请人分别就对方申请开立的信用证的受益人,而背对背信用证只有中间商才既是原始信用证的受益人,又是对应信用证的申请人,最初的出口商和最终的进口商则分别只是对应信用证的受益人和原始信用证的申请人。

(四)循环信用证(revolving L/C)

循环信用证是指信用证的全部或部分金额使用后,仍可恢复原金额继续多次使用的信用证。国际贸易中买卖双方订立长期合同,分批交货,进口商为节省开证费用和减少手续,常利用循环信用证方式结算。它对出口商来说,也可以减少逐笔催证和审证手续,保证收回全部货款。循环信用证的特点是:信用证被出口商全部或部分利用后,能够重新恢复原信用证的金额而即可再使用,周而复始,一直到规定的循环次数或规定的总金额达到为止。

循环信用证有按时间循环和按金额循环两种。

按时间循环的信用证是受益人在一定时间内(如一个月)可支取信用证规定的金额,支取后在下次的一定时间内仍可再次支取。

按金额循环的信用证是受益人在一定的金额使用完毕后,仍可在信用证规定的条件下,恢复支取一定的金额。

此外,循环信用证还可分为积累循环信用证和非积累循环信用。即上次未用完的余额可以移至下次合并使用的信用证为积累循环信用证(cumulative revolving L/C);上次余额不能移至下次合并使用的信用证为非积累循环信用证(non-cumulative revolving L/C)。其具体的循环方式有三种:

(1)自动循环使用。出口商可按月(或按一定时期)支取一定金额,不必等待开证行的通知,信用证就可在每次支款后自动恢复到原金额。

(2)非自动循环使用。出口商每次支取货款后,必须等待开证行的通知,才能使信用证恢复到原金额,再加以利用。

(3)半自动式循环使用。出口商每一次支取货款后,经过若干天,如果开证行未提出不能恢复原金额的通知,信用证即自动恢复原金额。

(五)预支信用证(anticipatory credit)

预支信用证允许出口商在装货交单前可以支取部分或全部货款。由于预支款是出口商收购及包装货物所用,预支信用证又叫打包放款信用证(packing L/C)。申请开立预支信用证的进口商往往需要开证行在信用证中加列预支条款。根据允许预支货款的条件的不同,部分预支信用证可分为红条款信用证(red clause L/C)和绿条款信用证。其有关允许受益人预支信用证部分金额的条款分别以红色或绿色书写或打印,使之更醒目。红条款信用证提供预支款项的方式可以是以货款垫付或以议付方式预先购买受益人的单据。待受益人向垫款的银行提交信用证规定的单据时,垫款的银行可从正式议付金额中扣回原先垫款及垫款期间的利息,将所余的净额付给受益人。若受益人届时不能向垫款的银行提交信用证规定的单据,垫款的银行可向开证银行追索垫付的款项。绿条款信用证要求受益人在货物装运前以提供预支款项的银行的名义,将货物存入仓库,并将存仓单据交给垫款银行,以支取预支款项。银行则凭受益人开立的汇票(或收据)及货物存仓单,向受益人垫款。若受益人届时不能向垫款的银行交单,则银行可以通过处理上述的存仓单,收回所垫付的款项。

银行按信用证规定应受益人请求预支款项后,往往要求受益人把正本信用证交出,以控制受益人向该行交单。如果受益人预支了款项却未发货交单,预支行可以要求开证行偿付。开证行偿付后再向开证申请人追索。由于有这种风险,进口商只有对出口商资信十分了解或在出口商是可靠、稳定的贸易伙伴时,才会向开证行提出开立预支信用证的要求。

任务三　信用证主要条款及软条款的审核

一、信用证主要条款的审核方法

(一)开证银行

开证行的政治背景、资信状况、印鉴、密押是否相符,索汇路线是否正确,是否符合支付协定,是否要加具保兑或由偿付银行确认偿付。

(二)信用证的类型

不论是即期、远期、保兑、可转让、循环或备用的信用证,都应该有"Irrevocable"字样。根据 UCP600 的规定,若信用证没有明示是否可撤销,应理解为不可撤销。当合同规定开出的是保兑信用证或可转让信用证时,应检查信用证内是否有注明"Confirmed"字样或"Transferable"字样。

(三)开证人

一般情况下,开证人是订立货物买卖合同的买方,也可能是买方的客户或买方委托的开证人。

(四)受益人

受益人应是订立货物买卖合同的卖方。受益人审证时应以合同为依据,逐字查核受益人的名称和地址是否存在差错。

(五)币别和币值

来证的币别和币值原则上应与合同的币别和币值相符。如用其他货币开证,应按汇率折算,看是否与合同金额相符,若不符,则要改证;如来证的币值因含折扣或佣金而与合同不一致,应核算来证的净值是否与合同的净值一致;如来证规定数量增减,应注意来证的币值也应该有相同比例的增减。

(六)有效期和地点

来证应规定有效期,到期地点应在我国国内。根据 UCP600 的规定,若信用证没有规定有效期,则视为无效信用证。如来证规定的有效期的最后 1 天适逢接受单据银行因不可抗力以外的原因而停止营业,该期限可顺延至下一个营业日。

(七)汇票条款

若信用证为即期付款,其汇票条款一般为"Credit available by your draft(s)at sight for 100 percent of Invoice value drawn on⋯⋯"。

若信用证为远期付款,要分清是真远期还是假远期。真远期的汇票条款一般为"Available by your draft(s)at 30 days sight drawn on the issuing bank for 100% of Invoice value"。假远期信用证的一般条款为"The negotiating bank in authorized to negotiate the usance drafts on sight basis;discount charges, acceptance commission are for buyer's account"。

在信用证支付方式中,作为资金单据的汇票付款人应是银行,而不应是开证申请人。

(八)分批装运及转运

根据 UCP600 第 31 条 b 款的规定:运输单据表明货物是使用同一运输工具并经同次航程运输的,即使每套运输单据注明的发运日期不同或装运港、接管地、发货地不同,只要运输单据注明的目的地相同,也不视为分批装运。同时规定,如果交单由数套运输单据构成,其中最晚的一个发运日将被视为发运日。

根据 UCP600 的规定,除非信用证另有规定,允许分批装运和转船。

根据 UCP600 第 32 条的规定,除非信用证特别授权,如信用证规定在指定时期内分期支款或分期发运,其中任何一期未按信用证规定的期限支取或发运时,则信用证对该期和以后各期均告失效。

如来证不准分批,又没有数量增减条款,则实际装运数量不得少装。但 UCP600 第 30 条 b 款规定:在信用证未以包装单位件数或货物自身件数的方式规定货物数量时,货物数量允许有 5% 的增减幅度,只要总支取金额不超过信用证金额。

来证不准转运的,要确定能否取得直达提单,否则必须改证。

来证规定在某个港口转船,或指定由某个船公司接转,或指定在某港转装集装箱的,收证后都要核实能否按来证要求办理,避免额外的费用(如 ORC、THC)大量增加。

(九)装运港和目的港

来证规定海运的起运港可以为中国港口(Chinese ports)或当地的港口,甚至可以为亚洲口岸(Asian ports),但不能是一个内陆城市,如乌鲁木齐、拉萨或北京等。

来证笼统规定目的港为欧洲主要口岸,只需按合同或买方通知的港口发货即可,不必改证。

(十)装运期

信用证的装运期一般应规定为最迟(latest)某月某日。根据惯例,如来证没有规定装运期,可理解为双到期。但 UCP600 第 29 条 c 款规定:最迟发运日不因信用证的截止日或最迟交单日适逢接受交单的银行因节假日等原因歇业顺延而跟着顺延。

(十一)货物描述

来证的品名、货号、规格、包装和合同号码等必须与合同一致。来证所列单价和数量应与合同一致。

(十二)单据要求

1. 商业发票(commercial invoice)

来证要求出具两份不同买主名称的商业发票时,应要求改证。

2. 装箱单(packing list)

来证要求提供中性包装单(Neutral Packing List),只需装箱单上不显示受益人名称和地址即可,不必改证。

3. 提单(bill of lading,B/L)

以 FOB 交易,提单应注明 FREIGHT COLLECT,如来证误开为 FREIGHT PREPAID,应要求改证。来证要求提单上列出集装箱号和铅封号,则必须以集装箱船装运并在提单上列出集装箱号和铅封号。

4. 保险单(insurance policy)

来证要求保险单中的保险条款、险别、保险加成、保险人和理赔人等方面内容应与合同一致。除非信用证另有规定,保险单据必须以与信用证相同的货币开立。

保险公司一般可承保加成到 30%,如来证规定加成高于 30% 且不是投保关税险,则要取得保险公司同意,否则应该改证。

5. 产地证(certificate of origin)

来证指定由出入境检验检疫局或贸促会出具产地证均可以接受,但要求上述两家机构互相加具证明的则不能接受。

6. 普惠制产地证格式 A(generalized system of preferences certificate of origin form A,GSP)

出入境检验检疫局是我国签发普惠制产地证的唯一机构,来证指定由其他机构如贸促会签发普惠制产地证,应要求改证。

7. 品质证(certificate of quality)和检验证(inspection certificate)

来证要求由贸促会出证,应要求改证。

8. 受益人证明书(beneficiary's certificate)

受益人证明书主要有寄单证明、电抄本和履约证明等。来证要求出具的受益人证明书应是受益人实际已完成或受益人力所能及的任务的证明。

9. 装船通知(advice of shipment)

来证规定在装运前若干天发装船通知并且要列明装运日期,应要求改证,改为装运后发电(immediately after shipment)。

10. 海关发票(customs invoice)

如来证指定某种格式或编号的海关发票,应核查能否提供,否则应改证。

(十三)交单期限

来证一般应规定装运后的交单期限,如来证没有要求,根据 UCP600 第 14 条 c 款的规定,受益人或其代表须在不迟于本惯例所指的发运日之后的 21 个日历日内交单,但是在任何情况下都不得迟于信用证规定的截止日。

(十四)跟单信用证统一惯例文句

来证一般规定依照惯例声明,例如:"This credit is subject to the Uniform Customs and Practice for Documentary Credit(2007 Revision), International Chamber of Commerce, Publication No. 600."本信用证是根据国际商会 600 号出版物(2007 年修订版)"跟单信用证统一惯例"而开出的。

对于 SWIFT 信用证,可以省略依照惯例的声明。

二、信用证软条款的审核方法

(1)不是有效的信用证文件或信用证中包括有条件生效的条款。如信用证中有"详情后告""随寄证实书""待获得有关当局签发的进口许可证后才能生效"或"待收到货样或函电确认后生效"等。

(2)做到信用证项下的相符交单取决于开证申请人行为的条款。如信用证只有在收到进口许可证方能生效,而这种生效还需经开证申请人的授权;发货需等申请人通知,申请人的通知作为结汇单据之一;运输工具和启运港或目的港需申请人确认,确认文件作为结汇单据之一;客检证书;保险声明书的确认件作为议付单据之一等。

(3)信用证中对银行的承付或议付责任设置了超出"相符交单"若干前提条件的条款。如要求受益人提交开证申请人验货证明,则须待申请人确认后,开证行方可将款项贷记有关账户。

(4)信用证的规定前后矛盾致使受益人不可能做到"相符交单"的条款。如 FOB 或 FCA 成交方式中要求在提单上注明"Freight prepaid";CFR 或 CPT 成交方式中要求受益人提交保险单等。

(5)受益人若按信用证的规定行事将会失去对货物所有权的控制的条款。如要求将提单做成以开证申请人为抬头的记名提单;要求将正本提单全部或部分直接寄交开证申请人。

任务四 进出口信用证结算实务

一、进、出口商双方经洽商签订交易合同

进出口商双方经洽商签订合同。合同除规定交易的商品种类、数量、品质、价格条件、运输、保险、交付时间、检验、索赔、仲裁等事项的一致意见外,还需要明确该笔交易以信用证方式办理结算,以及所选择的信用证的种类、金额、付款期限、到期日、进口商通过当地银行开立信用证的最迟时间以及信用证的主要内容等。

二、进口商向当地银行申请开立信用证

进口商必须在合同所要求的或合同签订后的合理期限内,向当地信誉良好的商业银行申请开立以出口商为受益人的信用证。在这个环节上,进口商(开证申请人)要办理以下手续:

(一)确定申请开立信用证的前提条件

申请开立信用证的前提条件是本笔业务须符合国家的贸易管制政策和外汇管制政策。例如,进口商品属于我国许可证管辖范围内的,应提供许可证或登记证明、机电产品登记表等;申请人属于外汇管理局需要进行"真实性审查"的企业,或不在外汇管理局公布的"进口单位名录"的企业,需要提供国家外汇管理局或其分支机构出具的备案表等。

(二)选择开证行、填写开证申请书

进口商一般是在自己的开户行中选择信誉较好的银行作为开证银行,这样做,容易被受益人接受,减少可能产生的费用。

开证申请书(Application for Issuing Letter of Credit)既是开证行开立信用证的根据,又是开证行与开证申请人之间法律性的书面契约,它规定了开证申请人与开证行的责任。

开证申请书主要依据贸易合同中的有关主要条款填制,申请人填制后最好连同合同副本一并提交银行,供银行参考、核对。但信用证一经开立则独立于合同,因而在填写开证申请时应审慎查核合同的主要条款,并将其列入申请书中。

(三)填写开证担保书

开证时申请人必须与开证行签订开证担保协议。开证担保协议一般由开证银行根据信用证业务的惯例,事先印就格式供申请人需要时填写。具体样式如图5—4所示。

三、开证行开出信用证和修改信用证

开证行如接受申请人的开证申请,就必须在合理的工作日内开出信用证,信用证交通知行通知受益人。

(一)开证银行审查开证申请人的申请开证文件

1. 审查开证申请书

重点审核:(1)申请书的内容有无违反国际惯例的条款;(2)申请人的英文名称与所递交申请的企业名称是否相符;(3)受益人名称地址是否齐全;(4)申请开证的金额大小写是否一致;(5)货物描述中的单价、货量及总价是否相符合;(6)货物名称及规格是否齐全;(7)申请书中所要求的单据条款有无自相矛盾之处;(8)严格审核信用证申请书上的附加条款及其他特别需要说明的条款;(9)审核申请书中有无公章、法人代表章和财务专用章;(10)开证申请人是否填明全称、地址、邮政编码以及联系电话、联系人等。

鉴于信用证是以规定的单据为业务办理的对象,UCP600第4条b款指出:"开证行应劝阻申请人试图将基础合同、形式发票等文件作为信用证组成部分的做法。"UCP600第14条h款还规定:"如果信用证含有一项条件,但未规定用以表明该条件得到满足的单据,银行视为未作规定并不予理会。"因此,开证行在审查开证申请书时,应要求申请书对信用证条款内容都应有相应的单据或相应单据需体现的内容为要求,而剔除没有达到上述要求的内容。

2. 审查开证申请人的资信情况

开证申请人的资信好坏,直接关系到开证银行受理该笔业务后,能否按照国际惯例顺利付款,以及开证银行自身资信会不会受到影响等。银行通过审核申请人的基本材料,可以了解申请人资信的基本情况。这些材料主要有:申请人的营业执照;进出口业务批件;企业组织机构代码;税务登记证;企业的各种印鉴,包括公章、法人章、财务专用章、业务专用章等。

国际结算

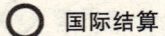

IRREVOCABLE DOCUMENTARY CREDIT APPLICATION

TO：BANK OF CHINA Date：

Beneficiary (full name and address)	L/C NO. Ex-Card No. (快递单号码) Contract No.
	Date and place of expiry of the credit
Partial shipments ☐ allowed not allowed	Transshipment ☐ allowed ☐ not allowed	☐ Issue by airmail 信开　☐ With brief advice by teletransmission 简电通知 ☐ Issue by express delivery 快递 ☐ Issue by teletransmission (which shall be the operative instrument) 电传
Loading on board / dispatch / taking in charge at / from Not later than for transportation to	
Description of goods： Packing：	Amount (both in figures and words) Credit available with ☐ by sight payment ☐ by acceptance ☐ by negotiation ☐ by deferred payment at against the documents detailed herein ☐ and beneficiary's draft for ％ of the invoice value At on
	☐ FOB ☐ CFR ☐ CIF ☐ or other terms

Documents required：(marked with x)
1. (   ) Signed Commercial Invoice in copies indicating invoice no., contract no.
2. (   ) Full set of clean on board ocean Bills of Lading made out to order and blank endorsed, marked "freight (   ) to collect / (   ) prepaid (   ) showing freight amount" notifying
3. (   ) Air Waybills showing "freight (   ) to collect / (   ) prepaid (   ) indicating freight amount" and consigned to
4. (   ) Memorandum issued by _____ consigned to _____
5. (   ) Insurance Policy / Certificate in copies for ％ of the invoice value showing claims payable in China in currency of the draft, blank endorsed, covering (   ) Ocean Marine Transportation / (   ) Air Transportation / (   ) Over Land Transportation (   ) All Risks, War Risks.
6. (   ) Packing List / Weight Memo in copies indicating quantity / gross and net weights of each package and packing conditions as called for by the L/C.
7. (   ) Certificate of Quantity / Weight in copies issued by an independent surveyor at the loading port, indicating the actual surveyed quantity / weight of shipped goods as well as the packing condition.
8. (   ) Certificate of Quality in copies issued by (   ) manufacturer / (   ) public recognized surveyor / (   )
9. (   ) Beneficiary's certified copy of FAX dispatched to the accountee with days after shipment advising (   ) name of vessel / (   ) date, quantity, weight and value of shipment.
10. (   ) Beneficiary's Certificate certifying that extra copies of the documents have been dispatched according to the contract terms.
11. (   ) Shipping Companies Certificate attesting that the carrying vessel is chartered or booked by accountee or their shipping agents.
12. (   ) Other documents, if any：
a) Certificate of Origin in copies issued by authorized institution.
b) Certificate of Health in copies issued by authorized institution.
Additional instructions：
1. (   ) All banking charges outside the opening bank are for beneficiary's account.
2. (   ) Documents must be presented with days after the date of issuance of the transport documents but within the validity of this credit.
3. (   ) Third party as shipper is not acceptable. Short Form / Blank Back B/L is not acceptable.
4. (   ) Both quantity and amount ％ more or less are allowed.
5. (   ) prepaid freight drawn in excess of L/C amount is acceptable against presentation of original charges voucher issued by Shipping Co. / Air line / or it's agent.
6. (   ) All documents to be forwarded in one cover, unless otherwise stated above.
7. (   ) Other terms, if any：
Advising bank：
Account No.：   with _____ (name of bank)
Transacted by：   Applicant：name, signature of authorized person)
Telephone no.：   (with seal)

图 5-4　开证担保书样式

3. 查验进口开证应提供的有效文件

检查根据国家有关外汇、外贸管理的规定,进口商应提交的有关文件及其文件的有效性和可靠性。

(二)审查该笔业务的贸易背景

银行在开立信用证前,对于该笔业务贸易背景进行认真审核。一般情况下,开立信用证需要有贸易背景。要特别注意无贸易背景的信用证、热门商品及开立无货权凭证的信用证。

(三)落实开证抵押

开证抵押的方法主要有三种:

1. 收取保证金

开证申请人申请开证时,开证行通常收取一定额度或一定比例的现款保证金,为减少开证申请人的资金被占压,同时降低开证行垫付资金的风险。对此类保证金,通常计付活期利息。若申请人在开证行有存款,则可以用存款作抵押。

2. 以出口信用证作抵押

用自有外汇支付货款的开证申请人,如果其资信较好,又有经常性的金额较大的出口业务,开证行可以用其出口信用证作抵押。但应注意的是,出口信用证的金额应当大于需支付的进口金额,且收款时间即信用证的有效期也必须早于付款时间。

3. 凭其他银行保函

开证行向申请人收取押金,目的是为了避免付款后得不到偿还的情况发生。因此,倘若申请人能够提交其他银行为其出具的保函,开证行也可以开证。

(四)开立跟单信用证

1. 开证行根据本身的代理行协议,正确选择国外通知行

为了有利于及时验核信用证的真实性和通知信用证,开证行应选择自己在受益人所在地的联行或代理行为通知行。

2. 开证之前每笔信用证都应在信用证开证登记本上进行登记、编号

登记内容包括:信用证号码、开证日期、开证货币及金额、通知行、开证申请人、合同号等。

3. 缮制信用证

根据申请人开证方式要求及开证申请书内容,选择正确的开证方式,并缮制信用证。

4. 复核信用证

完成缮制信用证后,应根据开证申请书的内容,逐一仔细审核,确保信用证内容完整、准确。经部门经理核签后,以 SWIFT 方式开出信用证。

5. 信用证的修改

由于交易的有关情况发生变化,或者开证申请书条款与交易合同存在不一致,或者信用证开立出现失误等原因,申请人或受益人可能要求开证行对已经开出的信用证进行修改。开证行接受这一要求并修改信用证,应注意以下情况:

(1)信用证修改的生效。

①UCP600 第 10 条 b 款规定:"开证行自发出修改之时起,即不可撤销地受其约束。"

②同一条款还规定:"保兑行可将其保兑展至修改,并自通知该修改之时起,即不可撤销地受其约束。但是,保兑行可以选择将修改通知受益人而不对其加具保兑。若然如此,其必须毫不延误地将此告知开证行,并在其给受益人的通知中告知受益人。"

以上条款表明,在开证行发出信用证修改和保兑行表明其保兑扩展至修改起,只要受益人未明确表示拒绝修改,则开证行和保兑行就受修改条款的约束。

③UCP600第10条c款规定:"在受益人告知通知修改的银行其接受修改之前,原信用证(或含有先前被接受的修改的信用证)的条款对受益人仍然有效。受益人应提供接受或拒绝修改的通知。如果受益人未能给予通知,当交单与信用证以及尚未表示接受的修改的要求一致时,即视为受益人已作出接受修改的通知,并且从此时起,该信用证被修改。"

④UCP600第10条f款规定:"修改中关于除非受益人在某一时间内拒绝修改,否则修改生效的规定应不被理会。"这就明确否定了曾经有过的所谓"默认接受"的说法。

以上条款表明,若受益人表态接受修改,则修改成立,开证行应按照修改后的信用证(即信用证上未被修改的条款仍然有效,被修改的条款则以修改后的条款为准)审查单据;若受益人拒绝修改,或者受益人未表示是否接受修改,则修改无效,开证行只能按照信用证原条款审查单据。

⑤UCP600第10条e款规定:"对同一修改的内容不允许部分接受,部分接受将被视为拒绝修改的通知。"如果受益人收到的修改书中有多项修改内容,受益人只愿接受其中部分,则必须通过通知行,向开证行表示拒绝该份修改,同时希望开证行另行开立一份修改,这后一份修改将只包含受益人愿意接受的修改条款。如果开证行按照受益人的要求,再次开立修改书,并传递给了受益人,为受益人所接受,则前一份修改不生效,而后一份修改生效。

⑥UCP600第38条f款规定:对于可转让信用证,"如果信用证转让给数名第二受益人,其中一名或多名第二受益人对信用证修改的拒绝,并不影响其他第二受益人接受修改。对接受者而言该已转让的信用证即被相应修改,而对拒绝修改的第二受益人而言,该信用证未被修改。"在这种情况下,开证行面临的随后审查不同的第二受益人提交的单据所依据的信用证条款就将有所不同:对接受修改的第二受益人所提交的单据,要依据修改后的信用证条款,而对拒绝或未接受修改的第二受益人所提交的单据,则只能依据原信用证条款。这就说明,开证行开立可转让信用证的责任将明显增加。

⑦UCP600第9条a款指出:"非保兑行的通知行通知信用证及修改时不承担承付或议付的责任。"

(2)信用证修改的传递。信用证的修改必须通过原信用证的通知行通知受益人;UCP600第10条d款规定:"通知修改的银行应将任何接受或拒绝的通知转告发出修改的银行。"

信用证修改申请书样式如图5—5所示。

APPLICATION FOR AMENDMENT

TO: BANK OF TIANJIN

DATE OF AMENDMENT:

AMENDMENT TO OUR DOCUMENTARY CREDIT NUMBER:	NO. OF AMENDMENT
APPLICANT	ADVISING BANK
BENEFICIAR(BEFORE THE AMENDMENT)	AMOUNT
THE ABOVE MENTIONED CREDIT IS AMENDED AS FOLLOWS: SHIPMENT DATE EXTENDED TO _____ EXPIRY DATE EXTENDED TO _____ AMOUNT INCREASE/DECREASE BY _____ TO _____ OTHER TERMS: BANKING CHARGES. ALL OTHER TERMS AND CONDITIONS UNCHANGED. AUTHORIZED SIGNATURE	

图 5—5　信用证修改申请书

四、通知行审证及将信用证通知受益人

当通知行收到开证行信开或电开的信用后,应做好如下工作。

(一)受理来证

通知行收到国外开来的信用证,应立即核验印鉴或密押,并签收登记。一经核符,立即通知受益人。

UCP600 第 8 条 c 款规定:"通知行可以通过另一银行('第二通知行')向受益人通知信用证及修改。第二通知行通知信用证或修改的行为表明其已确信收到的通知的表面真实性,并且其通知准确地反映了收到的信用证或修改的条款。"之所以需要"第二通知行",是因为有时开证申请人会应受益人的提请,向开证行提示通知行的名称,但该通知行并非开证行的代理行。为了有效地传递信用证,同时尊重申请人的指示,开证行就在选择自己的代理行的同时,嘱其再通过开证申请人指示的通知行将信用证传递给受益人。这时,信用证就将出现"advise through"另一家银行传递信用证的情况,这就表示,开证行授权第一通知行通过第二通知行(second advising bank)向受益人传递信用证。第二通知行的责任与第一通知行责任完全相同。

(二)审证

1. 信用证可接受性的审核

(1)审查来证国家是否与我国建立正式外交关系及对我国的政治态度。

(2)审查开证行资信、实力、经营作风,要求开证行必须是我国银行的代理行或海外分行。对有风险的、信用证金额超过对其授信额度的来证,应分别情况,建议受益人向开证行提出以下要求:①由第三家银行加保;②加列允许电索条款。③由偿付行确认偿付;④要求改为分批装运;⑤向通知行缴纳保证金;⑥修改有关条款。所谓"授信额度"是指信用证金额与开证行的资产总额的比例。为了规避风险,一家银行所办理的任何一笔业务的金额都不应该超过其资产总额的一定比例。

(3)审查信用证有无软条款。如发现有软条款,应对其划线以提请受益人注意和要求开证行修改或删除,使信用证正式生效和开证行确认自己的第一性付款责任。

2. 信用证可操作性的审核

(1)审核正、副本信用证号是否一致。

(2)来证货币是否为我国有外汇牌价的可兑换货币。大小写金额是否一致。

(3)来证条款之间、要求的单据之间是否存在矛盾。要求受益人提交的单据是否合理,受益人能否出具或在当地获得,如信用证要求受益人提交领事发票,若保留这一条款,受益人就不仅要增加许多费用——因为外国的大使馆都集中在首都,而大多数地方没有进口国的领事馆,受益人为得到进口国的领事发票就将增加不少费用支出,而且还很难掌握获得领事发票的准确时间,这就可能影响按时交单。

(4)信用证的兑用方式,即信用证属于即期付款、延期付款、承兑或议付信用证中的哪一种。

(5)信用证的有效到期地点。正常情况下,信用证的有效到期地点应在受益人所在国,即确认受益人在信用证规定的有效到期日在其所在地向指定银行交单为有效。

(6)对出口地银行寄单方式、索汇/索偿的线路安排是否明确而合理。避免索汇线路迂回而延长索汇或索偿的时间,无形中减少本应得到的收益。

(7)信用证上是否注明该证依据国际商会《跟单信用证统一惯例(UCP600)》开立。在信用证上说明开立依据,已成为各国银行普遍做法。

(8)注意开证行对通知行加具保兑的安排。通知行应在全面审证的基础上,加强考核开证行的经营情况,权衡加具保兑的风险,以决定是否应开证行或受益人的要求加具保兑;一旦决定保兑与否之后,应尽快通知开证行和受益人。

(三)通知信用证

1. 编号与登记

信用证审核无误后,应编制信用证通知流水号,并在信用证上加盖"××银行信用证专用通知章",同时对信用证作接收登记。

2. 通知信用证

完成上述审查信用证后,缮制通知面函,并在1个工作日内通知受益人。

五、受益人按信用证的要求向指定银行交单

在审核信用证无误后,或者在开证行修改了原先信用证中受益人不能接受的条款后,受益人即可根据信用证要求在规定的期限内发货、制作单据。受益人缮制和备妥信用证规定的单据后,即可到银行交单。

受益人向银行交单,除了应按信用证规定的单据种类、份数都备齐外,还特别要注意信用证对交单时间的规定。举例如下:某信用证规定的信用证有效到期日为某年的 8 月 14 日,有效到期地点为受益人所在国家(城市),最迟装运日期为当年的 7 月 31 日,最迟交单期为货物装运后 14 天,并且不能晚于信用证的有效到期日。受益人于当年 7 月 20 日完成货物装运,并得到承运人当天签发的运输单据。那么,该项信用证业务中,受益人向当地银行交单的最后日期只能是当年 8 月 3 日。

UCP600 第 29 条 a 款规定:"如果信用证的截止日或最迟交单日适逢接受交单的银行非因第 36 条所述原因(不可抗力——编者注)而歇业,则截止日或最迟交单日,视何者适用,将顺延至重新开业的第一个营业日。"b 款要求:"如果在顺延后的第一个银行工作日交单,被指定银行必须在其致开证行或保兑行的面函中声明是在根据第 29 条 a 款顺延的期限内提交的。"c 款规定,上述的情况不适用于对最迟装运日的确定。

受益人在确认全部单据备齐后,可填写银行提供的空白的交单联系单,并附上全部单据向银行交单。

六、出口地银行审查受益人提交的单据并向开证行寄单索汇

(一)出口地银行接受受益人提交的单据

出口地银行受理单据。面对受益人提交的单据,出口地银行对照"客户交单联系单"上的记载,进行一一清点并登记,特别是正本单据的种类和各自份数。UCP600 第 3 条规定:"单据可以通过书签、摹样签字、穿孔签字、印戳、符号表示的方式签署,也可以通过其他任何机械或电子的证实方法签署。"在点收了受益人提交的单据的同时,要对照同时提交的信用证及修改(若有,并被受益人接受),确认两者之间不存在矛盾。然后可以在客户交单联系单上做相应的批注。

(二)出口地银行审单

1. 审单的步骤

(1)信用证有效性的审核。审核出口商随单据提供的信用证是否系信用证正本(对副本或复制信用证一律不予接受),信用证修改书及其附件是否齐全、有效期是否已过、金额是否用完。

(2)清点单据。清点随信用证提供的单据种类、正本份数,以确认所提供的单据符合信用证要求。

(3)以信用证为中心,按信用证条款从上到下,从左至右逐条对照单据,仔细审核,以确定信用证内容能在单据上得到体现。审单过程中,若发现有不符点,应及时记录,并根据其具体情况联系修改或采取其他安全收汇措施。

(4)以发票为中心,审核其他单据,确保单单相符。

2. 审单的标准

UCP600 第 14 条 a 款规定:"按指定行事的被指定银行、保兑行(若有的话)及开证行须审核所提交的单据,并仅基于单据本身确定其是否在表面上构成相符交单。"UCP600 第 2 条规定:"相符交单指与信用证条款、本惯例的相关适用条款以及国际标准银行实务一致的交单。"具体来说,银行审核信用证项下单据的标准可以归纳成以下四句话:"单证相符,单单相符,符合法律,符合常规",同时,交单时间也应该符合信用证规定。

单证相符是指以信用证及修改(若有,并被受益人接受)条款为依据,逐一地审查其规定受

益人提交的单据,要求这些单据的种类、份数、具体内容以及交单的行为都符合信用证及修改(若有的话)条款的规定。这是银行的纵审。

单单相符是指以商业发票为中心,审核各项商业和金融单据,要求同一份信用证项下的所有单据的相关内容一致或不矛盾。这是银行的横审。

符合法律是指对于已经有相关法律对单据的规定,信用证上往往可能不另加规定或不再提及。尽管如此,在审核信用证项下的单据时,还是要根据相关法律要求来审核有关单据。

符合常规是指对于在国际贸易中的常规性的要求,尽管信用证上没有相应的条款规定,但审核信用证项下单据时,也不能忽略这些常规性的要求。

交单时间要符合信用证的规定。信用证对受益人履约的时间规定了以下三点:(1)信用证的有效到期日;(2)受益人最迟装运日期;(3)受益人向指定银行最迟提交单据的日期。前两项具体规定了某年、月、日,第三项则包括两点:①在信用证的有效期内;②货物装运后(以运输单据签发日期为据)次日起算的若干天内。举例说明,某信用证规定,该信用证的有效到期日为某年4月30日(有效到期地点为受益人所在地),最迟装运期为当年4月16日,要求受益人在货物装运后的14天内向银行交单。若受益人较早已备好货并联系好装运,货物于当年4月5日完成装运,并得到承运人签发的正本运输单据,则该受益人必须在当月19日之前向银行提交全套合格的单据,若到当月20日或迟于当月20日向银行交单,即使没有超过信用证的有效到期日(当月30日),由于交单日期距离完成货物装运日期超过了14天,虽然各项单据的种类、正本的份数以及单据上的文字记载都符合信用证规定,仍然要被判断为没有满足"相符交单"的要求。

在横审和纵审中,一旦发现单据中存在不符点,应及时记录到审单记录表上。

3. 发现单据不符点后的处理

出口地银行在审核单据中,如果发现存在与信用证条款不一致,或信用证的规定不能在单据上得到证实,或单据之间彼此矛盾等现象,都将被视为单据存在不符点。在实务操作中,有些不符点是可以避免或通过更正或重制,使其满足相符的要求。但由于客观情况的变化,例如船只误期、航程变更、意外事故等,使得差错无法避免,以及存在不符点的单据并非受益人制作。这种不符点无法通过采取上述手段消除。这时可供选择的方案如下:

(1)由受益人授权寄单。这是指在受益人授权下,将带有不符点的单据以等待批准方式寄送给开证行(保兑行——若有的话)。由开证行(保兑行)审查单据后决定是否接受单据。

(2)电提方式。如果不符单据已无法更改,单据涉及金额较大,出口地银行可以用电讯方式向开证行提出不符点,征询开证行的意见,电文中要求开证行迅速电复是否同意接受单据,这就是电提。常见的电提不符点有:起运港或装运港有误、金额有出入、货物品名与信用证略有不同,提单上有批注,唛头有误等。如果开证行复电表示同意接受带有不符点的单据,并在电文中说明"if otherwise in order",即认定单据在其他方面已达到"相符"的要求。电提方式的特点是解决问题快,并且单据由出口地议付行掌握,对出口方而言较为稳妥,即使在未获议付授权的情况下,出口方也可及时处理货物及有关问题。但是往来的电报费用均由出口方承担。国际商会第535号出版物案例研究的第4个案例指出:开证行接受不符点,授权出口地银行按信用证原规定的向受益人兑付的方式办理,即可认为开证行视同不符点已做必要修改或补充,从而满足相符交单的要求。电提方式适用于金额较大、分别向两地寄单、向付款行或偿付行索汇等情况。

(3)表提方式。若单据中的不符点已无法更改,涉及的金额较小,受益人(出口方)可事先将单据中的不符情况通知开证申请人(进口方),若申请人同意接受单据时,则申请人向出口地银行出具担保书。出口地银行凭担保书议付寄单,并在寄单面函中具体指出不符点所在。表提方式适用于金额较小、来证规定单到开证行付款的情况,对于向付款行、偿付行索汇者亦可酌情采用。

(4)在受益人或受益人的往来银行提供担保的条件下,按照信用证原有的安排,向受益人办理相应的兑付,而由受益人承担有关的各项费用和利息,并保留对受益人的追索权。

(5)改作托收寄单。如果单据不符点较多或单据中有严重不符点(如超过最迟装运期、超过信用证效期、货物溢装、金额超出信用证规定)时,可以考虑改作托收寄单,出口地银行在寄单面函中将单证不符点一一向开证行说明。当议付单据改为托收寄单时,出口方货款的收回已失去了银行保障。能否将货款收回只能取决于进口方信用。这种方式只能在不得已情况下采用。

4. 银行审单的时间

UCP600 第 14 条 b 款规定:"按指定行事的被指定银行、保兑行(若有的话)及开证行各有从交单次日起的至多五个银行工作日用以确定交单是否相符。这一期限不因在交单日当天或之后信用证截止日或最迟交单日届至而受到缩减或影响。"

(三)向开证行或保兑行(若有的话)寄单索汇

在信用证业务中,由于开证银行(保兑银行——若有)在受益人相符交单条件下,承担第一性付款责任,银行间的头寸划拨安排,要比汇款、托收方式下的银行间头寸划拨更复杂。国际商会为此专门制订了其第 525 号出版物《跟单信用证项下银行间偿付统一规则》(Uniform Rules for Bank-to-Bank Reimbursements Under Documentary Credits —— URR525,ICC Publication No. 525)。

在确认受益人满足"相符交单"要求,或者经修改、补充后满足"相符交单"的要求后,出口地银行就可以寄单索汇了。

1. 寄单行寄单索汇的基本要求

(1)仔细阅读信用证的"寄单指示"和"偿付条款";(2)熟悉有关账户的分布情况;(3)采用迅速快捷的方法寄单索汇。

信用证项下偿付条款通常有单到付款、向偿付行索汇、主动借记和授权借记等方式。

第一,单到付款:议付行向开证行寄单索汇,开证行审单无误后才付款,即开证行见单付款。信用证上偿付条款措辞通常是:Upon receipt of the documents in compliance with credit terms, we shall credit you're a/c with us/remit the proceeds to the Bank named by you.

第二,向偿付行索汇:有些信用证指定了第三家银行代为偿付,这家银行即偿付行(一般是信用证货币的发行国)。开证行在信用证上的指示:In reimbursement of your negotiation under this credit, please draw on our a/c with ABC Bank(reimbursing bank).

第三,主动借记:指开证行(或其总行)在议付行开有账户,信用证规定议付行在办理议付后可立即借记其账。Please debit our a/c with you under your cable/airmail advice to us.

第四,授权借记:指开证行在议付行开有账户,议付行只有在开证行收到正确单据并授权其账户行借记时,才借记开证行的账户。Upon receipt of the shipping document in compliance with the terms of L/C, we shall authorize you to debit our a/c with you.

2. 信用证项下的寄单路线

信用证项下的寄单路线一般有两种情况：(1)汇票寄偿付行，其余单据寄开证行。国外开证行在信用证中授权另一家银行作为信用证偿付行时，往往要求将汇票寄往该偿付行。寄单索汇时，应根据信用证要求将汇票寄往偿付行，其余单据寄往开证行。(2)全部单据寄开证行。如果信用证规定将全部议付单据寄往开证行，则应根据规定照办无误。不符点出单时，无论信用证的寄单路线如何规定，都应将所有单据寄往开证行。在保兑信用证项下，则应该将全部单据分成两封航空挂号信寄给保兑行。

3. 寄单方式

通常，信用证项下的寄单方式有两种：(1)一次寄单，即将全套单据放入一个信封一次性寄出；(2)二次寄单，即将全套议付单据分为两部分，分别寄出实务中，多采用第二种方式，以避免一次性寄单万一遇到该航班途中发生事故，影响单据的安全送达。两次寄出的单据中，分别应至少包括每一种单据的正本一份(若正本单据不止一份的话)。如果某一种单据只有一份正本，则应在第一次寄单时寄出。分两次寄单的目的是倘若第一次所寄单据遗失，可以凭第二次寄出的单据办理结算。

七、开证行或保兑行审单付款

(一) 开证行或保兑行审单

开证行或保兑行审单的标准与出口地银行审单的标准是一样的，即"单证相符，单单相符。符合法律，符合常规"。

UCP600 第 14 条 b 款规定"按指定行事的被指定银行、保兑行(若有的话)及开证行各有从交单次日起的至多五个银行工作日用以确定交单是否相符。这一期限不因在交单日当天或之后，信用证截止日或最迟交单日到期受到缩减或影响。"

(二) 发现单据存在不符点时的处理

UCP600 第 16 条 a 款规定："当按照指定行事的被指定银行、保兑行(若有的话)或者开证行确定交单不符时，可以拒绝承付或议付。"

同条 b 款规定："当开证行确定交单不符时，可以自行决定联系申请人放弃不符点。然而，这并不能延长第 14b 款所指的期限。"

同条 c 款规定："当按照指定行事的被指定银行，保兑行(若有的话)或者开证行决定拒绝承付或议付时，必须给予交单人一份单独的拒付通知。该通知必须声明：ⅰ. 银行拒绝承付或议付；及ⅱ. 银行拒绝承付或议付所依据的每一个不符点；及 ⅲ.(a)银行留存单据听候交单人的进一步指示；或者(b)开证行留存单据直到其从申请人处接到放弃不符点的通知，并同意接受该放弃，或者其同意接受对不符点的放弃前，从交单人处收到其进一步指示；或者(c)银行将退回单据；或者(d)银行将按之前从交单人处获得的指示处理。"

同条 d 款规定："第十六条 c 款要求的通知必须以电讯方式，如不可能，则以其他快捷方式，在不迟于交单之翌日起第五个银行工作日结束前发出。"

同条 e 款规定："按照指定行事的被指定银行、保兑行(若有的话)或者开证行在按照第十六条 c 款 ⅲ 项(a)点或(b)点发出了通知之后，可以在任何时候将单据退还交单人。"

同条 f 款规定："如果开证行或保兑行未能按照本条行事，则无权宣称交单不符。"

根据 UCP600 的上述规定，若认为单据未满足相符交单要求，开证行或保兑行必须在收到单据的次日起，五个银行工作日内一次性、清晰明确地向受益人提出全部的不符点，并在拒付通知中说明对不符单据的处理办法。如果这项通知无法采用电讯方式发出,则应该采用其他快捷方式发出。这是构成有效的拒付的要求。

若开证行或保兑行未能按照UCP600第十六条的规定行事,则无权宣称交单不符。

(三)确认相符交单后的处理

根据UCP600第16条的规定,开证行和保兑行必须在收到单据次日起的五个银行工作日内判断其收到的单据是否满足了相符交单的要求,如果确认单据已满足要求,就必须按照信用证所约定的方式向受益人办理付款、延期付款或承兑。

开证行或保兑行对受益人的付款都应是无追索权的,即终局性的。

八、开证行请申请人付足款项并将单据交申请人

开证行通过寄单行向受益人付款后,若申请人原先已经交足了开证保证金,即可向申请人交单;若申请人原先未交足开证保证金,则应马上通知申请人赎单,开证行赎单通知称为AB单(accepted bill)。申请人在接到开证行的赎单通知后,必须立即到开证行付款赎单。申请人在赎单之前有权审查单据,如果发现不符点,可以提出拒付,但拒付理由一定是单单之间或单证之间表面不符的问题,而不是就单据的真实性、有效性以及货物质量存在的问题提出拒付。实务中有时尽管存在不符点,如果不符点是非实质性的,申请人也愿接受单据,就不能是有条件的,而且必须在合理时间付款。

申请人向开证行付款赎单后,在该项贸易选择以海洋运输方式下,即可凭海运提单向有关承运人提货;在该项交易选择其他运输方式时,则分别按该方式的相关提货要求办理提货。至此,该项交易的结算过程结束。

任务五 其他结算方式

一、银行保函

(一)银行保函的概念

保函(letter of guarantee,L/G or bonds)又称保证书,是指银行、保险公司、担保公司或个人(担保人)应申请人的请求,向第三方(受益人)开立的一种书面信用担保凭证,保证在申请人未能按双方协议履行其责任或义务时,由担保人代其履行一定金额、一定期限范围内的某种支付责任或经济赔偿责任。其中,由银行签发的担保书就称为银行保函。

依据保函项下受益人取得担保人偿付的条件,或担保人履行其担保责任的条件,或保函与其基础业务合同(如商务合同)的关系,保函可以分为从属性保函和独立性保函两种。

从属性保函是商务合同的一个附属性契约,其法律效力随商务合同的存在而存在,随商务合同的变化而变化。在从属性保函项下,银行承担第二性的付款责任(secondary obligation),即当受益人索赔时,担保人要调查申请人履行其基础合同的事实,确认存在申请人违约情节时,担保银行才依据被担保人的违约程度承担相应的赔偿责任。从属性保函的上述情况增加了受益人实现其保函项下权益的复杂性和相关的手续,使用难免不便;而且,在从属性保函项下,担保银行收费不多,却容易被卷入贸易纠纷,影响自己的声誉。这就产生了对独立性保函的要求。

独立性保函是根据商务合同开出，但开出后，即不依附于商务合同而存在的具有独立法律效力的法律文件，即自足性契约文件。在独立性保函下，担保行承担第一性的偿付责任（primary obligation），即当受益人在独立保函项下提交了书面索赔要求及保函规定的单据时，担保行就必须付款，而不管申请人是否同意付款，担保行也无需调查商务合同履行的事实。与从属性保函相比较，独立性保函使得受益人的利益更有保障，并简化了受益人主张其合同权利的手续，担保行也可避免陷入商务纠纷之中，因此，现代保函以独立性保函为主。

独立性保函主要由银行签发。由银行签发的保函通常被称为银行保函。担保银行根据保函的规定承担绝对付款责任，故银行保函一般为见索即付保函。所谓见索即付保函，根据国际商会制定的《见索即付保函统一规则》（URDG458）第 2 条的规定，是"指任何保证、担保或其他付款承诺，这些保证、担保或付款承诺是由银行、保险公司或其他组织或个人出具的，以书面形式表示在交来符合保函条款的索赔书或保函中规定的其他文件（诸如工艺师或工程师出具的证明书、法院判决书或仲裁书）时，承担付款责任的承诺文件"。据此，见索即付保函的担保行对受益人承担的是第一性的、直接的偿付责任。

（二）银行保函的主要内容

根据《见索即付保函统一规则》（URDG458）第 3 条的规定，银行保函内容应清楚、准确、全面，但应避免列入过多细节。其主要内容包括：

1. 保函的当事人

保函应详细列出主要当事人，即申请人/委托人、受益人、担保行的名称和地址。若有通知行、保兑行或转开行，还应列明通知行、保兑行或转开行的名称和地址。

2. 开立保函的依据

保函开立的依据是基础合同。保函应在开头或序言中说明与基础合同的关系，如投标保函、履约保函、付款保函等。在保函中提出开立保函依据的基础合同，主要是为了说明提供保函的目的及防范的风险，而且也意味着根据何种基础关系对担保提出要求。关于基础合同的文字一般都很简明扼要，除了申请人、受益人的名称，还包括基础合同签订或标书提交的日期、合同或标书的编号，有时也包括对标的的简短陈述，例如货物供应等。保函指出基础合同并不会把独立性保函变成从属性保函。

3. 担保金额及金额递减条款

银行作为担保人的责任仅限于当申请人不履行基础合同时，负责向受益人偿付一定金额的款项，因此，担保合同中必须明确规定一个确定的金额和货币种类（担保的金额可以用与基础不同的币种表示）。对于担保行来说，明确保函项下的特定债务是十分重要的，否则将遭受难以承担的风险。一般情形下，担保金额只是所担保债务的一定比例，受益人的要求不能超过担保的最大数额，即使他能证明他所遭受的损害或应得的利息远远超过这个数额。

担保金额递减条款的作用在于随着申请人逐步履行基础合同，担保的最大数额相应减少。在预付金退还保函中，该条款普遍使用。例如，申请人的工程进度已实现了预付金的全部价值时，担保金额就递减为零。保函中一般都会规定金额递减的方法。有时，保函中没有这项规定，而是在反担保中做出相应规定。在货物供应合同中，指定出口商提交某些单据，例如，以出口商自己为受益人的跟单信用证；在建筑工程承包合同和机器设备安装合同中，当申请人提交运输单据或第三方提交单据证实货物已经到达或项目的前期阶段已经完成时，担保的金额相应减少。在履约保函中，担保金额递减条款并不常见，因为履约保函的数额通常只是整个合同价值的一定比例。

4. 先决条件条款

保函生效的先决条件是为了保护申请人的利益。这项条款规定担保在先决条件满足后才能生效,而不是自保函开立之日起生效。因此,只有先满足了与基础合同有关的某些重要的先决条件时,受益人才能对保函项下的偿付提出要求。例如,洽商中,当事一方要求对方提交履约保函,以示谈判诚意。出口商认为在合同订立前,进口商就提交履约保函,可以表明其对交易是慎重的,其财务状况是值得信赖的。但是,对进口商来说,尽管这样做可以加强其谈判实力,但毕竟谈判尚未结束,商务合同还未订立,因而往往不愿意在这个阶段就提供履约保函。在这种情况下,折中的办法是进口商虽然按照出口商的要求开立履约保函,但是在保函中加入一个条款规定:"合同缔结时本保函才生效"或者"合同中的先决条件已经满足时,本保函才能生效"。有些保函也可同时使用上述两种方法,如:"本保函在我方(担保银行)收到账户方的书面确认经我方签发书面修正书后生效。"但是,银行往往不愿意接受这样的条件,因为它很难判断先决条件是否已经满足。银行、受益人和申请人在这一点上难以形成共识。解决这一问题有两种方法:一是在申请人提供的反担保中,强调银行审查先决条件是否满足的责任仅限于尽到合理的注意,或者在银行与债务人的关系方面免除银行的审查义务;二是提交某些单据来证明先决条件已经满足,最适合且最常用的单据就是来自于申请人的声明。银行往往愿意接受后一种方法。受益人则面临着先决条件已经满足、申请人却拒绝提交声明的风险。但是这种情况在实践中很少出现,因为一旦申请人拒绝提交这样的声明,也就剥夺了他自己在基础合同中的利益,这时基础合同也不能生效。

当根据基础合同的条款受益人应先支付一笔预付金或开立跟单信用证时,申请人就应将履行这项义务作为履约保函生效的先决条件。

在预付金保函和留置金保函中,一般都要规定在出口商收到预付金或承包商收到留置金以后,保函才能生效。有时预付金保函或留置金保函中明确规定预付金或留置金要转到申请人在担保银行的账户上,以保持申请人账户的收支平衡,为银行提供附属担保品。

5. 要求付款的条件

担保行在收到书面索赔书或书面索赔书与保函中规定的其他文件(如有关证明书、法院判决书或仲裁裁决书)后,认为这些文件表面上与保函条款一致时,即支付保函中规定的款项。如果这些文件表面上不符合保函条款要求,或文件之间表面上不一致时,担保行可以拒绝接受这些文件。

保函项下的任何付款条款均应是书面规定,保函规定的其他文件也应是书面的。

6. 有效期条款

(1)保函生效日期。除非保函另有规定,否则保函自开立之日起生效。在预付金保函、履约保函和付款保函中,这意味着保函一旦生效,即使根据基础合同债务人履行合同义务的期限尚未到来,受益人也可以对担保行提出要求。为了避免这种风险,可以将保函的生效与担保的先决条件联系起来,或在保函中规定其生效条件。例如,保函规定:保函自订立之日起若干天后生效或者保函开立之日起若干天内受益人不得对担保提出索赔要求。在履约保函、维修和/或留置金保函中,在后一保函中加入生效条款,可以避免受益人同时就两个保函提出索赔要求。例如,维修保函中规定解除履约保函是维修保函生效条件。

(2)保函失效日期。在保函中应规定保函失效日期。具体方法有三种:①规定一个具体的日历日期为保函失效日期,这是最常用的方法;②将保函的有效期与基础合同直接联系起来。如将失效期限和基础合同的履行的期限或投标的期限协调起来,规定合同的履行的期限或投标的期限加上若干个日(月)为保函的失效期(根据基础合同的性质可以加上3～12个月不等)。有的保函规定为从开立之日起若干个日(月)内有效。这种方法不如前一种方法明确,容易对保函的有效期产生争议;③综合前两种方法,如规定保函在基础合同履行完毕再过若干日(月)终止,但最迟不迟于某一具体的日历日期,并以两者中的较早者为准。应避免使用仅仅规定在申请人履行了合约义务后保函失效的条款。因为在这种情况下,有可能出现由于受益人破产、倒闭等使得申请人无法履约而担保行的担保责任却无法得以解除的情况。

不管银行保函中是否规定失效条款,当保函退还给担保行或受益人书面声明解除担保行的责任时,则不管是否已将保函及其修改书还给担保行,都认为该保函已被取消。

(3)保函延期条款。投标保函与履约保函往往赋予受益人将保函有效期延长的权利,即经受益人要求,保函的有效期可以适当延长。在评标的日期或最后完成的期限难以预先确定时,或者受益人和申请人、担保人在保函的有效期难以达成一致意见的情况下,往往会使用延期条款。与受益人企图要求的无期限保函相比,延期条款有利于银行和申请人。但是,延期条款也可能使申请人处于一种危险境地,因为受益人经过请求可以使保函多次地延长。在见索即付保函中虽然没有延期条款,但申请人仍然可能因为受益人提出付款或延期的要求而面临相同的风险。

(4)退还保函条款。保函中应规定,保函到期后,受益人应将保函退回担保行。这样做既便于担保行办理注销手续,也避免发生不必要的纠纷。但在实践中,退还保函的条款有时难以奏效。如果在保函中有这样的条款,也应明确规定该条款与受益人的权利无关。

(5)失效期条款的欠缺。若保函中未规定失效期,除了例外情况,这意味着保函是无限期的。在某些特定情况下,也可能出现保函没有规定失效期。这些特殊情况是:以提交法院判决和裁决为付款条件的保函在开立时通常都不提及失效期,这是司法保函的一般实践;以税收机构和提供政府补助的机构为受益人的付款保函,以及为扩大信贷便利以其他银行为受益人的付款保函也可能是无期限的。在后一种情况下,保函通常规定,担保银行在向受益人发出通知后,经过一段合理的时间,可以撤销保函。这时,如果主债务人不能安排新的保函,受益人将不再继续给予先前授予主债务人的信贷便利。除了上述两种情况外,无期限的见索即付保函已经很少见了。这是因为受益人可以提出付款或延期的要求,或者在保函中直接加入延期条款,这就已经能够充分保护受益人的利益了。

(三)银行保函的作用

1. 提供担保

即在主债务人违约时给予债权人以资金上的补偿。在银行担保下,受益人获得支付的权利仅依赖于保函中规定的条款和条件。银行一旦同意开立独立性保函,担保银行就为主债务人承担了对受益人的一切义务。担保银行向受益人支付了保函的款项,就取得了对主债务人的立即追索权。因此,担保银行处于一种信贷风险中,它通常要求以补偿来降低这种风险,而不是作为一个保险人行事。这种补偿通常由申请人提供抵押或另一家银行为申请人提供反担保来实现。

2. 均衡当事人所承担的风险

从广义上说,特别是从主债务人和债权人的观点来看,银行保函代表了当事人承担的风险。当事人承担风险的程度或者范围取决于付款条件的类型。在见索即付保函(demand guarantee)下,受益人只需提供表面与保函要求一致的单据就可以得到付款,而担保银行作为值得信赖的金融机构,既因其信誉良好,也因为它有对主债务人的立即追索权,通常都会毫不延迟地付款。如果主债务人认为他自己已经正确履行了合同义务,那么他想重新取回已经支付的款项就会有相当的困难。比如,一个主债务人已经正确履行了合同,但受益人凭见索即付保函,通过提交与保函表面一致的单据,向担保行索偿并得到支付。主债务人因此向法院提起诉讼或向仲裁机构申请仲裁并胜诉,但面临着以下风险:判决或裁决因受益人是一个政府机构而得不到执行。相反,如果没有这种保函,若主债务人没有正确履行合同,受益人因此向法院提起诉讼或向仲裁机构提请仲裁并胜诉,受益人要承受判决或裁决因主债务人破产或者是一个政府机构而得不到执行的风险。

3. 见索即付保函的清偿功能

受益人认为主债务人违约时,通过提交与保函要求表面一致的单据就可以得到支付,而无需首先证实主债务人的违约。见索即付保函另一个非常重要的作用是能使受益人通过实现担保对债务人施加压力,使主债务人按照他的要求完成合同。这种持续的压力对主债务人来说是促使他迅速、充分地履行义务的强制性压力。

4. 作为一种融资工具

在主债务人需要向受益人支付预付款或进行中间付款时,银行保函可以作为替代品,起到暂缓付款的作用,从而等于向主债务人提供了融资的便利。

5. 见证作用

银行保函可以证明委托人的履约能力,从一开始就把不具备资格的人排除在外。因为提供保函就意味着不可撤销的付款承诺,所以,在对债务人(委托人)的资金实力和履约能力进行全面审查并得到满意的结果前,银行是不会轻易做付款承诺的,而不能得到银行为其开立保函的交易商也不会是一个值得依赖的贸易伙伴。

另外,世界银行、亚洲开发银行以及各国政府的贷款都以得到相应的担保为前提条件。这些贷款项下的项目,凡超过一定的金额,必须采用国际竞争性招标,无论国内或国际企业投标都要按招标书要求提交投标保函,中标签约时提供履约保函等。可见,银行保函已经成为国际贸易结算与融资的一个重要组成部分,在国际经济交易中发挥着重要作用。

二、备用信用证

(一)备用信用证的概念

备用信用证是开证行根据开证申请人的申请,以自己的名义向受益人开立的承诺承担某种责任的凭证,以保证货款或预付款在到期或违约时,或某一不确定事件发生或不发生时,对受益人履行所规定责任的信用证。即,在开证申请人未能履行合同规定其应履行的责任时,受益人可提示备用信用证规定的单据(如汇票索款要求、所有权凭证、投资担保、发票、违约证明等)或证明文件,从开证行得到其承诺的偿付。

备用信用证虽然带有信用证的名义,也确实是以开证银行的信用加强交易的可信程度,但是,其性质则更贴近于银行保函。正因此,联合国才将备用信用证与独立保函一并制定公约。也正因此,备用信用证又称担保信用证或保证信用证(guarantee letter of credit)。

(二)备用信用证的性质

根据国际商会于1998年4月6日正式颁布、并自1999年1月1日生效的第590号出版物《国际备用信用证惯例》(International Standby Practices 1998—ISP98)，备用信用证的性质如下：

1. 不可撤销性

除非信用证另有规定，否则，备用信用证一经开立，在其有效期内，未经受益人的同意，开证行不能单方面地修改或撤销其在该备用信用证下的责任。

2. 独立性

开证行对受益人的义务，不受任何适用的协议、惯例和法律下，开证行对受益人的权利和义务的影响。

3. 跟单性

备用信用证的办理以该备用信用证规定的单据为对象。备用信用证与跟单信用证是一致的，不过，跟单信用证只适用于有形商品贸易，不同种类的跟单信用证所要求受益人提交的单据可能存在某些差别，如应开证申请人的要求，受益人开立汇票与否，或汇票的付款期限可能有所不同；保险单据的提供与否取决于交易选择价格术语的不同；检验证书的种类取决于商品的种类及进口国的法律规定等等；但是，基本的单据如商业发票、运输单据等则是必然要求的。然而，备用信用证由于适用的范围很广，因此所要求的单据彼此差别可能很大。

4. 强制性

备用信用证一经开立，开证人即受其强制性约束，而不论开证人有否向开证申请人收取或收足开证保证金或其他形式的某种担保，也不论受益人是否收到该备用信用证。

备用信用证的这些基本性质与跟单信用证的性质基本相同。正因此，国际商会的连续三个版本的《跟单信用证统一惯例》都规定了该惯例"适用于所有在其文本中明确表明受本惯例约束的跟单信用证，在其可适用的范围内，包括备用信用证"。

三、国际保理

(一)国际保理的概念

国际保理(international factoring)是指在国际贸易中出口商以赊销(O/A)、承兑交单(D/A)等信用方式向进口商销售非资本性货物时，由出口保理商和进口保理商共同提供的一项集出口贸易融资、销售账务处理、收取应收账款、买方信用调查与担保等内容为一体的综合性金融服务。在我国，这一业务又称保付代理、托收保理、承购应收账款等。

(二)国际保理业务的当事人

国际保理业务的当事人有四个：

1. 销售商(seller)

即国际贸易中的出口商，对所提供货物和服务出具发票，将以商业发票表示的应收账款转让给保理商叙做保理业务。

2. 债务人(debtor)

即国际贸易中的进口商，对由提供货物或服务所产生的应收账款负有付款责任。

3. 出口保理商(export factor)

出口保理商是根据保理协议接受供应商转让账款的一方。出口保理商按照出口商申请书内容填制《信用额度申请书》并提交有代理关系的进口保理商,代出口商向进口保理商申请额度。若进口保理商批准出口保理商所申请的额度,出口保理商即与出口商签发出口保理协议。

4. 进口保理商(import factor)

根据与出口保理商的协议,为出口保理商就近调查进口商的资信,并依调查情况提出进口商的信用额度,在该额度内代收已由出口保理商转让过来的应收账款,并有义务支付该项账款的一方。

出口商以商业信用形式出卖商品,在货物装船后即将应收账款无追索权地转卖给保理商,从而使出口商的部分或全部应收款立即转换成现金,实际上是将出口应收款贴现,或者说是将出口应收账款卖断给出口保理商。因此,保理业务从保理商角度又称承购应收账款。

在国际市场竞争越来越激烈的情况下,出口商为了争得买主,必须在产品、价格和付款条件等诸多方面具有竞争力。就付款条件而言,在信用证(L/C)、付款交单(D/P)、承兑交单(D/A)和赊销(O/A)中,最受进口商欢迎的莫如D/A和O/A支付方式。但在这两种支付方式下,出口商承担的风险太大,出口商往往因此而不愿接受,从而失去贸易成交的机会。这就需要国际保理机构提供信用风险担保和融资,使进出口双方顺利达成交易。因此,国际保理业务一般是在赊销或托收方式下,为出口商提供信用担保和融资而进行的。

出口商求助于保理商承购出口货物款项有多种原因,特别是那些公司规模不够大,在国外没有设立信贷托收部,或公司的出口地分散,或公司从事不定期的出口等,使公司内部组织应收账款的托收有困难,因此寻找保理商便于避免风险,及时收回货款。国际保理对于扩大出口极为有利。

(三)国际保理的功能

1. 信用控制(credit control)

在国际贸易中,掌握客户的资信状况是为了避免和减少潜在的收汇风险。不仅需要掌握新客户资信情况,对于长期的和经常性的老客户也要密切关注其资信变化。一般中小公司有几个至几十个这样的老客户,而大公司则可以有几百个之多。跟踪调查这些客户资信,根据变化情况制定切合实际的信用销售定额和采取必要的防范措施,对公司来说极为重要。但真正做到这一点却不是那么容易的,除非公司有四通八达、渠道畅通的信息网来收集信息,并了解各客户所在国的外汇管制、外贸体系、金融政策、国家政局等方面的变化,因为这些因素都直接影响客户资信或支付能力。保理商可以解决这个问题。保理商既可以利用全球保理行业广泛的代理网络和官方及民间的商情咨询机构,也可以利用其母银行广泛的分支和代理网络,从而通过多种渠道和手段获取所需要的最新的可靠资料。而且,保理公司一般都设有专门的信息部门,拥有训练有素的专业人才,负责收集研究有关各国政治、经济和市场变化的信息资料。这就使保理商具有一般出口商所没有的优势,能够随时了解出口商每个客户的资信现状和清偿能力,使出口商在给予进口商商业信用时有所依据,确保对该客户的赊销能够得到顺利支付。

2. 出口贸易融资(trade financing)

保理业务最大的优点是可以为出口商提供无追索权的贸易融资,且手续方便、简单易行,既不像信用放款那样需要办理复杂的审批手续,也不像抵押放款那样需要办理抵押品的移交和过户手续。在出口商卖断单据后,能够立即预支货款,得到资金融通。若出口商资金雄厚,也可在票据到期后再向保理公司索要货款。一般保理商在票据到期日前预付给出口商80%～

90%的货款(扣除融资利息),这样就基本解决了在途和信用销售的资金占用问题。若出口商将单据卖断给保理公司,就意味着一旦进口商拒付货款或不按期付款,保理公司只能自己承担全部风险,而不能向出口商行使追索权,因此,出口商可以将这种预付款按正常的销售收入对待,而不必像对待银行贷款那样作为自己的负债。由此改善了表示公司清偿能力的主要参数之一的流动比率(流动资产与短期负债之比),有助于提高公司的资信等级和清偿能力。

3. 收取应收账款(collection from debtor)

放账销售或提供买方信用已成为国际市场竞争的必要手段,但随之而来的就是应收账款的回收和追讨。我国一些大的外贸公司自己组织对应收账款的催收,还有专门成立了"清欠办公室",常年专门从事追账工作。有的企业由于拖欠数额巨大,这方面的人员就占全员的很大比重。而更多的出口商则难以有足够的力量追讨应收账款。面对海外的应收账款,由于在地区、语言、法律、贸易习惯等等方面的差异,出口商往往心有余而力不足。因此,借助专业追账机构追讨债款,有时非常必要。国际保理就能提供这种专业服务。这方面,保理商具有四大优势:(1)专业优势,包括专门的技巧、方法和专业的人员;(2)全球网络优势,利用国际保理商联合会广泛的代理网络,在全世界多数国家和地区都有自己的合作伙伴;(3)资信优势,除了自身有良好的信誉外,能有效监督债务人的资信状况;(4)法律方面优势,与世界各地的律师机构和仲裁机构都有较密切的联系,能够随时提供一流的律师服务,对处理这类事务得心应手。因此,帮助企业进行国际商务账款的信用管理,是国际保理的一个重要服务项目。企业与保理商签订长期的委托合同,开展国际信用管理的长期合作,是目前国际上的一种发展趋势。

4. 销售账务处理(maintenance of the sales ledger)

出口商将应收账款转让给保理商后,有关的账目管理工作也移交给了保理商。由于保理商一般是商业银行的附属机构,或是与商业银行关系密切的机构。商业银行作为公共会计历史悠久,拥有最完善的财务管理制度、先进技术、丰富经验和良好装备,能够提供高效率的社会化服务。保理商同样具备商业银行的上述各种有利条件,完全有能力向客户提供优良的账务管理服务。出口商将售后账务管理交给保理商代理后,可以减少财务管理人员及相应的开支和费用,集中精力于生产经营和销售。特别是一些中小企业,或者一些具有季节性的出口企业,每年出口时间相对集中,最忙的时候往往感到人员紧张,于是可以委托保理商帮助企业承办此项工作。出口商只需管理与保理商往来的总账,不必管理具体的各类销售分户账目。保理商的账务管理是专业化的、综合的,还可以根据出口商的需要,制定编制按产品、客户、时间的销售分账户统计资料,供出口商做销售预测分析。

5. 买方信用担保(full protection against bad debts)

保理商根据对出口商的每个客户资信调查的结果,逐一规定出口商对客户赊销的信用额度(credit limit),或称信用限额。出口商在保理商核准的信用额度范围内的销售,叫作已核准应收账款(approved receivables),超过额度部分的销售,叫作未核准应收账款(unapproved receivables)。保理商对已核准应收账款提供百分之百的坏账担保。如进口商因财务上无偿付能力或企业倒闭、破产等原因而导致不能履行合同规定的付款义务,保理商承担偿付责任。已经预付的款项不能要求出口商退款,尚未结清的余额也必须按约定照常支付,其损失只能用保理商承担。因此,只要出口商将对客户的销售控制在已核准额度以内就能有效地消除由买方信用造成的坏账风险。但出口商必须保证这一应收账款是正当的、毫无争议的债务求偿权,即出口商必须保证其出售的商品或提供的服务完全符合贸易合同规定、无产品质量、数量、服务水平、交货期限等方面的争议。因出口商违反合同引起贸易纠纷而造成的坏账不在保理商的担保赔偿范围之内。

四、福费廷

(一)福费廷的概念

福费廷(forfaiting)方式又称包买票据或票据包购,福费廷是源自法语"a Forfait"的 forfaiting 的音译,意谓"让权利予他人",或者"放弃权利"、"放弃追索权"。具体地说,福费廷是票据的持有者(通常是出口商)将其持有的、并经进口商承兑和进口方银行担保的票据无追索权地转让给票据包买商(福费廷融资商)以提前获得现金,而福费廷融资商在票据到期时向承兑人提示要求付款。福费廷融资商通常是商业银行或其附属机构,所使用的票据通常是出口商开立的汇票,或者进口商开立的本票。若是前者,需要进口商承兑和进口地银行的担保;若是后者,则只需进口地银行担保。票据的付款期限通常是半年到3~5年。

福费廷业务主要用于金额大、付款期限较长的大型设备或大宗耐用消费品的交易中。选择福费廷方式办理结算,在进出口商洽商交易时,应就这一结算方式取得一致意见。

(二)福费廷业务的主要当事人

1. 出口商(exporter)

出口商在福费廷业务中向进口商提供商品或服务、并向福费廷融资商无追索权地出售有关结算的票据的当事人。这些票据既可能是出口商自己出具的汇票,也可能是进口商出具的本票。

2. 进口商(importer)

进口商既是以赊购方式接受出口商所提供的商品或服务,并以出具本票或承兑出口商出具的汇票而承担票据到期付款的当事人。

3. 福费廷融资商(forfaiter)

福费廷融资商又称包买商,即为出口商提供福费廷融资的商业银行或其他金融机构。融资商在无追索权地买进出口商提交的票据以向出口商融资后,即获得届时向进口商追讨票款的权利,同时也承担了届时无法从进口商得到偿付的风险。若某一项福费廷业务金额很大,单一融资商无力承担,或者顾虑风险太大,则可能联系多个融资商组成福费廷辛迪加(fForfaiting syndicate),联合承担该项福费廷的融资业务,按商定的比例,各自出资、获得收益和承担风险。

在融资商需要加速自己资金周转,或者减少所承担的风险,或者市场利率水平下降致使原先购入的票据价格上涨,及时出售可获得较多收益的情况下,融资商也可能转让原先购入的票据。这种情况下,转让出票据的融资商就称为"初级融资商(primary forfaiter)",而受让票据的融资商就称为"二级融资商(secondary forfaiter)"。

4. 担保人(guarantor)

担保人又称保付人,是指为进口商能按时付款做出担保的当事人,通常是进口商所在地的大商业银行。担保人的介入,是因为仅仅凭进口商本身的承诺(无论是进口商开立本票,还是进口商承兑出口商开立的汇票),要支持一项福费廷业务的顺利进行,都显得不足,因此需要资金更为雄厚的银行提供担保。担保的形式可以是银行保函或备用信用证,也可以由担保人在福费廷业务所使用的票据上加具保证。两相比较,后者更为简捷方便。银行在福费廷使用的票据上加具保证,被称为"保付签字(aval)",aval源自法语,银行在有关票据上注明"aval"字样及被担保人的名称,并签名后,被称为保付人(avalist)。保付人就成为所保付票据的主债务人。保付人的介入,提高了福费廷业务中票据的可靠性,降低了融资商的风险,使福费廷业务能得以较顺利进行。

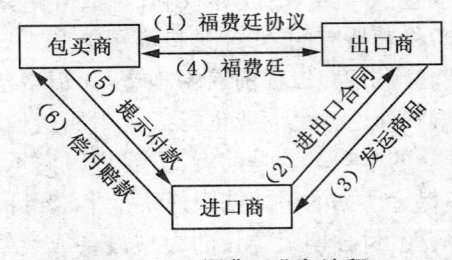

(三)福费廷业务流程

福费廷业务流程如图5-6所示。

图5-6 福费廷业务流程

(1)签订进出口合同与福费廷合同,同时进口商申请银行担保。

(2)出口商发货,并将单据和汇票寄给进口商。

(3)进口商将自己承兑的汇票或开立的本票交给银行要求担保。银行同意担保后,担保函和承兑后的汇票或本票由担保行寄给出口商。

(4)出口商将全套出口单据(物权凭证)交给包买商,并提供进出口合同、营业执照、近期财务报表等材料;收到开证行有效承兑后,包买商扣除利息及相关费用后贴现票据,无追索权地将款项支付给出口商。

(5)包买商将包买票据经过担保行同意向进口商提示付款。

(6)进口商付款给担保行,担保行扣除费用后把剩余货款交给包买商。

(四)福费廷方式的特点

1. 无追索权

融资商从出口商处购得票据属于买断性质,是没有追索权的。因此,融资商承担了福费廷业务中的最大的风险。为了有效地防范风险,融资商必须严格审查有关票据及其中的签名的真实性,对担保银行也应有相应的要求,对向出口商贴现票据时所用的贴现率也要慎重计算后确定。

2. 中长期融资

福费廷业务是使用资本性货物贸易或服务贸易的中长期融资。融资期限一般为三至七年,而以五年左右居多,最长的可达十年。由于期限长,为了融资商能较好地收回资金,往往根据融资期限的长短,分成若干期办理款项收付,如五年期融资,则分为十期,则出口商开立付款期限不等的十张远期汇票,相邻的两期付款时间间隔半年;或者由进口商开立付款期限不等的十张远期本票,相邻的两期本票的付款时间间隔半年。若以银行保函为进口商担保,则银行保函的有效期也应与融资期限相适应。

3. 固定利率

虽然融资商最初向出口商报出的购买票据的贴现率只是供出口商考虑的参考价,对融资商本身不带有约束力,但是这项参考价是融资商根据其工作经验及综合该项交易的有关各方面情况后提出的,还是有很大的可信度。若没有新的大变动情况,则随后融资商与出口商之间的有关福费廷业务的合同也就以该贴现率为实际采用的贴现率。由于融资商从出口商购买票据属于买断性质,即使以后市场利率发生变化,这项贴现率也不再改变。因此,在福费廷业务中,出口商在卖出票据时的利率是固定的,由此而提高向进口商报出的商品价格也是固定的。这一情况有利于进、出口商事先就能明确把握交易的这方面成本。

4. 批发性融资

福费廷业务既是使用于资本性货物的交易,则成交的金额往往都比较大,一般都在50万美元以上。尽管金额大,出口商在货物出口后,将合格的票据交给融资商,就可以不被追索地得到货款被扣减了贴息后的全部余额。而不像在保理业务中,出口商在出运货物后,向保理商提交全套单据后,即时得到的只是全部货款的约80%左右的款项,其余的款项须等保理商从进口商收回货款后才能支付给出口商。

5. 手续比较简便

福费廷业务使用汇票或本票,手续比较简便。由于有真实的交易为依托,出口商得到融资商的融资,要比申请银行贷款容易。

6. 主要运用于资本性商品和大宗耐用消费品交易

选择福费廷方式融资,出口商要将贴现利息、选择费和承担费等都计入商品的报价中,才能保证自己的预期收益,因此,报价往往较高。对于成交金额小、成交至实际交货时间短的交易来说,这显然不可取,而且成交金额小,出口商即使需要融资,也完全可以通过其他成本更低的方式实现。因此,福费廷方式主要运用于资本性商品和大宗耐用消费品交易,因为这些交易通常成交金额大,从成交到实际交货时间长,出口商对融资的要求也比较迫切。对于市场价格波动剧烈的商品,由于融资风险大,融资商往往不愿提供交易融资。很容易买到的、缺少差异性的商品,进口商也不愿选择福费廷方式以较高的价格购进。因此,这两类商品通常不会成为福费廷方式下成交的商品。

(五)福费廷业务对当事人的主要作用

1. 对出口商的作用

(1)最大限度地降低了出口商的汇率风险和利率风险。福费廷业务使出口商本来只能远期收回的货款,不被追索地在货物出口后不久就能收回,这就使出口商避免了相应的汇率风险和利率风险。出口商虽然在将票据出售给融资商时承担了票据的贴现利息、承担费等费用,但这些费用都是在出口商与进口商达成交易合同之前已初步确定,这就使得出口商可以将这些费用成本计入货物的价款,从而转移给进口商。

(2)最大限度地消除了出口商的国家风险和信用风险。由于福费廷业务在前期的大量工作和货物出运后的较短时间内,即可以得到进口商承诺付款和进口地银行保证的票据,向融资商办理无追索权的出售,出口商在该项交易中所承担的进口国的国家风险和进口商以至担保银行的信用风险也就降到最低限度。

(3)能有效地落实进口商的分期付款,有利于拓展资本密集型商品的出口。资本密集型商品的交易起点金额高,处理好进口商的分期付款问题——既解决进口商资金不足,需要在获得并运用资本货物的过程中能产生收益来逐步偿还货物的价款,又能使出口商能有效地降低由于延期和分期收款而带来的汇率风险、利率风险、国家风险和信用风险等一系列风险,成为交易能否成功的关键。福费廷业务方式既然能有效地解决这一系列问题,也就有利于资本密集型货物的国际交易的达成。

(4)有利于出口商的流动资金周转,并改善出口商的资产负债状况。福费廷业务方式能使出口商在出口货物后,尽快收回货款,从而加速了出口商的流动资金周转,使其有效地避免大量流动资金被占压在待收项目下,以及大量借用银行贷款。在国家实行出口退税制度下,资本货物通常是出口退税的支持重点。福费廷方式能让出口商尽快收回货款,也就能尽快地办理出口退税手续,得到退税款。因此,这两方面都能大大改善出口商的资产负债状况。

(5)有利于出口商保持其商业秘密。出口商在生产和出口资本密集型商品的过程中往往需要银行提供流动资金的支持。申请银行贷款是通常选择的方式之一,但手续可能比较复杂,而且需要办理公开登记等一系列手续。采用福费廷方式,相对手续简单,融资商应对出口商及其交易情况保密。因此,采用福费廷方式有利于出口商保持其商业秘密。

(6)福费廷方式将使出口商提高其出口商品的对外报价以转嫁贴息等多项费用的成本,对此,出口商应考虑加强其商品的非价格竞争力。由于福费廷方式中,融资商将是各种风险的最终承担者,他必然要通过必要地提高贴现率以及收取上述的多项费用等方式防范风险。这些费用将由出口商直接承担。虽然出口商可以通过提高其出口商品的价格来转移成本负担,但过多地提高商品价格也就降低了商品的价格竞争力。为了弥补这一点,出口商就必须通过提高商品的品质、扩大商品的广告宣传和加强商品的售后服务等非价格竞争力,以争取和维护其市场。

(7)出口商应有必要的措施保证有关汇票上进口商的承兑或进口商开立本票的真实有效,以及银行担保的有效,否则,就得不到免除被追索的保障。

2. 对进口商的作用

(1)福费廷方式可使进口商的分期付款安排得到出口商的接受,从而克服了进口商现汇不足又需要进口资本密集型商品的矛盾。

(2)福费廷方式下,融资商对票据的贴现是按固定贴现率计算贴息的,因此,出口商通过价格调整转嫁给进口商的贴息负担也是按固定贴现率计算的。换言之,进口商在分期付款条件下,由此事实上也得到了固定利率的融资,避免了融资期间的利率风险。

(3)在福费廷方式中,以进口商开立的本票(若该国法律允许进口商开立本票)可以比出口商开立汇票更为方便。就总体手续来看,福费廷方式也比使用买方信贷简便。

(4)使用福费廷方式,如前所述,出口商将其承担的多项费用计入货物价格而转移给进口商;进口商还要因申请当地大银行的担保,而增加交付给大银行的担保费或者抵押物,由此增加进口商的负担。银行为进口商提供担保,要占用担保银行对进口商的授信额度,也可能缩小进口商进一步向银行申请融资的空间。

(5)福费廷方式是以进口商承兑的汇票或进口商开立的本票为债权、债务的凭证,从票据法律关系来说,进口商对此已无可推脱的责任。因此,如果进口商认为出口商交付的货物存在某些问题,就不能以拒付货款的方式与出口商交涉。这就可能使进口商感到被动。为了避免这种情况的出现,在进出口商双方洽商合同时,进口商就应考虑提出,在合同中规定,合同货款的一定比例,如10%~15%作为"留置金",不列入福费廷的结算范围。留置金需待进口商检验商品合格后,才支付给出口商。

3. 对融资商的作用

(1)固定的贴现率使融资商可以较好地规避市场利率下降的风险。

(2)福费廷业务多为中长期融资,即使贴现率较低,由于融资的时间较长,融资商仍可获得比较可观而稳定的收益。

(3)在有可靠的银行保证和持有有效的票据的条件下,若市场利率水平有所变化,融资商可以通过票据的再贴现,在二级市场转让出原先买进的票据,以及时回收和周转资金。

(4)在买进的票据是有效的情况下,融资商对出口商没有追索权。这使得融资商承担了较大的汇率、利率、国家和进口商、担保银行的信用风险。为规避风险,融资商应对进口国的有关票据、银行业务、外汇管理、进出口贸易管理等法律法规以至经济发展等多方面情况有足够的了解。同时,根据对风险的分析和判断,对票据的贴现率以及承担费等费用的收取方面,要有比较充分的考虑和计算。

(5)福费廷的融资商不能对担保银行或进口商采取"加速还款"的方法。在分期还款的商业贷款中,若借款人对其中某期贷款不能按时归还本息,银行可以要求借款人的当期和随后各期的贷款本息立即归还,否则可申请法院的强制执行。这种安排被称为"加速还款"。但福费廷业务中,如果出现担保银行或进口商对某到期票据不能按时偿还,融资商不能对还未到期的票据采取"加速还款"的措施。这就可能加大融资商的风险。

4. 对担保银行的作用

由于福费廷业务的手续比银行贷款等都来得简便,银行在决定是否为进口商提供担保,只要审查进口商的资信即可。而福费廷业务一般时间较长,担保金额较大,担保银行向进口商收取的担保费也可以比较多。在进口商能如约履行其最终付款责任的情况下,这些担保费就成为担保银行的收入。但是,由于担保银行承担着对所担保票据的无条件付款的责任,为了规避风险,担保银行应密切关注被担保人的经营动向。

应知考核

一、单项选择题

1. 在信用证结算方式,银行保证向受益人履行付款义务的条件是(　　)。
   A. 受益人按期履行合同　　　　　　B. 受益人按信用证规定交货
   C. 受益人提交符合信用证要求的单据　D. 开证申请人付款赎单

2. 信用证的汇票条款注明"drawn on us",则汇票的付款人是(　　)。
   A. 开证申请人　　B. 开证行　　C. 议付行　　D. 受益人

3. 如果信用证的有效期是3月30日,而实际装运日是3月1日,则最迟交单日为(　　)。
   A. 3月22日　　B. 3月30日　　C. AB两个日期均可　　D. 3月15日

4. 根据UCP600的规定,可转让信用证可以转让(　　)。
   A. 一次　　B. 二次　　C. 多次　　D. 没有明确规定

5. 按照UCP600的规定,受益人最后向银行交单议付的期限是不迟于提单签发日后(　　)。
   A. 11天　　B. 15天　　C. 21天　　D. 25天

6. 在信用证结算方式,银行保证向受益人履行付款义务的条件是( )。
   A. 受益人按期履行合同　　　　　　B. 受益人按信用证规定交货
   C. 受益人提交符合信用证要求的单据　D. 开证申请人付款赎单
7. 信用证的汇票条款注明"drawn on us",则汇票的付款人是( )。
   A. 开证申请人　　B. 开证行　　C. 议付行　　D. 受益人
8. 如果信用证的有效期是3月30日,而实际装运日是3月1日,则最迟交单日为( )。
   A. 3月22日　　B. 3月30日　　C. AB两个日期均可　　D. 3月15日
9. 根据UCP600的规定,可转让信用证可以转让( )。
   A. 一次　　B. 二次　　C. 多次　　D. 没有明确规定
10. 按照UCP600的规定,受益人最后向银行交单议付的期限是不迟于提单签发日后( )。
    A. 11天　　B. 15天　　C. 21天　　D. 25天

二、多项选择题

1. 在国际贸易中,常用于中间商转售货物交易的信用证是( )。
   A. 对背信用证　　B. 对开信用证　　C. 可撤销信用证　　D. 可转让信用证
   E. 循环信用证
2. 某信用证每期用完一定金额后即可自动恢复到原来金额使用,无须等待开证行的通知,这份信用证是( )。
   A. 自动循环信用证　　　　B. 非自动循环信用证
   C. 半自动循环信用证　　　D. 按时间循环信用证
3. 审核信用证的依据是( )
   A. 开证申请书　　B. 合同　　C. UCP600的规定　　D. 发票
4. 信用证结算方式所涉及的主要当事人有( )。
   A. 受益人　　B. 开证行　　C. 通知行　　D. 议付行
5. 开证行的责任包括( )。
   A. 第一性付款责任　　　　B. 审查单据与信用证是否一致
   C、审查单据与货物是否一致　D. 按照申请人指示开证

三、思考与讨论

1. 简述信用证的开证形式与主要内容。
2. 简述银行保函的主要内容。
3. 简述备用信用证的性质。
4. 简述国际保理的功能。
5. 简述福费廷业务流程。

应会考核

■技能案例

1. 我国某进口公司从英国进口一批精密仪器,货到中国口岸以后,发现存在较为严重的质量问题,进口公司遂要求开证行拒绝付款,但开证行以受益人提交的单据符合信用证规定为由拒绝了该出口公司的要求,并对受益人支付了货款。请问开证行的做法是否正确?为什么?

2. 我某丝绸进出口公司向中东某国出口丝绸制品一批,合同规定:出口数量为2 100箱,价格为2 500美元/箱CIF中东某港,5~7月份分三批装运,即期不可撤销信用证付款,买方应在装运月份开始前30天将信用证开抵卖方,其中汇票条款载有"汇票付款人为开证行/开证申请人"字样。我方在收到信用证后未留意该条款,即组织生产并装运,待制作好结汇单据到付款银行结汇时,付款银行以开证申请人不同意付款为由拒绝付款。

请问:
1. 付款银行的做法有无道理?为什么?
2. 我方的失误在哪里?

■项目实训

【实训项目】

审核信用证

【实训情境】

2015年6月20日,上海华联皮革制品有限公司(SHANGHAI HUALIAN LEATHER GOODS CO., LTD. 156 CHANGXING ROAD, SHANGHAI, CHINA)向 SVS DESIGN PLUS CO., LTD. 1-509 HANNAMDONG YOUNGSAN-KU, SEOUL, KOREA 出口 DOUBLE FACE SHEEPSKIN 一批,达成以下主要合同条款:

1. Commodity: DOUBLE FACE SHEEPSKIN
  COLOUR CHESTNUT
2. Quantity: 3175.25SQFT(平方英尺)
3. PACKING: IN CARTONS
4. Unit Price: USD7.40/SQFT CIF SEOUL
5. Amount: USD23 496.85
6. Time of shipment: During NOV. 2015
   Port of Loading: SHANGHAI, CHINA
   Port of Destination: SEOUL, KOREA
   Partial shipment: ALLOWED
   Transshipment: PROHIBITED
7. Insurance: TO BE COVERED BY THE SELLER FOR 110% INVOICE VALUE COVERING
   ALL RISK AND WAR RISK AS PER CIC OF THE PICC DATED 01/01/1981
8. Payment: BY IRREVOCABLE LETTER OF CREDIT AT 45 DAYS SIGHT TO

REACH

THE SELLER NOT LATER THAN JUNE 24, 2015, VALID FOR NEGOTIATION

IN CHINA UNTIL THE 15TH DAY AFTER TIME OF SHIPMENT

Document: (1)SIGNED COMMERCIAL INVOICE IN 3 FOLD.

(2)SIGNED PACKING LIST IN 3 FOLD.

(3)FULL SET OF CLEAN ON BOARD OCEAN B/L IN 3/3ORIGINALS ISSUED

TO ORDER AND BLANK ENDORSED MARKED "FREIGHT PREPAID" AND

NOTIFY THE APPLICANYT.

(4)CERTIFICATE OF ORIGIN IN 1 ORIGINAL AND 1 COPY ISSUED BY THE

CHAMBER OF COMMERCE IN CHINA

(5)INSURANCE POLICY/CERTIFICATE IN DUPLICATE ENDORSED IN BLANK

FOR 110% INVOICE VALUE COVERING ALL RISK S AND WAR RISKS OF

CIC OF PICC (1/1/1981). SHOWING THE CLAIMING CURRENCY IS THE

SAME AS THE CURRENCY OF CREDIT

相关资料：

(1)信用证号码：MO722111057

(2)合同号码：HL20150315

SVS DESIGN PLUS CO., LTD 国际商务单证员金浩于2015年6月23日向KOOKMIN BANK, SEOUL, KOREA 办理申请电开信用证手续，通知行是 BANK OF CHINA, SHANGHAI BEANCH

【实训任务】

根据背景资料和相关资料指出下列开证申请书中错误的地方。

IRREVOCABLE DOCUMENTARY CREDIT APPLICATION

TO: BANK OF CHINA   Date: JUNE 25, 2015

Beneficiary (full name and address) SVS DESIGN PLUS CO., LTD. 1-509 HANNAMDONG YOUNGSAN-KU, SEOUL, KOREA	L/C No. MO722111059
	Contract No. HL20150315
	Date and place of expiry of the credit NOV. 15, 2015 in CHINA
Partial shipment not allowed	Transshipment allowed	Issued by teletransmission (which shall be the operative instrument)
Loading on board/dispatch/taking in charge at/from SEOUL, KOREA Not late than OCT. 31, 2015 For transportation to SHANGHAI, CHINA	Amount (both in figures and words) EUR23496.85 SAY EURO TWENTY THREE THOUSAND FOUR HUNDRED NINETY SIX POINT EIGHTY FIVE ONLY
Description of goods: DOUBLE FACE SHEEPSKIN COLOUR CHESTNUT 3175.25PCS Packing: IN GUNNY BAGS	Credit available with ANY BANK IN CHINA by negotiation against the documents detailed herein and beneficiary's draft for 100% of the invoice value AT SIGHT drawn on US.
	CFR

Documents required: (marked with ×)
1. (×) Signed Commercial invoice in 5 copies indicating invoice No., contract No.
2. (×) Full set of clean on board ocean Bill of Lading made out to order of issuing bank and blank endorsed, marked "freight" (×) to collect / ( ) prepaid showing freight amount notify the applicant.
3. (×) Insurance Policy / Certificate in 2 copies for 120% of the invoice value showing claims payable in China in currency of the draft, blank endorsed, covering (×) Ocean Marine Transportation / ( ) Air Transportation / ( ) Over Land transportation All risks.
4. (×) Packing List / Weight Memo in 5 copies indication quantity /gross and net weights for each package and packing conditions as called for by the L/C.
5. ( ) Certificate of Quantity / Weight in _____ copies issued by an independent surveyor at the loading port, indicating the actual surveyed quantity / weight of shipped goods as well as the packing condition.
6. ( ) Certificate of Quality in _____ copies issued by ( ) manufacturer / ( ) public recognized surveyor / ( ) .
7. ( ) Beneficiary's Certified copy of FAX dispatched to the accountee within _____ after shipment advising ( ) name of vessel / ( ) date, quantity, weight and value of shipment.
8. ( ) Beneficiary's Certificate certifying that extra copies of the documents have been dispatched according to the contract terms.
9. ( ) Shipping Company's Certificate attesting that the carrying vessel is chartered or booked by accountee or their shipping agents.
10. (×) Other documents, if any: a) Certificate of Origin in 3 copies issued by authorized institution.

Additional Instructions:
....
Advising bank:
KOOKMIN BANK, SEOUL, KOREA

项目六 国际结算中的商业单据

知识目标
理解：各种国际结算商业单据的概念和作用。
熟知：国际结算中各种商业单据的内容。
掌握：国际结算中各种商业单据的制作及单据的填写规范。

技能目标
学生能够掌握国际结算中各种商业单据的样式，能对其内容按照规范的方法进行填写，合理地运用单据的审核方法、要点与处理方法。

能力目标
学生能够明确国际结算中各种商业票据在国际贸易和国际金融领域等经济领域的重要性。

教学目标
教师要培养学生实际的动手操作能力来缮制商业单据，能够分辨出各种商业单据，并能够理解商业单据在国际结算中的应用及其在操作中的注意事项。

项目案例
我国青岛某出口公司收到一份国外开来的信用证，在审核信用证无误后，青岛出口公司按信用证规定将5 000吨钢材装船起运，就在其将单据送交当地银行议付之际，突然接到开证行通知，称开证申请人已经破产倒闭，因此开证行不再承担付款责任。问：出口公司应如何处理？为什么？

分析：
该出口公司应继续交单并要求银行对合格的单据履行付款之责。按照UCP600的相关规定，信用证属于银行信用，由开证行承担第一性的付款责任。开证行的付款责任独立于开证申请人之外，不因开证申请人的破产倒闭或拒付而免责。该案例中，开证申请人虽已破产倒闭，但只要开证行依然存在，就必须根据信用证的约定凭受益人提交的相符的单据付款，而不能免责。

知识支撑

任务一 商业发票

一、商业发票的概念及其作用

(一)商业发票的概念

商业发票(commercial invoice)简称发票(invoice),是在货物装出时,卖方开立的凭以向买方索取货款的价目清单和对整个交易和货物有关内容的总体说明。它是买卖双方收付货款、记账、收发货物、清关、纳税、报验时的依据,也是买卖双方索赔、理赔以及保险索赔的依据,更是进出口报关完税必不可少的单据之一,同时还是办理贸促会产地证、GSP 产地证时,作为凭证由签署机关留存的单据。

(二)商业发票的作用

(1)出口方出运商品的总说明。在涉及商品种类、规格较多的情况下,是出运商品的品种、规格、单价、数量、货款的明细单。

(2)出口方向进口方索取所提供的商品、服务价款的单据。

(3)进、出口双方记账的依据。以发票记载情况作为财务记账的依据是各国工商企业的普遍做法。因此,商业发票上必须有关于所装运货物价值的详细计算过程。

(4)进、出口方报关和依法缴纳关税的依据。世界上绝大部分国家海关都是根据商业发票上的记载事项(如货物种类、规格、数量、价值、产地等)来计征关税。

(5)必要时(如:在不使用汇票的情况下——即期付款交单托收、即期付款信用证、延期付款信用证、议付信用证等情况下),进口商为了规避其国内印花税的负担,往往要求出口商不出具汇票,此时,以商业发票作为要求进口方付款的单据。

(6)进口方核对出口方所交付货物是否符合合同/信用证规定的依据之一。

(7)在发生需索赔情况时,作为索赔方向理赔方提交的单据之一。

(8)全套商品单据的中心,在信用证业务中,要以商业发票作为中心,对其他商品单据做横向审查。

由于商业发票的特殊作用,在国际贸易中,商业发票通常是被要求提交份数最多的单据,在外汇短缺、对进口管制严格的一些发展中国家尤其如此。

二、商业发票的主要内容

不同的出口商所提供的商业发票形式上往往各不相同;针对不同的交易标的,商业发票也可能有一定的差别。尽管如此,商业发票的基本内容还是比较一致的。通常可将商业发票的内容分成首文、本文和结文三个部分。

(一)商业发票的首文部分

(1)注明"商业发票(Commercial Invoice)"字样,在实务中常省略"商业(Commercial)"字样,而仅注明"发票(Invoice)"。

(2)出口商的名称、地址、电传号码等;在信用证结算方式中,应是信用证的受益人;若是可转让信用证,并且已被转让,在第一受益人又不拟以自己的发票取代第二受益人的发票时,也可以向银行提交由第二受益人签发的商业发票。

(3)进口商的名称、地址等,通常被称为发票的"抬头";在信用证结算方式中,发票的抬头通常是信用证的开证申请人,除非信用证另有规定。

(4)发票的号码、开立日期和地点。发票的开立地点即开立人的所在地点。发票开立的日期,若出口方在双方签约后即制作发票,则发票开立日期甚至可能早于信用证开立日期;若在货物装运后开立,则不应晚于信用证的有效期限。

(5)进、出口交易合同的号码。由于商业发票是出口方履行合同的说明,因此,发票上应有交易合同的号码。在信用证结算方式中,还应有有关的开证银行名称、信用证开立日期及其号码。这并非商业发票本身要求,但在信用证结算方式中,考虑到商业发票是出口商品的总说明,列上这些内容可便于结算工作,信用证也往往有这样的要求。商业发票样式如图6-1、图6-2所示。

图6-1 商业发票样式一

```
         SHANGHAI FOREIGN TRADE CORP.
               SHANGHAI, CHINA
                COMMERCIAL INVOICE
To:                                    Invoice No.:
                                       Invoice Date:
                                       S/C No.:
                                       S/C Date:
From:                              To:
Letter of Credit No.:              Issued By:

Marks and Numbers | Number and kind of package | Quantity | Unit Price | Amount
                  | Description of goods       |          |            |

                                        TOTAL:
SAY TOTAL:
```

图 6-2　商业发票样式二

(二)商业发票的本文部分

这一部分集中说明有关商品的情况，主要是：

1. 商品名称及规格

在信用证结算方式中，商品名称及规格应与信用证规定相一致；在货物规格种类较多时，信用证上的货物名称通常比较简单，在发票上则应该在写明信用证上所指定的货物名称外，还应有对货物各种规格的详细描述，但这些描述应能被涵盖在信用证对货物描述的名称内，而不矛盾。除非信用证另有明确规定，发票上不能注明"已用过"(used)、"旧的"(second-hand)、"更新的"(renew)"修整过"(reconditioned)之类词语，否则，不可接受。在同一信用证涉及多种商品，其规格复杂，信用证上只作简要规定，并提出"货物详情如随附的形式发票"，在附有形式发票的情况下，商业发票上有关商品的详细情况应符合信用证所附的形式发票规定，尽管形式发票的本义对交易双方原无约束力，但在它被信用证所确认，并作为对受益人的要求后，其内容也就成为信用证的组成部分。

> **同步案例 6-1**
>
> 我国某公司出口 153 型全棉劳动手套 5 000 打,客户开来信用证中注明商品名称是"153 型全棉劳动手套",我方公司发运货物后持单到银行议付,银行发现发票上写的是"153 型全棉劳动手套",而提单与保险单上仅写为"劳动手套",以单单不一致为由拒绝付款。经与客户联系,客户也不愿意接受单据,最后只能降价 15%以托收方式收回货款。请问银行的处理是否得当?为什么?
>
> 案例精析:商业发票必须与信用证保持一致,而该案例中发票是与信用证保持一致,而其他的单据对货物的描述可以使用统称,但不得与信用证相抵触,而该案例中并没有与信用证相抵触,所以不构成单单不一致,因此不应降价。

2. 商品数量

(1)计量方法。①按商品的个数计量,如台、辆、架、套等,在信用证的金额、单价或数量前没有"about、circa"之类词语时,发票上的金额、单价或数量没有可伸缩的余地;②按度量衡单位计量的,如吨、米、立方米、公升、码等,可以有总量的 5%的增减或伸缩的余地,但不能超过信用证规定金额。

(2)信用证对商品数量的规定。①若不允许分批装运,则所有商品必须一次全部装运,即数量不能少于规定;②对商品数量的规定有"约(about)"、"近似(approximately)"、"大约(circa)"、"左右(more or less)"一类词语者,允许在规定数量上有不超过 10%的增减幅度,若没有这类词语,则不能有这样的增减幅度;③在允许有一定增减幅度的情况下,不同规格的商品,应分别计算其允许增减的数量。如果一份信用证规定数量和金额的溢短装是 5%,而该信用证项下的货物有多种品种或规格,那么整个单据上的商品数量和金额的溢短装不能超过 5%的同时,每一品种或规格的商品数量和金额也分别不能超过规定的 5%。

3. 商品单价与总货值

发票上的货物单价和数量的乘积之和,应等于总货值(发票金额)。发票上的这三项都必须与信用证规定一致。根据国际商会的有关规定,银行不负责检查商品单据中的计算细节,只负责核对其总量记载是否符合信用证规定,以及各项单据中的相关记载是否一致或不矛盾。若信用证有关于折扣或减让等记载,则发票上也应有相应的记载。

4. 货物的包装与重量、尺码、体积

发票上应有商品外包装方式及数量的记载,如铁桶、木箱、编织袋等各多少件,以及毛重、净重等。在信用证业务中,这些记载都必须符合信用证的规定。

5. 价格条件

为了更明确地检验各单据的记载内容是否相符,发票上还应该体现交易双方所约定的价格条件,即该项交易所采用的价格术语(trade term),因为它涉及交易双方的各自权责,以及出口商所应提交的单据的种类,例如,在 FOB 和 CFR 等价格条件下,应由进口商自办货物运输保险手续,就不能要求出口商提交货物运输的保险单;而在 CIF 和 CIP 等价格条件下,应由出口商办理货物运输保险手续,提交相应的保险单就是出口商履行其合同责任的凭证之一。

6. 货物装运港和卸货港名称、运输标志、装货船名、装船日期等

在 FOB 价格条件下,发票上应体现装运港的名称,在 CFR 或 CIF 价格条件下,则应体现装运港和目的港的名称。运输标志俗称"唛头(shipping mark)",它通常由主标志、目的港名称、件号标注等几项构成。在海运提单上,运输标志是一定要有的。在制作发票时,可以照样填制,也可以"as per B/L No. ××××"代替,以保证与相关的海运提单保持一致。若发票是在备货和装运前就已制作,随后工作人员按发票整理和包装货物以备运,则不一定能准确地填上装货船名和装船日期。

7. 其他内容

如信用证要求有进口许可证号码、外汇使用许可证号码等内容,发票上应照样填制。在进口商要求出口商不要开立汇票的情况下,发票将作为要求进口商或开证行付款的单据,因此,发票上可以加注"收到货款"的文句。

(三)商业发票的结文部分

商业发票的结文部分主要是发票的签发人签字和盖章。在信用证业务中,即信用证的受益人签章。

三、其他形式的发票

(一)形式发票(proforma invoice)

形式发票又称预开发票,这是出口商应进口商的要求,将拟出售的商品的名称、规格、单价等条件以非正式的参考性的发票,供进口商向本国有关管理当局申请进口审批和外汇使用审批所用。形式发票不能作为正式发票使用,对当事双方都没有约束力。形式发票样式如图6—3所示。

(二)海关发票(costoms invoice)

这是一些国家规定,在进口报关时,出口商必须提交的由进口国海关规定格式和内容的专门发票。海关发票的作用是:便于进口国海关统计;对不同来源的商品实行差别关税的依据;便于核查进口商品价格,以查验有无倾销情况。

(三)领事发票(consular invoice)

这是一些国家规定的,外国出口商向其出口商品时,必须取得事先由进口国在出口国或其邻近国家的领事签证的发票,方能获准进口。实行领事发票制度,是为了确认进口商品的原产地,以便与进口配额制和实行差别关税;验核商品在出口国的价格,以审查有无倾销情况;代替进口许可证;增加进口国驻外使、领馆的签证收入。接受提供领事发票的要求,势必增加出口商的出口成本,延缓甚至耽误出口安排。因此,若收到的信用证上有这样的要求,宜要求删除有关条款,或者修改为可采用出口国的商会等机构签发的证明取代领事发票。目前,只有少数国家仍实行领事发票的做法。

(四)制造商发票(manufacturers' invoice)

制造商发票又称厂商发票,这是由出口商品的制造厂商提供的其产品的出口发票。其中有文句声明所指的商品由发票的签发人所制造:"We heheby certify that we are the actual manufacturer of the goods invoiced."制造商发票可以出口国货币表示价格。

四、国际结算中对单据的要求

在国际结算中,都会对提交的单据提出一定的要求。

```
                    世格国际贸易有限公司
                    DESUN TRADING CO.,LTD.
        Room 2901, HuaRong Mansion, Guanjiaqiao 85#, Nanjing 210005, P.R.CHINA
            TEL: 025-4715004, 025-4715619    FAX: 4691619

                          PROFORMA INVOICE

    TO:                                    INVOICE NO.:
                                           INVOICE DATE:
                                           S/C NO.:
                                           S/C DATE:

    TERM OF PAYMENT:
    PORT TO LOADING:
    PORT OF DESTINATION:
    TIME OF DELIVERY:
    INSURANCE:
    VALIDITY:

    Marks and Numbers | Number and kind of package | Quantity | Unit Price | Amount
                      | Description of goods       |          |            |

                                              Total Amount:
    SAY TOTAL:
    BENEFICIARY:
    ADVISING BANK:
    NEGOTIATING BANK:
```

图 6—3　形式发票样式

(一)对提交正本单据的要求

国际商会《跟单信用证统一惯例》(UCP600)第 17 条 a 款规定:"信用证规定的每一种单据须至少提交一份正本。"同条 d 款规定:"如果信用证要求提交单据的副本,提交正本或副本均可。"同条 e 款规定:"如果信用证使用诸如'一式两份(in duplicate)'、'两份(in two fold)'、'两套(in two copies)'等用语要求提交多份单据,则提交至少一份正本,其余使用副本即可满足要求。除非单据本身另有说明。"

信用证要求受益人提交正本发票若干份,则受益人提交的商业发票中,应有相应份数注明"正本(original)"字样,并签章;未注明是正本者,即可被认为是副本(copy)。通常情况下,包括商业发票在内的每种商品单据都至少要提供一份正本。

(二)对正本单据的认定

UCP600 第 17 条 b 款提出的认定正本单据的原则是:"银行应将任何带有看似出单人的原始签名、标记、盖章或标签的单据视为正本单据,除非单据本身注明它不是正本。"c 款规定:"除非单据本身另有说明,在以下情况下,银行也将其视为正本单据:ⅰ.单据看来由出单人手写、打字、穿孔或盖章;或者ⅱ.单据看似使用出单人的原始信纸出具;或者ⅲ.单据声明其为正本的单据,除非该声明看似不适用于提交的单据"。

UCP600 第 3 条规定:"单据签字可用手签、摹样签字、穿孔签字、印戳、符号或任何其他机械或电子的证实方法为之。诸如单据须履行法定手续、签证、证明等类似要求,可由单据上任何看似满足该要求的签字、标记、印戳或标签来满足。"

单据的复印件若经过签注"正本(ORIGINAL)"的处理,应被当作正本对待;否则只能作为副本;而任何电传传真机制作的单据只能作为副本处理。

五、信用证项下对商业发票的要求

(一)UCP600 对商业发票的要求

UCP600 第 18 条对商业发票的规定是:a.ⅰ.除第 38 条规定的情况外,必须看似由受益人出具,ⅱ.除第 38 条 g 款规定的情况外,必须出具成以申请人为抬头,ⅲ.必须与信用证的货币相同,ⅳ.无须签名。b.按指定行事的指定银行、保兑行(若有)或开证行可以接受金额大于信用证允许金额的商业发票,其决定对有关各方均有约束力,只要该银行对超过信用证允许金额的部分未作承付或者议付。c.商业发票上的货物、服务或履约行为的描述应该与信用证中的描述一致。

UCP600 第 38 条 h 款规定:在可转让信用证业务中,"第一受益人有权以自己的发票和汇票(若有)替换第二受益人的发票和汇票,其金额不得超过原信用证的金额。经过替换后,第一受益人可在原信用证下支取自己发票与第二受益人发票间的差额(若有)。"同条 j 款还规定:"如果第一受益人应提交自己的发票和汇票(若有),但未能在第一次要求时照办,或第一受益人提交的发票导致了第二受益人的交单中本不存在的不符点,而其未能在第一次要求时修正,转让行有权将从第二受益人处收到的单据照交开证行,并不再对第一受益人承担责任。"

(二)审核商业发票的要点

商业发票是受益人提交的全套单据中的核心单据,又是受益人出运商品的总说明和明细单,内容多而集中,同时还是审核其他各项单据的参照,因此,在审核时应特别注意,既要全面,又要有重点。审核商业发票的要点如下:

(1)签发人应是信用证指名的受益人。如果发票上有签发人的地址,则该地址应是信用证上受益人的地址。经转让后的可转让信用证项下,若第一受益人没有用自己的发票取代第二受益人出具的发票,则可以是第二受益人出具的发票,但这时应查看转让手续是否符合信用证业务的规范要求。

（2）除非信用证另有明确规定，商业发票的抬头人应是信用证的开证申请人。

（3）对商品的描述，如名称、品种、品质、包装等，应该与信用证规定完全一致。在信用证上有"大约""约"等词语规定信用证金额或信用证规定的商品数量或单价时，可以允许有关金额或数量或单价有不超过10%的增减幅度；若信用证不是以包装单位件数或货物自身件数方式规定有关商品数量，则可以有不超过5%的增减幅度，但无论如何其价值都不能超过信用证规定的金额。

（4）如果信用证规定的货物数量已经全部装运，以及信用证规定的单价没有降低，或者信用证以包装单位的件数或货物自身件数的方式规定货物数量，则即使不允许部分装运，只要信用证没有规定特定的增减幅度或使用"约"或"大约"等词语规定信用证金额或信用证规定的商品数量或单价，也允许支取的金额有5%的减幅。

（5）交易的价格条件必须与信用证规定一致。

（6）如果信用证和交易合同规定的单价中有"佣金"或"折扣"的记载，商业发票上也应用同样的记载。

（7）如果信用证要求经公证人证实或证明，发票上应有相应的公证人的证实或证明。

（8）商业发票的正、副本份数应符合信用证的要求。

（9）如果信用证要求受益人手签，应当照办；签发日期不能晚于信用证的有效到期日。

（10）商业发票上不能有"临时的（provisional）"、"形式的（proform）"、"错漏当查（E. & O. E.——errors and omissions excepted）"之类词语或文句。

（11）商业发票上除发票自身号码外，通常还应有相关信用证号码和交易合同号码，信用证业务中，应核对发票上记载的信用证号码是否正确。

任务二　海运提单

一、海运提单的概念

海运提单（bill of lading，B/L）简称提单，是承运人或其代理人在收到有关承运货物时签发给托运人的一种收据。是目前海运业务中使用最为广泛和主要的运输单据。它是，证明托运的货物已经收到，或已经装载到船上，并允诺将其运往指定目的地交付收货人的书面凭证。海运提单也是收货人在目的港据以向船公司或其代理人提取货物的凭证。

二、海运提单的性质和作用

（一）货物收据

提单是由船长或船公司或其代理人签发给托运人的表明货物已经收讫的收据（receipt for the goods），它证明货物已运至承运人指定的仓库或地点，并置于承运人的有效监控之下，承运人许诺按收据内容将货物交付给收货人。因此，提单是托运人向银行结汇的主要单据之一。

（二）运输契约的证明

提单本身并不是运输契约，提单背面的条款一般由承运人单方拟订并由承运人单方签字，而不是由双方协商拟订。但提单条款的有关规定可以作为制约承运人与托运人或提单持有人等各方之间的权利与义务、责任与豁免,处理他们之间有关海洋运输方面争议的依据。

(三)物权凭证

提单是货物所有权的凭证(document of title)。提单就是货物的象征。在国际贸易中正本提单作为钱与货的衔接点,是卖方凭以议付、买方凭以提货、承运人凭以交货的依据。提单可以通过背书进行转让,转让提单意味着转让物权。卖方将物权(正本提单)转让给了银行,就可以得到相应的货款,买方只有将款项交付给银行,才能得到物权(正本提单)并凭以提货。正因为提单具有此性质,所以提单的持有人可凭提单向银行办理抵押贷款或叙作押汇,从而获得银行的融资。

三、海运提单的签发

托运人在货物装运前,应先从有关的船公司(承运人)领得空白提单,并按交易合同和信用证的规定,填写上有关货物运输的情况,然后送交船公司。装运时,应随附说明货物细节的装货通知书(shipping note),并由托运人和承运人双方代表在场核对清点装船货物情况,登记唛头、港口、号码以及装运货物的数量或重量等,填制理货卡(tally sheet)和船舶舱单(manifest)。理货卡送港口办事员与原先托运人填写的提单核对,船舶舱单则作为开立运费账单的依据。这时,托运人通常可取得一份大副收据(mate's receipt)。大副收据一般被视为正式提单签发前的初步收据。若进出口双方商定由出口方交付运费(如以CFR或CIF价格成交),则在交纳运费后,船公司作为承运人代表船长签署提单给托运人,并在提单上注明"运费已付"(freight prepaid);若进出口双方商定由进口商支付运费(如以FOB价格成交),则在提单上注明"运费待收"(freight collect)。同时,船公司收回原先签发的大副收据。

海运提单发出正本(original)和副本(non-negotiable copy)两种。正本的份数按托运人的要求签发。如果托运人只要求一套,而没有说明具体的份数,则承运人可按照常规签发正本提单一式两份或一式三份,并在提单正面注明正本的份数,以便托运人或收货人掌握。副本提单只是用于证明货物托运或承运的情况,不作为货物所有权的凭证,船公司不在副本提单上签字,其份数可按托运人要求或船公司自行安排。副本中有一份被称为"船长副本"(master's copy),是随船到达目的地后,供船方向港口当局卸货时清点货物时所用。

由于正本提单是凭以提货的有效文件,凭其中一份提货后,其余正本提单即自动失效。因此,只有掌握全套正本提单,才能有效地掌握有关货物的所有权。通常,信用证也要求受益人应向银行提交全套正本海运提单(full set clean on board B/L)。若进口商要求出口商在货物出运后将一份正本提单直接寄给进口商,其余向银行交付,办理结算,出口商如果接受这样安排,就将面临进口商凭其直接得到的那份正本提单提货,而出口商或银行对进口商的付款失去控制的风险。

四、海运提单的当事人

海运提单的基本当事人是承运人和托运人。在实际操作中,还有收货人(在提单业务中,往往被称为提单的抬头人)和被通知人。

(一)承运人(carrier)

负责运输货物的当事人又称船方。在实务中,他可能是船舶的所有者,也可能是租船人,租船以经营运输业务是进口商,即收货人(consignee);而在CFR或CIF条件下,则是出口商,即发货人(shipper)。

(二)托运人(shipper)

与承运人签订运输合同的人。在实务中,依交易双方选择的价格条件的不同,也会有所不同,如:在 FOB 条件下,是进口商负责联系承运人安排船只到装运港接运货物,托运人就是进口商;而在 CFR 或 CIF 价格条件下,是由出口商联系承运人,安排船只从装运港装运货物,托运人就是出口商。

(三)收货人(consignee)

即提单的抬头人,他可以是托运人本身,也可能是第三者。收货人有在目的港凭海运提单向承运人提取货物的权利。通过对海运提单的背书转让,实际的收货人则是海运提单的受让人(transferee)或持单人(holder)。在国际贸易的实务中,海运提单上的收货人经常是做成可转让形式的,即做成"凭指示"形式。在信用证结算方式中,开证行往往要求海运提单上的收货人做成"开证行的指示人"形式。

(四)被通知人(notify party)

被通知人不是提单的当事人,只是收货人的代理人,和接受承运人通知货物已运抵目的地的人。信用证结算方式下,提单的"收货人"通常是"开证行的指示人";而开证申请人则通常是提单上的"被通知人"。货到目的港后,承运人要通知被通知人,以便其及时联系有关银行,付款赎单,而成为收货人的指示人和凭所赎得的海运提单报关提货。

海运提单是物权凭证,可以通过背书转让流通。因此,海运提单在未做"不可转让(non-negotiable)"的限定的情况下,又是"可流通转让的单据"。由于流通转让,就产生了转让人与受让人。转让人是原先持有海运提单的人,受让人则是通过对海运提单背书转让后接受提单的当事人。他不仅有向承运人要求凭海运提单提货的权利,还有在货物遭受损失时,凭海运提单、保险单据以及其他有关单据向承保人要求理赔的权利,同时,也承担了托运人在运输合同中的责任。

五、提单的种类

在国际海上货物运输中所遇到的海运提单(ocean B/L or marine B/L)种类越来越多。通常使用的提单为全式提单(long form B/L),又称繁式提单,即提单上详细列有承运人和提单关系人之间权利、义务等条款的提单。此外,还有简式提单(short form B/L),即提单上印有"short form"字样,而背面没有印刷有关承运人与提单关系人权利、义务条款,或者背面简单列有注明以承运人全式提单所列条款为准的提单。有时信用证会明确规定不接受简式提单。在此介绍实践中经常会遇到的一些提单基本种类和特殊情况。

(一)基本种类

基本种类提单是指在正常情况下,符合法律要求所使用的提单。由于提单分类的标准不同,因此就有以下多种情况。

1. 按货物是否已装船划分

(1)已装船提单(on board B/L;shipped B/L)。已装船提单指整票货物全部装船后,由承运人或其代理人向托运人签发的货物已经装船的提单。该提单上除了载明其他通常事项外,还须注明装运船舶名称和货物实际装船完毕的日期。

(2)收货待运提单(received for shipment B/L)。收货待运提单简称待装提单或待运提单,是指承运人虽已收到货物但尚未装船,应托运人要求而向其签发的提单。由于待运提单上没有明确的装船日期,而且又不注明装运船的船名,因此,在跟单信用证的支付方式下,银行一般都不接受这种提单。

当货物装船后,承运人在待运提单上加注装运船舶的船名和装船日期,就可以使待运提单成为已装船提单。

2. 按对货物外表状况有无不良批注划分

(1)清洁提单(clean B/L)。清洁提单指没有任何有关货物残损,包装不良或其他有碍于结汇的批注的提单。

事实上提单正面已印有"外表状况明显良好"(in apparent good order and condition)的词句,若承运人或其代理人在签发提单时未加任何相反的批注,则表明承运人确认货物装船时外表状况良好的这一事实,承运人必须在目的港将接受装船时外表状况良好的同样货物交付给收货人。在正常情况下,向银行办理结汇时,都应提交清洁提单。

同步案例 6-1

2015年大连经济技术开发区一批货物共100箱,自大连港运至纽约,船公司已签发"已装船清洁提单",等货到目的港,收货人发现下列情况:(1)5箱欠交;(2)10箱包装严重破损,内部货物已散失50%;(3)10箱包装外表完好,箱内货物有短少。请问:上述三种情况是否应属于船方或托运人责任?为什么?

案例精析:

(1)(2)属于船方责任,因其已签发"已装船清洁提单",则应保证货到目的港交货时数量的完整和货物外表状况良好;(3)是装货短少,应属卖方的责任。

(2)不清洁提单(unclean B/L or foul B/L)。指承运人在提单上加注有货物及包装状况不良或存在缺陷,如水湿、油渍、污损、锈蚀等批注的提单。承运人通过批注,声明货物是在外表状况不良的情况下装船的,在目的港交付货物时,若发现货物损坏可归因于这些批注的范围,从而减轻或免除自己的赔偿责任。在正常情况下,银行将拒绝以不清洁提单办理结汇。

实践中,当货物及包装状况不良或存在缺陷时,托运人会出具保函,并要求承运人签发清洁提单,以便能顺利结汇。由于这种做法掩盖了提单签发时的真实情况,因此承运人将要会承担由此产生的风险责任。承运人凭保函签发清洁提单的风险有:

①承运人不能以保函对抗善意的第三方,因此承运人要赔偿收货人的损失;然后承运人根据保函向托运人追偿赔款。

②如果保函具有欺骗性质,则保函在承运人与托运人之间也属无效,承运人将独自承担责任、不能向托运人追偿赔款。

③承运人接受了具有欺骗性质的保函后,不但要承担赔偿责任,而且还会丧失责任限制的权利。

④虽然承运人通常会向"保赔协会"(P&I Club:Protection and Indemnity)投保货物运输责任险,但如果货损早在承运人接受货物以前就已发生,则"保赔协会"是不负责任的,责任只能由承运人自负。

⑤如果承运人是在善意的情况下接受了保函,该保函也仅对托运人有效。但是,托运人经

常会抗辩:货物的损坏并不是包装表面缺陷所致,而是承运人在运输过程中没有履行其应当适当、谨慎的保管和照料货物的义务所致。因此,承运人要向托运人追偿也是很困难的。

当然,实践中承运人接受保函的情况还是时有发生的,这主要是因为当事人根据商业信誉,会履行自己的保证所致。

3. 按提单是否记载收货人划分

(1)记名提单(straight B/L)。记名提单指在提单"收货人"一栏内具体填上特定的收货人名称的提单,记名提单只能由提单上所指定的收货人提取货物。记名提单,不得转让。

记名提单可以避免因转让而带来的风险,但也失去了其代表货物可转让流通的便利。银行一般不愿意接受记名提单作为议付的单证。

(2)不记名提单(open B/L;blank B/L;bearer B/L)。不记名提单指在提单"收货人"一栏内记名应向提单持有人交付货物(to the bearer 或 to the holder)或在提单"收货人"一栏内不填写任何内容(空白)的提单。不记名提单,无须背书,即可转让。也就是说,不记名提单由出让人将提单交付给受让人即可转让,谁持有提单,谁就有权提货。

(3)指示提单(order B/L)。指示提单指在提单"收货人"一栏内只填写"凭指示"(to order)或"凭某人指示"(to the order of …)字样的提单。指示提单,经过记名背书或空白背书转让。指示提单除由出让人将提单交付给受让人外,还应背书,这样提单才得到了转让。

如果提单的收货人一栏只填写"to order",则称为托运人指示提单。记载"to the order of the shipper"与记载"to order"是一样的托运人指示提单。在托运人未指定收货人或受让人以前,货物仍属于托运人。如果提单的收货人一栏填写了"to the order of×××",则称为记名指示提单。这种情况下,由记名的指示人指定收货人或受让人。记名的指示人("×××")可以是银行,也可以是贸易商等。

4. 按不同的运输方式可划分

(1)直达提单(Direct B/L)。直达提单指由承运人签发的,货物从装货港装船后,中途不经过转船而直接运抵卸货港的提单。

(2)转船提单(transshipment B/L or through B/L)。指在装货港装货的船舶不直接驶达货物的目的港,而要在中途港换装其他船舶运抵目的港,由承运人为这种货物运输所签发的提单。

(3)多式联运提单(combined transport B/L;intermodal transport B/L;multimodal transport B/L)。多式联运提单指货物由海路、内河、铁路、公路和航空等两种以上不同运输工具共同完成全程运输时所签发的提单,这种提单主要用于集装箱运输。多式联运提单一般由承担海运区段运输的船公司签发。

5. 按提单签发人划分

(1)班轮公司所签提单(班轮提单)(liner B/L)。班轮公司提单指在班轮运输中,由班轮公司或其代理人所签发的提单。在集装箱班轮运输中,班轮公司通常为整箱货签发提单。

(2)无船承运人所签提单(nvocc B/L)。无船承运人所签提单指由无船承运人或其代理人所签发的提单。在集装箱班轮运输中,无船承运人通常为拼箱货签发提单,因为拼箱货是在集装箱货运站内装箱和拆箱,而货运站又大多有仓库,所以有人称其为仓/仓提单(house B/L)。当然,无船承运人也可以为整箱货签发提单。

(二)特殊情况

特殊情况提单是指在特殊情况下,可能是不符合法律规定或者对货运业务有一定影响时所使用的提单。这类提单也有多种情况。

1. 预借提单(advanced B/L)

预借提单是指由于信用证规定的装运期或交单结汇期已到,而货物尚未装船或货物尚未装船完毕时,应托运人要求而由承运人或其代理人提前签发的已装船提单。即托运人为能及时结汇而从承运人处借用的已装船提单。

当托运人未能及时备妥货物,或者船期延误使船舶不能如期到港,托运人估计货物装船完毕的时间可能要超过信用证规定的装运期甚至结汇期时,就可能采取从承运人那里借出提单用以结汇的办法。但是,承运人签发预借提单要冒极大风险,因为这种做法掩盖了提单签发时的真实情况。许多国家的法律的规定和判例表明,一旦货物引起损坏,承运人不但要负责赔偿,而且还要丧失享受责任限制和援用免责条款的权利。

2. 倒签提单(anti-date B/L)

倒签提单是指在货物装船完毕后,应托运人的要求,由承运人或其代理人签发的提单,但是该提单上记载的签发日期早于货物实际装船完毕的日期。即托运人从承运人处得到的以早于货物实际装船完毕的日期作为提单签发日期的提单。由于倒填日期签发提单,所以称为倒签提单。

由于货物实际装船完毕日期的迟于信用证规定的装运日期,若仍按实际装船日期签发提单,肯定影响结汇,为了使签发提单日期与信用证规定的装运日期相吻合,以便结汇,托运人就可能要求承运人仍按信用证规定的装运日期"倒填日期"签发提单。承运人倒签提单的做法同样掩盖了真实的情况,因此也要承担由此而产生的风险责任。

3. 顺签提单(post-date B/L)

顺签提单是指在货物装船完毕后,承运人或其代理人应托运人的要求而签发的提单,但是该提单上记载的签发日期晚于货物实际装船完毕的日期。即托运人从承运人处得到的以晚于该票货物实际装船完毕的日期作为提单签发日期的提单。由于顺填日期签发提单,所以称为顺签提单。

由于货物实际装船完毕的日期早于有关合同中装运期限的规定,如果按货物实际装船日期签发提单将影响合同的履行,所以托运人就可能要求承运人按有关合同装运期限的规定"顺填日期"签发提单。承运人顺签提单的做法也掩盖了真实的情况,因此也要承担由此而产生的风险责任。

(三)其他特殊种类提单

1. 舱面货提单(on deck B/L)

舱面货提单指将货物积载于船舶露天甲板,并在提单上记载"on deck"字样的提单,又称甲板货提单。积载在船舱内的货物(under deck cargo)比积载于舱面的货物所可能遇到的风险要小,所以承运人不得随意将货物积载于舱面运输。但是,按商业习惯,允许装于舱面的货物、法律规定应装于舱面的货物、承运人与托运人协商同意装于舱面的货物可以装于舱面运输。另外,由于集装箱运输的特殊性,通常有1/3以上的货物要装于甲板,所以不论集装箱是否装于舱面,提单上一般都不记载"on deck"或"under deck",商业上的这种做法已为有关各方当事人所接受。

2. 并提单(omnibus B/L)

并提单指应托运人要求,承运人将同一船舶装运的相同港口、相同货主的两票或两票以上货物合并而签发的一套提单。托运人为节省运费,会要求承运人将属于最低运费提单的货物与其他提单的货物合在一起只签发一套提单。即将不同装货单号下的货物合起来签发相同提单号的一套提单。

3. 分提单(separate B/L)

分提单指应托运人要求,承运人将属于同一装货单号下的货物分开,并分别签发的提单(多套提单)。托运人为满足商业上的需要,会要求承运人为同一票多件货物分别签发提单,如有三件货物时,分别为每一件货物签发提单,这样就会签发三套提单。即将相同装货单号下的货物分开签发不同提单号的提单。

4. 交换提单(switch B/L)

交换提单指在直达运输的条件下,应托运人要求,承运人同意在约定的中途港凭起运港签发的提单换发以该中途港为起运港的提单,并记载有"在中途港收回本提单,另换发以中途港为起运港的提单"或"switch B/L"字样的提单。由于商业上的原因,为满足有关装货港的要求,托运人会要求承运人签发这种提单。签发交换提单的货物在中途港不换装其他船舶,而是由承运人收回原来签发的提单,再另签一套以该中途港为起运港的提单,承运人凭后者交付货物。

5. 交接提单(memo B/L)

交接提单指由于货物转船或联运或其他原因,在不同承运人之间签发的不可转让、不是"物权凭证"的单证。交接提单只是具有货物收据和备忘录的作用。有时由于一票货物运输会由不同的承运人来运输或承运,为了便于管理,更是为了明确不同承运人之间的责任,就需要制作交接提单。

6. 过期提单(stale B/L)

过期提单指由于出口商在取得提单后未能及时到银行议付的提单。因不及时而过期,形成过期提单,也称滞期提单。根据《跟单信用证统一惯例》第43条的规定,如信用证没有规定交单的特定期限,则要求出口商在货物装船日起21天内到银行交单议付,也不得晚于信用证的有效期限。超过这一期限,银行将不予接受。过期提单是商业习惯的一种提单,但它在运输合同下并不是无效提单,提单持有人仍可凭其要求承运人交付货物。

六、提单正、背面内容

不同的船公司出具的海运提单可能有一定的不同,但基本内容都应具有。

(一)海运提单正面的内容

海运提单正面内容主要包括三个部分:

1. 由承运人或其代理人事先印就的内容

主要有:(1)海运提单的名称;(2)承运人名称及其地址、电报挂号、电传号等情况;以及以下带契约性的陈述:(3)装船条款,说明承运人收到外表状况良好的货物(另有说明者除外),并已装船,将运往目的地卸货。其常用的英语文句是:"Shipped on board the vessel named above in apparent good order and condition(unless otherwise indicated)the goods or packages specified here —— in and to be discharged at the mentioned port of discharge …";(4)商品包装内容不知悉条款。说明承运人对托运人在海运提单上所填写的货物重量、数量、内容、价值、尺码、标志等,概不知悉,表示承运人对上述各项内容正确与否,不承担核对责任。其常见的英语文句是:"The weight, quality, content, value, measure, marks, being particulars furnished by the shipper, are not checked by the Carrier on loading and are to be considered unknown.";(5)承认接受条款。说明托运人、收费人和海运提单持有人表示同意接受提单背面印就的运输条款、规定和免责事项。收货人接受提单,就表明接受提单背面印就的、书写的或加盖印戳的条款。其常见的英语文句是:"The Shipper, Consignee and the Holder of this Bill of lading hereby expressly accept and agree to all printed, written or stamped provisions, exceptions and conditions of this Bill of Lading, including those on the back hereof.";(6)签署条款。印明为了证明以上各节,承运人或其代理人签发正本海运提单一式几份,凭其中一份提取货物后,其余几份即自动失效。其常用的英语文句是:"In witness whereof, the Master or Agents of the vessel has signed——original (the above stated number)bill of lading, all of this tenor and date, one of which being accomplished, the others to stand void."

2. 由承运人或其代理人装运时填写的内容

这是承运人或其代理人在核对托运人预填的提单内容与实际装船情况后,填写的内容。主要是:(1)运费交付情况,这应符合进出口双方所商定使用的价格条件和信用证的规定,如在CIF、CFR等价格条件下,应填写"运费预付"(Freight Prepaid)或"运费已付"(freight paid)字样,在FOB、FCA、FAS等价格条件下,应是填写"运费待收"(freight to collect),或"运费在目的地支付"(freight payable at destination)字样;(2)海运提单的签发日期、地点;(3)船公司的签章;(4)船长或其代理人的签章;(5)提单名称及其编号。

3. 由托运人填写的内容

(1)托运人、收货人及被通知人的名称记载;

(2)装运港、转船港和卸货港的记载;

(3)装货船名;

(4)货物情况记载:货物名称、包装方式、包装数量(重量、尺码等——大、小写,要一致);

(5)运输标志(唛头);

(6)外包装状况的记载;

(7)运输方式:是否分批装运、直接运输或转船运输;

(8)"正本"的标注及正本提单份数等。这些内容虽由托运人填写,但承运人通常都在其海运提单上都印就了这些内容的相应空格。

(二)提单背面印就的运输条款

提单背面印就的运输条款规定了承运人和托运人的各自义务、权利和承运人的免责条款,这是承运人与托运人双方处理争议的依据。这些都是承运人事先印就的,托运人接受、使用印有这些条款的提单,就表示接受提单上印就的条款。换言之,这些条款和提单正面的内容一起,成为托运人与承运人之间运输契约的内容。根据国际商会《跟单信用证统一惯例》的规定,银行不负责审查这些条款。

七、提单的背书转让

(一)不可流通形式的提单

提单上的抬头人记载为具体的某人(某法人),被称为记名提单,其性质是"不可流通的"

(non-negotiable)，又称直交提单。这类提单多用于进、出口商双方关系密切、信任度高，或者本来就是跨国公司的内部贸易等。

（二）可流通形式的提单

可流通形式的提单主要有以下几种。

1. 可流通的来人抬头提单

其抬头人栏内填写的是："来人"(to bearer)。这类提单不须背书，仅凭交付，即可转让，若遗失，不易补救，故风险很大，在实务中很少采用。

2. 可流通的指示人抬头提单

其抬头人栏内均有"凭指示"(to order)字样。具体表达有以下三种情况：

（1）以开证行的指示人为抬头人(to order of issuing bank)。这种提单经过开证行背书后，即可转让。若开证申请人向开证行付清信用证费用，开证行即可背书后将提单交付给申请人，由其向船公司提货。

（2）以申请人的指示人为抬头人(to order of applicant)。这种提单须经申请人背书后才能凭以提货，若申请人未向开证行交清开立信用证的费用，开证行虽持有提单，仍然无法实际控制和处置有关的商品。因此，银行不愿接受这类提单。

（3）以托运人的指示人为抬头人(to order of beneficiary)。这种提单在提单收货人一栏填写"to order of shipper"，并由托运人在提单背面做成空白或记名背书，进行转让；托运人也可不背书。只有托运人可以提货，即卖方保留货物所有权。

3. 可流通的记名抬头人提单(Negotiable Named Consignee B/L)

凭记名抬头提单提货时，提货人要出示身份证明，并交出一份正本提单换取货物。该抬头人也可以自己的名义背书转让提单。

八、提单上对装船情况的记载

货物装运情况是出口商履约的关键之一和进口商的关注的焦点之一。因此，提单上对装船情况的记载很重要。通常都要求在提单上要有货物"已装船"(on board)的记载。UCP600第23条A款规定，银行将接受符合下列要求的单据，不论其名称如何。

（一）注明货物已装船

1. 提单上印就"货物已装上具名船只"(shipped on board the vessel named above)字样，在货物装船后，签发提单。提单签发日，就视为货物装运日。这种提单目前已经少用。

2. 提单上未印就"货物已装船"字样，而是印有"收到货物"(received the goods)字样。船公司或其代表在收到货物后，即签发提单，而货物尚未装船。因此，这时的提单只能称为收妥备运(received for shipment)提单。由于这种提单无法证实货物的实际装运情况，进口商（开证申请人）或开证行都不会接受这类提单。但在有关货物完成实际装船后，提单的签发人将要求出口商将原先签发的收妥备运提单送交船公司，由船公司加注"已装船"(on board)字样，并说明装货船名、港口、装船日期等情况。这时，原先的收妥备运提单就转化为已装船提单，而可被开证行和开证申请人所接受。

3. 提单上未印就"已装船"字样，却写有"预期船只"(intended vessel)字样，在完成有关货物的实际装船后，在提单上加注"已装船"情况，使提单成为"已装船"提单。

4. 提单上未印就"已装船"字样，而注明的收货地点或货物接受监管的地点与信用证/合同规定的装船地点不同,要在货物实际装船后,完成在提单上的"已装船"批注,才成为开证行/开证申请人所要求和可接受的提单。

(二)提单上没有对货物,及/或包装有不良或缺陷情况的条文或批注——清洁提单(clean B/L)要求

这是国际贸易中,进口商和开证行对海运提单的基本要求。所谓包装不良或缺陷情况,常见的有破裂、渗漏、折断、被撬动、穿孔、撕破、被刮擦、损坏、变形、被雨淋、遭水浸、玷污、凹进、包装损坏,部分商品外露等。海运提单上有诸如此类的记载,内装商品的品质就可能受到影响。海运提单上有这类的记载,该提单就成为"不洁提单"(unclean B/L)或者称为"肮脏提单"(Dirty B/L)。顾及利益可能受损,进口商往往不愿接受这类提单,开证行在信用证中通常都要求受益人必须提交清洁提单。

(三)货物的装、卸港须分别是出口和进口国家的港口,而不能是内陆地点,特别是卸货港应是确定的某港口

对于世界上有同名的,例如美国和埃及各有一个叫作亚历山大(alexandria)的港口、英国和加拿大各有一个叫作利物浦(liverpool)的港口等等,应明确指哪一个国家的港口;对于在一个国家也有同名港口的情况(例如:在美国东北部的缅因州和西北部的俄勒冈州就分别有一个港口称为 portland,则应进一步明确其所在的州(省)情况。

任务三 其他货物运输单据

一、多式运输单据(multimodal transport document)

20 世纪 60 年代以来,以集装箱为代表的货物成组化(unitization)运输迅速发展,逐渐成为现代化货物运输的重要形式。以集装箱为例,成组化运输是将小件包装的货物,在发货地点集中整理装入标准规格的集装箱内,由大型装卸机械和专门的运输工具运至专用码头或目的地。集装箱运输节省了运输包装和刷制唛头的费用,加强了防止盗窃、包装破损和不良的外部因素侵蚀商品的能力,减少了运输途中商品的损耗,提高了装卸和运输效率,降低运输成本和劳动强度。同一货主运往同一目的地的货物能装满一个集装箱的,称为整箱货(full container load,FCL)。整箱货可运往集装箱堆场(container yard,cy)装箱。不足以装满一个集装箱的,须与其他货主运往同一目的地的货物一起拼成一个集装箱的,货主可将货物运往集装箱货运站(container freight station,gfs),与其他货主运往同一目的地的货物一起拼装集装箱,这就称为拼箱货(less than a full container load,lcl),装满集装箱,再运往集装箱堆场待运。

根据利用集装箱方式运输订立的运输合同而签发的提单,被称为集装箱提单(container b/l)。集装箱提单适合海洋运输,也适合多种运输方式的结合,即多式运输方式,例如:公路或铁路的陆上运输—海洋运输—陆上运输,海洋运输—陆上运输—海洋运输,公路运输—铁路运输—公路运输等等。从提单上记载的承运人接管货物的地点和卸货地点,可以了解货物运输的途径和方式。多式运输方式是指用两种或两种以上的运输方式前后衔接将货物从出口国的货物接受监管地点运输到进口国的交货地点或最终目的地。与托运人签订多式运输合约,并履行承运人责任的当事人被称为多式运输经营人(multimodal transport operator,mto)。他可能是船公司、航空公司、铁路公司、汽车运输公司或者其代理人,也可能是并没有船舶或者其他运输工具的运输行(freight forwarder)。他以自己的名义负责安排多式运输的有关事项,即承担了货物全程运输责任,并签发多式运输单据。多式运输单据的英语名称可以是:(1)Multimodal transport document,(2)Combined transport document,(3)Multimodal transport bill of lading,(4)Intermodal transport bill of lading,(5)Combined trnsport bill of lading。多式运输经营人对其签发的多式运输单据上所体现的运输全程(自接管所运输的货物起,至在目的地向收货人交付货物为止)负全部责任。

多式联运单据分为可转让的和不可转让的。根据《联合国国际货物多式联运公约》的要求,多式联运单据的转让性在其记载事项中应有规定。

多式联运的流程作为可转让的多式联运单据,具有流通性,可以像提单那样在国际货物买卖中扮演重要角色。多式联运公约规定,多式联运单据以可转让方式签发时,应列明按指示或向持票人交付:如列明按指示交付,须经背书后转让;如列明向持票人交付,无须背书即可转让。此外,如签发一套一份以上的正本,应注明正本份数;如签发任何副本,每份副本均应注明"不可转让副本"字样。对于签发一套一份以上的可转让多式联运单据正本的情况,如多式联运经营人或其代表已正当按照其中一份正本交货,该多式联运经营人便已履行其交货责任。

作为不可转让的多式联运单据,则没有流通性。多式联运经营人凭单据上记载的收货人而向其交货。按照多式联运公约的规定,多式联运单据以不可转让的方式签发时,应指明记名的收货人。同时规定,多式联运经营人将货物交给此种不可转让的多式联运单据所指明的记名收货人或经收货人通常以书面正式指定的其他人后,该多式联运经营人即已履行其交货责任。

多式运输单据既是所运输货物的所有权凭证,也就如同海运提单,一般都作成正本一式两份或一式三份,只有掌握了全套正本的多式运输单据,才真正掌握了有关货物的所有权。在信用证结算方式下,其份数应符合信用证规定。而且,其他各项记载也应都符合信用证的规定:货物名称、包装方式和状况、发货人、抬头人、被通知人、签发人、运费的交付情况、货物接受承运人监管的地点、货物运输的最终目的地以及装运的时间等。其中对装运时间的判断方法是:(1)若多式运输单据上已有事先印就的文字,说明货物已装运,则以多式运输单据的签发日期作为装运的完成日期;(2)若多式运输单据上有印章或其他注明方式,则加盖印章或注明的日期作为装运的完成日期。同时,多式运输单据上不能有受租船合约约束的记载。在信用证接受受益人提交多式运输单据的情况下,即使信用证规定不得转运,也不能限制转运的可能或实际采用。

适用于多式运输单据的贸易条件主要是 FCA、CPT、CIP 等,因为这些贸易条件以托运人将货物交付给承运人接管或监管为双方责任转移的界限,而不像 FOB、CFR、CIF 等贸易条件那样,以货物装上运输船只(在装运港越过船舷)为双方责任的分界线。联运提单格式如图 6—4 所示。

二、航空运单(air transport document)

(一)航空运单的概念

航空运单又称空运单据(airway bill,awb),或空运发货单(air consignment note,CAN),是航空货运部门签发给托运人表示接受委托、承担有关货物空运责任的单据。

航空运输具有速度快的特点,对包装要求轻便牢靠。在当代国际贸易发展迅速,其中高新技术产品和高附加值产品增长更为迅速的情况下,航空运输方式得到空前的重视。

项目六　国际结算中的商业单据

托运人 Shipper		B/L NO. 中国对外贸易运输总公司 北京　BEIJING 联运提单 COMBINED TRANSPORT BILL OF LADING
收货人或指示 Consignee or Order		RECEIVED the foods in apparent good order and condition as specified below unless otherwise stated herein. The Carrier, in accordance with the provisions contained in this document.
通知地址 Notify Address		1) undertakes to perform or to procure the performance of the entire transport form the place at which the goods are taken in charge to the place designated for delivery in this document, and 2) assumes liability as prescribed in this document for such transport One of the bills of Lading must be surrendered duty indorsed in exchange for the goods or delivery order
前段运输 Pre-carriage by	收货地点 Place of Receipt	
海运船只 Ocean Vessel	装货港 Port of Loading	
卸货港 Port of Discharge	交货地点 Place of Delivery	运费支付地 Freight Payable at	正本提单份数 Number of Original Bs/L

标志和号码 Marks and Nos.	件数和包装种类 Number and Kind of packages	货　名 Description of goods	毛重(千克) Gross weight(kgs.)	尺码(立方米) Measurement(m³)

以上细目由托运人提供
ABOVE PARTICULARS FURNISHED BY SHIPPER

运费和费用 Freight and charges	IN WITNESS whereof the number of original bills of Lading stated above have been signed, one of which being accomplished, the other(s) to be void.
	签单地点和日期 Place and date of issue
	代表承运人签字 Signed for or on behalf of the carrier 代　理 as Agents

图6—4　联运提单

(二)空运单据的性质和作用

空运单据的性质和作用如下：

(1)承运人与托运人之间运输契约的证明；(2)承运人收到托运人交付货物的收据(收据的性质如同海运提单,仅仅是运输期间对有关货物的代管权,而不是所有权)；(3)但不是所运输货物的所有权的凭证,是不可流通的单据,不能凭以提取货物；(4)承运人提供的运费账单；(5)

207

进、出口商报关的凭据之一；(6)承运人内部业务往来的依据。

(三)空运单据必须作成记名收货人形式

航空单据是直交式(straight consigned manner)单据，它不是货物所有权的凭证，不能做成可流通形式。货物运抵目的地后，承运人通知收货人后，只要证实收货人的身份，就可以交付货物，因此，空运单据必须做成记名收货人形式。

鉴于航空运输单据的这一特点，填写航空运输单据上的收货人应加以注意。在信用证结算方式下，若以开证申请人为收货人，则开证行和受益人都无法制约开证申请人必然付款，因为货物到达目的地后，承运人只要验明开证申请人的身份，就可以向其交货，而不过问其是否已向开证行交清货款和有关费用，开证行也无权干预承运人的交货行为。若以开证行为收货人，则只能在开证申请人向开证行交清了所有费用和款项，才能得到开证行的许可，向承运人提取货物。国际贸易中以空运方式运送货物，用跟单托收方式结算，若要避免进口商提取货物却不付款的风险，要以银行为空运单据的抬头人，必须事先征得银行的同意。

(四)空运单据的制式

1945年成立的国际航空运输协会是由世界上一百多家民用航空公司组成的国际性联合机构，设有北大西洋和北美、南美和加勒比地区、欧洲、亚太地区、非洲和中东六个地区技术处，总部设在瑞士日内瓦。其宗旨是：促进航空安全，建立规章，提供较便宜的航空运输，为国际航空运输合作提供各种便利。其活动内容包括：通过国际空运协会的票据结算所办理成员公司之间的运费结算，解决技术问题，确定运费标准，订立空运合同及条件的国际法，加强记录、信息研究及国际合作。由其制订和发出的整套航空运单包括：正本一式三份和副本一式九份，其具体情况是：

第1张正本，发给发出承运人(Original 1——For Issuing Carrier)；

第2张正本，发给收货人(Original 2——For Consigneee)；

第3张正本，发给托运人，由其作为信用证所要求的运输单据向银行提交(Original 3——For Shipper)；

第4张副本，作为交货收据(Copy 4——Delivery Receipt)；

第5张副本，发给目的地的航空港(Copy 5——For Airport of Destination)；

第6张副本，发给第三承运人(Copy 6——For Third Carrier)；

第7张副本，发给第二承运人(Copy 7——For Second Carrier)；

第8张副本，发给第一承运人(Copy 8——For First Carrier)；

第9张副本，发给销售代理人(For 9——For Sales Agent)；

第10张副本作为额外的副本，备作临时所需(Copy 10——Extra Copy)；

第11张副本作为收取航空运费的收据(Copy 11——Invoice)；

第12张副本由发运地航空港当局收存归档(Copy 12——For Airport of Departure)。

在办理航空货物集中托运时，民用航空货运代理公司签发的该公司的航空运输单据。这种单据称为分运单。分运单具有民用航空公司签发的航空运输单据同样的性质和作用。

(五)空运单据的基本内容

1. 空运单据的正面内容

不同的航空公司出具的空运单据形式上存在一些差别，但在运单的正面都有以下基本内容：承运的航空公司名称、航空运输单据名称、所运输货物的托运人和收货人的名称、发运货物的机场和运输目的地机场的名称、所运输货物的名称、数量/重量等情况、运输保险情况、运杂费交纳情况、承运人的签字等等。

2. 空运单据的背面内容

空运单据的背面印有航空公司的有关货物运输的规章或条款，主要用于规定承运人和托运人的各自责任、权利和义务等。航空运单如图6—5所示。

各航空公司的运单格式可能有某些不同。

(六)空运单据的适用的贸易条件

空运单据表明货物已被承运人接受待运(goods have been accepted for ccarriage)，贸易条件为FCA、CIP、CPT时，出口商的责任是将货物交给承运人或其代理人，就算完成交货，风险已转移给进口商。

三、公路、铁路、内河运输单据

(一)铁路、公路、内河运输的基本情况

采用铁路运输方式，货物损坏程度低、受季节等自然因素影响小、运输速度也比较快，在国际货物运输中起着重要作用，特别是在亚欧大陆的运输中，更是如此。在20世纪90年代以前，我国与亚洲的朝鲜、越南、蒙古以及当时的苏联、东欧等国家签订有《国际铁路货物联运协定》(简称为《国际货协》)，而西欧、北欧和中、南欧的18个国家也签订有《国际铁路货物运送公约》(简称为《国际货约》)。这就形成了两大片铁路运输网。这两个国际协定都分别规定了，在本片范围内只需在发货站办理一次手续，凭一张运单，就可以把货物运往任何一个车站。以后通过协商，签订跨片的铁路运输也得到协调安排。这样，亚欧大陆的铁路运输就可以使有关的当事人避免货物绕道海洋运输，特别是对内陆地点之间的货物运输，就更为便捷。冷战结束后，有关的国际条约有一定的变动，但铁路运输对各国的好处，还是得到各国的认可和接受。

公路运输主要运用于边境相邻的国家之间，内河运输则只是在两国拥有共同界河的情况下，相对而言，其规模和使用影响都较小。

(二)铁路、公路、内河运输单据的基本性质

当国际贸易合同/信用证规定，有关货物以铁路、公路、内河运输方式运输时，进口商/开证行将接受相应的铁路、公路、内河运输单据。但这些单据都只是承运人给托运人的货物收据("收据"的性质，如同海运提单，仅仅是运输期间对货物的代管权，而不是所有权)及承运人与托运人之间有关货物运输契约的证明，但不是有关货物所有权的凭证。因此，铁路运单一律做成收货人记名抬头。

在托运人将货物交付给铁路方面承运人后，承运人由发货车站签发铁路运单，并加盖当日日戳。我国使用的铁路运单一式两份，正本运单随车、货同行，到达目的地后，由承运人交收货人作为提货通知，副本交托运人作为交货的收据。在托收或信用证结算方式中，托运人凭副本铁路运单向银行办理结算手续以收回货款。在货物到达目的地之前，只要托运人仍持有副本运单，就可以指示承运人停运货物，或将货物运交他人。

(三)单据上注明对货物收妥待运、发运、承运

铁路、公路或内河运输单据上应有对货物收妥待运(received for shipment)、发运(dispatch)或承运(carriage)等说明。但《国际公路货物运输合同公约》(Convention on Contracr for the International Carriage of Goods by Road, CMR)和《国际铁路货物运输公约》(Interna-

国际结算

中国民航航空运单
AIR WAYBILL

航空运单号:
NO. OF AIR WAYBILL:

托运人姓名及地址 SHIPPER'S NAME AND ADDRESS	托运人账号 SHIPPER'S ACCOUNT NUMBER.	Not Negotiable 中国民航 CAAC AIR WAYBILL
收货人姓名及地址 CONSIGNEE'S NAME AND ADDRESS	收货人账号 CONSIGNEE'S ACCOUNT NO.	航班/日期 FLIGHT/DAY
出具货运单的承运人代理人的名称和城市 ISSUING CARRIER'S AGENT NAME AND CITY	出具货运单的代理人的国际航空运输协会代号 AGENT'S IATA CODE	
始发站 AIRPORT OF DEPARTURE	到达站 AIRPORT OF DESTINATION	路线 REQUESTED ROUTING

会计事项 ACCOUNTING INFORMATION	币别 CURRENCY	运费支付方式 WT/VAL		
		PPD	COLL	Other

商品编号 COMMODITY ITEM NO	托运人声明价值 SHIPPER'S DECLARED VALUE		保险金额 AMOUNT INSURED
	供运输用 FOR CARRIAGE	供海关用 FOR CUSTOMS	

处理情况(包括包装方式、货物标识及号码等)
HANDLING INFORMATION (INCLUDING METHOD OF PACKING, MARKS AND NUMBERS ETC.)

件数 NO OF PACKAGES	实际毛重(公斤) ACTUAL GROSS WEIGHT (KGS)	运价类别 RATE CLASS	收费重量 CHARGEABLE WEIGHT	费率 RATE	货物名称及数量 NAME AND QUANTITY OF GOODS
				CHARGE	

预付费用 PREPAID	到付费用 COLLECT

托运人证实以上所填全部属实并愿遵守承运人的一切载运条程。
Shipper certifies that the particulars on the face hereof are correct and that insofar as any part of the consignment contains dangerous goods, such part is properly described by name and is in proper condition for carriage by air according to the applicable Dangerous Goods Regulation.

托运人签字_____
Signature of Shipper or His Agent.

日期　　　　　　地点　　　　　　　　承运人签字
Executed on　(date) at　(place)　Signature of Issuing Carrier or Its Agent

图6—5 航空货运单

tional Convention Concerning Transport of Merchandise by Railway, CIM)对公路运单和铁路运单未做相应要求:写明上述词语。国际商会第511号出版物指出,由于上述的国际公约已经明确了承运人的全部责任,因此,虽无上述文句,仍然可以接受。对所交来的运单,均可当作正本单据接受。

(四)铁路、公路或内河运输适用的贸易条件

国际商会规定的多种贸易条件都适用于上述三种情况,如:EXW、FCA、CIP、CPT、DAF、DDU、DDP等。

在我国内地以铁路运输方式向我国香港、澳门出口货物时,通常由中国对外贸易运输公司承办。承运人在货物装上运输工具后,即向托运人签发承运货物收据(cargo receipt)。托运人在委托承运人运输货物时,要填写委托书,承运货物收据就在托运人填写委托书时一并套制,并由承运人确认收妥货物及装上运输工具后,填上运编号码并签章。这样套制的运输单据一式八份,其中背面印有"承运简章"的一份是承运货物的正本收据,其余为副本收据。正、副本收据的运编号码是一样的。正本收据连同三份副本交付给托运人,托运人可凭该正本承运货物收据向当地银行办理结算手续,收货人则凭该正本收据在运输的目的地领取货物。托运人接受了正本收据,就表明接受了其背面印就的"承运简章",因此,正本收据也就成为承运人与托运人之间有关货物的运输合同。承运货物收据的式样如图6-6所示。

中国对外贸易运输总公司
China National Foreign Trade Transportation Corporation

承运货物收据	运编号 No._____
CARGO RECEIPT	发票号 No._____
第一联(凭提货物)	合同号 No._____

1.委托人 Shipper	2.收货人 Consignee 3.通知 Notify
4.From Via	To

5.装运日期

6.车号

7.标记	8.件数	9.货物名称	10.附记

11.运费缴付地点 　　　Freight Payable 　　全程运费在南京付讫 　FREIGHT PREPAID AT NANJING	12.请向下列地点接洽提货 香港中国旅行社有限公司 CHINA TRAVEL SERVICE(H.K) LTD CHINA TRAVEL BUILDING 77QUEEN'SROAD. CENTRAL. HONGKONG

15.中国对外贸易运输总公司南京分公司

13.押汇银行签收　　　　　　　　　　　　14.收货人签收
Bank's Endorsement　　　　　　　　　　 Consignee's Signature

图6-6 承运货物收据

四、邮政收据和快邮专递

(一)邮政收据(post receipt)的概念

万国邮政联盟(Universal Postal Union,UPU),简称万国邮联,是为了调整各国之间的邮政服务,实现邮政业务现代化和使用最好的方法为各国运送邮件而建立的政府间组织,是联合国的一个专门机构。其前身是1875年成立的邮政总联盟,总部设在瑞士首都伯尔尼。此外,一些国家之间,根据双方交往的需要,也签订了双边邮政协定。总重量不超过20千克的小件物品在这些国家之间传递,不值得采用上述的海洋、航空、铁路或公路运输方式时,可选择邮政寄送方式,向邮政部门办理。由寄件人填写邮局印就的空白邮政收据后,经邮政部门核实、收费并签发给客户,表明受理客户邮寄包裹业务的书面凭证,就是邮政收据,又称邮寄证书(certificate of posting),或邮包收据(postal parcel receipt,PPR)。邮政收据开立一式两份,一份随所寄物品一并发往目的地,由目的地邮局向收件人据以发出取件通知书,另一份交给寄件人作为办理结算的凭证。由于邮局的业务机构分布较广,收寄手续也比较简便,因此,少量、小件物品的传递,以邮政运输最为方便。根据具体的传递手段的不同,邮政传递可分为普通邮政包裹和航空邮政包裹两种。

相关手续通常是由寄件人将所要邮寄的包裹,在邮局营业时间送到邮局柜台办理。

(二)快邮专递收据(courier or expediteddelivery service receipt,CSR/courier receipt)的概念

快邮专递机构在受理客户以快邮专递包裹时,签发给客户的书面凭证,称为快邮专递收据。由于具体经办的机构不同,其名称也有所不同,最常见的是:EMS,DHL,Forwarder Airbill,Shipment Air Waybill 等。快邮专递实行的是"桌至桌"服务,即发件人可以要求快邮专递机构派人上门收取要传递的邮件,并负责将所传递的邮件直接送到收件人的住所或办公室,而不像邮政包裹的传递,一般要求收件人凭通知和有关身份证件到邮局领取。因此,快邮专递的传递速度要比邮政包裹快,和更方便客户,相应地收费标准也相应更高些。

最初的快邮专递服务是传递文件、单据。较早受理快邮专递业务的机构是中外运敦豪(DHL)。这是美国人 Adrian Dalsey、Larry HilHon、Robert Lyrn 三人于1969年创建的从旧金山到火奴鲁鲁的船运快递公司,以后逐步发展成跨国快邮专递公司,现由德国邮政100%控股。其办理的快邮专递业务是为客户提供"桌至桌服务"(desk to desk service),即可以到寄件人的办公室桌前收取要邮寄的邮件,并负责将邮件送至收件人办公室的桌前。办理快邮专递业务的机构,常见的还有美国的快件公司(United Parcel Service of America,UPS)和中国邮政办理的快递服务公司(Express Mail Service,EMS)。

(三)邮政收据和快邮专递收据的性质

邮政收据和专递或快邮机构收据都是运输单据,但都只是货物的收据和运输合同的证明,而不是物权凭证,不可转让流通。这些运输单据的收货人都要做成记名抬头,有关货物直接交给收货人。在信用证业务中,若开证行要有效地控制开证申请人向开证行偿付,一般都要求做成开证行抬头;若开证申请人在申请开立信用证时,已经交足了信用证保证金和开证手续费,也可以允许以开证申请人为邮政收据或快邮专递收据的抬头人。

(四)邮政收据或快邮专递收据的主要内容

邮政收据或快邮专递收据除了事先印就的"邮政收据"或"快邮专递收据"名称以及邮局或

快邮专递机构有关收寄和收件人领取的规定注意事项外,寄件人应填写寄件人和收件人的全称、详细地址,邮寄物品的名称、价值等内容,经邮局或快邮专递机构验核后填写邮寄物品重量及向寄件人收费金额,经办人签章,并盖上收寄邮局或专递机构当日日戳。寄件人接受该邮政收据或快邮专递收据,就表明接受收据上所印就的规定注意事项,这些事项的规定,就成为双方的合约内容。

五、审核运输单据的要点

(1)运输单据种类必须符合信用证规定。

(2)必须包括全套正本单据以及副本的份数(若有)必须符合信用证规定,正本单据上有无承运人或其代理人的签章,并盖有其印章。

(3)运输单据上显示的装运地、运输目的地、转运地(若有)必须符合信用证规定。

(4)装运日期/运输单据签发日期必须符合信用证规定,即不晚于信用证规定的最迟装运日期。

(5)海运提单上的收货人应做成"开证行的指定人"或者如信用证所规定,如"to order"或"to order of shipper",而开证申请人则被做成"被通知人",同时应有被通知人的详细地址,该地址应与信用证上开证申请人地址一致,以便卸货港口当局在货物到港后及时通知被通知人;航空运单、铁路运单和公路运单等都不是物权凭证,这些运单上的收货人应是信用证的开证申请人,其名称和地址等都必须与信用证上所记载的一致。

(6)商品名称可以使用统称,但必须与商业发票上的表述一致或不矛盾。

(7)"运费已付"或"运费待收"的表述应与信用证上的价格条件相吻合,如CFR或CIF等价格条件下,出口商向进口商收取的款项中包括了运费,因此,在海运提单上应显示"运费已收(freight prepaid)"或类似文句;若信用证显示交易双方以FAS或FOB等价格条件成交,该由进口商负责联系船公司办理到装运港接货,则海运提单上应记载为"运费待收(freight to be collected)"或类似文句。

(8)运输单据上有无对商品外包装的不良批注。

(9)运输单据上对商品包装件数的描述应与发票及其他单据上关于商品包装件数的描述一致。

(10)唛头应与符合信用证规定的一致。

(11)应加背书的运输单据是否都正确地加上了背书,在信用证未另做规定情况下,通常为空白背书。

任务四　保险单据

一、保险单据的概念与作用

(一)保险单据的概念

保险公司接受投保人的投保申请后,认为可以接受的,便根据投保单的内容缮制保险单,作为保险合同成立的书面凭证。投保人则需参照信用证、贸易合同及发票等单据对保险单进行审核,以保证单证一致、单单一致,并和合同的规定相符。保险单一式若干份,保险公司留存一份,其余交给投保人,作为其议付的单据之一,同时保险单也是被保险人向保险人索赔的依据。

(二)保险单据的作用

保险单据的作用如下:

(1)承保人给被保险人的承保证明。

(2)承保人与被保险人之间保险契约的证明。

(3)在发生保险标的灭失的情况下,被保险人向承保人索赔的依据和承保人理赔的依据;但此时被保险人应能证明自己是所灭失标的的所有者,即被保险人在提出索赔时,应能同时提交相应的物权凭证(如正本海运提单等)。

(4)在CIF、CIP等应由出口商办理货物运输保险手续的价格条件下,保险单据是出口商履约的证明之一。

(三)保险单据的签发人

保险单必须由保险公司或保险商或其授权的代理人签发。有些贸易中,进、出口商委托保险经纪人(insurance broker)代办保险。英国保险法允许劳合社(Lloyd's Institute)的成员以其个人名义办理保险业务,则劳合社的成员也可以成为保险单据的签发人。

二、保险单据的内容

(一)承保人名称及地址

承保人又称承保商。承保人应是保险公司或保险商等保险业务的经营者。在具体业务中,保险单据应由保险公司,或保险商,或其代理人签发。

(二)商业发票的号码和保险单据的号码

在保险单据上写明保险单据和商业发票的号码,便于在随后的业务办理中进行核对。

(三)投保人(被保险人)

在FOB、CFR等价格条件下,由进口商自行向承保人办理保险手续,保险单据上的投保人是进口商,出口商向银行提交的单据中,没有保险单据。在CIF、CIP等价格条件下,应由出口商向承保人办理货物运输保险,并随后在向银行提交的单据中包括保险单据。这时的投保人应体现为出口商(信用证项下,即受益人)。

(四)货物描述、唛头和件数

保险单据上对货物的描述可用统称,但必须与信用证规定以及发票上对货物的描述一致,或者不矛盾,对货物的数量的描述也必须与发票一致,并符合信用证的规定。对于运输标志(唛头),应符合信用证规定,与运输单据、发票一致,也可以"Shipping Mark as per B/L No. ×××"方式,以保证与相关的海运提单保持一致。

(五)装载货物工具名称、装运的起、迄地点及开航日期

保险单据上必须填写装载货物的工具名称,由于投保手续是在货物装运之前办理,因此,保险单据上所填写的其实是预期的装运工具。投保人在得到保险单据后,应注意货物实际装运是否发生变化。装运的起、迄地点应按信用证规定填写。同样,鉴于在需要出口商提交保险单据的CIF、CIP等价格条件下,保险手续的办理应先于货物装运,因此,在保险单据的开航日期栏内,难以准确填写实际开航日期,通常以"as per B/L"表达。

(六)承保货币与保险金额

保险单据上应以文字大写和数字小写两种方式体现承保的货币与保险金额,两者的表达应

是一致的。UCP600第28条f款i项规定,保险单据必须表明投保金额,并与信用证相同的货币表示。保险金额是承保人承诺,在保险有效期间,若发生保险责任范围内的货物全损,承保人将按保险金额向持有保险单据、货物所有权单据和有效的货物损失证明文件的当事人理赔;若货物只是部分损失,则承保人将在保险金额的范围内,根据损失的程度,给予相应的赔付。

UCP600第28条f款ⅱ项规定:"信用证对于投保金额为货物价值、发票金额或类似金额的某一比例的要求,将被视为对最低保额的要求。如果信用证对投保金额未做规定,投保金额须至少为货物的CIF价或CIP价格的110%。"

上述在CIF或CIP价格基础上增加的10%被称为"保险加成",是进口商对该笔交易的预期毛利润。在货物运输途中,若没有发生货物损失事项,进口商可以按预期情况,收取并销售货物,以争取获得相应的利润;若货物遭受损失,则进口商仍然可以凭保险单据、货物所有权凭证以及货物损失程度的有关证实文件,向承保人索赔,并获得相应的赔付。这样,通过货物运输保险,进出口商就可以较小的金额、有限而且可以事先准确控制的保险费用的支出,规避难以事先准确预测的货物运输风险及损失,而保障可预期的经营收益。在实务中,保险加成有时也有20%的,但较多的还是10%。

UCP600第28条f款ⅱ项还规定:"如果从单据中不能确定CIF或者CIP价格,投保金额必须基于承付或议付的金额,或者基于发票上显示的货物总值来计算,两者之中取金额较高者。"这是因为,在大型成套设备等商品的交易中,出口商常要求进口商在交易合同签订后,先支付一定比例(例如20%)的预付款作为定金或保证金。在这种情况下,信用证及信用证项下的发票、汇票所显示的金额都只是整个合同金额的其余部分(例如80%)。但对有关货物运输的保险则必须覆盖全部货物,因此,要"基于承付或议付的金额,或者基于发票上显示的货物总值来计算,两者之中取金额较高者"。

(七)保费与保险费率

保费又称保险费、营业保险费、毛保费、总保费等,是承保人为了承担一定的保险责任而向投保人收取的费用,换言之,保险费是投保人根据保险合同的有关规定,为被保险人在承保人保险责任范围内发生货物灭失情况下,获得经济补偿的权利,而付给承保人的代价。

保险费率又称毛费率,是承保人按照保险金额向投保人收取保险费的比率。通常以百分比(%)或千分比(‰)表示。保险费率是承保人根据保险标的的危险程度、发生损失的概率、保险责任的范围、保险期限的长短以及经营的成本等情况,进行确定的。其计算公式是:

保险费=保险金额×保险费率。

在实际业务中,保险单据上的这两栏,通常填写为:"as arranged",这主要是因为保险企业之间存在既要互相协作,又有互相竞争的一面,在确保自己在经营中有所赢利的前提下,适当降低费率是争取客户的重要手段之一。不在保险单据上具体载明保险费和保险费率,可以在一定程度上保持自己的经营策略。

(八)承保险别

承保险别(condition)是指承保人所承担的保险责任的范围;对被保险人权利而言,则称为投保险别。在信用证业务中,保险单据上注明的承保险别应符合信用证的规定。若信用证未明确规定投保险别,或者规定投保概念不明确的一般险(usual risks)或惯常险(customary risks),银行接受所提交的保险单据填列的险别,对未经投保的任何险别不予负责。

国际商会《跟单信用证统一惯例》(UCP600)第28条g款规定:"信用证应规定所需投保的

险别及附加险(若有)。如果信用证使用诸如'通常风险'或'惯常风险'等概念不确切的用语,则无论是否有漏保之风险,保险单据将被照样接受。"h款规定:"当信用证规定投保'一切险'时,如保险单据载有任何'一切险'批注或条款,无论是否有'一切险'标题,均将被接受。即使其声明任何风险除外。"

(九)理赔代理人和检验理赔地点

在 CIF 价或 CIP 价条件下,出口商按合同约定办理国际货物运输保险后,要将保险单据连同其他单据通过银行向进口商(在信用证业务中,则是向开证行或保兑行,或开证行指定的付款行)要求付款。若在运输途中发生保险责任范围内的事项,造成货物全部或部分灭失,将由进口商向承保人提出索赔。由于出口商往往是向本国的保险公司办理投保手续,若进口商向出口国的保险公司索赔,或出口国的保险公司到进口国理赔,均不太方便。于是,为了便于就近及时索赔和理赔,保险公司在自己的业务办理中就需要在国外建立广泛的代理关系网络,并在开立保险单据时,根据业务情况,在保险单据上指定其在进口国或其附近国家(地区)的有代理关系的同业作为理赔代理人,并将检验理赔地点指定为有关货物运输的目的地。

(十)保险单据出具时间和地点

保险单据的出具时间既表明投保人投报时间,也是双方达成保险契约关系的时间。在 CIF 价或 CIP 价条件下,正常的交易程序应是出口商先办理货物运输保险手续,后办理装运手续,即保险单据的签发日期应不晚于提单签发日期。国际商会《跟单信用证统一惯例》(UCP600)第 28 条 e 款规定:"保险单据日期不得晚于发运日期,除非保险单据表明保险责任不迟于发运日生效。"在信用证业务中,运输单据的签发日期若早于保险单据的签发日期,将被认为是"单证不符"。

出单地点,即出具保险单据的承保人的所在地点,它涉及法律适用问题。一般而言,保险单据以出单地点所在国的法律为准。

(十一)注明"正本"或"副本"

保险单据上必须注明是"正本"(original)或"副本"(copy),其中正本保险单据才能作为索赔、理赔的依据,而副本只能说明办理了有关货物的投保手续,不能成为索赔权利的凭证。考虑到单据传递过程中的可能风险,正本保险单据通常都有副本。正本保险单据上应注明复本的份数。信用证业务中,副本的份数应符合信用证规定。在传递保险单据时,应注意只有掌握了全套正本保险单据,连同相应的物权凭证,才能有效地控制有关的货物及向承保人索赔的权利。

(十二)附加保险条款

在某些业务中,承保人可能在保险单据上粘贴附加条款,或加盖印戳以补充某些条款。凡有这类情况,这些附加或补充的条款应被视为该单据的组成部分。

国际商会《跟单信用证统一惯例》(UCP600)第 28 条 i 款规定:"保险单据可以援引任何除外条款。"j 款规定:"保险单据可以注明受免赔率或免赔额(减除额)的约束。"

(十三)保险公司签章

保险单据通常由承保人或其代理人签章,但是,英国保险法允许保险公司在出具海洋运输保险单据时,以盖章代替签名。

保险单正面除了上述内容外,往往还印有其他一些文字,说明保险单是承保人与被保险人双方的保险合同等情况。保险单的背面印有货物运输条款,表明承保的基本险别条款内容。保险单背面有时还粘贴附加条款,表明承保的附加险别条款内容。保险单的正文、货物运输条款、附加条款三者的关系是：货物运输条款、附加条款与正文矛盾时，以货物运输条款为准；货物运输条款与附加条款矛盾时，以附加条款为准。

不同的保险公司所设计的保险单据格式可能有些不同，但基本内容都应具备。保险单样式如图6-7所示。

中保财产保险有限公司
The People's Insurance (Property) Company of China Ltd

Head Office: BEIJING	海洋货物运输保险单	Established in 1949
发票号码	MARINE CARGO TRANSPORTAION INSURANCE POLICY	保险单号次
Invoice No.		Policy No.

被保险人：
Insured:

中国人民保险公司（以下简称本公司）根据被保险人的要求，及其所缴付的保险费，按照本保险单承保险别和背面所载条款与下列特别条款承保下述货物运输保险，特签发本保单.
This Policy of Insurance witnesses that The People's InsuranceCompany of China (hereinafter called "The Company") at the request of the "Insured" and in consideration of the agreed premium paid to the Company by the Insured undertakes to insure the undermentioned goods in transportation subject to the conditions of this Policy as per the Clauses printed overleaf and other special clauses attached hereon.

标记及号码	包装数量	保险货物项目	保险金额
Marks & Nos.	Quantity	Description of Goods	Amount Insured

总保险金额
Total Amount Insured:_____

保费	费率	装载运输工具
Premium _____	Rate _____	Per conveyance S.S._____

开航日期	起运港	目的港
Slg. on or abt _____	From _____	To _____

承保险别
Conditions

所保货物，如发生本保单项下可能引起索赔的损失或损坏，应立即通知本公司下述代理人勘察。如有索赔，应向本公司提交保险单正本（本保险单共有　　份正本）及有关部门文件。如一份正本已用于索赔，其余正本则自动失效。
In the event loss or damage which may result in a claim under this Policy, immediate notice applying for Survey must be given to the Company's Agent as mentioned hereunder. Claims, if any, one of the Original Policy which has been issued in _____ Original(s) together with other relevant documents shall be surrendered to the Company. If one of the Original Policy has been accomplished, the others to be void.

赔款偿付地点
Claim payable at   中保财产保险有限公司
                    THE PEOPLE'S INSURANCE (PROPERTY) COMPANY OF CHINA LTD

日期
Date
地址
Address

图6-7 保险单样式

三、保险单据的种类

（一）保险单（insurance policy）

这是承保人就承保一个指定航程内某一批货物运输的保险责任，开立给投保人的书面凭证，俗称大保单。保险单的正面是上述有关货物运输保险情况的记载，背面是承保人事先印就的保险条款,包括承保人的保险责任范围、该保险合同双方的权利和义务、免责条款、解决争议的条款、时效条款等事项。虽然保险条款是事先印就,但若投保人接受了保险单,就表明接受了保险单背面所印就的保险条款,即该保险条款连同正面记载的货物运输保险情况就成为双方的保险合同的内容。

在各种保险单据中,保险单的内容最完整。因此,在信用证允许接受保险凭证,或保险声明,或联合凭证时,都可以保险单取代之;但信用证若规定受益人必须提交保险单时,则其他形式的保险单据不可接受。

(二)保险凭证(insurance certificate)

这是承保人开立给投保人的简化的书面凭证,其正面内容与保险单完全一样,与保险单具有同等效力,但所使用的纸张较薄,背面就没有印相应的保险条款,俗称小保单。由于使用的纸张较薄,在邮寄单据时的邮费就可以相对省些。在发生索赔、理赔事项时,以保险单背面的保险条款为双方处理的依据。但在信用证规定必须提交保险单时,受益人不能提交保险凭证。通常,保险凭证多用于近海贸易、小额贸易以及双方已保持长期贸易关系的交易等情况。

(三)保险声明(insurance declaration)

在进出口商之间保持着长期或者经常性交易的情况下,为了简化投保的手续,投保人与承保人订立了预约保险合同。凡在预约保险合同中规定范围内的货物,均由承保人自动承保,被保险人应根据其业务活动的实际情况,定期向承保人申报,以便承保人逐笔签发保险单据。承保人将预约保险单的详细内容事先印在经承保人签署的空白保险凭证上,由被保险人在每批货物启运前填写船舶名称、航程、起航日期等内容,并加上副署,将保险凭证的副本送交给承保人,可代替启运通知书,作为根据预约保险单向承保人做出的申请。这份由被保险人根据预约保险合同和货物出运情况,签署的单据经承保人确认后,就成为保险声明。

(四)联合凭证(combined certificate)

这是只能用于我国沿海根据香港、澳门地区中国银行集团银行开立的信用证、办理出口货物运输保险的一种凭证,又称为承保证明(risk note)或联合发票。它是由保险公司以印戳方式,将承保险别、保险金额,以及保险编号等内容,加盖在商业发票的空白处,作为保险公司承保的证明。这是保险单据与商业发票相结合的一种形式,是最简单的保险单据。

(五)暂保单(cover note)。

保险经纪人不是具有独立经营资格的保险法人,他向进、出口商提供的单据只能称为"暂保单"(broker's cover note),而不是正式的保险单,在国际结算中,银行不接受暂保单。UCP600 第 28 条 c 款明确规定了这一点。

四、保险单据的背书转让

在以 CIF 价或 CIP 价等贸易条件成交的交易中,出口商向银行交单时,鉴于在 CIF、CIP 等价格条件下,所实行的是"象征性交货",保险手续应在货物装运前就办妥,货物在装运地装上运载工具后,有关的风险和责任就转移到进口商方面,倘若货物在运输途中发生保险责任范围之内的灭失,将由进口商以提单和保险单据为凭据,向承保人提出索赔。因此,出口商在交单时,应对以自己为投保人的保险单据进行背书转让。在信用证项下,开证银行为了能有效地控制有关货物的所有权,即使未在信用证中明确规定保险单据要背书,受益人也应对保险单据背书。否则,银行将不予接受。根据信用证规定和被保险人的不同情况,保险单据的背书可以有以下几种：

(一)空白背书

若信用证规定：Insurance policy(endorsed in blank)/(in negotiable form)
　　　　　　　A blank endorsed insurance policy ……

则受益人在向银行交单时，就必须在保险单据的背面签章和署明背书日期，而不写明被背书人的名称。在空白背书的情况下，持有保险单据者，就成为被保险人。

(二)记名背书

若信用证规定：Insurance policy endorsed to the order of MMM bank，place，则受益人应在保险单据上背书：To the order of MMM Bank，place，并签章和署明背书日期。在记名背书的情况下，被背书人就成为被保险人。

若信用证规定：Insurance policy endorsed to the order and benefit of our bank(issuing bank)，则受益人在保险单据上记名背书为：To the order and benefit of (issuing bank)，并签章和署明背书日期。开证银行就成为被保险人。

若信用证规定：以议付行为被保险人，则议付行在向开证行寄单时，应将保险单据记名背书给开证行：To the order of issuing bank，并签章和署明背书日期。

在开证行成为保险单据的被背书人的情况下，一旦进口商向开证行付款赎单，开证行就可以记名背书保险单据给进口商。

若保险单据上以进口商为被保险人，则出口商向银行提交保险单据时，无须对保险单据背书。但实践中，这种情况很少见，因为在进口商未付清货款时，就将被保险人定为进口商，有可能使出口商和开证银行陷于被动。

在被保险人是第三方、中性名称，或 Bearer，赔付地点定为 Claim payable at (place) to bearer or holder 情况下，在转让时，无须背书。

在 FOB 价、CFR 价等价格条件下，由进口商自办保险，出口商没有向银行提交保险单据的责任，自然也就没有对保险单据背书的问题。

五、审核保险单据的要点

审核保险单据的要点如下：

(1)保险单据从表面上看，必须是保险公司或承保人或其代理人或代表出具并签署的。若是代理人或代表签署，则该签署必须表明其系代表保险公司或承保人签字。

(2)保险单据的种类应符合信用证的规定。若信用证要求受益人提交保险单，则受益人不能提交保险凭证或联合凭证；若信用证要求允许提交保险凭证，则受益人提交保险凭证或保险单都可接受，但不能提交联合凭证；若信用证允许提交联合凭证或未明确规定提交保险单据的种类，则提交保险单、保险凭证或联合凭证都可接受；但暂保单则绝对不能接受。

(3)无论信用证有无明确规定受益人要提交全套正本保险单据，都必须提交按保险单据上所注明的正本单据的份数，提交全套正本保险单据。若信用证未规定要提交全套正本保险单据，而保险单据上也没有说明全套正本保险单据的份数，则受益人可以只交一份正本保险单据，其余各份为副本。

(4)保险单据的签发日期或保险单据上记载的承保的保险公司的保险责任生效日期应不晚于货物装运日期。

（5）保险单据上的被保险人如果不是开证行或保兑行或买方,则应有出口商的适当背书表明"过户"。

（6）保险单据上记载的货物名称、唛头、装运地点、运输目的地、装运日期、运输工具名称等应与运输单据上的记载保持一致。由于事实上保险单据签发在先,货物装运发生在后,签发保险单据时未必能准确填写上随后实际的装运日期和运输工具等事项,因此,为了能满足上述要求,保险单据上往往对上述事项的记载采取"As per B/L"方式解决。

（7）保险单据上记载的保险金额以及投保加成,均应当符合信用证的规定,并使用与信用证相同的货币。若信用证未具体规定,则应按照前述的 UCP600 第 28 条 f 款的规定。

（8）保险单据上记载的承保的险别应当符合信用证的规定。如果信用证使用了"通常风险"或"惯常险种"等概念不确切的词语,则无论保险单据上记载承保的是什么险种,银行均可以接受。若信用证规定投保"一切险",则只要保险单据上有关于"一切险"的批注或条款,均可接受。

（9）保险单据表明的承保的风险区间应至少涵盖了从信用证规定的货物接管地或发运地开始到卸货地或最终目的地为止。

（10）保险单据上注明的赔款偿付地点应符合信用证的规定,若信用证未明确对此的规定,则应当为货物运输的目的地或卸货地点。

（11）保险单据上注明的赔款偿付的代理人应是承保的保险公司在运输目的地的代理人,保险单据上应有代理人的完整名称和详细的地址。

任务五　其他商业单据

一、产地证明书

(一)产地证明书的概念

产地证明书（certificate of origin）又称来源证书、原产地证书,或简称产地证,是证明出口货物原产地或制造地点的文件。

(二)产地证明书的作用

产地证明书的作用如下：

（1）作为进口国海关实施差别关税的依据。世界各国根据本国对外交往的需要,对来自不同国家的进口商品实行差别关税。原产地证书提供了依据。

（2）提供进口国海关统计依据。世界各国都需要统计本国进口商品的来源分布情况,作为分析本国对外贸易的发展状况和制订对外贸易政策的依据。原产地证书可作为该项统计的凭据。

（3）进口国实行进口配额限制的依据。各国根据本国产业结构情况和保护国内相关产业的需要,对于某些可能对国内产业、行业或企业形成较大竞争压力的进口商品,以法规方式规定在一定时期内允许进口的限额,即进口配额,超过限额部分,或不允许进口,或必须交纳较高税率的进口税后才能进口。在实施中,可以直接将配额分配给各国,即实行进口国别配额。这时,根据原产地证书分别统计来自不同国家的进口商品的数量或金额,就成为必要的措施。

（4）进口国保障进口商品符合卫生要求。加强对进口商品的检疫是世界各国普遍实行的保护本国利益的措施。在某些国家或地区发生严重疫情等情况时,其他国家通常还要在一段时间内严格暂停从发生疫情的国家或地区进口有关的产品,直至疫情确实消除一段时间后。

因此,要求出口商提供原产地证书,以证实产品并非来自疫区,符合对进口商品的卫生标准,方可准予进口,是各国的普遍要求。

(5)证明进口商品品质。一些产品的品质受产地的气候、土壤、地质条件以及加工、装配技术等因素影响较大,因此,某产地的产品可能具有其他产地同类产品所难以达到的水准。在这种情况下,交易双方往往也将这些产品的原产地证书作为产品品质的证明。出于这项考虑而要求的原产地证书通常不仅要求证明出口国家名称,还要具体说明产品的具体生产地名称;而出于其余各项考虑所要求的产品原产地证书则往往证明产品的原产国家名称即可。

(三)原产地证书的主要内容

原产地证书的主要内容如下:

(1)标明"原产地证书"或相当意思的字样以及编号;

(2)出口商的名称和地址;

(3)收货人的名称和地址;

(4)货物运输的装、卸地点及运输方式;

(5)有关货物的描述,包括货物的名称、数量、重量、包装方式、包装或运输的标志,在信用证业务中,货物名称等各项内容的记载都应与信用证规定一致或不矛盾;

(6)有关的商业发票的号码;

(7)出口商的声明文句,如:"兹声明上述表述详情正确无误",所有商品都在中国生产,符合中华人民共和国原产地规则"并由签署人签名、注明签署的日期和出口商签章;

(8)原产地证书签发机构声明,如:"兹证明出口商的声明正确无误并由签发人签名、注明签署日期、签发地点和签发机构签章。原产地证书样式如图6-8所示。

Certificate of Original (I)

1. Goods consigned from (Exporter's business name, address, country)	Reference No. GENERALISED SYSTEM OF PREFERENCES CERTIFICATE OF ORIGIN (Combined declaration and certificate) Issued in...(country) see Notes overleaf			
2. Goods consigned to (Consignee's name, address, country)	4. For official use			
3. Means of transport and route (as far as known)				
5. Item Number	6. Marks and numbers of packages	7. Numb-ers and kinds of packages, description of goods	8. Origin criterion (see Notes overleaf)	9. Gross weight and other quantity	10. Number and date of invoices
11. Certification It is thereby certified, on the base of control carried out, that the declaration by the exporter is correct. Place and date, signature and Stamp of certifying authority	12. Declaration by the exporter The undersigned hereby declares that the above details and statements are correct; that all the goods were produced in…(country) and that they comply with the origin requirements specified for those goods in the Generalized System of Preferences for goods exported to…(importing country). Place and date, signature and Stamp of authorized signatory			

图6-8 原产地证书样式

(四)原产地证书的签发人

原产地证书的签发人由进、出口双方在洽商贸易合同时确定,一般情况下,可以是出口商本身、出口商所在地的同业公会、商会、商品检验机构等。在信用证业务中,若没有具体规定,则上述任何人出具的原产地证书都可接受;若要求受益人或厂商出具,而受益人提供了商会或商品检验机构出具的原产地证书,也可以接受;若要求由商会或商品检验机构出具原产地证书,则不能提交受益人出具的原产地证书来取代。我国的规定是,一般的出口商品原产地证书(不包括普遍优惠制原产地证书),由商品检验机构或中国国际贸易促进委员会负责签发;一般对出口商品证明中国生产或中国加工制造,国外需要证明具体产地的,经核实后,也予以证明。

(五)产地证的审核要点

(1)产地证的签发机构必须符合信用证的规定。如果信用证只是笼统地要求"主管当局"(competent authority)签发产地证,则由商品检验局,或中国国际贸易促进委员会,或商会签发的产地证都可接受;如果信用证没有具体要求,则受益人自己出具的产地证也可以被接受。

(2)产地证上的签字、公证人证实或签证等都必须按照信用证的要求。

(3)产地证上的进口商、货物种类或名称、件数等内容均应符合信用证的规定,并与商业发票及其他相关单据的记载一致或不矛盾。

(4)产地证上记载的产地必须符合信用证规定。

(5)产地证的签发日期必须不晚于运输单据的签发日期。

(6)除非信用证明确允许,否则产地证只能是单独签发,而不能与其他内容的单据合在同一份单据上。

如信用证没有明确要求提供产地证,而只要求证明出运的货物产自中国,则可以在商业发票上加列证明文句:"兹证明装运货物原产地是中国(We hereby certify that the goods shipped are of chinese origin)"。这样,商业发票同时也承担了原产地证明的作用。

二、普遍优惠制原产地证书(general system of preference certificate of origin, gsp certificate of origin)

(一)普遍优惠制的概念

根据1968年联合国贸易与发展会议第二届会议的决议,发达国家从发展中国家(地区)进口工业制成品和半制成品时普遍给予的优惠关税待遇的一种制度。通过减少发达国家进口商从发展中国家进口制成品、半制成品的关税负担,增加其从发展中国家进口制成品和半制成品的积极性。1970年联合国第25届大会采纳了这个提案,并确定了当时的18个发达国家制订其本国的普遍优惠制计划,到1987年已有28个发达国家实行普遍优惠制。

但是,在实际运用中,各给惠国的给惠方案之间存在一定的差别和限制,例如,受惠国家和地区的范围、受惠商品范围、减税幅度、进口商品数量限额以及产品的原产地的要求等各不相同,例如,长期以来,最大的发达国家美国就对社会主义国家、石油输出国组织成员国以及被美国指为对美国"不友好"的国家不实行普遍优惠制,欧盟和日本仅对某些商品在一定配额内提供普遍优惠制关税待遇;在实施中,不同国家的要求也有一定的差别,这些就使发展中国家享受普遍优惠制待遇受到不利的影响。但设立普遍优惠制毕竟是发展中国家在国际贸易领域开展长期斗争的胜利,实施这项制度对发展中国家发展自己的对外贸易有利。

(二)普遍优惠制的三项基本原则

1. 普遍的

即发达国家应给予发展中国家和地区出口的制成品和半制成品普遍的减免关税的优惠待遇。

2. 非歧视的

即发达国家应使所有的发展中国家和地区都不被歧视地无例外地享受普遍优惠制的待遇。

3. 非互惠的

即发达国家应单方面给予发展中国家和地区关税上的优惠,而不能要求发展中国家和地区提供反方向优惠。

(三)实行普遍优惠制的目的

通过发达国家对发展中国家和地区出口制成品和半制成品进口关税的优惠,扩大发展中国家和地区制成品与半制成品的出口,增加发展中国家和地区的出口收益,促进发展中国家和地区的工业化,加速发展中国家的经济增长率。

(四)普遍优惠制产地证书 A 格式(generalised system of prefernce certificate of origin form A,GSP FORM A)

这是发展中国家的原产品出口到实施普遍优惠制关税的国家,要享受给惠国减、免进口关税的优惠待遇,必须提供的官方凭证。这是由联合国贸易与发展会议优惠问题特别委员会一致通过的"格式 A"(GSP Form A)。这是针对性比较广泛的一种普惠制项下的证书。所有实施普遍优惠制的给惠国家都接受"格式 A"。在具体填写时,须按照各给惠国的有关规定办理。普遍优惠制原产地证书与一般的原产地证书内容不同,可向各地的商品检验局购买,由出口商填写后,连同一份申请书和商业发票送商品检验局审核。经商品检验局审核并签章后,即成为有效的普遍优惠制产地证书。全套普遍优惠制产地证书包括一份正本和两份副本,正本可用于办理结算和议付融资事宜,副本则只供寄单参考和留存备查。普遍优惠制原产地证书格式如图 6-9 所示。

普遍优惠制产地证书申请书

申请人郑重声明: PORM A NO ＿＿＿＿＿＿
本人是正式授权代表出口单位办理和签署本声明的:
　　本项商品系在中国生产,最终销售国为＿＿＿＿,完全符合该给惠国给惠方案和国家商检局的有关规定,其原产地情况符合以下第＿＿＿＿条。
　　1."P"(完全自产,不含任何进口成分);
　　2."W"其 CCCN 税则号为＿＿＿＿;
　　3."F"(对加拿大出口产品,其进口成分不超过产品出厂价值40%)。
　　本批商品的发票号为＿＿＿＿;FOB＿＿＿＿美元;
　　毛重或其他数量为＿＿＿＿;
　　现提交商业发票副本一份,FORM A 原产地证书一正二副,及＿＿＿＿份,请审核签证。
　　本申请书及格式 A 的全部内容正确,如发现虚开作假、冒充格式 A 所列货物,自愿接受签证机构的处罚及负法律责任。

进口商特殊要求 或申请人备注	

申请人(签名): 申请单位(盖章)
电话:
日期: 年　月　日

图 6-9　普遍优惠制产地证书申请书

注:1.凡含有进口成分的商品,必须按要求提交(含进口成分受惠成本明细单);2.如因签证或给惠国要求查询,需要有关证件、资料时,申报单位要负责提供;3.凡进口商有特殊要求的,应提供合同、信用证、来往函电及有关单据。

也有个别的给惠发达国家不要求发展中国家向其出口制成品或半制成品时,一定要提交普遍优惠制产地证书 A 格式,而可以使用其他形式的原产地证书,如新西兰可以接受该国规定的简化格式"59A";澳大利亚可以接受由出口商签发的简化格式 A 证书,或出口商在普通商业发票上申报的简易原产地证书,即在商业发票上加注以下声明文句:(a) that the final process of manufacure of the goods for which special rates are claimed has been performers in China and (b)that not less than one-half of the factory cost of the goods is represented by the value of labour and manterials of China.

此外,一些发达国家根据自身情况和进口商品的情况,还提出一些其他产地证书的要求。例如,美国对向其出口商品的要求的原产地声明书有三种类型:格式 A 是单一国家声明书(single country decaration),声明商品的原产地只有一个国家;格式 B 是多国家产地声明书(multiple country declaration),声明商品的原材料是由几个国家生产的;格式 C 是否定式声明书(negative declaration),凡向美国出口纺织品,其主要价值或主要重量属于麻或丝的原料,或其中所含羊毛量不超过 17%,可使用这一格式。2004 年 12 月 31 日以前,许多国家对进口纺织品实行配额制。当时欧洲经济共同体(欧洲联盟)对向其出口配额以内的纺织品,要求提供出口许可证和 EEC 纺织品产地证(European Economic Community Certificate of Origin (Textile Products))。这是针对品种配额和类别而设计的。根据世界贸易组织的决定,2005 年 1 月 1 日起取消对纺织品进口的配额,于是,欧洲经济共同体(欧洲联盟)的上述原产地证书也就成为了过去。

普遍优惠制原产地证书格式图 6-10 所示。

普惠制证书

Goods Consigned from (Exporter's Business Name, address, country)	Reference No. GENERALIZED SYSTEM OF PREFERENCES CERTIFICATE OF ORIGIN FORM A Issued in THE PEOPLE'S REPUBLIC OF CHINA			
Goods consigned to (Consigner's name, address, country)				
Means of transport and route (as far as known)	For official use			
Item No.	Marks and numbers of packages	Description of Goods	Origin criterion	gross weight or other Quantity	number and date of invoice
Certification: It is hereby certified, on the basis of control carried out, that the declaration by the exporter is correct.	Declaration by the exporter: The undersigned hereby declares that the above details and statements are correct, that all goods were produced in ___CHINA___ (country) and that they comply with the origin requirements specified for those goods in the Generalized Systme of Preferences for goods exported to.			
Place and date, signature and stamp of certifying authority	Place and date, signature and stamp of authorized signatory			

图 6-10 普查制证书样式

三、商品检验证书(inspection certificate)

(一)商品检验证书的概念

在国际贸易中,进、出口双方为了维护自身利益以至国内的安全,都将在合同中商定对交易商品的各方面要求,并进行相应的检验工作。将检验的结果由检验机构出具相应的文件予以证实,这些文件就是商品检验证书。为了体现进、出口商的平等地位,有利于商品进出口的顺利进行和结算工作的及时办理,在国际贸易中通常采用以下方式安排检验:以出口商提交的商品检验证书作为结算的凭证,同时,允许进口商在收到商品后,对商品进行复验。进口商检验进口商品后,若证实所进口的商品符合合同,或信用证的规定,就只是收存这些出口商提交的商品检验证书而已;出口商所提交的出口商品检验证书则成为出口商履约、交货的凭证。但若进口商检验结果,认为所进口的商品不符合合同或信用证的规定,则势必以有关的商品检验证书为依据要求出口商、承运人或保险人给予赔付。

长期严格的出口商品检验及其证书,则成为出口国维护本国和企业的国际信誉和商品竞争力的有力工具。

(二)签发检验证书的机构

签发检验证书的机构有:
(1)出口国政府设立的专业商品检验机构。
(2)出口国的同业公会所设立的商品检验机构。
(3)制造厂商的检验机构。
(4)外国的商品检验机构。
(5)进口商或其指定人。

一般认为,上述几类检验证书的签发人中,由政府设立的专业商品检验机构具有最高的专业权威。根据《跟单信用证统一惯例》(UCP600)第14条f款规定,"如果信用证要求提示运输单据、保险单据和商业发票以外的单据,但未规定该单据由何人出具或单据的内容,只要所提交单据的内容看来满足其功能,且其他方面与14条d款相符,银行将接受所提示的单据。"据此,若信用证未具体要求检验证书的签发人,或者只要求制造厂商提供商品检验证书,而出口商则提供了专业商品检验机构出具的商品检验证书,应被认为是可以接受的;而若信用证要求受益人提交受益人自己出具的商品检验证书,受益人提交的是专业商品检验机构出具的商品检验证书,应被认为是可以接受的。

(三)常见的商品检验证书

常见的商品检验证书如下:
(1)品质检验证书(inspection certificate of quality);
(2)分析检验证书(inspection certificate of analysis);
(3)健康检验证书(inspection certificate of health);
(4)卫生检验证书(inspection certificate of sanitary);
(5)黄曲霉素检验证书(inspection certificate of nonaflatoxin);
(6)数量检验证书(inspection certificate of quantity);
(7)重量检验证书(inspection certificate of weight);
(8)公量检验证书(inspection certificate of conditioned weight);
(9)产地检验证书(inspection certificate of origin);
(10)兽医检验证书(inspection certificate of veterinary);
(11)植物检验证书(inspection certifiicate of plant quarantine);
(12)消毒检验证书(inspection certificate of disinfection);
(13)熏蒸检验证书(inspection certificate of fumigation);
(14)温度检验证书(inspection certificate of temperature);

(15)价值检验证书(inspection certificate of value);

(16)验残检验证书等(inspection certificate of damaged cargo)。

相关检验证书样式如图6—11~图6—14所示。

中华人民共和国出入境检验检疫
ENTRY-EXIT INSPECTION AND QUARANTINE
OF THE PEOPLE'S REPUBLIC OF CHINA

编号 No.:

品质检验证书
QUALITY CERTIFICATE

发货人 Consignor		
收货人 Consignee		
品名 Description of Goods		标记及号码 Mark & No.
报验数量/重量 Quantity/Weight Declared		
包装种类及数量 Number and Type of Packages		
运输工具 Means of Conveyance		

RESULTS OF INSPECTION:

我们已尽所知和最大能力实施上述检验,不能因我们签发本证书而免除卖方或其他方面根据合同和法律所承担的产品质量责任和其他责任。

All inspections are carried out conscientiously to the best of our knowledge and ability. This certificate does not in any respect absolve the seller and other related parties from his contractual and legal obligations especially when product quality is concerned.

Official Stamp   Place of issue:

Date of issue:
Authorized officer:
Signature:

图6—11 品质检验证书样式

ENTRY-EXIT INSPECTION AND QUARANTINE
OF THE PEOPLE'S REPUBLIC OF CHINA

编号 No.:

数量检验证书
QUATITY CERTIFICATE

发货人 Consignor		
收货人 Consignee		
品名 Description of Goods		标记及号码 Mark & No.
报验数量/重量 Quantity/Weight Declared		
包装种类及数量 Number and Type of Packages		
运输工具 Means of Conveyance		

RESULTS OF INSPECTION:

我们已尽所知和最大能力实施上述检验,不能因我们签发本证书而免除卖方或其他方面根据合同和法律所承担的产品数量责任和其他责任。

All inspections are carried out conscientiously to the best of our knowledge and ability. This certificate does not in any respect absolve the seller and other related parties from his contractual and legal obligations especially when product quatity is concerned.

Official Stamp Place of issue: Date of issue:

Authorized officer:
Signature:

图6—12 数量检验证书样式

项目六　国际结算中的商业单据

中华人民共和国出入境检验检疫
ENTRY-EXIT INSPECTION AND QUARANTINE
OF THE PEOPLE'S REPUBLIC OF CHINA
植物检疫证书
PHYTOSANITARY CERTIFICATE

编号 No.：

发货人名称及地址 Name and Address of Consignor		
收货人名称及地址 Name and Address of Consignee		
品名 Name of Product	植物学名 Botanical Name of Plants	标记及号码 Mark & No
报检数量 Quantity Declared		
包装种类及数量 Number and Type of Packages		
产地 Place of Origin		
到达口岸 Port of Destination		
运输工具 Means of Conveyance	检验日期 Date of Inspection	

兹证明上述植物、之物产品或其他检疫物已经按照规定程序进行检查和/或检验，被认为不带有输入国或地区规定的检疫性有害生物，并且基本不带有其他的有害生物，因而符合输入国或地区现行的植物检疫要求。
This is to certify that plants, plant products or other regulated articles described above have been inspected and/ or tested according to appropriate procedures and are considered to be free from quarantine pests specified by the importing country/ region, and practically free from other injurious pests; and that they are considered to conform with the current phytosanitary requirements of the importing country/ region.

杀虫和/ 或灭菌处理 DISINFESTATION AND/ OR DISINFECTION TREATMENT

日期 Date	药剂及浓度 Chemical and Concentration	
处理方法 Treatment	持续时间及温度 Duration and Temperature	

附加声明 ADDITIONAL DECLARATION
签章 Official Stamp ＿＿＿＿ 签证地点 Place of Issue ＿＿＿＿ 签证日期 Date of Issue ＿＿＿＿
授权签字人 Authorized Officer ＿＿＿＿ 签 名 Signature ＿＿＿＿
中华人民共和国出入境检验检疫机关及官员或代表不承担签发本证书的任何财经责任。
No financial liability with respect to this certificate shall attach to the entry-exit inspection and quarantine authorities of the P. R. of China or any of its officers or representatives.

图 6-13　植物检验证书样式

中华人民共和国出入境检验检疫
ENTRY-EXIT INSPECTION AND QUARANTINE
OF THE PEOPLE'S REPUBLIC OF CHINA
健康证书
HEALTH CERTIFICATE

编号 No.：

发货人名称及地址：Name and Address of Consignor ＿＿＿＿＿＿＿＿＿＿
收货人名称及地址：Name and Address of Consignee ＿＿＿＿＿＿＿＿＿＿
品名：Description of Goods ＿＿＿＿＿＿＿＿＿＿
加工种类或状态 State or Type of Processing ＿＿＿＿＿＿＿＿＿＿
标记及号码 Mark & No.：＿＿＿＿＿＿＿＿＿＿
报验数量/重量 Quantity/Weight Declared：＿＿＿＿＿＿＿＿＿＿
包装种类及数量：Number and Type of Packages ＿＿＿＿＿＿＿＿＿＿
储藏和运输温度：Temperature during storage and Transport ＿＿＿＿＿＿＿＿＿＿
加工厂名称、地址及编号（如果适用）：
Name, Address AND Approval No. of the
Approval Establishment (if applicable) ＿＿＿＿＿＿＿＿＿＿
启运地：Place of Despatch ＿＿＿＿ 到达国家及地点：Country and Place of Desination ＿＿＿＿
运输工具：Means of Conveyance ＿＿＿＿ 发货日期：Date of Despatch ＿＿＿＿
　　中华人民共和国出入境检验检机关及官员或代表不承担签发本证书的任何财经责任。
　　No financial liability with respect to this certificate shall attach to the entry—exit inspection and quarantine authorities of the P. R. of China or any of its officers or representatives.

图 6-14　健康证书样式

以上这些商品检验证书视交易商品的种类和实际需要,以及进出口国的有关规定,由进出口商双方在洽商交易时选择确定,而并非每一项交易都需要提交多种检验证书。如验残检验证书,一般只在进口商收到货物并发现货损后,才要求商品检验机构检验后,才可能提出,而不会在商品出运时,由出口商提供。

四、包装单(packing list)、重量单(weight list)和尺码单(measurement list)

包装单、重量单和尺码单都属于商品包装单据,由进、出口商商定,使用于不同的商品交易。除非信用证另有规定,这些单据通常由出口商填制。它们比商业发票更进一步地详细说明出运商品包装和数量的具体情况,以便在商品到达目的地后,供进口国海关检查和核对商品,以及进口商验收商品时所用。这三种单据的号码应与同一票货物的商业发票的号码一致,以利于业务办理;若这三种单据要注明签发日期,则该日期应与商业发票签发日期一致或者略晚些。

(一)包装单

包装单又称装箱单,在同一批货物交易中,若涉及规格品种多样,势必会出现不同的包装物中的内装货物不同,或者每一件包装物含有多种规格、品种的货物。为了让进口国海关和进口商能较方便地查验和核对所进口的商品,包装单应详细列明其所包装或放置的货物品种、规格、式样及其各自的数量或重量,即包装单应是所包装货物的明细清单,同时还要说明包装材料和包装方式。根据包装材料、方式以及所包装货物的种类,包装单还可能被称为装箱单、商品规格明细单等,但无论采用哪一种名称,都应将所采用的名称印在单据的正上方。

在同一批货物中只有一种规格品种,但需要分装成若干个包装箱,也可以使用装箱单的名称。这时,在单据的正上方印明"装箱单"名称外,应在单据上说明每一个包装箱中所包装的商品的数量。

装箱单样式如图 6-15 所示。

SHANGHAI FOREIGN TRADE CORP.
SHANGHAI, CHINA
PACKING LIST

To: _____   Invoice No.: _____
                                  Invoice Date: _____
                                  S/C No.: _____
                                  S/C Date: _____
From: _____   To: _____
Letter of Credit No.: _____   Date of Shipment: _____

Marks and Numbers	Number and kind of package Description of goods	Quantity	Package	G.W.	N.W.	Meas.

TOTAL:
SAY TOTAL:

图 6-15 装箱单样式

（二）重量单

重量单又称货物重量证明书（inspection certificate on cargo weight），若同一批货物的规格单一，且以重量为交货的计量单位，则这时包装单据记载的是这批货物分装成若干袋（箱、包等），以及每一袋（箱、包等）所包装的重量。这种单据就是重量单。重量单应记载每一件包装物的毛重、皮重、净重，其记载的毛重、皮重和净重应与实际情况一致，其中净重应与发票、产地证记载一致。重量单也被称为重量证明书。

（三）尺码单

尺码单又称体积证明书（measurement list），用以表示每一个包装单位的体积或者容积，其表示方法有两种：或以包装单位的长、宽、高的连乘式表示，或以按上式计算后的体积数（立方米）来表示。承运人在按重量或体积计算运费时，通常选择其中运费较高者收费，同时根据体积和重量情况，考虑安排舱位。

除了上述单据外，根据进口国的规定和进口商的要求，出口商有时还要提交以下单据：受益人声明（beneficiary statement）、保险声明书（insurance declaration）或保险回执（insurance acknowlegement）、轮船公司证明（shipping company certificate）、船长收据（captain's receipt）、出口许可证副本（copy of export licence）等单据。

（四）审核包装单据的要点

审核包装单据的要点如下：

（1）包装单据的种类名称和份数应符合信用证的规定；

（2）除非信用证另有规定，否则包装单据应是独立的单据，而不能与其他单据联合使用，即不能将商品的包装情况记录在其他单据上，而不出具信用证规定的包装单据；

（3）包装单据上有关商品的名称、规格、数量、重量、尺码、包装件数等内容，应符合信用证规定，并与商业发票及其他商业单据上的相关记载一致或不矛盾；

（4）包装单据应经制单人员签字。

任务六　单据的审核方法、要点与处理方法

一、审单工作的主要方法

（一）审单的基本要求

（1）及时审核有关单据可以对单据上的差错做到及时发现、及时更正，有效地避免因审核不及时造成各项工作的被动。

（2）各种单据份数符合合同和信用证要求，内容和签章完整。

（3）各种单据的名称和内容与信用证相符。

（4）各种单据之间内容相互一致。

（5）各种单证的签发日期没有矛盾。

（二）单证审核的基本方法

单证审核的方法有纵向审核法、横向审核法和纵横审单法。

（1）纵向审核法。以信用证或合同（在非信用证付款条件下）为基础对规定的各项单据进行一一审核，要求有关单据的内容严格符合信用证的规定，做到单证相符。

(2)横向审核法。以商业发票为中心审核其他规定的单据,使有关的内容相互一致,做到单单相符。

(3)纵横审单法。审单时应将审单记录表、全套单据、信用证从右向左放置在案桌上,中间的单据按汇票、商业发票、保险单、提单从上至下依次排好。

二、单证审核的要点

单证审核的要点如下:

(1)检查规定的单证是否齐全(包括检查所需单证的份数);

(2)检查所提供的文件名称和类型是否符合要求;

(3)有些单据是否按规定进行了认证;

(4)单证之间的货物描述、数量、金额、重量、体积、运输标志等是否一致;

(5)单证出具或提交的日期是否符合要求。

此外,还应注意各种单据的缮制是否正确。

(一)汇票审核要点

(1)汇票的付款人名称、地址是否正确;

(2)汇票上金额的大小写是否一致;

(3)付款期限要符合信用证或合同(非信用证付款条件下)的规定;

(4)汇票金额是否超出信用证金额,如信用证金额前有"大约"一词,可按10%的增减幅度掌握;

(5)出票人、受款人、付款人都必须符合信用证或合同(非信用证付款条件下)的规定;

(6)币制名称应同信用证和发票上的币制相一致;

(7)出票条款是否正确,如出票所根据的信用证或合同号码是否正确;

(8)是否按需要进行了背书;

(9)汇票是否有出票人的签字;

(10)汇票份数是否正确,要注意"只此一张"或"汇票一式两份,有第一汇票和第二汇票"等字样。

(二)商业发票审核要点

(1)抬头人必须符合信用证规定;

(2)签发人必须是受益人;

(3)商品的描述必须完全符合信用证的要求;

(4)商品的数量必须符合信用证的规定;

(5)单价和价格条件必须符合信用证的规定;

(6)提交的正副本份数必须符合信用证的要求;

(7)信用证要求表明和证明的内容不得遗漏;

(8)发票的金额不得超出信用证的金额,如数量、金额前有"大约"一词,可按10%的增减幅度掌握。

(三)保险单据审核要点

(1)保险单据必须由保险公司或其代理出具;

(2)投保加成必须符合信用证的规定;

(3)保险险别必须符合信用证的规定并且无遗漏；

(4)保险单据的类型应与信用证的要求相一致,除非信用证另有规定,银行对保险经纪人出具的暂保单不予接受；

(5)保险单据的正副本份数应齐全,如保险单据注明出具一式多份正本,除非信用证另有规定,所有正本都必须提交；

(6)保险单据上的币制应与信用证上的币制相一致；

(7)包装件数、唛头等必须与发票和其他单据相一致；

(8)运输工具、起运地及目的地都必须与信用证及其他单据相一致；

(9)如转运,保险期限必须包括全程运输；

(10)除非信用证另有规定,保险单的签发日期不得迟于运输单据的签发日期；

(11)除非信用证另有规定,保险单据一般应做成可转让的形式,以受益人为投保人,由投保人背书。

(四)运输单据审核要点

(1)运输单据的类型须符合信用证的规定；

(2)起运地、转运地、目的地须符合信用证的规定；

(3)装运日期或出口日期须符合信用证的规定；

(4)收货人和被通知人须符合信用证的规定；

(5)商品名称可使用货物的统称,但不得与发票上货物说明的写法相抵触；

(6)运费预付或运费到付须正确表明；

(7)正副本份数应符合信用证的要求；

(8)运输单据上不应有不良批注；

(9)包装件数须与其他单据相一致；

(10)唛头须与其他单据相一致；

(11)全套正本都须盖妥承运人的印章及签发日期章；

(12)应加背书的运输单据,须加背书。

其他单据如装箱单、重量单、产地证书、商检证书等,均须先与信用证的条款进行核对,再与其他有关单据核对,使得单证一致,单单一致。

三、问题单据的处理方法

通过对有关单据的认真审核,对于有问题的单据可根据具体情况做以下处理。

(1)对有问题的单据必须进行及时更正和修正,否则将影响安全收汇。在规定的有效期和交单期内,须将有问题的单据全部改妥。

(2)有些单据由于种种原因不能按期更改或无法修改,可以向银行出具一份保函(通常称为担保书),保函中交单人要求银行向开证行寄单,并承诺如果买方不接受单据或不付款,银行有权收回已偿付给交单人的款项。对此,银行方面可能会接受,不过最好不要这样做,因为出具保函后,收不到货款的风险依然存在,同时还要承担由此产生的其他费用。交单人向银行出具保函,一般应事先与客户联系,并取得客户接受不符单据的确认文件。

(3)请银行向开证行拍发要求接受不符点并予付款的电传(俗称打不符电)。有关银行在收到开证银行的确认接受不符单据的电传后再行寄送有关单据,收汇一般有保证,此种方式可以避免未经同意盲目寄单情况的发生。但要求开证行确认需要一定的时间,同时要承担开证行不确认的风险,并要承担有关的电传费用。

(4)改为托收方式。由于单据中存在不符点,原先信用证项下的银行信用已经变为商业信用,如果客户信用较好且急需有关文件提取货物,为减少一些中间环节,可采用托收方式。

上述各项措施主要是在有效控制货物所有权的前提下,以积极、稳妥的方式处理不符合有关规定的单据,避免货款两空情况的发生。卖方只要掌握了代表物权的运输单据,买方就不能提取货物,如果买方仍然需要这批货物,买方也会接受有不符点的单据。这里必须切记的是,不符单据是有很大风险的,对不符单据的接受与否完全取决于买方。

应知考核

一、单项选择题

1. 下列不属于海运提单性质和作用的是( )。
   A. 承运货物的收据   B. 货物投保的凭证   C. 货物所有权凭证   D. 运输合同的声明
2. 目前在实际业务中,使用最多的海运提单是( )。
   A. 记名提单
   B. 不记名提单
   C. 空白抬头、空白背书提单
   D. 空白抬头、记名背书提单
3. 按提单收货人抬头分类,在国际贸易中被广泛使用的提单有( )。
   A. 记名提单   B. 不记名提单   C. 指示提单   D. 班轮提单
4. 多式联运提单的签发人应( )。
   A. 对运输全程负责
   B. 对第一程运输负责
   C. 接受第二程运输承运人的委托向原货主负责
   D. 对第二程运输负责
5. 海运提单日期应理解为( )。
   A. 货物开始装船的日期   B. 货物装船过程中任何一天
   C. 货物装船完毕的日期   D. 签订运输合同的日期
6. 航空公司签发的运单为( )。
   A. 航空主运单 B. 航空分运单 C. 提单 D. 承运合同
7. 航空分运单的合同当事人包括( )。
   A. 航空货运代理公司和航空公司   B. 航空货运代理公司和发货人
   C. 航空公司和发货人   D. 航空公司和提货人
8. 必须经背书才能进行转让的提单是( )。
   A. 记名提单   B. 不记名提单   C. 指示提单   D. 海运单
9. 海运提单的抬头是指提单的( )。
   A. Shipper   B. Consignee   C. Notify Party   D. Carrier

二、多项选择题

1. 海运提单做成指示抬头，CONSIGNEE 一栏可以填成（　　）。
   A. To Order
   B. To Order of Shipper
   C. Consigned To
   D. To Order of Issuing Bank
2. 根据 UCP 600 的分类，保险单据包括（　　）。
   A. 保险单
   B. 保险凭证
   C. 预约保险单
   D. 投保声明
   E. 保费收据
3. 以下关于保险凭证的是（　　）。
   A. 俗称"小保单"是一种简约化的保险单
   B. 即有正面内容，又有背面内容。
   C. 与保险单具有同等效力
   D. 在实务中，保险单可以代替保险凭证。
4. 商业发票是货主准备全套出口文件时，首先要缮制的单据。在出口货物装运前的（　　）环节要使用商业发票。
   A. 托运订舱
   B. 商品报检
   C. 出口报关
   D. 办理投保
5. 不是物权凭证的运输单据是（　　）。
   A. 铁路运单
   B. 空运单据
   C. 快递收据
   D. 不可转让海运单

三、思考与讨论

1. 简述审核商业发票的要点。
2. 简述海运提单的性质和作用。
3. 简述审核运输单据的要点。
4. 简述审核保险单据的要点。
5. 简述商业发票的主要内容及缮制中需要注意的事项。

应会考核

■技能案例

1. 有一个加拿大商人打算购买我国某商品，向我某进出口公司报价：每吨 5 000 加元 CIF 魁北克，1 月份装运，即期不可撤销信用证付款。并要求我方提供已装船、清洁的记名提单。请问此条件我方应如何考虑并如何答复？
2. 一张禁止分批装运的信用证规定货物数量为 10 000 包，受益人仅装运 9 997 包，有 3 包在国内运输中遭受水渍损坏。为此，受益人提供的信用证所需数量为 9 997 包。试分析提单是否与信用证相符？

■项目实训

【实训项目】
审核单据
【实训情境】
根据下列资料进行单据审核。
2015 年 4 月 23 日，浙江金苑进出口公司外贸单证员制作好信用证项下的单据后，请根据

国际结算

信用证及 UCP600 审核结汇单据。

1. 信用证

MT 700		ISSUE OF DOCUMENTARY CREDIT
SENDER		EMIRATES BANK INTERNATIONAL, DUBAI
RECEIVER		HANGZHOU CITY COMMERCIAL BANK, HANGZHOU, CHINA
SEQUENCE OF TOTAL	*27:	1/1
FORM OF DOC. CREDIT	*40A:	IRREVOCABLE
DOC. CREDIT NUMBER	*20:	FFF07699
DATE OF ISSUE	31C:	150225
APPLICABLE RULES	40E:	UCP LATEST VERSION
EXPIRY	*31D:	DATE 150510 PLACE CHINA
APPLICANT	*50:	JAFZA BASED TRADING COMPANY
		2ND FLOOR, No. 128 NADD—AL—HAMAR ROAD, AL WAHA COMMUNITY CENTRE, UAE
BENEFICIARY	*59:	HANGZHOU GARDEN ENTERPRISE
		7/F., SANXIN MANSION, No. 33—35, XINTANG ROAD, HANGZHOU, CHINA
AMOUNT	*32B:	CURRENCY USD AMOUNT 54000.00
AVAILABLE WITH/BY	*41D:	ANY BANK IN CHINA,
		BY NEGOTIATION
DRAFTS AT	42C:	30 DAYS AFTER SIGHT
DRAWEE	42A:	EMIRATES BANK INTERNATIONAL, NEW YORK
PARTIAL SHIPMTS	43P:	PROHIBITED
TRANSHIPMENT	43T:	ALLOWED
LOADING IN CHARGE	44A:	CHINA MAIN PORT
FOR TRANSPIRT TO…	44B:	DUBAI, UAE
LATEST SHIPMENT	44C:	080425
DESCRIPTION OF GOODS	45A:	4500 PIECES OF LADIES JACKET, SHELL: WOVEN TWILL 100% COTTON, LINING: WOVEN 100% POLYESTER, ORDER No. SIK 768, AS PER S/C No. ZJJY0739

STYLE No.	QUANTITY	UNIT PRICE	AMOUNT
L357	2 250 PCS	USD 12.00/PC	USD 27 000.00
L358	2 268 PCS	USD 12.00/PC	USD 27 216.00

AT CIF DUBAI, UAE

DOCS. REQUIRED   46A: + COMMERCIAL INVOICE SIGNED IN TRIPLICATE.
+ PACKING LIST IN TRIPLICATE.
+ FULL SET(3/3) OF CLEAN ON BOARD MARINE BILL OF LADING MADE OUT TO THE ORDER, MARKED FREIGHT PREPAID AND NOTIFY APPLICANT.
+ CERTIFICATE OF CHINESE ORIGIN CERTIFIED BY CHAMBER OF COMMERCE OR CCPIT.
+ INSURANCE POLICY / CERTIFICATE IN DUPLICATE ENDORSED IN BLANK FOR 110% INVOICE VALUE, COVERING ALL RISKS AND WAR RISKS OF CIC OF PICC(1/1/1981)INCL. WAREHOUSE TO WAREHOUSE AND I.O.P AND SHOWING THE CLAIMING CURRENCY IS THE SAME AS THE CURRENCY OF CREIT.

		+ SHIPPING ADVICE SHOWING THE NAME OF THE CARRYING VESSEL, DATE OF SHIPMENT, MARKS, QUANTITY, NET WEIGHT AND GROSS WEIGHT OF THE SHIPMENT TO APPLICANT WITHIN 3 DAYS AFTER THE DATE OF BILL OF LADING.

ADDITIONAL CONDITION 47 A: + DOCUMENTS DATED PRIOR TO THE DATE OF THIS CREDIT ARE NOT ACCEPTABLE.

+ THE NUMBER AND THE DATE OF THIS CREDIT AND THE NAME OF ISSUING BANK MUST BE QUOTED ON ALL DOCUMENTS.

+ MORE OR LESS 5 PCT OF QUANTITY OF GOODS IS ALLOWED.

+ TRANSHIPMENT ALLOWED AT HONGKONG ONLY.

+ SHORT FORM / CHARTER PARTY / THIRD PARTY BILL OF LADING ARE NOT ACCEPTABLE.

+ SHIPMENT MUST BE EFFECTED BY 1×40' FULL CONTAINER LOAD. B/L TO SHOW EVIDENCE OF THIS EFFECT IS REQUIRED.

+ THE GOODS SHIPPED ARE NEITHER ISRAELI ORIGIN NOR DO THEY CONTAIN ISRAELI MATERIALS NOR ARE THEY EXPORTED FROM ISRAEL, BENEFICIARY'S CERTIFICATE TO THIS EFFECT IS REQUIRED.

+ ALL PRESENTATIONS CONTAINING DISCREPANCIES WILL ATTRACT A DISCREPANCY FEE OF USD 60.00 PLUS TELEX COSTS OR OTHER CURRENCY EQUIVALENT. THIS CHARGE WILL BE DEDUCTED FROM THE BILL AMOUNT WHETHER OR NOT WE ELECT TO CONSULT THE APPLICANT FOR A WAIVER

DETAILS OF CHARGES 71B: ALL CHARGES AND COMMISSIONS OUTSIDE UAE ARE FOR ACCOUNT OF BENEFICIARY EXCLUDING REIMBURSING FEE.

PRESENTATION PERIOD 48: WITHIN 15 DAYS AFTER THE DATE OF SHIPMENT, BUT WITHIN THE VALIDITY OF THIS CREDIT.

CONFIRMATION *49: WITHOUT

INSTRUCTIONS 78: ALL DOCUMENTS ARE TO BE REMITTED IN ONE LOT BY COURIER TO EMIRATES BANK INTERNATIONAL, TRADE SERVICES, DUBAI

BRANCH, BUILDING BANIYAS STREET — DEIRA — UNITED ARAB EMIRATES DUBAI, UAE.

2. 商业发票

COMMERCIAL INVOICE		
EXPORTER: HANGZHOU GARDEN ENTERPRISE 7/F., SANXIN MANSION, No. 33—35, XINTANG ROAD, HANGZHOU, CHINA	INVOICE No.:	JY15018
^^	INVOICE DATE:	APR. 11, 2015
^^	L/C No.:	FFF07699
TO: JAFXA BASED TRADING COMPANY 2ND FLOOR, No. 128 NADD—AL—HAMAR ROAD, AL WAHA COMMUNITY CENTRE, UAE	L/C DATE:	FEB. 25, 2015
^^	ISSUED BY:	EMIRATES BANK INTERNATIONAL, DUBAI
^^	S/C No.:	ZJJY0739
^^	S/C DATE:	FEB. 15, 2015
TRANSPORT DETAILS: ROM SHANGHAI, CHINA TO DUBAI, UAE	TERMS OF PAYMENT: CIF DUBAI, UAE	

COMMERCIAL INVOICE					
唛头 MARKS & NUMBERS	货名 DESCRIPTION OF GOODS	数量 QUANTITY	单价 UNIT PRICE	总值 AMOUNT
J. B. ZJJY0739 L357/ L358 DUBAI, UAE	LADIES JACKET SHELL:WOVEN TWILL 100% COTTON, LINING:WOVEN 100% POLYESTER, ORDER No. SIK768 STYLE No. L357 STYLE No. L358 PACKED IN 9 PCS/CTN, TOTALLY FIVE HUNDRED AND TWO CARTONS ONLY	2 250 PCS 2 268 PCS	USD 12.00/PC USD 12.00/PC	USD 27 000.00 USD 27 000.00
	TOTAL:	4 518 PCS		USD 54 216.00
TOTAL AMOUNT IN WORDS:U. S. DOLLARS FIFTY FOUR THOUSAND TWO HUNDRED AND SIXTY ONLY					
HANGZHOU GARDEN ENTERPRISE 吴灵					

3. 装箱单

PACKING LIST					
EXPORTER: HANGZHOU GARDEN ENTERPRISE 7/F., SANXIN MANSION, No. 33—35, XINTANG ROAD, HANGZHOU, CHINA		INVOICE No.:		JY15018	
^		INVOICE DATE:		APR. 11, 2015	
^		FROM: SHANGHAI, CHINA		TO: DUBAI, UAE	
^		SHIPPED BY QING YUN HE VOY. No. 132S			
TO: JAFXA BASED TRADING COMPANY 2ND FLOOR, No. 128 NADD—AL—HAMAR ROAD, AL WAHA COMMUNITY CENTRE, UAE		SHIPPING MARK: J. B. ZJJY0739 L357/ L358 DUBAI, UAE C/No.:1—502			
C/Nos.	No. AND KINDS OF PKGS.	GOODS & PACKING	QTY.	G. W.	N. W.	MEAS.
No. 1—250 No. 251—502	250 CTNS 252 CTNS	LADIES JACKET STYLE No. L357 STYLE No. L358 PACKED IN 9 PCS/CTN, SHIPPED IN 1×40'FCL.	2 250 PCS 2 268 PCS	2 500 KGS 2 520 KGS	2 250 KGS 2 268 KGS	29.363 M³ 29.597 M³
TOTAL:	502 CTNS		4 518 PCS	5 020 KGS	4 518 KGS	58.96 M³
TOTAL PACKAGES IN WORDS:FIVE HUNDRED AND TWO CARTONS ONLY					
HANGZHOU GARDEN ENTERPRISE 吴灵					

4. 一般原产地证

1. Exporter(full name and address) HANGZHOU GARDEN ENTERPRISE 7/F., SANXIN MANSION, No. 33－35, XINTANG ROAD, HANGZHOU, CHINA		certificate No. CCPIT051921964 CERTIFICATE OF ORIGIN OF THE PEOPLE'S REPUBLIC OF CHINA		
2. Consignee(full name, address, country) JAFZA BASED TRADING COMPANY 2ND FLOOR, No. 128 NADD－AL－HAMAR ROAD, AL WAHA COMMUNITY CENTRE, UAE ||			
3. Means of transport and route SHIPPED FROM SHANGHAI TO DUBAI, UAE BY SEA ||			
4. Country/ region of destination UAE || 5. For certifying authority use only			
6. Marks and numbers of packages J. B. ZJJY0739 L357/ L358 DUBAI, UAE C/No.: 1－502	7. Description of goods: Number and kind of packages FIVE HUNDRED AND TWO(502) CARTONS OF LADIES JACKETS AS PER L/C No. FFF07699 L/C DATE: FEB. 25, 2015 NAME OF ISSUING BANK: EMIRATES BANK INTERNATIONAL, DUBAI	8. H. S. code 6204320090	9. Quantity or weight 4 518 PCS	10. Number and date of invoices JY08018 APR. 11, 2015

11. Declaration by the exporter
     The undersigned hereby declares that the above details and statements are correct; that all the goods were produced in China and that they comply with the rules of origin of People's Republic of China.
        HANGZHOU GARDEN ENTERPRISE
                  林娜
 HANGZHOU, APR. 09, 2015 || 12. Certification
     It is hereby certified, on the basis of control out, that the declaration by the exporter is correct.
 	
        杭州市出入境检验检疫局
            张　良
 HANGZHOU APR. 09, 2015			

Place and date, signature and stamp of certifying authority || Place and date, signature and stamp of certifying authority			

国际结算

5. 海运提单

Shipper Insert Name, Address and Phone	B/L No. 2651		
HANGZHOU GARDEN ENTERPRISE 7/F., SANXIN MANSION, No. 33－35, XINTANG ROAD, HANGZHOU, CHINA	中远集装箱运输有限公司 COSCO CONTAINER LINES TLX: 33057 COSCO CN FAX: +86(021)6545 8984 ORIGINAL Port-To-Port Or Combined Transport Bill of lading		
Consignee Insert Name, Address and Phone TO ORDER			
Notify Party Insert Name, Address and Phone (it is agreed that no responsibility shall attach to the carrier or his agents for failure to notify) JAFZA BASED TRADING COMPANY 2ND FLOOR, No. 28 NADD－AL－HAMAR ROAD, AL WAHA COMMUNITY CENTRE, UAE TEL: 971－50－4583807	RECEIVED in external apparent good order and condition except as otherwise noted. The total number of packages or unites stuffed in the container, the description of the goods and the weights shown in this bill of lading are furnished by the merchants, and which the carrier gas no reasonable means of checking and is not a part of this bill of lading contract. The carrier has issued the number of bills of lading stated below, all of this tenor and date. One of the original bills of lading must be surrendered and endorsed of signed against the delivery of the shipment and whereupon any other original bills of lading shall be void. The merchants agree to be bound by the terms and conditions of this bill of lading as if each gad personally signed this bill of lading. See clause 4 on the back of this bill of lading(terms continued to the back hereof, please read carefully). * Applicable only when document used as a combined transport bill of lading		
FAX: 971－4－3618316			
Combined Transport* Pre-carriage by	Combined Transport* Place of receipt		
Ocean Vessel Voy. No. QING YUN HE, VOY. No. 132S	Port of Loading SHANGHAI		
Port of Discharge DUBAI, UAE	Combined Transport Place of dilivery		

Marks & Nos. Container/Seal No.	No. of Containers or Packages	Description of Goods	Gross Weight Kgs	Measurement
J. B. ZJJY0739 L357/ L358 DUBAI, UAE C/No. :1－502 CN: GATU8585677 SN: 3320999	502 CARTONS 1×40' FCL	LADIES JACKET L/C No. : FFF07699 DATE: FEB. 28, 2015 NAME OF ISSUING BANK: EMIRATES BANK INTERNA- TIONAL, DUBAI	4 518 KGS	58.96 M^3

	Description of Contents for Shipper's Use Only(Not Part of This B/L Contract)	
Total Number of containers and/or packages(in words) Subject to clause 7 limitation	FIVE HUNDRED AND TWO CARTONS ONLY	

Freight & Charges Declared value charge FREIGHT COLLECT	Revenue Tons	Rate	Per	Prepaid	Collect
Ex. Rate:	Prepaid At SHANGHAI	Payable At		Place and Date of Issue SHANGHAI APR. 17, 2015	
	Total Prepaid	No. of Original B(s)/L THREE(3)		Signed for the Carrier COSCO CONTAINER LINES 李原	
Laden on Board the Vessel Date	By				

6. 保险单

中保财产保险股份有限公司
The People's Insurance(Property) Of China, Ltd.

| 发票号码
Invoice No. JY15018 | 保险单号次
Policy No. BJ123456 |

海洋货物运输保险单
MARINE CARGO TRANSPORTATION INSURANCE POLICY

被保险人 Insured: HANGZHOU GARDEN ENTERPRISE

中保财产保险有限公司(以下简称本公司)根据被保险人的要求,及其所缴纳约定的保险费,按照本保险单承担的险别和背面所载条款与下列特别条款承保下列货物运输保险,特签发本保险单。

This Policy of Insurance witnesses that the people's insurance(property) company of China, ltd., at the request of the insured and in consideration of the agreed premium paid by the insured, undertakes to insure the under mentioned goods in transportation subject to the conditions of Policy as per the clauses printed overleaf and other special clauses attached hereon.

保险货物项目 Descriptions of Goods	包装 Parking	单位 Unit	数量 Quantity	保险金额 Amount Insured
LADIES JACKET THE DATE OF L/C: FEB. 25, 2015 THE NAME OF ISSUING BANK: EMIRATES BANK INTERNATIONAL, DUBAI	502 CTNS			USD 54,216.00

承保险别 Condition	货物标记 Marks of Goods
COVERING ALL RISKS OF CIC OF PICC (1/1/1981) INCL. WAREHOUSE TO WAREHOUSE AND I.O.P	J.B. ZJJY0739 L357/ L358 DUBAI, UAE C/No.: 1—502

总保险金额
Total amount insured: SAY U.S. DOLLARS FIFTY FOUR THOUSAND TWO HUNDRED AND SIXTEEN ONLY

| 保费
Premium as arranged | 运输工具
Per conveyance S.S QING YUN HE, VOY. No. 132S | 开航日期
Slg. On or abt APR. 17, 2015 |

启运港   目的港
FROM SHANGHAI   TO   DUBAI, UAE

所保货物,如发生本保险单项下可能引起索赔的损失或损坏,应立即通知本公司下述代理人勘察。如有索赔,应向本公司提交保险单正本(本保险单共有2份正本)及有关文件。如一份正本已用于索赔,其余正本则自动失效。

In the event of loss or damage which may result in a claim under this policy, immediate notice must be given to the company's agent as mentioned hereunder. Claims, if any, one of the original policy which has been issued in two original(s) together with the relevant documents shall be surrendered to the company, if one of the original policy has been accomplished, the others to be void.

| 赔款偿付地点
Claim payable at   DUBAI IN USD
日期   在
Date APR. 19, 2015   at   SHANGHAI   General Manager. | 中保财产保险股份有限公司 The People's Insurance (Property)Of China, Ltd.
蔡芳 |

7. 装船通知

SHIPPING ADVICE

TO: JAFZA BASED TRADING COMPANY　　DATE: APR. 21, 2015 　2ND FLOOR, No. 128 NADD－AL－HAMAR ROAD, 　AL WAHA COMMUNITY CENTRE, UAE	
RE: S/C No. ZJJY0739	
WE HEREBY INFORM YOU THAT THE GOODS UNDER THE ABOVE MENTIONED INVOICE HAVE BEEN SHIPPED. THE DETAILS OF THE SHIPPMENT ARE AS FOLLOWS:	
INVOICE NUMBER:	JY15018
BILL OF LOADING NUMBER:	2651
OCEAN VESSEL:	QING YUN HE, VOY. No. 132S
PORT OF LOADING:	SHANGHAI
DATE OF SHIPMENT:	APR. 17, 2015
PORT OF DESTINATION:	DUBAI, UAE
ESTIMATED DATE OF ARRIVAL:	MAY 4, 2015
CONTAINERS/SEALS NUMBER:	GATU8585677/3320999
DESCRIPTION OF GOODS:	LADIES JACKET
SHIPPING MARKS:	SIK
	ZJJY0739
	L357/ L358
	DUBAI, UAE
	C/No.: 1－502
QUANTITY:	4 518 PCS
GROSS WEIGHT:	5 020 KGS
NET WEIGHT:	4 518 KGS
TOTAL VALUE:	USD 54 216.00
L/C No. FFF07699	L/C DATE: FEB. 25, 2015
NAME OF ISSUINGBANK: EMIRATES BANK INTERNATIONAL, DUBAI	
THANK YOU FOR YOUR PATRONAGE. WE LOOK FORWARD TO THE PLEASURE OF RECEIVING YOUR VALUABLE REPEAT ORDERS. SINCERELY YOURS, 　　　　　　　　HANGZHOU GARDEN ENTERPRISE 　　　　　　　　　　吴　灵	

8. 受益人证明

BENEFICIARY'S CERTIFICATE

MESSERS: WHOM IT MAY CONERN. RE: INVOICE No. JY15018	DATE: APR. 21, 2015 PLACE: HANGZHOU
WE HEREBY CERTIFY THAT THE GOODS SHIPPED ARE NEITHER ISRAELI ORIGIN NOR DO THEY CONTAIN ISRAELI MATERIALS NOR ARE THEY EXPORTED FROM ISRAEL.	
L/C No. FFF07699 L/C DATE: FEB. 25, 2015 NAME OF ISSUING BANK: EMIRATES BANK INTERNATIONAL, DUBAI.	
	HANGZHOU GARDEN ENTERPRISE 吴灵

9. 汇票

凭

Drawn under HSBC BANK PLC, DUBAI, UAE

信用证　　　第　　　号
L/C No.　　FFF07699

日期
Dated　　FEB. 25, 2015

按　　　息　　　付款
Payable with interest @ ＿＿＿＿% per annum

号码　　汇票金额　　中国, 南京　年　月　日
No:　　JY15018　　Exchange for USD 54,216.00 Nanjing, China
APR. 21, 2015

见票　　日　　后(本汇票之副本未付)
At * * * Sight of this FIRST of Exchange(Second of exchange being unpaid)

pay to the order of HANGZHOU CITY COMMERCIAL BANK, HANGZHOU
或其指定人付金额
The sum of U. S. DOLLARS FIFTY FOUR THOUSAND TWO HUNDRED AND SIXTEEN ONLY
To EMIRATES BANK INTERNATIONAL, DUBAI

HANGZHOU GARDEN ENTERPRISE

项目七　国际非贸易结算方式

知识目标
理解：侨汇、外币兑换业务。
熟知：旅行信用证的概念和特点。
掌握：国际非贸易结算的主要内容，以及旅行支票、旅行信用证、信用卡。

技能目标
学生能够在国际非贸易结算支付时正确选择国际非贸易结算方式，积极防范国际非贸易结算方式的风险。

能力目标
学生能够明确国际非贸易结算中各种结算方式的应用。

教学目标
教师要培养学生实际的理解和灵活运用能力，熟知国际非贸易结算的方式及其内容。

项目案例

某年12月25日，A市甲公司财务人员到乙银行A分行营业部要求兑付9张每张价值1 000美元的由美国丙公司发行的旅行支票。该银行业务人员审核后发现，这些旅行支票与运通公司的票样相比，支票的印刷粗糙，估计是彩色复印机所制；票面金额、徽标等没有凹凸感；复签底线也非由小字母组成，而是一条直线，估计是复印机无法分辨原票样的细微字母；票面在紫光灯光下泛白色，没有水印。经仔细查询审核，该行确认这些旅行支票为伪造票据，予以没收。经查，这些伪造的旅行支票是丁公司出具给甲公司抵债用的，甲公司准备兑付后还贷款。

分析：
本案例是利用伪造旅行支票进行诈骗的。从该案的发生可以看出，境外不法分子常常利用内地银行外汇票据业务经验少的弱点，进行诈骗。
1. 银行业务人员要加强对外汇票据业务的学习，掌握外汇票据的识别技术，辨真伪、明是非。
2. 要有高度的责任感和认真的态度，谨慎细致地处理每一笔业务，不能有半点马虎。

3. 要向企业宣传外汇票据知识,使企业能够掌握一般的外汇票据鉴别技术。企业遇有难以识别的外汇票据要通过银行进行查询,以免误收假票据而遭受损失。

知识支撑

任务一　国际非贸易结算概述

一、国际非贸易结算的概念

国际非贸易结算(international non-trade settlement)是指国际商品贸易以外的其他经济活动,以及政治、文化等交流活动而引起的货币收付行为,或者说,是除贸易结算以外的一切国际结算。因此,国际非贸易结算的实质是以货币结算国际进出口贸易货款以外的债权和债务。国际非贸易结算的内容包括贸易交往中的各项从属费用,如运输、保险、银行手续费等,以及其他与贸易无关的属于劳务性质的非实物收支,如出国旅游费用、侨民汇款、外币收兑、国外投资和贷款的利润、利息收益、驻外使馆和其他机构企业的经费、专利权收入、馈赠等。所以,国际非贸易结算又称无形贸易结算。

二、国际非贸易结算的种类

(一)海外私人汇款

海外私人汇款系指华侨、港澳同胞、中国血统外籍人、外国人汇入及携带或邮寄入境的外币票据。包括以电汇、信汇、票汇形式汇给中国居民和外国侨民的赡家汇款。

(二)运输及邮电行业的收支

1. 铁路收支

铁路收支是指我国铁路运输(货运、客运)的国际营业收入,以及广州九龙线上铁路运输收入和我国列车在境外的开支。

2. 海运收支

海运收支是指我国自有船只,包括远洋轮船公司经营对外运输业务所收入的客货运费及出售物料等的外汇收入;我国自有和租赁的船只(不包括外运公司租轮)所支付的租金、修理费用,在外国港口的使用费和在港澳地区所支出的外汇费用,以及在国内向外轮供应公司和船舶燃料供应公司购买伙食、物料、燃料所支出的外汇。

3. 航空运输收支

航空运输收支系指我国民航的国际客货营业收入,包括运杂费、国外飞机在我国机场的使用费、我国民航在国外机场的费用支出。

4. 邮电结算收支

邮电结算收支系指我国邮电部门和外国邮电部门之间相互结算邮电费用,应收的外汇收入和应付的外汇支出。

(三)金融行业的外汇收支

1. 保险收支

保险收入是指我国保险公司进行国际经营的外汇收入,包括:保费、分保费、佣金等,以及我国港澳地区分支机构上缴的利润和经费等。保险支出包括我国向国外支付分保费、应付的保险佣金和保险赔款所支付的外汇。

2. 银行收支

银行收支是指我国银行经营外汇业务收入，包括手续费、邮电费、利息以及海外和港澳地区分支机构上缴的利润和经费等；我国银行委托国外业务应支付的手续费、邮电费，以及向外借款应支付的利息支出。

3. 外汇收兑

外币收兑是指我国边境和内地银行收兑入境旅客（外宾、华侨、港澳同胞、中国血统外国人、在华外国人）的外币、现钞、旅行支票、旅行信用证和汇票等汇兑收入。

4. 兑换国内居民外汇

兑换国内居民，包括归侨、侨眷、港澳同胞家属委托银行在海外收取遗产、出售房地产、股票、收取股息、红利、调回国外存款、利息等外汇收入。

（四）旅游行业的外汇收支

旅游部门外汇收入系指我国各类旅行社和其他旅游经营部门服务业收入的外汇。如，旅行社接待外联团组入境旅游以外汇收取的团费、旅行社组织境内居民自费出境游办理购汇及兑换外汇等。

（五）其他外汇收支

1. 文化交流活动的外汇收支

文化交流活动的外汇收支是指我国图书进出口公司、影片公司、唱片公司及集邮公司等机构从事进出口图书、影片、唱片和邮票等文化服务所取得的外汇收支。外汇收入指出口图书、影片、邮票等的外汇收入。外汇支出则是指进口图书、期刊及科技文献、资料，以及进口国外影片、电视片等的外汇支出。

2. 外轮代理与服务收入

外轮代理与服务收入系指外国轮船在我国港口所支付的一切外汇费用收入，我国外轮供应公司对远洋货轮、外国轮船及其海员供应物资和提供服务的外汇收入以及国外海员在港口银行兑换的外币现钞收入。

3. 其他外汇收入与支出

其他外汇收入是指驻外企业汇回款项收入、外资企业汇入经费收入、外国领事馆团体费用收入等；其他外汇支出是指机关、企业、团体经费外汇支出等。

任务二　侨汇与外币兑换业务

一、侨汇

（一）侨汇的概念

侨汇（overseas chinese remittance）是华侨汇款的简称，是指海外侨胞、外籍华人和港澳台地区的同胞汇入国内的款项。中国通常所称的侨汇是指居住在国外的华侨、中国血统外籍人以及港澳台同胞汇入国内的款项。

(二)侨汇的分类

根据汇款使用货币的不同,可以把侨汇分为原币汇款和人民币汇款。原币汇款是指汇款人以原来的外币汇出的汇款,解付时解付行按外汇买入价折合人民币支付。人民币汇款是指汇出行在汇出时,以汇出当日人民币对外币的卖出价折收外币后,以人民币金额汇出,国内解付行解付相应的人民币。根据汇款时间的不同,可以把侨汇分为不定期汇款和约期汇款。不定期汇款是指汇款人不定期地汇入国内的汇款。约期汇款是指汇款人为赡养在国内的亲属,与汇出行约定,在一定时期内(如每月一次或几次)汇给国内亲属一定金额的汇款。

(三)侨汇的解付程序

1. 侨汇的方式

侨汇主要的方式有信汇、电汇、票汇和约期汇款等。

(1)信汇。信汇指我国港澳地区或国外联行制妥一整套包括信汇委托书、正收条、副收条、汇款证明书及信汇通知书等的规范格式,邮寄给通汇行的侨汇。

(2)电汇。电汇指港澳地区或国外联行以电报方式汇入的侨汇。这种汇款多数是急需款,应从速解付。

(3)票汇。票汇指海外华侨、港澳台地区的同胞向国外或港澳联行购买汇票,自带或邮寄给他们国内指定的解付行兑付的汇款。

(4)约期汇款。约期汇款指华侨和港澳台地区的同胞与汇出行约定,在一定时期(如每月一次或每两月一次)汇给国内侨眷一定金额的汇款。

2. 侨汇收条的处理

信汇、电汇全套汇款收条包括正收条、副收条、汇款证明书和汇款通知书一式四联。

(1)正收条。正收条(original receipt)应在解付侨汇后,及时寄还汇出行交给汇款人,以清手续。

(2)副收条。副收条(duplicate receipt)是解付侨汇后银行留存的主要凭证。

(3)汇款证明书。汇款证明书是在解付侨汇时,交给收款人持有,凭以查对收款金额。

(4)汇款通知书。汇款通知书有收款人的详细地址,以便通知,它是解付侨汇的依据。

3. 侨汇的转汇及解付的处理手续

(1)侨汇的转汇。

侨汇的转汇是指当汇入行收到侨汇后,收款人在外地需要办理转汇,可委托收款人所在地银行办理解付。

(2)解付时的处理手续。

解付行收到转汇行寄来的侨汇转汇委托书及附件,应先核对印鉴、密押,再根据转汇委托书逐笔与附件核对,按照规定手续办理解付。

(3)转汇行收到解付行报单处理手续。

转汇行收到解付行的联行报单及所附的解讫侨汇正收条及通知书,经核对无误后,逐笔抽销信汇委托书办理转账。

4. 侨汇的查询

解付行在收到汇出行或转汇行寄来的侨汇总清单、侨汇转汇委托书及附件后,发现收款人姓名有误、地址不详、密押或报单签章不符时,应及时向汇出行或转汇行查询,查复后才能解付。

5. 侨汇的退汇

汇入的侨汇,一般不应随便退回,但在下列情况发生时,可以办理退汇:

(1)收款人姓名有误、地址不详,查询后仍无法解付的,可以退汇。

(2)收款人死亡且无合法继承人,经联系汇出行,在收到其"退汇通知书"时,可以退汇。

(3)收款人拒收侨汇,要求退汇,解付行应与汇出行联系,在征得汇款人的同意后,再办理退汇。

(4)汇款人主动要求退汇,汇出行应来电或寄来"退汇通知书",通知解付行办理退汇。解付行查明该笔汇款确未解付,可予以退汇。

二、外币兑换业务

(一)外币兑换的概念及相关规定

外币兑换可以分为三种情况,即外币兑换成人民币、外币兑换成另一种外币、人民币兑换成外币。依据外币兑换的实体,其概念有广义和狭义之分。狭义的外币兑换专指外币现钞的兑换业务。广义的外币兑换概念,不仅包括外币现钞的兑换,还包括旅行支票、旅行信用证、信用卡以及外币票据买入等项业务。

我国外汇管理条例规定,在中国境内的一切中外机构或个人所持有的外国货币不得在我国境内自由流通使用,所有汇入或携入的外币或外币票据,除另有规定外,均须结售或存入经营外汇业务的银行。银行对凡属外汇收兑牌价表内的各种外国货币均予收兑。国家因公或因私对个人或单位批准供给的外汇,都应按外汇牌价持等值的人民币,交指定的外汇银行兑换成外汇。外国人及华侨入境后凭护照或身份证将其外币兑成人民币以便在境内使用,离境时,未用完的人民币,同样凭护照或身份证及原外币兑换水单,交指定的外汇银行兑成外币携出境。非法换取外汇,攫取国家应收的外汇都属非法的套汇行为。

(二)兑换外钞的基本程序

1. 鉴别外钞

首先,鉴别各国钞票的主要内容。

其次,从各国钞票的纸张特征、印刷方法和油墨质量等方面鉴别真伪。

最后,可利用现代化设备和仪器鉴别伪钞。

2. 外币兑换操作

(1)兑入外币。凡属国家外汇管理局外币收兑牌价表内所列的外国货币,经营外汇业务的外汇银行均可凭持兑人的身份证办理收兑业务。收兑时,必须坚持先收后付的原则。

外币兑换水单一式四联。第一联为兑入外币水单,由兑入行加盖业务公章交给持兑人收执;第二联为外汇买卖科目外币贷方传票;第三联为外汇买卖科目借方传票;第四联为外汇买卖统计卡,留存作备查之用。

(2)兑出外币。一般是对入境后准备离境的外国人和批准出国的中国人办理。兑出外币时,必须根据外汇管理部门在非贸易外汇申请书上批准的余额办理,并填制外币兑换申请书一式两份。

兑出外币水单一式四联。第一联为兑出外币水单,由兑出行加盖业务公章后交申请人收执;第二联为外汇买卖科目人民币贷方传票;第三联为外汇买卖科目外币借方传票;第四联为外汇买卖统计卡,留存作备查之用。

任务三　旅行支票与旅行信用证

一、旅行支票

(一) 旅行支票的概念及种类

旅行支票是一种定额本票,其作用是专供旅客购买和支付旅途费用,它与一般银行汇票、支票的不同之处在于旅行支票没有指定的付款地点和银行,一般也不受日期限制,能在全世界通用,客户可以随时在国外的各大银行、国际酒店、餐厅及其他消费场所兑换现金或直接使用,是国际旅行都常用的支付凭证之一。

旅行支票(traveler's cheque)是银行或旅行社为方便游客安全携带和使用而发行的一种固定金额的支票。因旅行支票的出票人(发行机构)与付款人(付款机构)是同一人,故旅行支票又具有本票的性质。

旅行支票在金融学上称为"近似货币",是大银行或旅行社为使旅游者减少或避免现金携带的麻烦而发行的一种固定金额的支票,专供旅行者在途中购买物品、支付旅费之用。

旅行支票的种类繁多,最主要的就是美国运通公司的美国运通旅行支票,它是目前世界上发行量最大的旅行支票,主要币种有美元、日元、加拿大元、澳大利亚元、英镑和欧元;此外还有美国花旗银行的美国花旗旅行支票、欧洲通济隆公司的旅行支票;VISA、MASTERCARD 以及日本住友银行发行的日元及美元旅行支票等。如图 7-1 所示。

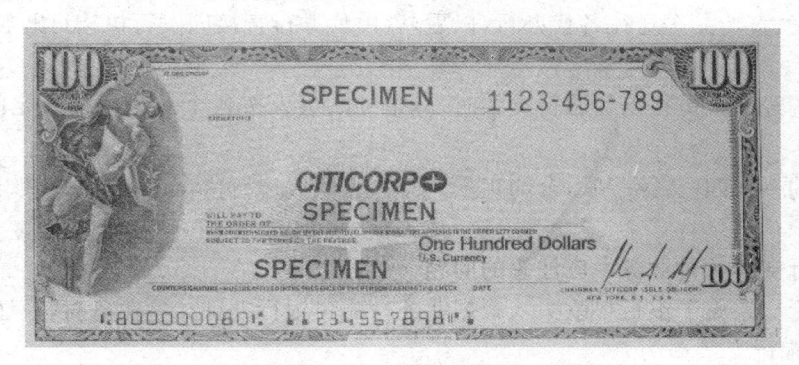

图 7-1　旅行支票样票

旅行支票设计的关系人主要有:

(1) 出票人。出票人是指发行旅行支票的银行或专业机构。由于旅行支票是以出票人为付款人的支付凭证,因此出票人即为付款人,它的签章预先印在票面上。

(2) 发售人。发售人是指出售或代售旅行支票的银行或旅行社等代理机构。

(3) 持票人。持票人是购买或持有旅行支票的人,并已在旅行支票上进行了初签。

(4) 兑付人。兑付人是指事先已与出票人签订代付协议的机构。

(5) 受让人。受让人接受旅行支票的服务部门即为支票的受让人。

(二) 旅行支票的特点

1. 面额固定

各种旅行支票均有不同的固定面额,形似现钞,如有 20、50、100、500、1 000 美元等面额的旅行支票。使用时可以零星花用,比银行汇票方便。

2. 兑换方便

发行者为了扩大其流通领域,在世界各大城市和旅游地特约许多代兑机构,大大方便了旅游者的兑取。持票人携旅行支票出游,不仅可在发行行银行的代兑行兑取票款,而且还可以在旅行社、旅店、机场、车站等地随时兑付。

3. 携带安全

旅行者购买旅行支票时,需在出售银行柜台上当面在旅行支票初签位置上签字,作为预留签字,取款时,须在兑付行的柜台上当面在旅行支票的复签位置上第二次签字,兑付行核对初签与复签相符后,方可付款。因此,旅行支票遗失或被盗,不易被冒领,比携带现钞安全。

4. 挂失补偿

发行行构规定,旅行支票不慎遗失或被盗,可提出挂失退款申请,只要符合发行机构的有关规定,挂失人就可得到退款或补发新的旅行支票。

5. 流通期限长

旅行支票多数不规定流通期限,可以长期使用,并具有见票即付的特点,持票人可以在发行机构的国外代兑机构凭票立即取款。

(三)旅行支票的出票与代售

在总行与发行机构有业务协议的条件下,各分、支行如需开办旅行支票代售业务,须向总行申请,审批后由总行与发行机构联系,要求发行机构直接通知批准的各代办行,将订购旅行支票的申请表、宣传品等送往各代办行,以后,就由代办行直接向发行机构订购旅行支票,并代理出售。

代办行的经办人员在出售旅行支票时,应指导购买人按各个发行机构规定的格式填写购买合约。

购买合约一式四联:第一联,合约正本;第二、三联代售行留存;第四联,交购票人保管留作挂失之用。

(四)旅行支票兑付业务中应注意的问题

兑付旅行支票属于银行垫款买入票据业务。兑付银行办理此项业务时,应注意以下问题:

1. 识别旅行支票真伪

兑付行的经办人员要非常熟悉各种常见的旅行支票的票样,兑付时要认真审视旅行支票。对不熟悉的或有疑问的,应查看原票样。对没有票样的旅行支票,原则上不买入。另外,要特别注意识别旅行支票中的挂失支票和伪造支票。一旦发现,应立即没收,并报告国外出票机构和有关部门。

2. 检视兑付范围

兑付银行应对发行机构名单内的旅行支票予以兑付,不在名单内的有疑点的,可用托收方式处理。对不同币种的旅行支票要检视其是否有地区限制,若有不允许在我国兑付者,就不能受理。此外,对规定有效期的旅行支票,检视其是否逾期,逾期则不能接受。

3. 查验持票人身份

兑付时,要请持票人出示购买协议和护照,以验明持票人身份。

4. 核对初签与复签

兑付时,持票人须在经办人员面前复签,以便确定持票人身份,完成安全兑付。若事先已复签,或复签走样,则可要求持票人在旅行支票背面当场再复签一次,相符后方可办理。如果票上没有初签,因无法核对复签的真实性、正确性,一般不予办理。

5. 兑付手续

兑付行填制兑换水单一式两联,抬头人姓名按护照上全名写清楚,留底一联要注明支票号码、护照号码,以便发生疑问时查验。另请持票人填写《购买外钞申请书》一式两份,注明旅行支票的行名、号码和面额。兑付时,兑付行自行垫付资金,按当日人民币对该货币的买入价折算,扣收票面额7.5‰的外币贴息后对外支付。

6. 索偿

兑付后的旅行支票应在票面上加盖兑付行名的特别画线章,并在背面作兑付行的背书,迅速寄往国外发行机构索偿票款以补回垫款。

7. 可转让的旅行支票

旅行支票分可转让和不可转让两种。不可转让旅行支票注有不可流通转让字样,或没有印上"Pay to the order of"或虽印上但没有写抬头人名称,这种旅行支票由持票人在兑付行当面复签,与初签相符,即予以兑付。可流通转让的旅行支票上面印有"付给某人的指定人"的文句,通常把这类旅行支票转让给提供服务的单位或部门。持票人复签后,在指定人的空格内填写受让人的名称,再由受让人到兑付行进行票款兑现。由于银行没有见到持票人当面复签,对复签的真实性没有确切把握,因此,兑付行要区别对待:如果受让人为国内服务机构,则可在保留追索权的条件下融通兑付;如果受让人在国外,银行就不宜买入该种旅行支票,应按托收处理。

(五)旅行支票的挂失与补偿

旅行支票遗失或被盗窃,可向发行机构或其代办行申请挂失和补偿,说明丢失的时间、地点、面额、数量以及初签与复签等有关情况。各行可按协议要求办理挂失和补偿手续。代办行等要按照发行机构的要求逐项审核所填写的内容。客户的旅行支票无初签或已复签,均不能办理挂失和补偿。对已初签而没有复签已丢失旅行支票,应审核申请人原购买合约上的签字与补偿申请书上的签字是否一致,无误后将客户护照号码抄录在申请书上,并由有权签字人在申请表上签字,受理挂失和补偿。如果客户无法提供购买合同或客户有疑问的,可先电询发行机构,获得授权后方可办理。

补偿时,应重新填写购买合约,并在合约上注明"补偿",将最后一联购买合约连同当面初签的支票交给客户,同时将新的购买合约,连同收回的客户原购买合约及补偿申请书一并寄发行机构。办理补偿是不收客户手续费的,而由发行机构按协议规定付给补偿手续费。客户要求补领现金或补领的金额超过发行机构规定的限额,应电询发行机构获得授权后方可办理。

(六)旅行支票与支票的不同

旅行支票与支票的不同之处如表7—1所示。

表7—1　　　　　　　　　　　　旅行支票与支票的不同

支票	旅行支票
(1)付款条件是:出票人签字和预留样本一致	(1)付款条件是:初签和复签一致
(2)由银行、商号、个人开立	(2)由银行和旅行社开立

续表

支票	旅行支票
(3)金额不是固定的	(3)金额固定
(4)列有付款地和付款名称	(4)不列明付款地和付款名称
(5)期限短	(5)期限长(有时不注明期限)
(6)兑付时不扣息	(6)兑付时要扣息

拓展识读 7—1

2004年3月1日,国家外汇管理局发布了《关于外币旅行支票代售管理等有关问题的通知》。我国购买外币旅行支票的具体操作如表7—2所示。

表7—2　　　　　　　　　　　购买外币旅行支票的操作

不同的购买者	应向银行提交的证明材料
境内机构、驻华机构购买外币旅行支票	(1)购买申请书;(2)出国任务批件或有效签证护照;(3)出国费用预算表;(4)其他证明材料。
境内居民个人、非居民个人用外汇现汇账户内资金购买外币旅行支票	1.一次性购买金额在等值1万美元(含1万美元)以下的:(1)购买申请书;(2)本人有效身份证明;(3)已办妥前往国家或地区有效入境签证的护照,或者前往港澳通行证。2.一次性购买金额在等值1万美元以上5万美元(含5万美元)以下的:(1)购买申请书;(2)本人有效身份证明;(3)已办妥前往国家或地区有效入境签证的护照,或者前往港澳通行证;(4)证明其真实性用途的相关材料。3.一次性购买金额在等值5万美元以上的:应持上述第2条规定的证明材料向所在地外汇局申请,经所在地外汇局真实性审核后,银行凭所在地外汇局出具的核准件为其办理购买外币旅行支票手续。
境内居民个人、非居民个人用外币现钞存款账户内资金或外币现钞购买外币旅行支票	1.一次性购买金额在等值1万美元(含1万美元)以下的:(1)购买申请书;(2)本人有效身份证明;(3)已办妥前往国家或地区有效入境签证的护照,或者前往港澳通行证;(4)居民个人还应提供银行取款凭证等证明其合法外汇来源的证明材料;非居民个人还应提供其入境申报外币现钞数额的海关申报单等证明其合法外汇来源的证明材料。2.一次性购买金额在等值1万美元以上2万美元(含2万美元)以下的:(1)购买申请书;(2)本人有效身份证明;(3)已办妥前往国家或地区有效入境签证的护照,或者前往港澳通行证;(4)居民个人还应提供银行取款凭证等证明其合法外汇来源的证明材料;非居民个人还应提供其入境申报外币现钞数额的海关申报单等证明其合法外汇来源的证明材料;(5)证明其真实性用途的相关材料。3.一次性购买金额在等值2万美元以上的:应持上述第2条规定的证明材料向所在地外汇局申请,经所在地外汇局真实性审核后,银行凭所在地外汇局出具的核准件为其办理购买外币旅行支票手续。
境内居民个人以人民币购汇购买外币旅行支票	银行在办理其人民币购汇手续时,应按照《境内居民个人购汇管理实施细则》等有关规定办理。在核准购汇的额度内,境内居民个人可以自行决定购买外币旅行支票的数额。

二、旅行信用证

(一)旅行信用证的概念

旅行信用证(traveler's letter of credit)是银行为了方便旅行者在国外各地旅游支取用款而开出的一种信用证,它准许持证人(受益人)在一定金额和有效期内,在该证开证行指定的分支机构或代理行支取款项。

(二)旅行信用证的特点

1. 用于非贸易活动

旅行信用证只供旅游者使用,不附带任何单据,不能用于贸易结算,只能用于旅游业等非贸易活动。

2. 申请人即是受益人

在旅行信用证的关系人中,申请人为旅游者,其申请旅行信用证的目的是在国外旅行时能从当地银行支取所需款项,因此,申请人又是受益人。

3. 属于银行信用

与其他信用证一样,旅行信用证也是基于银行信用。旅游者申请开证,开证行受托开证,但开证行一经开出此种信用证,就确切地承担了付款责任。

4. 不可转让性

旅行信用证不能转让,只能由受益人本人使用。

5. 有期限和总额限制

旅行信用证应在其有效期内使用。受益人在不超过旅行信用证总金额的限额内,可一次或多次支款,并在信用证上做记录。

6. 属于汇款方式

旅行信用证的开证申请人与受益人同为一人,故这种信用证属于汇款方式。

7. 只能在银行兑付

开证行开证时,根据客户的旅行地点,在证上列明代理行或联行的名单,旅行信用证只能在银行兑付,凡列入名单的银行才能兑付款项。这点不如旅行支票兑付方便。

(三)旅行信用证的兑付手续

旅行信用证的受益人持证到该证指定的兑付行进行兑付时,兑付行应按如下程序操作:

1. 审核

应审查旅行信用证的各项内容,如指定的兑付行是否为本行、有无涂改、信用证上的签字与签字样本相符与否、信用证是否过期、取款金额是否超过限额。

2. 填单

经审核确认可以兑付时,由受益人在柜台当面填写取款收据一式两联。第一联是正收条,随报单寄开证行;第二联是副收条,由兑付行作借方传票附件备查。

3. 兑付

兑付行将支款日期、金额及本次支付后的金额、行名在信用证上背书并加盖兑付行行章,收取贴息7.5‰后,将信用证及应付外汇折成等值人民币一并交还持证人。同时将收据或汇票寄开证行索偿,由开证行偿还垫款。旅行信用证的支取金额一般不得超过信用证金额。如超过,作为透支加收罚息。

4. 注销

如果信用证金额已全部用完,在最后一次付款后,在信用证上加盖"用完"或"注销"戳记,不再退回持证人,而是将其连同取款收据或汇票一并寄开证行注销原证。

三、旅行信用证与侨汇、外钞、旅行支票的比较

1. 与侨汇的比较

侨汇是汇出行将一定金额的款项汇至另一地点的汇入行,一次性解付给收款人;旅行信用证则是开证行保证支付一定金额,可在数处指定的兑付行一次或分次支取,其未用完的余额自动还给开证行。

2. 与外钞的比较

外钞是外币现钞,而旅行信用证是银行保证支付一定款项的信用凭证。一般来说,外钞遗失或被窃即告损失,而旅行信用证只有受益人才可以领取,他人拾得或盗得很难冒领。

3. 与旅行支票的比较

旅行支票可以转让给他人,也可支付旅行费用;旅行信用证只能由受益人一人使用,不能转让。旅行支票面额固定,一次支取完毕;旅行信用证则整取零取皆可。

任务四 信用卡

一、信用卡的概念

信用卡(credit card)是银行或专业机构向消费者提供短期消费信贷而发放的一种信用凭证。

由于具有可直接购物及支取现金的功能,信用卡已成为很盛行的一种消费信贷方式和支付手段。随着国际交往的日趋频繁和世界旅游经济的蓬勃发展,信用卡已成为世界范围跨地区、跨国境使用的一种支付凭证。

二、信用卡的功能

信用卡的功能是由发卡机构根据社会需要和内部经营能力赋予的,因此各发行机构所发行的信用卡其功能各不相同。其最基本功能是:转账结算、支取现金、提供信贷。

三、信用卡的几个主要的关系人

(1)发卡人。即是发行信用卡的银行或机构。

(2)持卡人。持有信用卡的客户。

(3)特约商户。也就是特约的单位,与发卡人(代办人)签订协议,受理持卡人使用特定的信用卡进行购物或支付费用的服务性质的单位。

(4)代办行。受发卡人的委托,负责某一地区内特约商户的结算工作的银行。

四、信用卡的特点

(1)信用卡一般具有通用性。

(2)持卡人除了可以提取现金之外,还可以利用信用卡进行储蓄,到特约商户单位消费,办理转账结算等业务,均有便利性。

(3)与传统的票据结算方式相比,信用卡的使用手续比较简单,清算及时;与现金相比,信用卡不用清点,而且计算机的操作节省了时间。

(4)信用卡与现金相比最显著的特点就是具有安全性。

五、信用卡的种类

(一)根据发卡机构的不同,信用卡分为金融卡和非金融卡

银行和其他金融机构发行的信用卡为金融卡,专营公司发行的为非金融卡。

(二)根据发卡对象的不同,信用卡分为个人卡和公司卡

个人卡是持卡者个人付账的信用卡。公司卡又称商务卡,可分为主卡和附属卡,是从某个单位的账户内付款的信用卡。

(三)根据持卡人的资信和社会地位的不同,信用卡可分为普通卡、金卡、白金卡等

普通卡(classic card)是发卡机构所发行的最低级别的信用卡,以前也有另外发行银卡(silver card)的发卡机构,现在一般取消了银卡级别的设置,把银卡和普通卡归于一类,简称普卡。普卡实际上也有优劣之分,普卡是通过给持卡人所核定的授信限额体现出来的。

金卡和普通卡的主要差别在申请资格上的限制,及信用额度之高低。一般来说,普通卡只要年收入22万元以上即可,而金卡则需年收入40万元以上,银行所授予金卡的信用额度也会较普通卡高。金卡年费通常也为普通卡之二倍,但可享有较多之会员权益,如海外紧急救援、高额旅游险、免费道路救援,等等,以提供持卡人更尊贵的服务。

白金卡是发卡机构为区别于金卡客户而推出的信用卡,并提供了比金卡更为高端的服务与权益,一般采取会员制度,有客户服务电话专线服务和倍显尊崇的附加值服务。通常具有全球机场贵宾室礼遇、个人年度消费分析报表、高额交通保险、全球紧急支援服务(GCAS)、24小时全球专属白金专线电话服务等服务功能。

(四)根据是否给予持卡人授信额度,信用卡又可分为贷记卡和借记卡

贷记卡的发卡金融机构允许持卡人在给予的信用额度内先使用,后还款;借记卡的持卡人只能先存款、后使用,没有信用额度。

(五)根据流通范围不同,信用卡分为国际卡和地区卡

我国各商业银行所发行的限于本国国内流通的信用卡均属地区卡。

六、信用卡的申请与使用

(一)申请

单位或个人向银行申请办理信用卡时,应填写信用卡申请表,交发卡银行审核,发卡行要审查申请人的收入、信誉、担保等情况,符合条件者即可得到发卡行发给的信用卡。

(二)使用

1. 支取现金

持卡人凭卡支取现金,可去指定的代付行办理,填写一式三联的取现单,连同信用卡一起交代付行审查。

核对无误后,将信用卡的卡号、持卡人姓名、有效期压在取现单上,由经办人员根据持卡人所取金额(在该卡规定取现的最高限额内),加上按协议规定的附加手续费,分别填写在取现单的有关栏目内,交与持卡人签字确认。经核对其签字与信用卡预留印鉴相符,即行兑付其所需的资金。然后将取现单的顾客联和信用卡交还持卡人,另将一联取现单连同一联总计单寄发卡行索偿。

若持卡人支取现金超过了最高用款限额时,代付行必须先用电传与发卡行联系,取得授权后,将授权号码填入取现单,办理兑付。

2. 直接购物消费

持卡人在特约商户购物时,特约商户依上述程序进行处理后缮制总计单,并根据总计单上的余额缮制银行送款单或转账进账单,并附总计单和购货人的签购单送交代办行。

代办行应审核各项单据的金额及有关内容,无误后,根据持卡购货金额内扣4%的手续费给付。具体扣费及分成情况视代办行与委托行的协议而定,不是固定不变,各卡情况也不尽相同。

七、信用卡的挂失止付

持卡人对其信用卡提出挂失或止付要求时,应直接与发卡机构联系。若代办行受理信用卡挂失申请书,应立即将持卡人的姓名、卡号等以电传或电报通知发卡机构办理挂失止付,并以最快的方式通知各代办行和特约单位停止受理挂失的信用卡,并将信用卡挂失申请书寄往发卡机构。

在办理业务过程中,若发现有被注销或止付的信用卡要求兑付,应立即予以扣留收回,并寄往发卡机构。

八、国际信用卡

在国际上主要有威士国际组织(VISA International)和万事达卡国际组织(MasterCard International)两大组织及美国运通国际股份有限公司(America Express)、大来信用证有限公司(Diners Club)、JCB日本国际信用卡公司(JCB)三家专业信用卡公司。在各地区还有一些地区性的信用卡组织,如欧洲的EUROPAY、我国的银联、台湾地区的联合信用卡中心等等。

威士国际组织是目前世界上最大的信用卡和旅行支票组织。威士国际组织的前身是1900年成立的美洲银行信用卡公司。1974年,美洲银行信用卡公司与西方国家的一些商业银行合作,成立了国际信用卡服务公司,并于1977年正式改为威士(VISA)国际组织,成为全球性的信用卡联合组织。威士国际组织拥有 VISA、ELECTRON、INTERLINK、PLUS 及 VISA CASH 等品牌商标。威士国际组织本身并不直接发卡,VISA品牌的信用卡是由参加威士国际组织的会员(主要是银行)发行的。目前其会员约2.2万个,发卡逾10亿张,商户超过2000多万家,联网ATM机约66万台。

万事达卡国际组织是全球第二大信用卡国际组织。1966年美国加州的一些银行成立了银行卡协会(Interbank Card Association),并于1970年启用Master Charge的名称及标志,统一了各会员银行发行的信用卡名称和设计,1978年再次更名为现在的MasterCard。万事达卡国际组织拥有 MasterCard、Maestro、Mondex、Cirrus 等品牌商标。万事达卡国际组织本身并不直接发卡,MasterCard品牌的信用卡是由参加万事达卡国际组织的金融机构会员发行的。目前其会员约2万个,拥有超过2100多万家商户及ATM机。

同步案例 7-1

某年5月13日,某县百货公司委派其出纳员持公司企业法人营业执照、法定代表人身份证明及本单位财务室出具的担保书,在中国农业银行当地县支行办理了持卡人为该公司经理的中国农业银行金穗信用卡(单位卡)一份。某年5月14日,被告将其所有的大厦在县房地产交易部门办理抵押监证仲裁登记手续,评估价值为204.48万元,仲裁意见为最高限额担保贷款143万元。某年9月9日,被告以该房产设定抵押,向原告担保贷款75万元。次年1月17日,被告以外出购货为由,向原告申请金穗卡超限额透支20万元,透支期限三个月,并以其上述房产作抵押担保。原告经审查后,遂与被告签订金穗信用卡超限额透支合同,并于同年1月23日将该合同约定款额20万元划入被告持卡人的存款账户,供被告支取。此后因被告未履行还款义务,酿成诉讼。原告向县人民法院起诉,要求被告偿还该20万元透支款本息。

被告汝南县百货公司答辩称:原告所诉属实。但因经济困难,请求延期还款。县人民法院经审理认为:原、被告之间的法律关系基于金穗卡超限额透支合同而产生。原、被告签订此合同时,意思表示真实,合同内容不违背国家相关法律、法规及《中国农业银行金穗卡使用章程》之规定,其从合同中的抵押物已办理了抵押物登记手续,故原、被告所签订的金穗卡超限额透支合同及其从合同均为有效合同,应依法予以保护。被告没有按照合同约定的期限清偿透支款,且经原告多次追要仍不履行还款义务,是引起本案纠纷的主要原因,对此,被告应承担相应的违约责任。原告要求被告偿还透支款本息的诉讼请求,理由正当,应予支持,判决如下:被告于判决生效后十日内偿还原告信用卡透支款20万元及相应利息。逾期不能清偿,变卖被告抵押物,原告对变价款享有优先受偿权。

案例精析:信用卡是我国银行系统经批准发行的,为资信可靠的单位和个人消费、购物及存取款提供服务的信用凭证。其功能在于持卡人外出旅行、购物时便于携带,在急需时允许善意透支,但透支的款额不能超过一定的数量,且要求持卡人必须在透支后及时将透支款存入其存款账户,并按规定支付利息。每种信用卡对允许透支的数额都作了必要的限制性规定,且要求持卡人支付的利息都相当高,有时甚至高于银行利息的几倍、十几倍。其目的一是防止恶意透支,损害发卡银行利益;二是持卡人在急需时持卡透支后,督促使其及时归还透支款本息。本案中,法院判决:被告于判决生效后十日内偿还原告信用卡透支款20万元及相应利息;逾期不能清偿,变卖被告抵押物,原告对变价款享有优先受偿权。该判决公正合理,有力保护了当事人的合法利益。

信用卡是目前发展非常迅速的一种信用凭证,它一方面为银行提供了新的赢利增长点,另一方面也给持卡人带来了便利。但是,信用卡业务也面临着一定的风险。本案中涉及的信用卡是单位信用卡,透支额度更高。因此,银行在发行单位信用卡和规定透支额度时,必须充分了解该单位的经营状况、信誉状况和抵押情况等,有效控制风险。对于用卡单位而言,必须合理利用信用卡的透支额度,及时还款,以免造成额外的利息负担,甚至被起诉。

应知考核

一、单项选择题

1. 下列不属于非贸易结算内容的是（　　）。
   A.国际商品进出口收支　　　　　　　B.旅游外汇收支
   C.国际运输收支　　　　　　　　　　D.保险费收支

2. 以下关于旅行支票的说法错误的是（　　）。
   A.旅行支票属于一种有价证券，在兑付的过程中，银行既要谨慎处理以防范风险，又要保障持票人的正当权益
   B.购票人在购买支票时，必须在签发银行柜台当面签署名字，这是旅行支票的初签
   C.旅行支票的复签可以在取款时当面签署或事先签署，以便兑付行准确确定持票人的身份，安全兑付
   D.在旅行支票的持票人要求兑付时，银行会要求提供护照和购买合同

3. 以下不属于信用卡基本当事人的为（　　）。
   A.发卡行　　　　B.持卡人　　　　C.特约商户　　　　D.中央银行

4. 以下不属于旅行支票特点的是（　　）。
   A.面额固定　　　B.不能挂失　　　C.兑取方便　　　　D.携带安全

5. 下列关于旅行信用证说法错误的是（　　）。
   A.开证申请人和受益人同为一人　　　B.不能转让
   C.为跟单信用证　　　　　　　　　　D.业务已日益萎缩

6. （　　），持卡人可以享受信用卡免息期待遇。
   A.持卡消费并偿还最低还款额
   B.持卡提取现金
   C.持卡消费并在规定的到期还款日之前全额归还欠款
   D.持卡消费，但在到期日时约定还款账户内资金不够归还信用卡欠款

7. 目前世界上最大的信用卡和旅行支票组织是（　　）。
   A.威士国际组织　　B.万事达卡国际组织　　C.中国银联　　　D.JCB卡

8. （　　）是持卡者个人付账的信用卡。
   A.个人卡　　　　B.白金卡　　　　C.单位卡　　　　D.旅游卡

9. （　　）指港澳地区或国外联行以电报方式汇入的侨汇。
   A.信汇　　　　　B.电汇　　　　　C.票汇　　　　　D.以上都对

10. 我国保险公司进行国际经营的外汇收入是（　　）。
    A.保险收入系　　B.银行收支　　　C.外汇收兑　　　D.邮电结算收支

二、多项选择题

1. 非贸易结算包括国际政治、文化交流等活动引起的货币收付活动，（　　）属于非贸易结算的范围。

A. 侨汇　　　　　　B. 国际资本流动　　　C. 国际运输　　　　　D. 国际技术转让
2. 旅行支票具有的特点是（　　）。
A. 面额大携带方便　　　　　　　　　　B. 兑取方便
C. 使用安全　　　　　　　　　　　　　D. 面额固定支付不便利
3. 下列事项中，引起的国际结算是非贸易结算的是（　　）。
A. 我国某著名运动员向悉尼奥运会捐赠 10 000 美元
B. 甲国无偿援助乙国 500 000 美元
C. 非洲某国向美国购买药品若干
D. 中国银行上海分行和纽约花旗银行轧清上年往来业务
4. 下列属于非贸易结算项目的是（　　）。
A. 收益　　　　　B. 转移收支　　　　　C. 筹资　　　　　D. 服务收支
5. 在我国外币兑换业务是个外汇银行和特许经营机构为客户提供（　　）的业务。
A. 外汇兑换成人民币　　　　　　　　　B. 一种外汇兑换成另一种外汇
C. 人民币兑换成外汇　　　　　　　　　D. 人民币兑换成人民币

三、思考与讨论

1. 什么是非贸易结算？非贸易结算有哪些方式？
2. 信用卡业务的基本当事人有哪些？
3. 什么是旅行支票和旅行信用证？它们各有什么特点？
4. 信用卡的种类有哪些？
5. 旅行信用证的兑付手续是怎样？

应会考核

■技能案例

小王即将赴美留学，护照、签证等手续一切就绪，学费也已通过银行电汇到了将要就读的那所高中。可随着小王开学的日子临近，他的妈妈却为儿子在美的生活费担心起来：儿子还小，带大量现钞到国外不安全；使用国际信用卡虽然消费免手续费也安全，可小额用钱支出不太方便，提取美元现钞还要支付不少手续费，经济上也不划算。于是，小王向银行工作人员进行咨询。

请通过以上所学到的国际非贸易知识，灵活运用国际信用卡和旅行支票为小王的父母的困惑提出解决方案。

■项目实训

【实训项目】
申请信用卡
【实训情境】
即将毕业的大学生走向工作岗位，某银行的工作人员来单位为公司的员工办理信用卡。
【实训任务】
请简要地概括信用卡申请的程序。

附录1 《中华人民共和国票据法》

1995年5月10日第八届全国人民代表大会常务委员会第十三次会议通过,根据2004年8月28日第十届全国人民代表大会常务委员会第十一次会议《关于修改〈中华人民共和国票据法〉的决定》修正。主要包括:

第一章 总则

第一条 【立法目的】为了规范票据行为,保障票据活动中当事人的合法权益,维护社会经济秩序,促进社会主义市场经济的发展,制定本法。

第二条 【适用范围】在中华人民共和国境内的票据活动,适用本法。

本法所称票据,是指汇票、本票和支票。

第三条 【票据活动基本原则】票据活动应当遵守法律、行政法规,不得损害社会公共利益。

第四条 【票据行为、票据权利与票据责任】票据出票人制作票据,应当按照法定条件在票据上签章,并按照所记载的事项承担票据责任。

持票人行使票据权利,应当按照法定程序在票据上签章,并出示票据。

其他票据债务人在票据上签章的,按照票据所记载的事项承担票据责任。

本法所称票据权利,是指持票人向票据债务人请求支付票据金额的权利,包括付款请求权和追索权。

本法所称票据责任,是指票据债务人向持票人支付票据金额的义务。

第五条 【票据代理】票据当事人可以委托其代理人在票据上签章,并应当在票据上表明其代理关系。

没有代理权而以代理人名义在票据上签章的,应当由签章人承担票据责任;代理人超越代理权限的,应当就其超越权限的部分承担票据责任。

第六条 【非完全行为能力人盖章的效力】无民事行为能力人或者限制民事行为能力人在票据上签章的,其签章无效,但是不影响其他签章的效力。

第七条 【票据签章】票据上的签章,为签名、盖章或者签名加盖章。

法人和其他使用票据的单位在票据上的签章,为该法人或者该单位的盖章加其法定代表人或者其授权的代理人的签章。

在票据上的签名,应当为该当事人的本名。

第八条 【票据金额的记载】票据金额以中文大写和数码同时记载,二者必须一致,二者不一致的,票据无效。

第九条 【票据的记载事项及其更改】票据上的记载事项必须符合本法的规定。

票据金额、日期、收款人名称不得更改,更改的票据无效。

对票据上的其他记载事项,原记载人可以更改,更改时应当由原记载人签章证明。

第十条 【票据与其基础关系】票据的签发、取得和转让,应当遵循诚实信用的原则,具有真实的交易关系和债权、债务关系。

票据的取得,必须给付对价,即应当给付票据双方当事人认可的相对应的代价。

第十一条 【无对价的票据取得】因税收、继承、赠予可以依法无偿取得票据的,不受给付对价的限制。但是,所享有的票据权利不得优于其前手的权利。

前手是指在票据签章人或者持票人之前签章的其他票据债务人。

第十二条 【恶意或重大过失取得票据的效力】以欺诈、偷盗或者胁迫等手段取得票据的,或者明知有前列情形,出于恶意取得票据的,不得享有票据权利。

持票人因重大过失取得不符合本法规定的票据的,也不得享有票据权利。

第十三条 【票据抗辩】票据债务人不得以自己与出票人或者与持票人的前手之间的抗辩事由,对抗持票人。但是,持票人明知存在抗辩事由而取得票据的除外。

票据债务人可以对不履行约定义务的与自己有直接债权、债务关系的持票人,进行抗辩。

本法所称抗辩,是指票据债务人根据本法规定对票据债权人拒绝履行义务的行为。

第十四条 【票据的伪造和变造】票据上的记载事项应当真实,不得伪造、变造。伪造、变造票据上的签章和其他记载事项的,应当承担法律责任。

票据上有伪造、变造的签章的,不影响票据上其他真实签章的效力。

票据上其他记载事项被变造的,在变造之前签章的人,对原记载事项负责;在变造之后签章的人,对变造之后的记载事项负责;不能辨别是在票据被变造之前或者之后签章的,视同在变造之前签章。

第十五条 【票据丧失及其救济】票据丧失,失票人可以及时通知票据的付款人挂失止付,但是,未记载付款人或者无法确定付款人及其代理付款人的票据除外。

收到挂失止付通知的付款人,应当暂停支付。

失票人应当在通知挂失止付后三日内,也可以在票据丧失后,依法向人民法院申请公示催告,或者向人民法院提起诉讼。

第十六条 【票据权利的行使与保全】持票人对票据债务人行使票据权利,或者保全票据权利,应当在票据当事人的营业场所和营业时间内进行;票据当事人无营业场所的,应当在其住所进行。

第十七条 【票据时效】票据权利在下列期限内不行使而消灭:

(一)持票人对票据的出票人和承兑人的权利,自票据到期日起二年。见票即付的汇票、本票,自出票日起二年。

(二)持票人对支票出票人的权利,自出票日起六个月。

(三)持票人对前手的追索权,自被拒绝承兑或者被拒绝付款之日起六个月。

(四)持票人对前手的再追索权,自清偿日或者被提起诉讼之日起三个月。

票据的出票日、到期日由票据当事人依法确定。

第十八条 【票据的利益返还请求权】持票人因超过票据权利时效或者因票据记载事项欠缺而丧失票据权利的,仍享有民事权利,可以请求出票人或者承兑人返还其与未支付的票据金额相当的利益。

第二章 汇 票

第一节 出 票

第十九条 【汇票的定义和种类】汇票是出票人签发的,委托付款人在见票时或者在指定日期无条件支付确定的金额给收款人或者持票人的票据。

汇票分为银行汇票和商业汇票。

第二十条 【出票】出票是指出票人签发票据并将其交付给收款人的票据行为。

第二十一条 【出票行为的有效条件】汇票的出票人必须与付款人具有真实的委托付款关系,并且具有支付汇票金额的可靠资金来源。

不得签发无对价的汇票用以骗取银行或者其他票据当事人的资金。

第二十二条 【汇票的绝对应记载事项及其效力】汇票必须记载下列事项:

(一)表明"汇票"的字样;

(二)无条件支付的委托;

(三)确定的金额;

(四)付款人名称;

(五)收款人名称;

(六)出票日期;

(七)出票人签章。

汇票上未记载前款规定事项之一的,汇票无效。

第二十三条 【汇票的相对应记载事项及其效力】汇票上记载付款日期、付款地、出票地等事项的,应当清楚、明确。

汇票上未记载付款日期的,为见票即付。

汇票上未记载付款地的,付款人的营业场所、住所或者经常居住地为付款地。

汇票上未记载出票地的,出票人的营业场所、住所或者经常居住地为出票地。

第二十四条 【不具票据法上效力的记载事项及其效力】汇票上可以记载本法规定事项以外的其他出票事项,但是该记载事项不具有汇票上的效力。

第二十五条 【付款日期的记载】付款日期可以按照下列形式之一记载:

(一)见票即付;

(二)定日付款;

(三)出票后定期付款;

(四)见票后定期付款。

前款规定的付款日期为汇票到期日。

第二十六条 【汇票出票的效力】出票人签发汇票后,即承担保证该汇票承兑和付款的责任。出票人在汇票得不到承兑或者付款时,应当向持票人清偿本法第七十条、第七十一条规定的金额和费用。

第二节 背 书

第二十七条 【汇票权利转让】持票人可以将汇票权利转让给他人或者将一定的汇票权利授予他人行使。

出票人在汇票上记载"不得转让"字样的,汇票不得转让。

持票人行使第一款规定的权利时,应当背书并交付汇票。

背书是指在票据背面或者粘单上记载有关事项并签章的票据行为。

第二十八条　【粘单】票据凭证不能满足背书人记载事项的需要,可以加附粘单,粘附于票据凭证上。

粘单上的第一记载人,应当在汇票和粘单的粘接处签章。

第二十九条　【背书的记载事项】背书由背书人签章并记载背书日期。

背书未记载日期的,视为在汇票到期日前背书。

第三十条　【记名背书】汇票以背书转让或者以背书将一定的汇票权利授予他人行使时,必须记载被背书人名称。

第三十一条　【背书的连续】以背书转让的汇票,背书应当连续。持票人以背书的连续,证明其汇票权利;非经背书转让,而以其他合法方式取得汇票的,依法举证,证明其汇票权利。

前款所称背书连续,是指在票据转让中,转让汇票的背书人与受让汇票的被背书人在汇票上的签章依次前后衔接。

第三十二条　【后手及其责任】以背书转让的汇票,后手应当对其直接前手背书的真实性负责。

后手是指在票据签章人之后签章的其他票据债务人。

第三十三条　【附条件背书、部分背书、分别背书的效力】背书不得附有条件。背书时附有条件的,所附条件不具有汇票上的效力。

将汇票金额的一部分转让的背书或者将汇票金额分别转让给二人以上的背书无效。

第三十四条　【背书人的禁止背书及其效力】背书人在汇票上记载"不得转让"字样,其后手再背书转让的,原背书人对后手的被背书人不承担保证责任。

第三十五条　【委托收款背书和质押背书及其效力】背书记载"委托收款"字样的,被背书人有权代背书人行使被委托的汇票权利。但是,被背书人不得再以背书转让汇票权利。

汇票可以设定质押;质押时应当以背书记载"质押"字样。被背书人依法实现其质权时,可以行使汇票权利。

第三十六条　【不得背书转让的情形】汇票被拒绝承兑、被拒绝付款或者超过付款提示期限的,不得背书转让;背书转让的,背书人应当承担汇票责任。

第三十七条　【背书人义务】背书人以背书转让汇票后,即承担保证其后手所持汇票承兑和付款的责任。背书人在汇票得不到承兑或者付款时,应当向持票人清偿本法第七十条、第七十一条规定的金额和费用。

第三节　承　兑

第三十八条　【承兑的定义】承兑是指汇票付款人承诺在汇票到期日支付汇票金额的票据行为。

第三十九条　【提示承兑及定时付款、出票后定期付款的汇票的提示承兑期间】定日付款或者出票后定期付款的汇票,持票人应当在汇票到期日前向付款人提示承兑。

提示承兑是指持票人向付款人出示汇票,并要求付款人承诺付款的行为。

第四十条　【见票后定期付款汇票的提示承兑期间及在提示承兑期间未提示承兑的效力】见票后定期付款的汇票,持票人应当自出票日起一个月内向付款人提示承兑。

汇票未按照规定期限提示承兑的,持票人丧失对其前手的追索权。

见票即付的汇票无须提示承兑。

第四十一条 【付款人的承兑期间】付款人对向其提示承兑的汇票,应当自收到提示承兑的汇票之日起三日内承兑或者拒绝承兑。

付款人收到持票人提示承兑的汇票时,应当向持票人签发收到汇票的回单。回单上应当记明汇票提示承兑日期并签章。

第四十二条 【承兑的记载】付款人承兑汇票的,应当在汇票正面记载"承兑"字样和承兑日期并签章;见票后定期付款的汇票,应当在承兑时记载付款日期。

汇票上未记载承兑日期的,以前条第一款规定期限的最后一日为承兑日期。

第四十三条 【附条件承兑的效力】付款人承兑汇票,不得附有条件;承兑附有条件的,视为拒绝承兑。

第四十四条 【承兑的效力】付款人承兑汇票后,应当承担到期付款的责任。

第四节 保 证

第四十五条 【汇票保证及保证人的资格】汇票的债务可以由保证人承担保证责任。

保证人由汇票债务人以外的他人担当。

第四十六条 【汇票保证的记载事项和方法】保证人必须在汇票或者粘单上记载下列事项:

(一)标明"保证"的字样;

(二)保证人名称和住所;

(三)被保证人的名称;

(四)保证日期;

(五)保证人签章。

第四十七条 【未载事项的推定】保证人在汇票或者粘单上未记载前条第(三)项的,已承兑的汇票,承兑人为被保证人;未承兑的汇票,出票人为被保证人。

保证人在汇票或者粘单上未记载前条第(四)项的,出票日期为保证日期。

第四十八条 【票据保证的限制】保证不得附有条件;附有条件的,不影响对汇票的保证责任。

第四十九条 【票据保证人的票据责任】保证人对合法取得汇票的持票人所享有的汇票权利,承担保证责任。但是,被保证人的债务因汇票记载事项欠缺而无效的除外。

第五十条 【保证人和被保证人的连带责任】被保证的汇票,保证人应当与被保证人对持票人承担连带责任。汇票到期后得不到付款的,持票人有权向保证人请求付款,保证人应当足额付款。

第五十一条 【共同保证人的连带责任】保证人为二人以上的,保证人之间承担连带责任。

第五十二条 【保证人的追索权】保证人清偿汇票债务后,可以行使持票人对被保证人及其前手的追索权。

第五节 付 款

第五十三条 【提示付款】持票人应当按照下列期限提示付款:

(一)见票即付的汇票,自出票日起一个月内向付款人提示付款;

(二)定日付款、出票后定期付款或者见票后定期付款的汇票,自到期日起十日内向承兑人提示付款。

持票人未按照前款规定期限提示付款的,在作出说明后,承兑人或者付款人仍应当继续对持票人承担付款责任。

通过委托收款银行或者通过票据交换系统向付款人提示付款的,视同持票人提示付款。

第五十四条 【付款人即时足额付款的义务】持票人依照前条规定提示付款的,付款人必须在当日足额付款。

第五十五条 【持票人的签收】持票人获得付款的,应当在汇票上签收,并将汇票交给付款人。持票人委托银行收款的,受委托的银行将代收的汇票金额转账收入持票人账户,视同签收。

第五十六条 【受托收款银行和受托付款银行的责任】持票人委托的收款银行的责任,限于按照汇票上记载事项将汇票金额转入持票人账户。

付款人委托的付款银行的责任,限于按照汇票上记载事项从付款人账户支付汇票金额。

第五十七条 【付款人的审查义务及其过错责任】付款人及其代理付款人付款时,应当审查汇票背书的连续,并审查提示付款人的合法身份证明或者有效证件。

付款人及其代理付款人以恶意或者有重大过失付款的,应当自行承担责任。

第五十八条 【期前付款】对定日付款、出票后定期付款或者见票后定期付款的汇票,付款人在到期日前付款的,由付款人自行承担所产生的责任。

第五十九条 【付款的币种】汇票金额为外币的,按照付款日的市场汇价,以人民币支付。

汇票当事人对汇票支付的货币种类另有约定的,从其约定。

第六十条 【付款的效力】付款人依法足额付款后,全体汇票债务人的责任解除。

第六节 追索权

第六十一条 【追索权的发生】汇票到期被拒绝付款的,持票人可以对背书人、出票人以及汇票的其他债务人行使追索权。

汇票到期日前,有下列情形之一的,持票人也可以行使追索权:

(一)汇票被拒绝承兑的;

(二)承兑人或者付款人死亡、逃匿的;

(三)承兑人或者付款人被依法宣告破产的或者因违法被责令终止业务活动的。

第六十二条 【追索权的行使】持票人行使追索权时,应当提供被拒绝承兑或者被拒绝付款的有关证明。

持票人提示承兑或者提示付款被拒绝的,承兑人或者付款人必须出具拒绝证明,或者出具退票理由书。未出具拒绝证明或者退票理由书的,应当承担由此产生的民事责任。

第六十三条 【拒绝证明的代替-其他有关证明】持票人因承兑人或者付款人死亡、逃匿或者其他原因,不能取得拒绝证明的,可以依法取得其他有关证明。

第六十四条 【拒绝证明的代替-法院司法文书、行政处罚决定】承兑人或者付款人被人民法院依法宣告破产的,人民法院的有关司法文书具有拒绝证明的效力。

承兑人或者付款人因违法被责令终止业务活动的,有关行政主管部门的处罚决定具有拒绝证明的效力。

第六十五条 【追索权的丧失】持票人不能出示拒绝证明、退票理由书或者未按照规定期限提供其他合法证明的,丧失对其前手的追索权。但是,承兑人或者付款人仍应当对持票人承担责任。

第六十六条 【拒绝事由的通知】持票人应当自收到被拒绝承兑或者被拒绝付款的有关证明之日起三日内,将被拒绝事由书面通知其前手;其前手应当自收到通知之日起三日内书面通知其再前手。持票人也可以同时向各汇票债务人发出书面通知。

未按照前款规定期限通知的,持票人仍可以行使追索权。因延期通知给其前手或者出票人造成损失的,由没有按照规定期限通知的汇票当事人,承担对该损失的赔偿责任,但是所赔偿的金额以汇票金额为限。

在规定期限内将通知按照法定地址或者约定的地址邮寄的,视为已经发出通知。

第六十七条 【拒绝事由通知的记载】依照前条第一款所作的书面通知,应当记明汇票的主要记载事项,并说明该汇票已被退票。

第六十八条 【追索权的效力】汇票的出票人、背书人、承兑人和保证人对持票人承担连带责任。

持票人可以不按照汇票债务人的先后顺序,对其中任何一人、数人或者全体行使追索权。

持票人对汇票债务人中的一人或者数人已经进行追索的,对其他汇票债务人仍可以行使追索权。被追索人清偿债务后,与持票人享有同一权利。

第六十九条 【追索权的限制】持票人为出票人的,对其前手无追索权。持票人为背书人的,对其后手无追索权。

第七十条 【追索金额】持票人行使追索权,可以请求被追索人支付下列金额和费用:

(一)被拒绝付款的汇票金额;

(二)汇票金额自到期日或者提示付款日起至清偿日止,按照中国人民银行规定的利率计算的利息;

(三)取得有关拒绝证明和发出通知书的费用。

被追索人清偿债务时,持票人应当交出汇票和有关拒绝证明,并出具所收到利息和费用的收据。

第七十一条 【再追索及再追索金额】被追索人依照前条规定清偿后,可以向其他汇票债务人行使再追索权,请求其他汇票债务人支付下列金额和费用:

(一)已清偿的全部金额;

(二)前项金额自清偿日起至再追索清偿日止,按照中国人民银行规定的利率计算的利息;

(三)发出通知书的费用。

行使再追索权的被追索人获得清偿时,应当交出汇票和有关拒绝证明,并出具所收到利息和费用的收据。

第七十二条 【有关追索人清偿债务的效力】被追索人依照前二条规定清偿债务后,其责任解除。

第三章 本 票

第七十三条 【本票及其范围】本票是出票人签发的,承诺自己在见票时无条件支付确定的金额给收款人或者持票人的票据。

本法所称本票,是指银行本票。

第七十四条 【出票人资格】本票的出票人必须具有支付本票金额的可靠资金来源,并保证支付。

第七十五条 【本票的绝对应记载事项】本票必须记载下列事项：

（一）标明"本票"的字样；

（二）无条件支付的承诺；

（三）确定的金额；

（四）收款人名称；

（五）出票日期；

（六）出票人签章。

本票上未记载前款规定事项之一的，本票无效。

第七十六条 【本票的相应记载事项】本票上记载付款地、出票地等事项的，应当清楚、明确。

本票上未记载付款地的，出票人的营业场所为付款地。

本票上未记载出票地的，出票人的营业场所为出票地。

第七十七条 【见票的效力】本票的出票人在持票人提示见票时，必须承担付款的责任。

第七十八条 【付款期限】本票自出票日起，付款期限最长不得超过二个月。

第七十九条 【逾期提示见票的法律后果】本票的持票人未按照规定期限提示见票的，丧失对出票人以外的前手的追索权。

第八十条 【汇票有关规定对本票的准用】本票的背书、保证、付款行为和追索权的行使，除本章规定外，适用本法第二章有关汇票的规定。

本票的出票行为，除本章规定外，适用本法第二十四条关于汇票的规定。

第四章 支 票

第八十一条 【支票的概念】支票是出票人签发的，委托办理支票存款业务的银行或者其他金融机构在见票时无条件支付确定的金额给收款人或者持票人的票据。

第八十二条 【支票存款账户的开立】开立支票存款账户，申请人必须使用其本名，并提交证明其身份的合法证件。

开立支票存款账户和领用支票，应当有可靠的资信，并存入一定的资金。

开立支票存款账户，申请人应当预留其本名的签名式样和印鉴。

第八十三条 【现金支票与转账支票】支票可以支取现金，也可以转账，用于转账时，应当在支票正面注明。

支票中专门用于支取现金的，可以另行制作现金支票，现金支票只能用于支取现金。

支票中专门用于转账的，可以另行制作转账支票，转账支票只能用于转账，不得支取现金。

第八十四条 【支票的绝对应记载事项】支票必须记载下列事项：

（一）标明"支票"字样；

（二）无条件支付的委托；

（三）确定的金额；

（四）付款人名称；

（五）出票日期；

（六）出票人签章。

支票上未记载前款规定事项之一的,支票无效。

第八十五条 【支票金额的授权补记】支票上的金额可以由出票人授权补记,未补记前的支票,不得使用。

第八十六条 【收款人名称的授权补记与支票的相对应记载事项】支票上未记载收款人名称的,经出票人授权,可以补记。

支票上未记载付款地的,付款人的营业场所为付款地。

支票上未记载出票地的,出票人的营业场所、住所或者经常居住地为出票地。

出票人可以在支票上记载自己为收款人。

第八十七条 【支票资金关系与空头支票的禁止】支票的出票人所签发的支票金额不得超过其付款时在付款人处实有的存款金额。

出票人签发的支票金额超过其付款时在付款人处实有的存款金额的,为空头支票。禁止签发空头支票。

第八十八条 【支票的签章】支票的出票人不得签发与其预留本名的签名式样或者印鉴不符的支票。

第八十九条 【支票出票的效力】出票人必须按照签发的支票金额承担保证向该持票人付款的责任。

出票人在付款人处的存款足以支付支票金额时,付款人应当在当日足额付款。

第九十条 【支票的付款日期】支票限于见票即付,不得另行记载付款日期。另行记载付款日期的,该记载无效。

第九十一条 【提示付款期限】支票的持票人应当自出票日起十日内提示付款;异地使用的支票,其提示付款的期限由中国人民银行另行规定。

超过提示付款期限的,付款人可以不予付款;付款人不予付款的,出票人仍应当对持票人承担票据责任。

第九十二条 【支票付款的效力】付款人依法支付支票金额的,对出票人不再承担受委托付款的责任,对持票人不再承担付款的责任。但是,付款人以恶意或者有重大过失付款的除外。

第九十三条 【汇票的有关规定对支票的准用】支票的背书、付款行为和追索权的行使,除本章规定外,适用本法第二章有关汇票的规定。

支票的出票行为,除本章规定外,适用本法第二十四条、第二十六条关于汇票的规定。

第五章 涉外票据的法律适用

第九十四条 【涉外票据及其法律适用】涉外票据的法律适用,依照本章的规定确定。

前款所称涉外票据,是指出票、背书、承兑、保证、付款等行为中,既有发生在中华人民共和国境内又有发生在中华人民共和国境外的票据。

第九十五条 【国际条约和国际惯例的适用】中华人民共和国缔结或者参加的国际条约同本法有不同规定的,适用国际条约的规定。但是,中华人民共和国声明保留的条款除外。

本法和中华人民共和国缔结或者参加的国际条约没有规定的,可以适用国际惯例。

第九十六条 【票据行为能力的准据法】票据债务人的民事行为能力,适用其本国法律。

票据债务人的民事行为能力,依照其本国法律为无民事行为能力或者为限制民事行为能力而依照行为地法律为完全民事行为能力的,适用行为地法律。

第九十七条　【票据形式的准据法】汇票、本票出票时的记载事项,适用出票地法律。

支票出票时的记载事项,适用出票地法律,经当事人协议,也可以适用付款地法律。

第九十八条　【票据行为的准据法】票据的背书、承兑、付款和保证行为,适用行为地法律。

第九十九条　【票据追索行使期限的准据法】票据追索权的行使期限,适用出票地法律。

第一百条　【票据权利保全的准据法】票据的提示期限、有关拒绝证明的方式、出具拒绝证明的期限,适用付款地法律。

第一百零一条　【票据权利保护的准据法】票据丧失时,失票人请求保全票据权利的程序,适用付款地法律。

第六章　法律责任

第一百零二条　【票据欺诈行为的刑事责任】有下列票据欺诈行为之一的,依法追究刑事责任:

(一)伪造、变造票据的;

(二)故意使用伪造、变造的票据的;

(三)签发空头支票或者故意签发与其预留的本名签名式样或者印鉴不符的支票,骗取财物的;

(四)签发无可靠资金来源的汇票、本票,骗取资金的;

(五)汇票、本票的出票人在出票时作虚假记载,骗取财物的;

(六)冒用他人的票据,或者故意使用过期或者作废的票据,骗取财物的;

(七)付款人同出票人、持票人恶意串通,实施前六项所列行为之一的。

第一百零三条　【票据欺诈行为的行政责任】有前条所列行为之一,情节轻微,不构成犯罪的,依照国家有关规定给予行政处罚。

第一百零四条　【票据业务中玩忽职守的法律责任】金融机构工作人员在票据业务中玩忽职守,对违反本法规定的票据予以承兑、付款或者保证的,给予处分;造成重大损失,构成犯罪的,依法追究刑事责任。

由于金融机构工作人员因前款行为给当事人造成损失的,由该金融机构和直接责任人员依法承担赔偿责任。

第一百零五条　【付款人故意压票的法律责任】票据的付款人对见票即付或者到期的票据,故意压票,拖延支付的,由金融行政管理部门处以罚款,对直接责任人员给予处分。

票据的付款人故意压票,拖延支付,给持票人造成损失的,依法承担赔偿责任。

第一百零六条　【民事责任】依照本法规定承担赔偿责任以外的其他违反本法规定的行为,给他人造成损失的,应当依法承担民事责任。

第七章　附　则

第一百零七条　【期限的计算】本法规定的各项期限的计算,适用民法通则关于计算期间的规定。

按月计算期限的,按到期月的对日计算;无对日的,月末日为到期日。

第一百零八条 【票据及其格式与印制】汇票、本票、支票的格式应当统一。

票据凭证的格式和印制管理办法,由中国人民银行规定。

第一百零九条 【实施办法的制定】票据管理的具体实施办法,由中国人民银行依照本法制定,报国务院批准后施行。

第一百一十条 【生效日期】本法自1996年1月1日起施行。

附录2 《托收统一规则》

一、总则和定义

第一条 URC 522 之适用

(1)本国际商会第 522 号出版物《托收统一规则》1995 年修订本,应适用于第二条界定的、并在第四条"托收指示"中列明适用该项规则的所有托收项目,且除非另有明确的相反约定,或与无法规避的某一国家、政府或地方法律及/或法规相抵触,本规则对所有的当事人均具有约束力。

(2)银行没有义务必须办理某一托收或任何托收指示或以后的相关指示。

(3)如果银行无论出于何种理由选择不办理它所收到的托收或任何相关的托收指示,应毫不延误地采用电讯,或者如果电讯不可能时,采用其他快捷的工具,通知向其发出托收或指示的当事人。

第二条 托收的定义

就本规则各项条款而言:

(1)托收是指银行依据所收到的指示,处理下述第(2)款所界定的单据,以便:

a.取得付款及/或承兑;或

b.付款交单及/或承兑交单;或

c.按照其他条款和条件交付单据。

(2)单据是指金融单据及/或商业单据。

a.金融单据是指汇票、本票、支票或其他类似的可用于取得款项支付的凭证;

b.商业单据是指发票、运输单据、所有权单据或其他类似的单据,或者不属于金融单据的任何其他单据。

(3)光票托收是指不附有商业单据的金融单据项下的托收。

(4)跟单托收是指:

a. 附有商业单据的金融单据项下的托收;

b.不附有金融单据的商业单据项下的托收。

第三条 托收当事人

(1)就本规则各项条款而言,托收当事人有:

a.委托人,即委托银行办理托收的当事人;

b.托收行,即委托人委托办理托收的银行;

c.代收行,即除托收行以外的任何参与处理托收业务的任何银行;

d. 提示行,即向付款人提示单据的代收行。

(2)付款人,即根据托收指示向其提示单据的人。

二、托收的形式和结构

第四条　托收指示

(1) a.所有送往托收的单据必须附有一项托收指示,注明该项托收将遵循《托收统一规则》第522号出版物,并列出完整和明确的指示。银行只准根据该托收指示中的命令和本规则行事;

b.银行将不会为了取得指示而审核单据;

c.除非托收指示中另有授权,银行将不理会向其发出托收的任何当事人/银行以外的任何当事人/银行的任何指示。

(2)托收指示应当包括下述各项合适:

a.收到该项托收的银行详情,包括全称、邮政和SWIFT地址、电传、电话和传真号码和编号;

b.委托人的详情,包括全称、邮政地址或者办理提示的场所以及,如果有的话,电传、电话和传真号码;

c.付款人的详情,包括全称、邮政地址或者办理提示的场所以及,如果有的话,电传、电话和传真号码;

d.提示行(如有的话)的详情,包括全称、邮政地址以及,如果有的话,电传和传真号码;

e.待托收的金额和货币类型;

f.所附单据清单和每份单据的份数;

g. i.据以取得付款及/或承兑的条件和条款;

ii.凭以交付单据的条件

①付款及/或承兑

②其他条件和条款

缮制托收指示的当事人应负责确保清楚无误地说明交付单据的条件,否则,银行对此所产生的任何后果将不承担责任;

h.待收取的手续费,指明是否可以放弃;

i.待收取的利息,如有的话,指明是否可以放弃,包括利率、计息期、适用的计算期基数(如一年按360天还是365天计算);

j.付款方法和付款通知的形式;

k.发生拒绝付款、拒绝承兑及/或与其他指示不相符的情况时应给出的指示。

(3)a.托收指示应载明付款人或将要办理提示的场所之完整地址。如果地址不全或有错误,代收银行可尽力查明适当的地址,但其本身不承担任何义务和责任。

b.代收银行对因所提供地址不全或有误所造成的任何延误,将不承担任何责任。

三、提示的形式

第五条　提示

(1)就本规则各项条款而言,提示是指银行按照指示将单据提供给付款人的程序。

(2)托收指示应列明付款人将要采取行动的确切期限。

诸如"首先、迅速、立即"和类似的表述,不应用于指提示,或付款人赎单或采取任何其他行动的任何期限。如果采用了该类术语,银行将不予理会。

(3)单据必须以银行收到时的形式向付款人提示,但经授权银行可以贴附任何必需的印章,并按照说明由向银行发出托收的当事人承担费用,而且银行可以经授权采取任何必要的背书或加盖橡皮戳记,或其他托收业务惯用的和必要的辨认记号或符号。

(4)为了使委托人的指示得以实现,托收行将以委托人所指定的银行作为代收行。在未指定代收行时,托收行将使用自己的任何银行,或者在付款或承兑的国家中,或必须遵守其他条件的国家中选择另外的银行。

(5)单据和托收指示可以由托收行直接或者通过另一银行作为中间银行寄送给代收行。

(6)如果托收行未指定某一特定的提示行,代办行可自行选择提示行。

第六条 即期付款/承兑

如果是见单即付的单据,提示行必须立即办理提示付款,不得延误;如果不是即期而是远期付款单据,提示行必须在要求承兑时毫不拖延地提示承兑,在要求付款时,不应晚于适当的到期日办理提示付款。

第七条 商业单据的发放

承兑交单(D/A)与付款交单(D/P)

(1)如果托收包含有远期付款的汇票,则其指示不应要求付款才交付商业单据。

(2)如果托收包含有远期付款的汇票,托收指示应说明商业单据是凭承兑(D/A)还是凭付款(D/P)发放给付款人。

若无上述说明,商业单据只能是付款放单,而代收行对由于交付单据的任何延误所产生的任何后果将不承担责任。

(3)如果托收包含有远期付款的汇票,而且托收指示表明应凭付款发放商业单据时,则单据只能凭该项付款才能发放,而代收行对由于交付单据的任何延误所产生的任何结果将不承担责任。

第八条 代制单据

在托收行指示代收行或者付款人来代制托收中未曾包括的单据(汇票、本票、信托收据、保证书或其他单据)时,这些单据的格式和措辞应由托收行提供,否则,代收行对由代收行及/或付款人所提供任何该种单据的格式和措辞将不承担责任或对其负责。

四、义务和责任

第九条 诚信和合理的谨慎

银行将本着诚信的原则、尽合理的谨慎来办理业务。

第十条 单据与货物/服务/履行

(1)未经银行事先同意,货物不得直接发送到该银行地址,或者以该行作为收货人或者以该行为抬头人。

然而,如果未经银行事先同意而将货物直接发送到该银行地址、或者以该行作为收货人或者以该行为抬头人,并请该行凭付款或承兑或凭其他条款将货物交付给付款人,该行将没有提取货物的义务,其风险和责任仍由发货方承担。

(2)即使接到特别指示,也银行没有义务对与跟单托收有关的货物采取任何行动,包括对货物进行存储和保险。银行只有在个案中、其同意的限度内,才会采取该类行动。尽管前述第一条(3)段有不同规定,即使代收银行对此没有任何特别的通知,也适用本条规则之规定。

(3)然而,无论银行是否收到指示,银行为保护货物而采取措施时,对有关货物的结局及/

或状况及/或对受托保管及/或保护货物的任何第三方的作为及/或不作为概不承担责任。但是,代收行必须毫不延误地将其所采取的措施通知向其发出托收指的银行。

(4)银行对货物采取任何保护措施所发生的任何费用及/或花销将由向其发出托收的一方承担。

(5)a.尽管有前开第十条(1)段的规定,如果货物是以代收行作为收货人或抬头人,而且付款人已对该项托收办理了付款、承兑或承诺了其他条件和条款,且代收行因此对货物的发放作了安排时,则应视为托收行已授权代收行如此办理。

b.若代收行按照托收行的指示或按上述第十条(5)a段的规定安排发放货物,托收行应对该代收行所发生的全部损失和花销给予赔偿。

第十一条 对受托方行为的免责

(1)为使委托人的指示得以实现,银行使用另一银行或其他银行的服务时,是代为该委托人办理的,因此,其风险由委托人承担;

(2)即使银行主动地选择了其他银行办理业务,如该行所转递的指示未被执行,作出选择的银行也不承担责任或对其负责;

(3)一方指示另一方去履行服务,指示方应受到外国法律和惯例施加给被指示方的一切义务和责任的制约,并应就有关义务和责任对受托方承担赔偿责任。

第十二条 对收到单据的免责

(1)银行必须确定它所收到的单据应与托收指示中所列内容表面相符,如果发现任何单据有短缺或非托收指示所列,银行必须以电讯方式,如电讯不可能时,以其他快捷的方式,通知向从发出指示的一方,不得延误;

银行对此没有其他更多的责任。

(2)如果单据与所列内容表面不相符,托收行对代收行收到的单据种类和数量应不得有争议;

(3)根据第五条(3)段和上述第十二条(1)段和(2)段,银行将按所收到的单据办理提示而无需做更多的审核。

第十三条 对单据有效性的免责

银行对任何单据的格式、完整性、准确性、真实性、虚假性或其法律效力,或对在单据中载明或在其上附加的一般性及/或特殊性的条款,概不承担责任或对其负责;银行也不对任何单据所表示的货物的描述、数量、重量、质量、状况、包装、交货、价值或存在,或对货物的发运人、承运人、运输代理、收货人或保险人或其他任何人的诚信或作为及/或不作为、清偿力、业绩或信誉承担责任或对其负责。

第十四条 对单据延误、在传送中的丢失以及对翻译的免责

(1)银行对任何信息、信件或单据在传送中所发生的延误及/或丢失,或对任何电讯在传递中所发生的延误、残损或其他错误,或对技术条款的翻译及/或解释的错误,概不承担责任或对其负责;

(2)银行对由于收到的任何指示需要澄清而引起的延误,将不承担责任或对其负责。

第十五条 不可抗力

对由于天灾、暴动、骚乱、战争或银行本身不能控制的任何其他原因、任何罢工或停工而使银行营业中断所产生的后果,银行不承担责任或对其负责。

五、付款

第十六条 立即付款

(1)收妥的款项(扣除手续费及/或支出及/或可能的花销)必须按照托收指示中规定的条件和条款,毫不延误地付给向其发出托收指示的一方;

(2)尽管有第一条(3)段的规定,除非另有指示,代收行仅向托收行汇付收妥的款项。

第十七条 以当地货币支付

如果单据是以付款地国家的货币(当地货币)付款,除托收指示另有规定外,提示行必须凭当地货币的付款,发放单据给付款人,只要该种货币按托收指示规定的方式能够随时处理。

第十八条 用外币付款

如果单据是以付款地国家以外的货币(外汇)付款,除托收指示中另用规定外,提示行必须凭指定的外币付款,发放单据给付款人,只要该外币按托收指示规定能够立即汇出。

第十九条 部分付款

(1)光票托收时,只有在付款地现行法律准许部分付款的条件和限度内,才能接受部分付款。只有在全部货款已收妥的情况下,才能将金融单据发放给付款人。

(2)跟单托收时,只有在托收指示有特别授权的情况下,才能接受部分付款。然而,除非另有指示,提示行只能在全部货款已收妥后才能将单交与付款人,并对由此所引起的延迟交单所产生的后果不承担责任。

(3)在任何情况下,部分付款只有在符合第十七条或第十八条中的相应规定时将会被接受。

如果接受部分付款,将按照第十六条的规定办理。

六、利息、手续费和费用

第二十条 利息

(1)如果托收指示中规定必须收取利息,但付款人拒付该项利息时,提示行可根据具体情况在不收取利息的情况下凭付款或承兑或其他条款和条件交付单据,除非适用第二十条(3)段之规定。

(2)如果要求收取利息,托收指示中应明确规定利率、计息期和计息基础。

(3)如托收指示中明确地指明利息不得放弃,但付款人拒付该利息,提示行则不交付单据,并对由此所引起的延迟交单所产生的后果不承担责任。

当利息已被拒付时,提示行必须以电讯,当不可能时可用其他便捷的方式,通知向其发出托收指示的银行,不得延误。

第二十一条 手续费和费用

(1)如果托收指示中规定收取手续费及/或费用须由付款人承担,而后者拒付时,提示行可以根据具体情况,在不收取手续费及/或费用的情况下凭付款或承兑或其他条款和条件交付单据,除非适用第二十一条(2)段之规定。

当放弃以这种方式支付托收手续费及/或费用时,该项费用应由发出托收的一方承担,并可从货款中扣减。

(2)如果托收指示中明确指明手续费和(或)费用不得放弃而付款人又拒付该项费用时,提示行将不交付单据,并对由此所引起的延误所产生的后果不承担责任。当该项费用已被拒付时,提示行必须以电讯,当不可能时可用其他便捷的方式,通知向其发出托收指示的银行,不得延误。

(3)在任何情况下,若托收指示中清楚地规定或根据本规则具体规定,支付款项及/或费用及/或托收手续费应由委托人承担,代收行应有权从向其发出托收指示的银行立即收回所支出的有关支付款、费用和手续费,而托收行不管该托收结果如何,应有权向委托人立即收回它所付出的任何金额,连同它自己的支付款、费用和手续费。

(4)银行对向其发出托收指示的一方保留要求事先支付手续费及/或费用的权利,以补偿其拟执行任何指示的费用支出,在未收到该项款项期间,有保留不执行该项指示的权利。

七、其他条款

第二十二条 承兑

提示行有责任确保汇票承兑形式看来是完整和正确的,但是,对任何签字的真实性或签署承兑的任何签字人的权限不负责任。

第二十三条 本票和其他凭证

提示行对在本票、收据或其他凭证上任何签字的真实性或签字人的权限不负责任。

第二十四条 拒绝证书

托收指示对发生拒绝付款或拒绝承兑时的有关拒绝证书应有具体的指示(或代之以其他法律手续)。

如无此项具体指示,与托收有关的各银行在遭到拒绝付款或拒绝承兑时,无义务作出拒绝证书(或代之以其他法律手续)。

银行由于办理拒绝证书或其他法律手续而发生的手续费及/或其他费用概由向其发出托收指示的一方承担。

第二十五条 需要时的代理

如果委托人指定一名代表作为拒绝付款及/或拒绝承兑时的代理人,托收指示中应清楚地、详尽地指明该代理人的权限。如无此项指示,银行对需要时的代理人的指示可以不受理。

第二十六条 通知

代收行应按下列规则通知托收结果:

(1)通知方式

代收行对向对其发出托收指示的银行送交的所有通知和信息,必须载明必要的详细内容,在任何情况下,都应包括后者在托收指示中列明的编号。

(2)通知的方法:

托收行有责任就各种通知的具体方法向代收行发出指示,不同通知详见本款(3)a,(3)b和(3)c段的内容。如无该项指示,代收行将自行选择通知方法,寄送有关通知,而其费用应由向其发出托收指示的银行承担。

(3)a.付款通知

代收行必须毫无延误地将付款通知交发给向其发出托收指示的银行,详细列明有关金额或收妥金额、扣减的手续费及/或支付款及/或费用(如适当)、以及资金的处理方式。

b.承兑通知

代收行必须无延误地将承兑通知发送向其发出托收指示的银行。

c.拒绝付款或拒绝承兑的通知

提示行应尽力查明拒绝付款或拒绝承兑的原因,并相应地通知向其发出托收指示的银行,不得延误。

提示行应毫无延误地将拒绝付款及/或拒绝承兑的通知发送给向其发出托收指示的银行。

收到该通知后，托收行必须就进一步处理单据发出适当的指示。如在发出拒绝付款及/或拒绝承兑通知后 60 天内，提示行未收到该项指示，可将单据退回向其发出托收指示的银行，而提示行方面不承担任何其他责任。

附录 3　《跟单信用证统一惯例》（ICC UCP600 中英文对照版）

Article 1 Application of UCP
第一条　统一惯例的适用范围

The Uniform Customs and Practice for Documentary Credits, 2007 Revision, ICC Publication no. 600 ("UCP") are rules that apply to any documentary credit ("credit") (including, to the extent to which they may be applicable, any standby letter of credit) when the text of the credit expressly indicates that it is subject to these rules. They are binding on all parties thereto unless expressly modified or excluded by the credit.

跟单信用证统一惯例，2007 年修订本，国际商会第 600 号出版物，适用于所有在正文中标明按本惯例办理的跟单信用证（包括本惯例适用范围内的备用信用证）。除非信用证中另有规定，本惯例对一切有关当事人均具有约束力。

Article 2 Definitions
第二条　定　义

For the purpose of these rules:

就本惯例而言：

Advising bank means the bank that advises the credit at the request of the issuing bank.

通知行意指应开证行要求通知信用证的银行。

Applicant means the party on whose request the credit is issued.

申请人意指发出开立信用证申请的一方。

Banking day means a day on which a bank is regularly open at the place at which an act subject to these rules is to be performed.

银行日意指银行在其营业地正常营业，按照本惯例行事的行为得以在银行履行的日子。

Beneficiary means the party in whose favour a credit is issued.

受益人意指信用证中受益的一方。

Complying presentation means a presentation that is in accordance with the terms and conditions of the credit, the applicable provisions of these rules and international standard banking practice.

相符提示意指与信用证中的条款及条件、本惯例中所适用的规定及国际标准银行实务相一致的提示。

Confirmation means a definite undertaking of the confirming bank, in addition to that of the issuing bank, to honour or negotiate a complying presentation.

保兑意指保兑行在开证行之外对于相符提示做出兑付或议付的确定承诺。

Confirming bank means the bank that adds its confirmation to a credit upon the issuing bank's authorization or request.

保兑行意指应开证行的授权或请求对信用证加具保兑的银行。

Credit means any arrangement, however named or described, that is irrevocable and thereby constitutes a definite undertaking of the issuing bank to honour a complying presentation.

信用证意指一项约定,无论其如何命名或描述,该约定不可撤销并因此构成开证行对于相符提示予以兑付的确定承诺。

Honour means:

a. to pay at sight if the credit is available by sight payment.

b. to incur a deferred payment undertaking and pay at maturity if the credit is available by deferred payment.

c. to accept a bill of exchange ("draft") drawn by the beneficiary and pay at maturity if the credit is available by acceptance.

兑付意指:

a. 对于即期付款信用证即期付款。

b. 对于延期付款信用证发出延期付款承诺并到期付款。

c. 对于承兑信用证承兑由受益人出具的汇票并到期付款。

Issuing bank means the bank that issues a credit at the request of an applicant or on its own behalf.

开证行意指应申请人要求或代表其自身开立信用证的银行。

Negotiation means the purchase by the nominated bank of drafts (drawn on a bank other than the nominated bank) and/or documents under a complying presentation, by advancing or agreeing to advance funds to the beneficiary on or before the banking day on which reimbursement is due to(to be paid the nominated bank.

议付意指被指定银行在其应获得偿付的银行日或在此之前,通过向受益人预付或者同意向受益人预付款项的方式购买相符提示项下的汇票(汇票付款人为被指定银行以外的银行)及/或单据。

Nominated bank means the bank with which the credit is available or any bank in the case of a credit available with any bank.

被指定银行意指有权使用信用证的银行,对于可供任何银行使用的信用证而言,任何银行均为被指定银行。

Presentation means either the delivery of documents under a credit to the issuing bank or nominated bank or the documents so delivered.

提示意指信用证项下单据被提交至开证行或被指定银行,抑或按此方式提交的单据。

Presenter means a beneficiary, bank or other party that makes a presentation.

提示人意指做出提示的受益人、银行或其他一方。

Article 3 Interpretations
第三条 释 义

For the purpose of these rules:

就本惯例而言:

Where applicable, words in the singular include the plural and in the plural include the singular.

在适用的条款中,词汇的单复数同义。

A credit is irrevocable even if there is no indication to that effect.

信用证是不可撤销的,即使信用证中对此未作指示也是如此。

A document may be signed by handwriting, facsimile signature, perforated signature, stamp, symbol or any other mechanical or electronic method of authentication.

单据可以通过手签、签样印制、穿孔签字、盖章、符号表示的方式签署,也可以通过其他任何机械或电子证实的方法签署。

A requirement for a document to be legalized, visaed, certified or similar will be satisfied by any signature, mark, stamp or label on the document which appears to satisfy that requirement.

当信用证含有要求使单据合法、签证、证实或对单据有类似要求的条件时,这些条件可由在单据上签字、标注、盖章或标签来满足,只要单据表面已满足上述条件即可。

Branches of a bank in different countries are considered to be separate banks.

一家银行在不同国家设立的分支机构均视为另一家银行。

Terms such as "first class", "well known", "qualified", "independent", "official", "competent" or "local" used to describe the issuer of a document allow any issuer except the beneficiary to issue that document.

诸如"第一流"、"著名"、"合格"、"独立"、"正式"、"有资格"、"当地"等用语用于描述单据出单人的身份时,单据的出单人可以是除受益人以外的任何人。

Unless required to be used in a document, words such as "prompt", "immediately" or "as soon as possible" will be disregarded.

除非确需在单据中使用,银行对诸如"迅速"、"立即"、"尽快"之类词语将不予置理。

The expression "on or about" or similar will be interpreted as a stipulation that an event is to occur during a period of five calendar days before until five calendar days after the specified date, both start and end dates included.

"于或约于"或类似措辞将被理解为一项约定,按此约定,某项事件将在所述日期前后各五天内发生,起讫日均包括在内。

The words "to", "until", "till", "from" and "between" when used to determine a period of shipment include the date or dates mentioned, and the words "before" and "after" exclude the date mentioned.

词语"×月×日止"(to)、"至×月×日"(until)、"直至×月×日"(till)、"从×月×日"(from)及"在×月×日至×月×日之间"(between)用于确定装运期限时,包括所述日期。词语"X月X日之前"(before)及"×月×日之后"(after)不包括所述日期。

The words "from" and "after" when used to determine a maturity date exclude the date mentioned.

词语"从×月×日"(from)以及"×月×日之后"(after)用于确定到期日时不包括所述日期。

The terms "first half" and "second half" of a month shall be construed respectively as the 1st to the 15th and the 16th to the last day of the month, all dates inclusive.

术语"上半月"和"下半月"应分别理解为自每月"1日至15日"和"16日至月末最后一天",包括起讫日期。

The terms "beginning", "middle" and "end" of a month shall be construed respectively as the 1st to the 10th, the 11th to the 20th and the 21st to the last day of the month, all dates inclusive.

术语"月初"、"月中"和"月末"应分别理解为每月1日至10日、11日至20日和21日至月末最后一天,包括起讫日期。

Article 4 Credits v. Contracts
第四条 信用证与合同

a. A credit by its nature is a separate transaction from the sale or other contract on which it may be based. Banks are in no way concerned with or bound by such contract, even if any reference whatsoever to it is included in the credit. Consequently, the undertaking of a bank to honour, to negotiate or to fulfil any other obligation under the credit is not subject to claims or defences by the applicant resulting from its relationships with the issuing bank or the beneficiary.

A beneficiary can in no case avail itself of the contractual relationships existing between banks or between the applicant and the issuing bank.

a. 就性质而言,信用证与可能作为其依据的销售合同或其他合同,是相互独立的交易。即使信用证中提及该合同,银行亦与该合同完全无关,且不受其约束。因此,一家银行做出兑付、议付或履行信用证项下其他义务的承诺,并不受申请人与开证行之间或与受益人之间在已有关系下产生的索偿或抗辩的制约。

受益人在任何情况下,不得利用银行之间或申请人与开证行之间的契约关系。

b. An issuing bank should discourage any attempt by the applicant to include, as an integral part of the credit, copies of the underlying contract, proforma invoice and the like.

b. 开证行应劝阻申请人将基础合同、形式发票或其他类似文件的副本作为信用证整体组成部分的做法。

Article 5 Documents v. Goods, Services or Performance
第五条 单据与货物/服务/行为

Banks deal with documents and not with goods, services or performance to which the documents may relate.

银行处理的是单据,而不是单据所涉及的货物、服务或其他行为。

Article 6 Availability, Expiry Date and Place for Presentation
第六条 有效性、有效期限及提示地点

a. A credit must state the bank with which it is available or whether it is available with any bank. A credit available with a nominated bank is also available with the issuing bank.

a. 信用证必须规定可以有效使用信用证的银行,或者信用证是否对任何银行均为有效。对于被指定银行有效的信用证同样也对开证行有效。

b. A credit must state whether it is available by sight payment, deferred payment, acceptance or negotiation.

b. 信用证必须规定它是否适用于即期付款、延期付款、承兑抑或议付。

c. A credit must not be issued available by a draft drawn on the applicant.

c. 不得开立包含有以申请人为汇票付款人条款的信用证。

d. i. A credit must state an expiry date for presentation. An expiry date stated for honour or negotiation will be deemed to be an expiry date for presentation.

d. i 信用证必须规定提示单据的有效期限。规定的用于兑付或者议付的有效期限将被认为是提示单据的有效期限。

ii. The place of the bank with which the credit is available is the place for presentation. The place for presentation under a credit available with any bank is that of any bank. A place for presentation other than that of the issuing bank is in addition to the place of the issuing bank.

ii. 可以有效使用信用证的银行所在的地点是提示单据的地点。对任何银行均为有效的信用证项下单据提示的地点是任何银行所在的地点。不同于开证行地点的提示单据的地点是开证行地点之外提交单据的地点。

e. Except as provided in sub-article 29 (a), a presentation by or on behalf of the beneficiary must be made on or before the expiry date.

e. 除非如29(a)中规定,由受益人或代表受益人提示的单据必须在到期日当日或在此之前提交。

Article 7 Issuing Bank Undertaking
第七条 开证行的承诺

a. Provided that the stipulated documents are presented to the nominated bank or to the issuing bank and that they constitute a complying presentation, the issuing bank must honour if the credit is available by:

倘若规定的单据被提交至被指定银行或开证行并构成相符提示,开证行必须按下述信用证所适用的情形予以兑付:

i. sight payment, deferred payment or acceptance with the issuing bank;

i. 由开证行即期付款、延期付款或者承兑;

ii. sight payment with a nominated bank and that nominated bank does not pay;

ii. 由被指定银行即期付款而该被指定银行未予付款;

iii. deferred payment with a nominated bank and that nominated bank does not incur its deferred payment undertaking or, having incurred its deferred payment undertaking, does not pay at maturity;

iii. 由被指定银行延期付款而该被指定银行未承担其延期付款承诺,或者虽已承担延期付款承诺但到期未予付款；

iv. acceptance with a nominated bank and that nominated bank does not accept a draft drawn on it or, having accepted a draft drawn on it, does not pay at maturity;

iv. 由被指定银行承兑而该被指定银行未予承兑以其为付款人的汇票，或者虽已承兑以其为付款人的汇票但到期未予付款；

v. negotiation with a nominated bank and that nominated bank does not negotiate.

v. 由被指定银行议付而该被指定银行未予议付。

b. An issuing bank is irrevocably bound to honour as of the time it issues the credit.

b. 自信用证开立之时起，开证行即不可撤销地受到兑付责任的约束。

c. An issuing bank undertakes to reimburse a nominated bank that has honoured or negotiated a complying presentation and forwarded the documents to the issuing bank. Reimbursement for the amount of a complying presentation under a credit available by acceptance or deferred payment is due at maturity, whether or not the nominated bank prepaid or purchased before maturity. An issuing bank's undertaking to reimburse a nominated bank is independent of the issuing bank's undertaking to the beneficiary.

c. 开证行保证向对于相符提示已经予以兑付或者议付并将单据寄往开证行的被指定银行进行偿付。无论被指定银行是否于到期日前已经对相符提示予以预付或者购买，对于承兑或延期付款信用证项下相符提示的金额的偿付于到期日进行。开证行偿付被指定银行的承诺独立于开证行对于受益人的承诺。

Article 8 Confirming Bank Undertaking
第八条 保兑行的承诺

a. Provided that the stipulated documents are presented to the confirming bank or to any other nominated bank and that they constitute a complying presentation, the confirming bank must：

a. 倘若规定的单据被提交至保兑行或者任何其他被指定银行并构成相符提示，保兑行必须：

i. honour, if the credit is available by：

i. 兑付，如果信用证适用于：

a. sight payment, deferred payment or acceptance with the confirming bank；

a. 由保兑行即期付款、延期付款或者承兑；

b. sight payment with another nominated bank and that nominated bank does not pay；

b. 由另一家被指定银行即期付款而该被指定银行未予付款；

c. deferred payment with another nominated bank and that nominated bank does not incur its deferred payment undertaking or, having incurred its deferred payment undertaking, does not pay at maturity；

c. 由另一家被指定银行延期付款而该被指定银行未承担其延期付款承诺，或者虽已承担延期付款承诺但到期未予付款；

d. acceptance with another nominated bank and that nominated bank does not accept a draft drawn on it or, having accepted a draft drawn on it, does not pay at maturity；

d. 由另一家被指定银行承兑而该被指定银行未予承兑以其为付款人的汇票,或者虽已承兑以其为付款人的汇票但到期未予付款;

e. negotiation with another nominated bank and that nominated bank does not negotiate.

e. 由另一家被指定银行议付而该被指定银行未予议付。

ii. negotiate, without recourse 无追索权, if the credit is available by negotiation with the confirming bank.

ii. 若信用证由保兑行议付,无追索权地议付。

b. A confirming bank is irrevocably bound to honour or negotiate as of the time it adds its confirmation to the credit.

b. 自为信用证加具保兑之时起,保兑行即不可撤销地受到兑付或者议付责任的约束。

c. A confirming bank undertakes to reimburse another nominated bank that has honoured or negotiated a complying presentation and forwarded the documents to the confirming bank. Reimbursement for the amount of a complying presentation under a credit available by acceptance or deferred payment is due at maturity, whether or not another nominated bank prepaid or purchased before maturity. A confirming bank's undertaking to reimburse another nominated bank is independent of the confirming bank's undertaking to the beneficiary.

c. 保兑行保证向对于相符提示已经予以兑付或者议付并将单据寄往开证行的另一家被指定银行进行偿付。无论另一家被指定银行是否于到期日前已经对相符提示予以预付或者购买,对于承兑或延期付款信用证项下相符提示的金额的偿付于到期日进行。保兑行偿付另一家被指定银行的承诺独立于保兑行对于受益人的承诺。

d. If a bank is authorized or requested by the issuing bank to confirm a credit but is not prepared to do so, it must inform the issuing bank without delay and may advise the credit without confirmation.

d. 如开证行授权或要求另一家银行对信用证加具保兑,而该银行不准备照办时,它必须不延误地告知开证行并仍可通知此份未经加具保兑的信用证。

Article 9 Advising of Credits and Amendments
第九条 信用证及修改的通知

a. A credit and any amendment may be advised to a beneficiary through an advising bank. An advising bank that is not a confirming bank advises the credit and any amendment without any undertaking to honour or negotiate. a. 信用证及其修改可以通过通知行通知受益人。除非已对信用证加具保兑,通知行通知信用证不构成兑付或议付的承诺。

b. By advising the credit or amendment, the advising bank signifies that it has satisfied itself as to the apparent authenticity of the credit or amendment and that the advice accurately reflects the terms and conditions of the credit or amendment received.

b. 通过通知信用证或修改,通知行即表明其认为信用证或修改的表面真实性得到满足,且通知准确地反映了所收到的信用证或修改的条款及条件。

c. An advising bank may utilize the services of another bank ("second advising bank") to advise the credit and any amendment to the beneficiary. By advising the credit or amendment, the second advising bank signifies that it has satisfied itself as to the apparent authenticity of the advice it has received and that the advice accurately reflects the terms and conditions of the credit or amendment received.

c. 通知行可以利用另一家银行的服务("第二通知行")向受益人通知信用证及其修改。通过通知信用证或修改,第二通知行即表明其认为所收到的通知的表面真实性得到满足,且通知准确地反映了所收到的信用证或修改的条款及条件。

d. A bank utilizing the services of an advising bank or second advising bank to advise a credit must use the same bank to advise any amendment thereto.

d. 如一家银行利用另一家通知行或第二通知行的服务将信用证通知给受益人,它也必须利用同一家银行的服务通知修改书。

e. If a bank is requested to advise a credit or amendment but elects not to do so, it must so inform, without delay, the bank from which the credit, amendment or advice has been received.

e. 如果一家银行被要求通知信用证或修改但决定不予通知,它必须不延误通知向其发送信用证、修改或通知的银行。

f. If a bank is requested to advise a credit or amendment but cannot satisfy itself as to the apparent authenticity of the credit, the amendment or the advice, it must so inform, without delay, the bank from which the instructions appear to have been received. If the advising bank or second advising bank elects nonetheless to advise the credit or amendment, it must inform the beneficiary or second advising bank that it has not been able to satisfy itself as to the apparent authenticity of the credit, the amendment or the advice.

f. 如果一家被要求通知信用证或修改,但不能确定信用证、修改或通知的表面真实性,就必须不延误地告知向其发出该指示的银行。如果通知行或第二通知行仍决定通知信用证或修改,则必须告知受益人或第二通知行其未能核实信用证、修改或通知的表面真实性。

Article 10 Amendments
第十条 修 改

a. Except as otherwise provided by article 38, a credit can neither be amended nor cancelled without the agreement of the issuing bank, the confirming bank, if any, and the beneficiary.

a. 除本惯例第 38 条另有规定外,凡未经开证行、保兑行(如有)以及受益人同意,信用证既不能修改也不能撤销。

b. An issuing bank is irrevocably bound by an amendment as of the time it issues the amendment. A confirming bank may extend its confirmation to an amendment and will be irrevocably bound as of the time it advises the amendment. A confirming bank may, however, choose to advise an amendment without extending its confirmation and, if so, it must inform the issuing bank without delay and inform the beneficiary in its advice.

b. 自发出信用证修改书之时起,开证行就不可撤销地受其发出修改的约束。保兑行可将其保兑承诺扩展至修改内容,且自其通知该修改之时起,即不可撤销地受到该修改的约束。然而,保兑行可选择仅将修改通知受益人而不对其加具保兑,但必须不延误地将此情况通知开证行和受益人。

c. The terms and conditions of the original credit (or a credit incorporating previously accepted amendments) will remain in force for the beneficiary until the beneficiary communicates its acceptance of the amendment to the bank that advised such amendment. The beneficiary should give notification of acceptance or rejection of an amendment. If the beneficiary fails to give such notification, a presentation that complies with the credit and to any not yet accepted amendment will be deemed to be notification of acceptance by the beneficiary of such amendment. As of that moment the credit will be amended.

c. 在受益人向通知修改的银行表示接受该修改内容之前,原信用证(或包含先前已被接受修改的信用证)的条款和条件对受益人仍然有效。受益人应发出接受或拒绝接受修改的通知。如受益人未提供上述通知,当其提交至被指定银行或开证行的单据与信用证以及尚未表示接受的修改的要求一致时,则该事实即视为受益人已做出接受修改的通知,并从此时起,该信用证已被修改。

d. A bank that advises an amendment should inform the bank from which it received the amendment of any notification of acceptance or rejection.

d. 通知修改的银行应当通知向其发出修改书的银行任何有关接受或拒绝接受修改的通知。

e. Partial acceptance of an amendment is not allowed and will be deemed to be notification of rejection of the amendment.

e. 不允许部分接受修改,部分接受修改将被视为拒绝接受修改的通知。

f. A provision in an amendment to the effect that the amendment shall enter into force unless rejected by the beneficiary within a certain time shall be disregarded.

f. 修改书中作出的除非受益人在某一时间内拒绝接受修改,否则修改将开始生效的条款将被不予置理。

Article 11 Teletransmitted and Pre-Advised Credits and Amendments
第十一条 电讯传递与预先通知的信用证和修改

a. An authenticated teletransmission of a credit or amendment will be deemed to be the operative credit or amendment, and any subsequent mail confirmation shall be disregarded.

If a teletransmission states "full details to follow" (or words of similar effect), or states that the mail confirmation is to be the operative credit or amendment, then the teletransmission will not be deemed to be the operative credit or amendment. The issuing bank must then issue the operative credit or amendment without delay in terms not inconsistent with the teletransmission.

a. 经证实的信用证或修改的电讯文件将被视为有效的信用证或修改,任何随后的邮寄证实书将被不予置理。

若该电讯文件声明"详情后告"(或类似词语)或声明随后寄出的邮寄证实书将是有效的信用证或修改,则该电讯文件将被视为无效的信用证或修改。开证行必须随即不延误地开出有效的信用证或修改,且条款不能与电讯文件相矛盾。

b. A preliminary advice of the issuance of a credit or amendment ("pre-advice") shall only be sent if the issuing bank is prepared to issue the operative credit or amendment. An issuing bank that sends a pre-advice is irrevocably committed to issue the operative credit or amendment, without delay, in terms not inconsistent with the pre-advice.

b. 只有准备开立有效信用证或修改的开证行,才可以发出开立信用证或修改预先通知书。发出预先通知的开证行应不可撤销地承诺将不延误地开出有效的信用证或修改,且条款不能与预先通知书相矛盾。

Article 12 Nomination
第十二条 指 定

a. Unless a nominated bank is the confirming bank, an authorization to honour or negotiate does not impose any obligation on that nominated bank to honour or negotiate, except when expressly agreed to by that nominated bank and so communicated to the beneficiary.

a. 除非一家被指定银行是保兑行,对被指定银行进行兑付或议付的授权并不构成其必须兑付或议付的义务,被指定银行明确同意并照此通知受益人的情形除外。

b. By nominating a bank to accept a draft or incur a deferred payment undertaking, an issuing bank authorizes that nominated bank to prepay or purchase a draft accepted or a deferred payment undertaking incurred by that nominated bank.

b. 通过指定一家银行承兑汇票或承担延期付款承诺,开证行即授权该被指定银行预付或购买经其承兑的汇票或由其承担延期付款的承诺。

c. Receipt or examination and forwarding of documents by a nominated bank that is not a confirming bank does not make that nominated bank liable to honour or negotiate, nor does it constitute honour or negotiation.

c. 非保兑行身份的被指定银行接受、审核并寄送单据的行为既不使得该被指定银行具有兑付或议付的义务,也不构成兑付或议付。

Article 13 Bank-to-Bank Reimbursement Arrangements
第十三条 银行间偿付约定

a. If a credit states that reimbursement is to be obtained by a nominated bank ("claiming bank") claiming on another party ("reimbursing bank"), the credit must state if the reimbursement is subject to the ICC rules for bank-to-bank reimbursements in effect on the date of issuance of the credit.

a. 如果信用证规定被指定银行("索偿行")须通过向另一方银行("偿付行")索偿获得偿付,则信用证中必须声明是否按照信用证开立日正在生效的国际商会《银行间偿付规则》办理。

b. If a credit does not state that reimbursement is subject to the ICC rules for bank-to-bank reimbursements, the following apply:

b. 如果信用证中未声明是否按照国际商会《银行间偿付规则》办理,则适用于下列条款:

i. An issuing bank must provide a reimbursing bank with a reimbursement authorization that conforms with the availability stated in the credit. The reimbursement authorization should not be subject to an expiry date.

i. 开证行必须向偿付行提供偿付授权书,该授权书须与信用证中声明的有效性一致。偿付授权书不应规定有效日期。

ii. A claiming bank shall not be required to supply a reimbursing bank with a certificate of compliance with the terms and conditions of the credit.

ii. 不应要求索偿行向偿付行提供证实单据与信用证条款及条件相符的证明。

iii. An issuing bank will be responsible for any loss of interest, together with any expenses incurred, if reimbursement is not provided on first demand by a reimbursing bank in accordance with the terms and conditions of the credit.

iii. 如果偿付行未能按照信用证的条款及条件在首次索偿时即行偿付，则开证行应对索偿行的利息损失以及产生的费用负责。

iv. A reimbursing bank's charges are for the account of the issuing bank. However, if the charges are for the account of the beneficiary, it is the responsibility of an issuing bank to so indicate in the credit and in the reimbursement authorization. If a reimbursing bank's charges are for the account of the beneficiary, they shall be deducted from the amount due to a claiming bank when reimbursement is made. If no reimbursement is made, the reimbursing bank's charges remain the obligation of the issuing bank.

iv. 偿付行的费用应由开证行承担。然而，如果费用系由受益人承担，则开证行有责任在信用证和偿付授权书中予以注明。如偿付行的费用系由受益人承担，则该费用应在偿付时从支付索偿行的金额中扣除。如果未发生偿付，开证行仍有义务承担偿付行的费用。

c. An issuing bank is not relieved of any of its obligations to provide reimbursement if reimbursement is not made by a reimbursing bank on first demand.

c. 如果偿付行未能于首次索偿时即行偿付，则开证行不能解除其自身的偿付责任。

Article 14　Standard for Examination of Documents
第十四条　审核单据的标准

a. A nominated bank acting on its nomination, a confirming bank, if any, and the issuing bank must examine a presentation to determine, on the basis of the documents alone, whether or not the documents appear on their face to constitute a complying presentation.

a. 按照指定行事的被指定银行、保兑行（如有）以及开证行必须对提示的单据进行审核，并仅以单据为基础，以决定单据在表面上看来是否构成相符提示。

b. A nominated bank acting on its nomination, a confirming bank, if any, and the issuing bank shall each have a maximum of five banking days following the day of presentation to determine if a presentation is complying. This period is not curtailed or otherwise affected by the occurrence on or after the date of presentation of any expiry date or last day for presentation.

b. 按照指定行事的被指定银行、保兑行（如有）以及开证行，自其收到提示单据的翌日起算，应各自拥有最多不超过五个银行工作日的时间以决定提示是否相符。该期限不因单据提示日适逢信用证有效期或最迟提示期或在其之后而被缩减或受到其他影响。

c. A presentation including one or more original transport documents subject to articles 19, 20, 21, 22, 23, 24 or 25 must be made by or on behalf of the beneficiary not later than 21 calendar days after the date of shipment as described in these rules, but in any event not later than the expiry date of the credit.

c. 提示若包含一份或多份按照本惯例第19条、20条、21条、22条、23条、24条或25条出具的正本运输单据,则必须由受益人或其代表按照相关条款在不迟于装运日后的二十一个公历日内提交,但无论如何不得迟于信用证的到期日。

d. Data in a document, when read in context with the credit, the document itself and international standard banking practice, need not be identical to, but must not conflict with, data in that document, any other stipulated document or the credit.

d. 单据中内容的描述不必与信用证、信用证对该项单据的描述以及国际标准银行实务完全一致,但不得与该项单据中的内容、其他规定的单据或信用证相冲突。

e. In documents other than the commercial invoice, the description of the goods, services or performance, if stated, may be in general terms not conflicting with their description in the credit.

e. 除商业发票外,其他单据中的货物、服务或行为描述若须规定,可使用统称,但不得与信用证规定的描述相矛盾。

f. If a credit requires presentation of a document other than a transport document, insurance document or commercial invoice, without stipulating by whom the document is to be issued or its data content, banks will accept the document as presented if its content appears to fulfil the function of the required document and otherwise complies with sub—article 14 (d).

f. 如果信用证要求提示运输单据、保险单据和商业发票以外的单据,但未规定该单据由何人出具或单据的内容。如信用证对此未做规定,只要所提交单据的内容看来满足其功能需要且其他方面与十四条(d)款相符,银行将对提示的单据予以接受。

g. A document presented but not required by the credit will be disregarded and may be returned to the presenter.

g. 提示信用证中未要求提交的单据,银行将不予置理。如果收到此类单据,可以退还提示人。

h. If a credit contains a condition without stipulating the document to indicate compliance with the condition, banks will deem such condition as not stated and will disregard it.

h. 如果信用证中包含某项条件而未规定需提交与之相符的单据,银行将认为未列明此条件,并对此不予置理。

i. A document may be dated prior to the issuance date of the credit, but must not be dated later than its date of presentation.

i. 单据的出单日期可以早于信用证开立日期,但不得迟于信用证规定的提示日期。

j. When the addresses of the beneficiary and the applicant appear in any stipulated document, they need not be the same as those stated in the credit or in any other stipulated document, but must be within the same country as the respective addresses mentioned in the credit. Contact details (telefax, telephone, email and the like) stated as part of the beneficiary's and the applicant's address will be disregarded. However, when the address and contact details of the applicant appear as part of the consignee or notify party details on a transport document subject to articles 19, 20, 21, 22, 23, 24 or 25, they must be as stated in the credit.

j. 当受益人和申请人的地址显示在任何规定的单据上时,不必与信用证或其他规定单据中显示的地址相同,但必须与信用证中述及的各自地址处于同一国家内。用于联系的资料(电传、电话、电子邮箱及类似方式)如作为受益人和申请人地址的组成部分将被不予置理。然而,当申请人的地址及联系信息作为按照 19 条、20 条、21 条、22 条、23 条、24 条或 25 条出具的运输单据中收货人或通知方详址的组成部分时,则必须按照信用证规定予以显示。

k. The shipper or consignor of the goods indicated on any document need not be the beneficiary of the credit.

k. 显示在任何单据中的货物的托运人或发货人不必是信用证的受益人。

l. A transport document may be issued by any party other than a carrier, owner, master or charterer provided that the transport document meets the requirements of articles 19, 20, 21, 22, 23 or 24 of these rules.

假如运输单据能够满足本惯例第 19 条、20 条、21 条、22 条、23 条或 24 条的要求,则运输单据可以由承运人、船东、船长或租船人以外的任何一方出具。

Article 15 Complying Presentation
第十五条　相符提示

a. When an issuing bank determines that a presentation is complying, it must honour.

a. 当开证行确定提示相符时,就必须予以兑付。

b. When a confirming bank determines that a presentation is complying, it must honour or negotiate and forward the documents to the issuing bank.

b. 当保兑行确定提示相符时,就必须予以兑付或议付并将单据寄往开证行。

c. When a nominated bank determines that a presentation is complying and honours or negotiates, it must forward the documents to the confirming bank or issuing bank.

c. 当被指定银行确定提示相符并予以兑付或议付时,必须将单据寄往保兑行或开证行。

Article 16　Discrepant Documents, Waiver and Notice
第十六条　不符单据及不符点的放弃与通知

a. When a nominated bank acting on its nomination, a confirming bank, if any, or the issuing bank determines that a presentation does not comply, it may refuse to honour or negotiate.

a. 当按照指定行事的被指定银行、保兑行(如有)或开证行确定提示不符时,可以拒绝兑付或议付。

b. When an issuing bank determines that a presentation does not comply, it may in its sole judgement approach the applicant for a waiver of the discrepancies. This does not, however, extend the period mentioned in sub—article 14 (b).

b. 当开证行确定提示不符时,可以依据其独立的判断联系申请人放弃有关不符点。然而,这并不因此延长 14 条(b)款中述及的期限。

c. When a nominated bank acting on its nomination, a confirming bank, if any, or the issuing bank decides to refuse to honour or negotiate, it must give a single notice to that effect to the presenter.

c. 当按照指定行事的被指定银行、保兑行(如有)或开证行决定拒绝兑付或议付时,必须一次性通知提示人。

The notice must state:

通知必须声明:

i. that the bank is refusing to honour or negotiate; and

i. 银行拒绝兑付或议付;及

ii. each discrepancy in respect of which the bank refuses to honour or negotiate; and

ii. 银行凭以拒绝兑付或议付的各个不符点;及

iii. a) that the bank is holding the documents pending further instructions from the presenter; or

iii. a) 银行持有单据等候提示人进一步指示;或

b) that the issuing bank is holding the documents until it receives a waiver from the applicant and agrees to accept it, or receives further instructions from the presenter prior to agreeing to accept a waiver; or

b) 开证行持有单据直至收到申请人通知弃权并同意接受该弃权,或在同意接受弃权前从提示人处收到进一步指示;或

c) that the bank is returning the documents; or

c) 银行退回单据;或

d) that the bank is acting in accordance with instructions previously received from the presenter.

d) 银行按照先前从提示人处收到的指示行事。

d. The notice required in sub-article 16 (c) must be given by telecommunication or, if that is not possible, by other expeditious means no later than the close of the fifth banking day following the day of presentation.

d. 第十六条(c)款中要求的通知必须以电讯方式发出,或者,如果不可能以电讯方式通知时,则以其他快捷方式通知,但不得迟于提示单据日期翌日起第五个银行工作日终了。

e. A nominated bank acting on its nomination, a confirming bank, if any, or the issuing bank may, after providing notice required by sub-article 16 (c) (iii) (a) or (b), return the documents to the presenter at any time.

e. 按照指定行事的被指定银行、保兑行(如有)或开证行可以在提供第十六条(c)款(iii)、(a)款或(b)款要求提供的通知后,于任何时间将单据退还提示人。

f. If an issuing bank or a confirming bank fails to act in accordance with the provisions of this article, it shall be precluded from claiming that the documents do not constitute a complying presentation.

f. 如果开证行或保兑行未能按照本条款的规定行事,将无权宣称单据未能构成相符提示。

g. When an issuing bank refuses to honour or a confirming bank refuses to honour or negotiate and has given notice to that effect in accordance with this article, it shall then be entitled to claim a refund, with interest, of any reimbursement made.

g. 当开证行拒绝兑付或保兑行拒绝兑付或议付,并已经按照本条款发出通知时,该银行将有权就已经履行的偿付索取退款及其利息。

Article 17 Original Documents and Copies
第十七条　正本单据和副本单据

a. At least one original of each document stipulated in the credit must be presented.

a. 信用证中规定的各种单据必须至少提供一份正本。

b. A bank shall treat as an original any document bearing an apparently original signature, mark, stamp, or label of the issuer of the document, unless the document itself indicates that it is not an original.

b. 除非单据本身表明其不是正本,银行将视任何单据表面上具有单据出具人正本签字、标志、图章或标签的单据为正本单据。

c. Unless a document indicates otherwise 另外的, a bank will also accept a document as original if it:

c. 除非单据另有显示,银行将接受单据作为正本单据如果该单据:

i. appears to be written, typed, perforated or stamped by the document issuer's hand; or

i. 表面看来由单据出具人手工书写、打字、穿孔签字或盖章;或

ii. appears to be on the document issuer's original stationery; or

ii. 表面看来使用单据出具人的正本信笺;或

iii. states that it is original, unless the statement appears not to apply to the document presented.

iii. 声明单据为正本,除非该项声明表面看来与所提示的单据不符。

d. If a credit requires presentation of copies of documents, presentation of either originals or copies is permitted.

d. 如果信用证要求提交副本单据,则提交正本单据或副本单据均可。

e. If a credit requires presentation of multiple documents by using terms such as "in duplicate", "in two fold" or "in two copies", this will be satisfied by the presentation of at least one original and the remaining number in copies, except when the document itself indicates otherwise.

e. 如果信用证使用诸如"一式两份"、"两张"、"两份"等术语要求提交多份单据,则可以提交至少一份正本,其余份数以副本来满足。但单据本身另有相反指示者除外。

Article 18 Commercial Invoice
第十八条　商业发票

a. A commercial invoice:

a. 商业发票:

i. must appear to have been issued by the beneficiary (except as provided in article 38);

i. 必须在表面上看来系由受益人出具(第三十八条另有规定者除外);

ii. must be made out in the name of the applicant (except as provided in sub-article 38(g));

ii. 必须做成以申请人的名称为抬头(第三十八条(g)款另有规定者除外)

iii. must be made out in the same currency as the credit; and

ⅲ. 必须将发票币别作成与信用证相同币种。

ⅳ. need not be signed.

ⅳ. 无须签字。

b. A nominated bank acting on its nomination, a confirming bank, if any, or the issuing bank may accept a commercial invoice issued for an amount in excess of the amount permitted by the credit, and its decision will be binding upon all parties, provided the bank in question has not honoured or negotiated for an amount in excess of that permitted by the credit.

b. 按照指定行事的被指定银行、保兑行(如有)或开证行可以接受金额超过信用证所允许金额的商业发票,倘若有关银行已兑付或已议付的金额没有超过信用证所允许的金额,则该银行的决定对各有关方均具有约束力。

c. The description of the goods, services or performance in a commercial invoice must correspond with that appearing in the credit.

c. 商业发票中货物、服务或行为的描述必须与信用证中显示的内容相符。

Article 19 Transport Document Covering at Least Two Different Modes of Transport
第十九条　至少包括两种不同运输方式的运输单据

a. A transport document covering at least two different modes of transport (multimodal or combined transport document), however named, must appear to:

a. 至少包括两种不同运输方式的运输单据(即多式运输单据或联合运输单据),不论其称谓如何,必须在表明上看来:

ⅰ. indicate the name of the carrier and be signed by:

ⅰ. 显示承运人名称并由下列人员签署:

• the carrier or a named agent for or on behalf of the carrier, or

承运人或承运人的具名代理或代表,或

• the master or a named agent for or on behalf of the master. 船长或船长的具名代理或代表。

Any signature by the carrier, master or agent must be identified as that of the carrier, master or agent.

承运人、船长或代理的任何签字必须分别表明承运人、船长或代理的身份。

Any signature by an agent must indicate whether the agent has signed for or on behalf of the carrier or for or on behalf of the master.

代理的签字必须显示其是否作为承运人或船长的代理或代表签署提单。

ⅱ. indicate that the goods have been dispatched, taken in charge or shipped on board at the place stated in the credit, by:

ⅱ. 通过下述方式表明货物已在信用证规定的地点发运、接受监管或装载

• pre-printed wording, or

预先印就的措辞,或

• a stamp or notation indicating the date on which the goods have been dispatched, taken in charge or shipped on board.

注明货物已发运、接受监管或装载日期的图章或批注。

The date of issuance of the transport document will be deemed to be the date of dispatch, taking in charge or shipped on board, and the date of shipment. However, if the transport document indicates, by stamp or notation, a date of dispatch, taking in charge or shipped on board, this date will be deemed to be the date of shipment.

运输单据的出具日期将被视为发运、接受监管或装载以及装运日期。然而,如果运输单据以盖章或批注方式标明发运、接受监管或装载日期,则此日期将被视为装运日期。

iii. indicate the place of dispatch, taking in charge or shipment and the place of final destination stated in the credit, even if:

iii. 显示信用证中规定的发运、接受监管或装载地点以及最终目的地的地点,即使:

a. the transport document states, in addition, a different place of dispatch, taking in charge or shipment or place of final destination, or

a. 运输单据另外显示了不同的发运、接受监管或装载地点或最终目的地的地点,或

b. the transport document contains the indication "intended" or similar qualification in relation to the vessel, port of loading or port of discharge.

b. 运输单据包含"预期"或类似限定有关船只、装货港或卸货港的指示。

iv. be the sole original transport document or, if issued in more than one original, be the full set as indicated on the transport document.

iv. 系仅有的一份正本运输单据,或者,如果出具了多份正本运输单据,应是运输单据中显示的全套正本份数。

v. contain terms and conditions of carriage or make reference to another source containing the terms and conditions of carriage (short form or blank back transport document). Contents of terms and conditions of carriage will not be examined.

v. 包含承运条件须参阅包含承运条件条款及条件的某一出处(简式或背面空白的运输单据)者,银行对此类承运条件的条款及条件内容不予审核。

vi. contain no indication that it is subject to a charter party.

vi. 未注明运输单据受租船合约约束。

b. For the purpose of this article, transhipment means unloading from one means of conveyance and reloading to another means of conveyance (whether or not in different modes of transport) during the carriage from the place of dispatch, taking in charge or shipment to the place of final destination stated in the credit.

b. 就本条款而言,转运意指货物在信用证中规定的发运、接受监管或装载地点到最终目的地的运输过程中,从一个运输工具卸下并重新装载到另一个运输工具上(无论是否为不同运输方式)的运输。

c. i. A transport document may indicate that the goods will or may be transhipped provided that the entire carriage is covered by one and the same transport document.

c. i. 只要同一运输单据包括运输全程,则运输单据可以注明货物将被转运或可被转运。

ii. A transport document indicating that transhipment will or may take place is acceptable, even if the credit prohibits transhipment.

ii. 即使信用证禁止转运,银行也将接受注明转运将发生或可能发生的运输单据。

Article 20 Bill of Lading
第二十条 提 单

a. A bill of lading, however named, must appear to:

a. 无论其称谓如何,提单必须表面上看来:

i. indicate the name of the carrier and be signed by:

i. 显示承运人名称并由下列人员签署:

• the carrier or a named agent for or on behalf of the carrier, or 承运人或承运人的具名代理或代表,或))

• the master or a named agent for or on behalf of the master. 船长或船长的具名代理或代表。))

Any signature by the carrier, master or agent must be identified as that of the carrier, master or agent.

承运人、船长或代理的任何签字必须分别表明其承运人、船长或代理的身份。

Any signature by an agent must indicate whether the agent has signed for or on behalf of the carrier or for or on behalf of the master.

代理的签字必须显示其是否作为承运人或船长的代理或代表签署提单。

ii. indicate that the goods have been shipped on board a named vessel at the port of loading stated in the credit by:

ii. 通过下述方式表明货物已在信用证规定的装运港装载上具名船只:

• pre-printed wording, or

预先印就的措辞,或

• an on board notation indicating the date on which the goods have been shipped on board.

注明货物已装船日期的装船批注。

The date of issuance of the bill of lading will be deemed to be the date of shipment unless the bill of lading contains an on board notation indicating the date of shipment, in which case the date stated in the on board notation will be deemed to be the date of shipment.

提单的出具日期将被视为装运日期,除非提单包含注明装运日期的装船批注,在此情况下,装船批注中显示的日期将被视为装运日期。

If the bill of lading contains the indication "intended vessel" or similar qualification in relation to the name of the vessel, an on board notation indicating the date of shipment and the name of the actual vessel is required.

如果提单包含"预期船"字样或类似有关限定船只的词语时,装上具名船只必须由注明装运日期以及实际装运船只名称的装船批注来证实。

iii. indicate shipment from the port of loading to the port of discharge stated in the credit.

iii. 注明装运从信用证中规定的装货港至卸货港。

If the bill of lading does not indicate the port of loading stated in the credit as the port of loading, or if it contains the indication "intended" or similar qualification in relation to the port of loading, an on board notation indicating the port of loading as stated in the credit, the date of shipment and the name of the vessel is required. This provision applies even when loading on board or shipment on a named vessel is indicated by pre-printed wording on the bill of lading.

如果提单未注明以信用证中规定的装货港作为装货港,或包含"预期"或类似有关限定装货港的标注者,则需要提供注明信用证中规定的装货港、装运日期以及船名的装船批注。即使提单上已注明印就的"已装船"或"已装具名船只"措辞,本规定仍然适用。

iv. be the sole original bill of lading or, if issued in more than one original, be the full set as indicated on the bill of lading.

iv. 系仅有的一份正本提单,或者,如果出具了多份正本,应是提单中显示的全套正本份数。

iv. contain terms and conditions of carriage or make reference to another source containing the terms and conditions of carriage (short form or blank back bill of lading). Contents of terms and conditions of carriage will not be examined.

Iv. 包含承运条件须参阅包含承运条件条款及条件的某一出处(简式或背面空白的提单)者,银行对此类承运条件的条款及条件内容不予审核。

vi. contain no indication that it is subject to a charter party.

vi. 未注明运输单据受租船合约约束。

b. For the purpose of this article, transhipment means unloading from one vessel and reloading to another vessel during the carriage from the port of loading to the port of discharge stated in the credit.

b. 就本条款而言,转运意指在信用证规定的装货港到卸货港之间的海运过程中,将货物由一艘船卸下再装上另一艘船的运输。

c. i. A bill of lading may indicate that the goods will or may be transhipped provided that the entire carriage is covered by one and the same bill of lading.

c. i. 只要同一提单包括运输全程,则提单可以注明货物将被转运或可被转运。

ii. A bill of lading indicating that transhipment will or may take place is acceptable, even if the credit prohibits transhipment, if the goods have been shipped in a container, trailer or LASH barge as evidenced by the bill of lading.

ii. 银行可以接受注明将要发生或可能发生转运的提单。即使信用证禁止转运,只要提单上证实有关货物已由集装箱、拖车或子母船运输,银行仍可接受注明将要发生或可能发生转运的提单。

d. Clauses in a bill of lading stating that the carrier reserves the right to tranship will be disregarded.

d. 对于提单中包含的声明承运人保留转运权利的条款,银行将不予置理。

Article 21 Non-Negotiable Sea Waybill
第二十一条 非转让海运单

a. A non-negotiable sea waybill, however named, must appear to:

a. 无论其称谓如何,非转让海运单必须表面上看来:

i. indicate the name of the carrier and be signed by:

i. 显示承运人名称并由下列人员签署：

• the carrier or a named agent for or on behalf of the carrier, or

承运人或承运人的具名代理或代表,或

• the master or a named agent for or on behalf of the master.

船长或船长的具名代理或代表。

Any signature by the carrier, master or agent must be identified as that of the carrier, master or agent.

承运人、船长或代理的任何签字必须分别表明其承运人、船长或代理的身份。

Any signature by an agent must indicate whether the agent has signed for or on behalf of the carrier or for or on behalf of the master.

代理的签字必须显示其是否作为承运人或船长的代理或代表签署提单。

ii. indicate that the goods have been shipped on board a named vessel at the port of loading stated in the credit by:

ii. 通过下述方式表明货物已在信用证规定的装运港装载上具名船只：

• pre—printed wording, or

预先印就的措辞,或

• an on board notation indicating the date on which the goods have been shipped on board.

注明货物已装船日期的装船批注。

The date of issuance of the non—negotiable sea waybill will be deemed to be the date of shipment unless the non—negotiable sea waybill contains an on board notation indicating the date of shipment, in which case the date stated in the on board notation will be deemed to be the date of shipment.

非转让海运单的出具日期将被视为装运日期,除非非转让海运单包含注明装运日期的装船批注,在此情况下,装船批注中显示的日期将被视为装运日期。

If the non—negotiable sea waybill contains the indication "intended vessel" or similar qualification in relation to the name of the vessel, an on board notation indicating the date of shipment and the name of the actual vessel is required.

如果非转让海运单包含"预期船"字样或类似有关限定船只的词语时,装上具名船只必须由注明装运日期以及实际装运船只名称的装船批注来证实。

iii. indicate shipment from the port of loading to the port of discharge stated in the credit.

iii. 注明装运从信用证中规定的装货港至卸货港。

If the non—negotiable sea waybill does not indicate the port of loading stated in the credit as the port of loading, or if it contains the indication "intended" or similar qualification in relation to the port of loading, an on board notation indicating the port of loading as stated in the credit, the date of shipment and the name of the vessel is required. This provision applies even when loading on board or shipment on a named vessel is indicated by pre—printed wording on the non—negotiable sea waybill.

如果非转让海运单未注明以信用证中规定的装货港作为装货港,或包含"预期"或类似有关限定装货港的标注者,则需要提供注明信用证中规定的装货港、装运日期以及船名的装船批注。即使非转让海运单上已注明印就的"已装船"或"已装具名船只"措辞,本规定仍然适用。

iv. be the sole original non—negotiable sea waybill or, if issued in more than one original, be the full set as indicated on the non—negotiable sea waybill.

iv. 系仅有的一份正本非转让海运单,或者,如果出具了多份正本,应是非转让海运单中显示的全套正本份数。

v. contain terms and conditions of carriage or make reference to another source containing the terms and conditions of carriage (short form or blank back non—negotiable sea waybill). Contents of terms and conditions of carriage will not be examined.

v. 包含承运条件须参阅包含承运条件条款及条件的某一出处(简式或背面空白的提单)者,银行对此类承运条件的条款及条件内容不予审核。

vi. contain no indication that it is subject to a charter party.

vi. 未注明运输单据受租船合约约束。

b. For the purpose of this article, transhipment means unloading from one vessel and reloading to another vessel during the carriage from the port of loading to the port of discharge stated in the credit.

b. 就本条款而言,转运意指在信用证规定的装货港到卸货港之间的海运过程中,将货物由一艘船卸下再装上另一艘船的运输。

c. i. A non—negotiable sea waybill may indicate that the goods will or may be transhipped provided that the entire carriage is covered by one and the same non—negotiable sea waybill.

c. i. 只要同一非转让海运单包括运输全程,则非转让海运单可以注明货物将被转运或可被转运。

ii. A non—negotiable sea waybill indicating that transhipment will or may take place is acceptable, even if the credit prohibits transhipment, if the goods have been shipped in a container, trailer or LASH barge 子母船 as evidenced by the non—negotiable sea waybill.

ii. 银行可以接受注明将要发生或可能发生转运的非转让海运单。即使信用证禁止转运,只要非转让海运单上证实有关货物已由集装箱、拖车或子母船运输,银行仍可接受注明将要发生或可能发生转运的非转让海运单。

d. Clauses in a non—negotiable sea waybill stating that the carrier reserves the right to tranship will be disregarded.

d. 对于非转让海运单中包含的声明承运人保留转运权利的条款,银行将不予置理。

Article 22 Charter Party Bill of Lading
第二十二条 租船合约提单

a. A bill of lading, however named, containing an indication that it is subject to a charter party (charter party bill of lading), must appear to:

a. 无论其称谓如何,倘若提单包含有提单受租船合约约束的指示(即租船合约提单),则必须在表面上看来：
　　i. be signed by：
　　i. 由下列当事方签署：
　　• the master or a named agent for or on behalf of the master, or
船长或船长的具名代理或代表,或
　　• the owner or a named agent for or on behalf of the owner, or
船东或船东的具名代理或代表,或
　　• the charterer or a named agent for or on behalf of the charterer.
租船主或租船主的具名代理或代表。

Any signature by the master, owner, charterer or agent must be identified as that of the master, owner, charterer or agent.

船长、船东、租船主或代理的任何签字必须分别表明其船长、船东、租船主或代理的身份。

Any signature by an agent must indicate whether the agent has signed for or on behalf of the master, owner or charterer.

代理的签字必须显示其是否作为船长、船东或租船主的代理或代表签署提单。

An agent signing for or on behalf of the owner or charterer must indicate the name of the owner or charterer.

代理人代理或代表船东或租船主签署提单时必须注明船东或租船主的名称。

　　ii. indicate that the goods have been shipped on board a named vessel at the port of loading stated in the credit by：
　　ii. 通过下述方式表明货物已在信用证规定的装运港装载上具名船只：
　　• pre-printed wording, or
预先印就的措辞,或
　　• an on board notation indicating the date on which the goods have been shipped on board.
注明货物已装船日期的装船批注。

The date of issuance of the charter party bill of lading will be deemed to be the date of shipment unless the charter party bill of lading contains an on board notation indicating the date of shipment, in which case the date stated in the on board notation will be deemed to be the date of shipment.

租船合约提单的出具日期将被视为装运日期,除非租船合约提单包含注明装运日期的装船批注,在此情况下,装船批注中显示的日期将被视为装运日期。

　　iii. indicate shipment from the port of loading to the port of discharge stated in the credit. The port of discharge may also be shown as a range of ports or a geographical area, as stated in the credit.
　　iii. 注明货物由信用证中规定的装货港运输至卸货港。卸货港可以按信用证中的规定显示为一组港口或某个地理区域。

　　iv. be the sole original charter party bill of lading or, if issued in more than one original, be the full set as indicated on the charter party bill of lading.

iv. 系仅有的一份正本租船合约提单,或者,如果出具了多份正本,应是租船合约提单中显示的全套正本份数。

b. A bank will not examine charter party contracts, even if they are required to be presented by the terms of the credit.

b. 即使信用证中的条款要求提交租船合约,银行也将对该租船合约不予审核。

Article 23 Air Transport Document
第二十三条　空运单据

a. An air transport document, however named, must appear to:

a. 无论其称谓如何,空运单据必须在表面上看来:

i. indicate the name of the carrier and be signed by:

i. 注明承运人名称并由下列当事方签署:

• the carrier, or

承运人,或

• a named agent for or on behalf of the carrier.

承运人的具名代理或代表。

Any signature by the carrier or agent must be identified as that of the carrier or agent.

承运人或代理的任何签字必须分别表明其承运人或代理的身份。

Any signature by an agent must indicate that the agent has signed for or on behalf of the carrier.

代理的签字必须显示其是否作为承运人的代理或代表签署空运单据。

ii. indicate that the goods have been accepted for carriage.

ii. 注明货物已收妥待运。

iii. indicate the date of issuance. This date will be deemed to be the date of shipment unless the air transport document contains a specific notation of the actual date of shipment, in which case the date stated in the notation will be deemed to be the date of shipment.

iii. 注明出具日期。这一日期将被视为装运日期,除非空运单据包含注有实际装运日期的专项批注,在此种情况下,批注中显示的日期将被视为装运日期。

Any other information appearing on the air transport document relative to the flight number and date will not be considered in determining the date of shipment.

空运单据显示的其他任何与航班号和起飞日期有关的信息不能被视为装运日期。

iv. indicate the airport of departure and the airport of destination stated in the credit.

Iv.表明信用证规定的起飞机场和目的地机场

v. be the original for consignor or shipper, even if the credit stipulates a full set of originals.

v.为开给发货人或拖运人的正本,即使信用证规定提交全套正本。

vi. contain terms and conditions of carriage or make reference to another source containing the terms and conditions of carriage. Contents of terms and conditions of carriage will not be examined.

Vi.载有承运条款和条件,或提示条款和条件参见别处。银行将不审核承运条款和条件的

内容

b. For the purpose of this article, transhipment means unloading from one aircraft and reloading to another aircraft during the carriage from the airport of departure to the airport of destination stated in the credit.

b.就本条而言,转运是指在信用证规定的起飞机场到目的地机场的运输过程中,将货物从一飞机卸下再装上另一飞机的行为。

c. i. An air transport document may indicate that the goods will or may be transhipped, provided that the entire carriage is covered by one and the same air transport document.

c.i.空运单据可以注明货物将要或可能转运,只要全程运输由同一空运单据涵盖。

ii. An air transport document indicating that transhipment will or may take place is acceptable, even if the credit prohibits transhipment.

ii.即使信用证禁止转运,注明将要或可能发生转运的空运单据仍可接受。

Article 24　Road, Rail or Inland Waterway Transport Documents
第二十四条　公路、铁路或内陆水运单据

a. A road, rail or inland waterway transport document, however named, must appear to：

a.公路、铁路或内陆水运单据,无论名称如何,必须看似:

i. indicate the name of the carrier and：

i.表明承运人名称,并且

• be signed by the carrier or a named agent for or on behalf of the carrier, or

。由承运人或其具名代理人签署,或者

• indicate receipt of the goods by signature, stamp or notation by the carrier or a named agent for or on behalf of the carrier.

。由承运人或其具名代理人以签字、印戳或批注表明货物收讫。

Any signature, stamp or notation of receipt of the goods by the carrier or agent must be identified as that of the carrier or agent.

承运人或其具名代理人的售货签字、印戳或批注必须标明其承运人或代理人的身份。

Any signature, stamp or notation of receipt of the goods by the agent must indicate that the agent has signed or acted for or on behalf of the carrier.

代理人的收获签字、印戳或批注必须标明代理人系代表承运人签字或行事。

If a rail transport document does not identify the carrier, any signature or stamp of the railway company will be accepted as evidence of the document being signed by the carrier.

如果铁路运输单据没有指明承运人,可以接受铁路运输公司的任何签字或印戳作为承运人签署单据的证据。

ii. indicate the date of shipment or the date the goods have been received for shipment, dispatch or carriage at the place stated in the credit. Unless the transport document contains a dated reception、stamp, an indication of the date of receipt or a date of shipment, the date of issuance of the transport document will be deemed to be the date of shipment.

ii.表明货物在信用证规定地点的发运日期,或者收讫代运或代发送的日期。运输单据的

出具日期将被视为发运日期,除非运输单据上盖有带日期的收货印戳,或注明了收货日期或发运日期。

iii. indicate the place of shipment and the place of destination stated in the credit.

Iii.表明信用证规定的发运地及目的地。

b. i. A road transport document must appear to be the original for consignor or shipper or bear no marking indicating for whom the document has been prepared.

b.i.公路运输单据必须看似为开给发货人或托运人的正本,或没有认可标记表明单据开给何人。

ii. A rail transport document marked "duplicate" will be accepted as an original.

ii.注明"第二联"的铁路运输单据将被作为正本接受。

iii. A rail or inland waterway transport document will be accepted as an original whether marked as an original or not.

iii.无论是否注明正本字样,铁路或内陆水运单据都被作为正本接受。

c. In the absence of an indication on the transport document as to the number of originals issued, the number presented will be deemed to constitute a full set.

c.如运输单据上未注明出具的正本数量,提交的分数即视为全套正本。

d. For the purpose of this article, transhipment means unloading from one means of conveyance and reloading to another means of conveyance, within the same mode of transport, during the carriage from the place of shipment, dispatch or carriage to the place of destination stated in the credit.

d.就本条而言,转运是指在信用证规定的发运、发送或运送的地点到目的地之间的运输过程中,在同一运输方式中从一运输工具卸下再装上另一运输工具的行为。

e. i. A road, rail or inland waterway transport document may indicate that the goods will or may be transhipped provided that the entire carriage is covered by one and the same transport document.

e.i.只要全程运输由同一运输单据涵盖,公路、铁路或内陆水运单据可以注明货物将要或可能被转运。

ii. A road, rail or inland waterway transport document indicating that transhipment will or may take place is acceptable, even if the credit prohibits transhipment.

ii.即使信用证禁止转运,注明将要或可能发生转运的公路、铁路或内陆水运单据仍可接受。

Article 25 Courier Receipt, Post Receipt or Certificate of Posting
第二十五条 快递收据、邮政收据或投邮证明

a. A courier receipt, however named, evidencing receipt of goods for transport, must appear to:

a.证明货物收讫待运的快递收据,无论名称如何,必须看似:

i. indicate the name of the courier service and be stamped or signed by the named courier service at the place from which the credit states the goods are to be shipped; and

i.表明快递机构的名称,并在信用证规定的货物发运地点由该具名快递机构盖章或签字;并且

ii. indicate a date of pick-up or of receipt or wording to this effect. This date will be deemed to be the date of shipment.

ii.表明取件或收件的日期或类似词语。该日期将被视为发运日期。

b. A requirement that courier charges are to be paid or prepaid may be satisfied by a transport document issued by a courier service evidencing that courier charges are for the account of a party other than the consignee.

b.如果要求显示快递费用付讫或预付,快递机构出具的表明快递费由收货人以外的一方支付的运输单据可以满足该项要求。

c. A post receipt or certificate of posting, however named, evidencing receipt of goods for transport, must appear to be stamped or signed and dated at the place from which the credit states the goods are to be shipped. This date will be deemed to be the date of shipment.

c.证明货物收讫待运的邮政收据或投邮证明,无论名称如何,必须看似在信用证规定的货物发运地点盖章或签署并注明日期。该日期将被视为发运日期。

Article 26　"On Deck", "Shipper's Load and Count", "Said by Shipper to Contain" and Charges Additional to Freight
第二十六条　"货装舱面"、"托运人装载和计数"、"内容据托运人报称"及运费之外的费用

a. A transport document must not indicate that the goods are or will be loaded on deck. A clause on a transport document stating that the goods may be loaded on deck is acceptable.

a.运输单据不得表明货物装于或者将装于舱面。声明货物可能被装于舱面的运输单据条款可以接受。

b. A transport document bearing a clause such as "shipper's load and count" and "said by shipper to contain" is acceptable.

b.载有诸如"托运人装载和计数"或"内容据托运人报称"条款的运输单据可以接受。

c. A transport document may bear a reference, by stamp or otherwise, to charges additional to the freight.

c.运输单据上可以以印戳或其他方式提及运费之外的费用。

Article 27　Clean Transport Document
第二十七条　清洁运输单据

A bank will only accept a clean transport document. A clean transport document is one bearing no clause or notation expressly declaring a defective condition of the goods or their packaging. The word "clean" need not appear on a transport document, even if a credit has a requirement for that transport document to be "clean on board".

银行只接受清洁运输单据。清洁运输单据指未载有明确宣称货物或包装有缺陷的条款或批注的运输单据。"清洁"一词并不需要在运输单据上出现,即使信用证要求运输单据为"清洁已装船"的。

Article 28　Insurance Document and Coverage
第二十八条　保险单据及保险范围

a. An insurance document, such as an insurance policy, an insurance certificate or a declaration under an open cover, must appear to be issued and signed by an insurance company, an underwriter or their agents or their proxies.

a.保险单据,例如保险单或预约保险项下的保险证明书或者声明书,必须看似由保险公司或承保人或其代理人或代表出具并签署。

Any signature by an agent or proxy must indicate whether the agent or proxy has signed for or on behalf of the insurance company or underwriter.

代理人或代表的签字必须标明其系代表保险公司或承保人签字。

b. When the insurance document indicates that it has been issued in more than one original, all originals must be presented.

b.如果保险单据表明其以多份正本出具,所有正本均须提交。

c. Cover notes will not be accepted.

c.暂保单将不被接受。

d. An insurance policy is acceptable in lieu of an insurance certificate or a declaration under an open cover.

d.可以接受保险单代替预约保险项下的保险证明书或声明书。

e. The date of the insurance document must be no later than the date of shipment, unless it appears from the insurance document that the cover is effective from a date not later than the date of shipment.

e.保险单据日期不得晚于发运日期,除非保险单据表明保险责任不迟于发运日生效。

f. i. The insurance document must indicate the amount of insurance coverage and be in the same currency as the credit.

f.i.保险单据必须表明投保金额并以与信用证相同的货币表示。

ii. A requirement in the credit for insurance coverage to be for a percentage of the value of the goods, of the invoice value or similar is deemed to be the minimum amount of coverage required.

Ii.信用证对于投保金额为货物价值、发票金额或类似金额的某一比例的要求,将被视为对最低保额的要求。

If there is no indication in the credit of the insurance coverage required, the amount of insurance coverage must be at least 110% of the CIF or CIP value of the goods.

如果信用证对投保金额未作规定,投保金额须至少为货物的CIF或CIP价格的110%。

When the CIF or CIP value cannot be determined from the documents, the amount of insurance coverage must be calculated on the basis of the amount for which honour or negotiation is requested or the gross value of the goods as shown on the invoice, whichever is greater.

如果从单据中不能确定CIF或者CIP价格,投保金额必须基于要求承付或议付的金额,或者基于发票上显示的货物总值来计算,两者之中取金额较高者。

iii. The insurance document must indicate that risks are covered at least between the place of taking in charge or shipment and the place of discharge or final destination as stated in the credit.

iii. 保险单据须标明承保的风险区间至少涵盖从信用证规定的货物监管地或发运地开始到卸货地或最终目的地为止。

g. A credit should state the type of insurance required and, if any, the additional risks to be covered. An insurance document will be accepted without regard to any risks that are not covered if the credit uses imprecise terms such as "usual risks" or "customary risks".

g. 信用证应规定所需投保的险别及附加险（如有的话）。如果信用证使用诸如"通常风险"或"惯常风险"等概念不确切的用语，则无论是否有漏保之风险，保险单据将被照样接受。

h. When a credit requires insurance against "all risks" and an insurance document is presented containing any "all risks" notation or clause, whether or not bearing the heading "all risks", the insurance document will be accepted without regard to any risks stated to be excluded.

h. 当信用证规定投保"一切险"时，如保险单据载有任何"一切险"批注或条款，无论是否有"一切险"标题，均将被接受，即使其声明任何风险除外。

i. An insurance document may contain reference to any exclusion clause.

i. 保险单据可以援引任何除外责任条款。

j. An insurance document may indicate that the cover is subject to a franchise or excess (deductible).

j. 保险单据可以注明受免赔率或免赔额（减除额）约束。

Article 29　Extension of Expiry Date or Last Day for Presentation
第二十九条　截止日或最迟交单日的顺延

a. If the expiry date of a credit or the last day for presentation falls on a day when the bank to which presentation is to be made is closed for reasons other than those referred to in article 36, the expiry date or the last day for presentation, as the case may be, will be extended to the first following banking day.

a. 如果信用证的截止日或最迟交单日适逢接受交单的银行非因第三十六条所述原因而歇业，则截止日或最迟交单日，视何者适用，将顺延至其重新开业的第一个银行工作日。

b. If presentation is made on the first following banking day, a nominated bank must provide the issuing bank or confirming bank with a statement on its covering schedule that the presentation was made within the time limits extended in accordance with sub-article 29 (a).

b. 如果在顺延后的第一个银行工作日交单，指定银行必须在其致开证行或保兑行的面涵中声明交单是在根据第二十九条 a 款顺延的期限内提交的。

c. The latest date for shipment will not be extended as a result of sub-article 29 (a).

c. 最迟发运日不因第二十九条 a 款规定的原因而顺延。

Article 30　Tolerance in Credit Amount, Quantity and Unit Prices
第三十条　信用证金额、数量与单价的增减幅度

a. The words "about" or "approximately" used in connection with the amount of the credit or the quantity or the unit price stated in the credit are to be construed as allowing a tolerance not to exceed 10% more or 10% less than the amount, the quantity or the unit price to which they refer.

a. "约"或"大约"用语信用证金额或信用证规定的数量或单价时,应解释为允许有关金额或数量或单价有不超过 10% 的增减幅度。

b. A tolerance not to exceed 5% more or 5% less than the quantity of the goods is allowed, provided the credit does not state the quantity in terms of a stipulated number of packing units or individual items and the total amount of the drawings does not exceed the amount of the credit.

b. 在信用证未以包装单位件数或货物自身件数的方式规定货物数量时,货物数量允许有 5% 的增减幅度,只要总支取金额不超过信用证金额。

c. Even when partial shipments are not allowed, a tolerance not to exceed 5% less than the amount of the credit is allowed, provided that the quantity of the goods, if stated in the credit, is shipped in full and a unit price, if stated in the credit, is not reduced or that sub—article 30 (b) is not applicable. This tolerance does not apply when the credit stipulates a specific tolerance or uses the expressions referred to in sub—article 30 (a).

c. 如果信用证规定了货物数量,而该数量已全部发运,及如果信用证规定了单价,而该单价又未降低,或当第三十条 b 款不适用时,则即使不允许部分装运,也允许支取的金额有 5% 的减幅。若信用证规定有特定的增减幅度或使用第三十条 a 款提到的用语限定数量,则该减幅不适用。

Article 31 Partial Drawings or Shipments
第三十一条　分批支款或分批装运

a. Partial drawings or shipments are allowed.

a. 允许分批支款或分批装运

b. A presentation consisting of more than one set of transport documents evidencing shipment commencing on the same means of conveyance and for the same journey, provided they indicate the same destination, will not be regarded as covering a partial shipment, even if they indicate different dates of shipment or different ports of loading, places of taking in charge or dispatch. If the presentation consists of more than one set of transport documents, the latest date of shipment as evidenced on any of the sets of transport documents will be regarded as the date of shipment.

b. 表明使用同一运输工具并经由同次航程运输的数套运输单据在同一次提交时,只要显示相同目的地,将不视为部分发运,即使运输单据上标明的发运日期不通或装卸港、接管地或发送地点不同。如果交单由数套运输单据构成,其中最晚的一个发运日将被视为发运日。

A presentation consisting of one or more sets of transport documents evidencing shipment on more than one means of conveyance within the same mode of transport will be regarded as covering a partial shipment, even if the means of conveyance leave on the same day for the same destination.

含有一套或数套运输单据的交单,如果表明在同一种运输方式下经由数件运输工具运输,即使运输工具在同一天出发运往同一目的地,仍将被视为部分发运。

c. A presentation consisting of more than one courier receipt, post receipt or certificate of posting will not be regarded as a partial shipment if the courier receipts, post receipts or certificates of posting appear to have been stamped or signed by the same courier or postal service at the same place and date and for the same destination.

c.含有一份以上快递收据、邮政收据或投邮证明的交单,如果单据看似由同一快递或邮政机构在同一地点和日期加盖印戳或签字并且表明同一目的地,将不视为部分发运。

Article 32　Instalment Drawings or Shipments
第三十二条　分期支款或分期装运

If a drawing or shipment by instalments within given periods is stipulated in the credit and any instalment is not drawn or shipped within the period allowed for that instalment, the credit ceases to be available for that and any subsequent instalment.

如信用证规定在指定的时间段内分期支款或分期发运,任何一期未按信用证规定期限支取或发运时,信用证对该期及以后各期均告失效。

Article 33　Hours of Presentation
第三十三条　交单时间

A bank has no obligation to accept a presentation outside of its banking hours.

银行在其营业时间外无接受交单的义务。

Article 34　Disclaimer on Effectiveness of Documents
第三十四条　关于单据有效性的免责

A bank assumes no liability or responsibility for the form, sufficiency, accuracy, genuineness, falsification or legal effect of any document, or for the general or particular conditions stipulated in a document or superimposed thereon; nor does it assume any liability or responsibility for the description, quantity, weight, quality, condition, packing, delivery, value or existence of the goods, services or other performance represented by any document, or for the good faith or acts or omissions, solvency, performance or standing of the consignor, the carrier, the forwarder, the consignee or the insurer of the goods or any other person.

银行对任何单据的形式、充分性、准确性、内容真实性、虚假性或法律效力,或对单据中规定或添加的一般或特殊条件,概不负责;银行对任何单据所代表的货物、服务或其他履约行为的描述、数量、重量、品质、状况、包装、交付、价值或其存在与否,或对发货人、承运人、货运代理人、收货人、货物的保险人或其他任何人的诚信与否、作为或不作为、清偿能力、履约或资信状况,也概不负责。

Article 35　Disclaimer on Transmission and Translation
第三十五条　关于信息传递和翻译的免责

A bank assumes no liability or responsibility for the consequences arising out of delay, loss in transit, mutilation or other errors arising in the transmission of any messages or delivery of letters or documents, when such messages, letters or documents are transmitted or sent according to the requirements stated in the credit, or when the bank may have taken the initiative in the choice of the delivery service in the absence of such instructions in the credit.

当报文、信件或单据按照信用证的要求传输或发送时,或当信用证未作指示,银行自行选择传送服务时,银行对报文传输或信件或单据的递送过程中发生的延误、中途遗失、残缺或其他错误产生的后果,概不负责。

If a nominated bank determines that a presentation is complying and forwards the documents to the issuing bank or confirming bank, whether or not the nominated bank has honoured or negotiated, an issuing bank or confirming bank must honour or negotiate, or reimburse that nominated bank, even when the documents have been lost in transit between the nominated bank and the issuing bank or confirming bank, or between the confirming bank and the issuing bank.

如果指定银行确定交单相符并将单据发往开证行或保兑行。无论指定的银行是否已经承付或议付,开证行或保兑行必须承付或议付,或偿付指定银行,即使单据在指定银行送往开证行或保兑行的途中,或保兑行送往开证行的途中丢失。

A bank assumes no liability or responsibility for errors in translation or interpretation of technical terms and may transmit credit terms without translating them.

银行对技术术语的翻译或解释上的错误,不负责任,并可不加翻译地传送信用证条款。

Article 36 Force Majeure
第三十六条 不可抗力

A bank assumes no liability or responsibility for the consequences arising out of the interruption of its business by Acts of God, riots, civil commotions, insurrections, wars, acts of terrorism, or by any strikes or lockouts or any other causes beyond its control.

银行对由于天灾、暴动、骚乱、叛乱、战争、恐怖主义行为或任何罢工、停工或其无法控制的任何其他原因导致的营业中断的后果,概不负责。

A bank will not, upon resumption of its business, honour or negotiate under a credit that expired during such interruption of its business.

银行恢复营业时,对于在营业中断期间已逾期的信用证,不再进行承付或议付。

Article 37 Disclaimer for Acts of an Instructed Party
第三十七条 关于被指示方行为的免责

a. A bank utilizing the services of another bank for the purpose of giving effect to the instructions of the applicant does so for the account and at the risk of the applicant.

a.为了执行申请人的指示,银行利用其他银行的服务,其费用和风险由申请人承担。

b. An issuing bank or advising bank assumes no liability or responsibility should the instructions it transmits to another bank not be carried out, even if it has taken the initiative in the choice of that other bank.

b.即使银行自行选择了其他银行,如果发出指示未被执行,开证行或通知行对此亦不负责。

c. A bank instructing another bank to perform services is liable for any commissions, fees, costs or expenses ("charges") incurred by that bank in connection with its instructions.

c.指示另一银行提供服务的银行有责任负担被执释放因执行指示而发生的任何佣金、手续费、成本或开支("费用")。

If a credit states that charges are for the account of the beneficiary and charges cannot be collected or deducted from proceeds, the issuing bank remains liable for payment of charges.

如果信用证规定费用由受益人负担,而该费用未能收取或从信用证款项中扣除,开证行依然承担支付此费用的责任。

A credit or amendment should not stipulate that the advising to a beneficiary is conditional upon the receipt by the advising bank or second advising bank of its charges.

信用证或其修改不应规定向受益人的通知以通知行或第二通知行收到其费用为条件。

d. The applicant shall be bound by and liable to indemnify a bank against all obligations and responsibilities imposed by foreign laws and usages.

d. 外国法律和惯例加给银行的一切义务和责任,申请人应受其约束,并就此对银行负补偿之责。

Article 38 Transferable Credits
第三十八条 可转让信用证

a. A bank is under no obligation to transfer a credit except to the extent and in the manner expressly consented to by that bank.

a. 银行无办理转让信用证的义务,除非该银行明确同意其转让范围和转让方式。

b. For the purpose of this article:

b. 就本条款而言:

Transferable credit means a credit that specifically states it is "transferable". A transferable credit may be made available in whole or in part to another beneficiary ("second beneficiary") at the request of the beneficiary ("first beneficiary").

转让信用证意指明确表明其"可以转让"的信用证。根据受益人("第一受益人")的请求,转让信用证可以被全部或部分地转让给其他受益人("第二受益人")。

Transferring bank means a nominated bank that transfers the credit or, in a credit available with any bank, a bank that is specifically authorized by the issuing bank to transfer and that transfers the credit. An issuing bank may be a transferring bank.

转让银行意指办理信用证转让的被指定银行,或者,在适用于任何银行的信用证中,转让银行是由开证行特别授权并办理转让信用证的银行。开证行也可担任转让银行。

Transferred credit means a credit that has been made available by the transferring bank to a second beneficiary.

转让信用证意指经转让银行办理转让后可供第二受益人使用的信用证。

c. Unless otherwise agreed at the time of transfer, all charges (such as commissions, fees, costs or expenses) incurred in respect of a transfer must be paid by the first beneficiary.

c. 除非转让时另有约定,所有因办理转让而产生的费用(诸如佣金、手续费、成本或开支)必须由第一受益人支付。

d. A credit may be transferred in part to more than one second beneficiary provided partial drawings or shipments are allowed.

d. 倘若信用证允许分批支款或分批装运,信用证可以被部分地转让给一个以上的第二受益人。

A transferred credit cannot be transferred at the request of a second beneficiary to any subsequent beneficiary. The first beneficiary is not considered to be a subsequent beneficiary.

第二受益人不得要求将信用证转让给任何次序位居其后的其他受益人。第一受益人不属于此类其他受益人之列。

e. Any request for transfer must indicate if and under what conditions amendments may be advised to the second beneficiary. The transferred credit must clearly indicate those conditions.

e. 任何有关转让的申请必须指明是否以及在何种条件下可以将修改通知第二受益人。转让信用证必须明确指明这些条件。

f. If a credit is transferred to more than one second beneficiary, rejection of an amendment by one or more second beneficiary does not invalidate the acceptance by any other second beneficiary, with respect to which the transferred credit will be amended accordingly. For any second beneficiary that rejected the amendment, the transferred credit will remain unamended.

f. 如果信用证被转让给一个以上的第二受益人,其中一个或多个第二受益人拒绝接受某个信用证修改并不影响其他第二受益人接受修改。对于接受修改的第二受益人而言,信用证已做相应的修改;对于拒绝接受修改的第二受益人而言,该转让信用证仍未被修改。

g. The transferred credit must accurately reflect the terms and conditions of the credit, including confirmation, if any, with the exception of:

g. 转让信用证必须准确转载原证的条款及条件,包括保兑(如有),但下列项目除外:

— the amount of the credit,

—信用证金额,

— any unit price stated therein,

—信用证规定的任何单价,

— the expiry date,

—到期日,

— the period for presentation, or

—单据提示期限

— the latest shipment date or given period for shipment,

—最迟装运日期或规定的装运期间。

any or all of which may be reduced or curtailed.

以上任何一项或全部均可减少或缩短。

The percentage for which insurance cover must be effected may be increased to provide the amount of cover stipulated in the credit or these articles.

必须投保的保险金额的投保比例可以增加,以满足原信用证或本惯例规定的投保金额。

The name of the first beneficiary may be substituted for that of the applicant in the credit.

可以用第一受益人的名称替换原信用证中申请人的名称。

If the name of the applicant is specifically required by the credit to appear in any document other than the invoice, such requirement must be reflected in the transferred credit.

如果原信用证特别要求开证申请人名称应在除发票以外的任何单据中出现时,则转让信

h. The first beneficiary has the right to substitute its own invoice and draft, if any, for those of a second beneficiary for an amount not in excess of that stipulated in the credit, and upon such substitution the first beneficiary can draw under the credit for the difference, if any, between its invoice and the invoice of a second beneficiary.

h. 第一受益人有权以自己的发票和汇票(如有),替换第二受益人的发票和汇票(如有),其金额不得超过原信用证的金额。在如此办理单据替换时,第一受益人可在原信用证项下支取自己发票与第二受益人发票之间产生的差额(如有)。

i. If the first beneficiary is to present its own invoice and draft, if any, but fails to do so on first demand, or if the invoices presented by the first beneficiary create discrepancies that did not exist in the presentation made by the second beneficiary and the first beneficiary fails to correct them on first demand, the transferring bank has the right to present the documents as received from the second beneficiary to the issuing bank, without further responsibility to the first beneficiary.

i. 如果第一受益人应当提交其自己的发票和汇票(如有),但却未能在收到第一次要求时照办;或第一受益人提交的发票导致了第二受益人提示的单据中本不存在的不符点,而其未能在收到第一次要求时予以修正,则转让银行有权将其从第二受益人处收到的单据向开证行提示,并不再对第一受益人负责。

j. The first beneficiary may, in its request for transfer, indicate that honour or negotiation is to be effected to a second beneficiary at the place to which the credit has been transferred, up to and including the expiry date of the credit. This is without prejudice to the right of the first beneficiary in accordance with sub—article 38 (h).

j. 第一受益人可以在其提出转让申请时,表明可在信用证被转让的地点,在原信用证的到期日之前(包括到期日)向第二受益人予以兑付或议付。本条款并不损害第一受益人在第三十八条(h)款下的权利。

k. Presentation of documents by or on behalf of a second beneficiary must be made to the transferring bank.

k. 由第二受益人或代表第二受益人提交的单据必须向转让银行提示。

Article 39 Assignment of Proceeds
第三十九条 款项让渡

The fact that a credit is not stated to be transferable shall not affect the right of the beneficiary to assign any proceeds to which it may be or may become entitled under the credit, in accordance with the provisions of applicable law. This article relates only to the assignment of proceeds and not to the assignment of the right to perform under the credit.

信用证未表明可转让,并不影响受益人根据所适用的法律规定,将其在该信用证项下有权获得的款项让渡与他人的权利。本条款所涉及的仅是款项的让渡,而不是信用证项下执行权力的让渡。

参考文献

1. 李贺,赵昂.国际汇兑与结算[M].成都:西南财经大学出版社,2015.
2. 苏宗祥,徐捷.国际结算(第5版)[M].北京:中国金融出版社,2010.
3. 王洪海,高洁.国际结算实务[M].北京:北京邮电大学出版社,2014.
4. 李华根.国际结算与贸易融资实务[M].北京:中国海关出版社,2012.
5. 林俐,马媛主编.国际结算[M].上海:立信会计出版社,2010.
6. 许南,张雅.国际结算[M].北京:中国人民大学出版社,2013.
7. 华坚,侯方淼.国际结算[M].北京:电子工业出版社,2012.
8. 庞红.国际结算[M].北京:中国人民大学出版社,2012.
9. 韩宝庆.国际结算[M].北京:清华大学出版社,2012.
10. 姜学军.国际结算[M].大连:东北财经大学出版社,2012.
11. 刘卫红,尹晓波.国际结算[M].大连:东北财经大学出版社,2012.
12. 张晓明.国际结算[M].北京:清华大学出版社,2013.
13. 张东祥,高小红.国际结算[M].武汉:武汉大学出版社,2011.
14. 姚新超.国际结算[M].北京:对外经济贸易大学出版社,2008.
15. 潘天芹.国际结算[M].杭州:浙江大学出版社,2014.
16. 应诚敏,刁德霖.国际结算[M].上海:立信会计出版社,2006.
17. 张晓芬.国际结算[M].北京:北京大学出版社,2011.
18. 杨丽花.国际结算[M].北京:中国发展出版社,2009.
19. 吴国新.国际结算[M].北京:清华大学出版社,2008.
20. 高洁,罗立彬.国际结算[M].北京:中国人民大学出版社,2012.
21. 王学龙.国际结算[M].北京:北京交通大学出版社,2012.
22. 蒋继涛,寇凤梅.国际结算[M].北京:中国铁道出版社,2011.
23. 徐立平.国际结算[M].杭州:浙江大学出版社,2009.
24. 刘欣敏.国际结算[M].北京:清华大学出版社,2010.
25. 周箫.国际结算[M].北京:科学出版社,2010.
26. 彭月嫦.国际结算[M].广州:暨南大学出版社,2010.
27. 温晓芳,李志群.国际结算[M].北京:对外经济贸易大学出版社,2009.
28. 刘震.国际结算[M].北京:中国人民大学出版社,2014.
29. 梁志坚.国际结算[M].北京:科学出版社,2008.
30. 张宗英.国际结算[M].北京:对外经济贸易大学出版社,2011.
31. 姜学军.国际结算[M].北京:首都经济贸易大学出版社,2011.
32. 胡波.国际结算[M].北京:机械工业出版社,2009.

33. 冷丽莲.国际汇兑与结算[M].大连:东北财经大学出版社,2013.
34. 李贺.外贸单证实务[M].上海:上海财经大学出版社,2013.
35. 李贺.国际贸易实务[M].成都:西南财经大学出版社,2014.